『交隣須知』의 언어 사용과 언어 기능에 관한 계량적 분석

－ 京都大本(苗伐川本)을 중심으로

김 유 정

지식과교양

이 저서는 2006년 정부(교육인적자원부)의 재원으로 한국연구재단의 지원을 받아
수행된 연구임.(KRF-321-2006-2-B00852)

　필자는 1995년 4월 고려대학교 민족문화연구소 한국어문화연수부에서 한국어를 가르치기 시작했다. 그리고 1999년 박사학위를 받고 이후 한국어교육 전공 강의를 하면서 늘 안타까운 점이 있었다. 한국어교육 전공자들에게 늘 서양의 언어교육과 관련된 이론과 내용만을 소개하는 것이었다. 그 과정에서 필자 스스로 동양의 언어 교육의 모습은 어떠했는지 궁금해졌다. 과연 동양에는, 아니 우리나라에는 외국어로서 우리말을 가르치는 언어교수 이론이나 철학이 없었는지, 있었다면 서양의 언어교육과 같았는지 아니면 나름대로 독특한 언어 교육 철학이 있었는지, 그 모습은 어떠했는지 등에 대한 궁금증이었다. 그러나 불행히도 그 자료와 내용을 찾기가 쉽지 않았다. 이는 무척 부끄럽고 안타까운 현실이었다. 과거 역사 속에 우리의 말을 가르친 사실이 분명히 있음에도 현대 한국어교육은 과거 우리의 모습을 확인하고 과거와 현재의 관련성을 파악하기 위한 노력이 부족했던 건 아닌가 싶었다. 이는 한국어교육사를 기술하는 데 있어서도 반드시 필요한 연구 과제였다.

그러던 중에 필자가 만나게 된 것이 바로 『交隣須知』이다. 지도 교수님이신 鄭光 선생님 문하에서 역학서와 관련된 내용들을 접하면서 『交隣須知』에 대해 알게 되었다. 『交隣須知』는 일본 에도(江戶) 시대부터 메이지(明治) 시대에 걸쳐 일본에서 가장 널리 사용된 한국어 학습서이다. 본문이 일본어와 대당 한국어의 문장으로 이루어진 일종의 <어휘 용례집>으로서 일종의 언어 교재라고 할 수 있다. 그럼에도 불구하고 지금까지 『交隣須知』에 대한 한국인과 일본인의 연구는 주로 언어 자체에 대한 것이었고, 언어 교재로서의 의미를 발견하는 연구 내용은 거의 없었다. 따라서 『交隣須知』가 갖는 한국어 학습서로서의 의미와 역할을 밝히는 연구가 반드시 필요하였다. 이는 당시 한국어(조선어) 교육의 모습을 살필 수 있는 하나의 방법이 될 수 있기 때문이다.

과거의 자료를 통해서 당시의 언어 교육의 모습을 밝히는 것은 분명 쉽지 않은 작업일 것이다. 그래서 필자가 첫 번째 연구 방법으로 정한 것은 『交隣須知』의 언어를 말뭉치 자료로 구축하고, 이를 계량적으로 분석하는 것이었다. 『交隣須知』의 필자를 만날 수 없는 상황에서 당시 언어 교육을 위해 의도한 모습은 어떤 방식으로든 『交隣須知』 그 안에서 언어 그 자체로 나타나 있을 것이라는 믿음에서였다. 『交隣須知』 원시 말뭉치를 구축하는 것, 불명확한 옛 언어 자료를 형태소로 분석하는 것, 그리고 현대적인 언어 기능의 잣대로 언어 기능을 분석하는 것 모두 쉽지 않은 과정이었다. 그러나 포기하지 않고 지속할 수 있었던 것은 꼭 필요한 과정이라는 믿음이 있었기 때문이었다. 필자의 지인이 "누구나 길(道路)을 처음 내는 건 어렵지. 그러나 그 길을 내면 같이 가는 사람들이 생기는 것이고, 또 같이 열심히 가다 보면 길(潤氣)이 나잖아." 하던 말은 작업 내내 큰 힘이 되었다.

이 책은 『交隣須知』의 한국어(조선어) 교육사적 의의를 밝히기 위한 첫 단계로서 그 의미를 가진다. 異本들 중 『交隣須知』京都大本(苗伐川本)에 사용된 형태소 분석 결과와 언어 기능 분석 결과를 보이는 것만으로도(완벽하지는 않더라도) 이후 연구를 위한 긴 노정에 발을 내디디는 것이라 스스로 위로해 본다. 또한 많은 연구자들에게 또 다른 연구를 위한 동력이 되는 자료로 활용될 수도 있을 것이라 믿어 본다. 이 연구 내용에서 부족한 점은 필자의 학문적 역량이 부족한 탓이며, 이에 대한 여러분들의 질정(叱正)을 부탁드린다. 또한 앞으로도 지속적인 연구를 통해 한국어교육사 연구에 기여할 수 있도록 노력해 나갈 것을 스스로에게 다짐해 본다.

이 책을 내면서 감사드릴 분들이 많다. 이 책을 낼 수 있도록 국어학과 한국어교육의 학문적 기초를 쌓아 주신 선생님과 선배님들, 이 책을 내는 데 동기를 주시고 격려를 해 주신 분들, 책을 내는 작업에 도움을 주신 분들, 너무나도 감사하다. 그러나 그 모든 분들을 거명하는 것이 오히려 예의가 아닌 듯하여 찾아뵙고 인사를 드리는 것으로 대신하고자 한다. 평생을 두고 감사함을 전해야 할 일이다. 이 책은 2006년 한국학술진흥재단(한국연구재단의 전신)에서 지원을 받았다. 한국연구재단에 감사드린다. 그리고 지식과 교양 출판사 관계자 여러분께도 감사 인사를 전한다.

　마지막으로 나의 사랑하는 딸과 사랑하는 가족 모두에게 말씀드리고 싶다.
　"늘 제가 바로 설 수 있는 건 당신들의 힘입니다. 사랑합니다."

2012년 4월 11일
김유정 적음

차례

1. 서론

『交隣須知』의 언어 사용과
언어 기능에 관한 계량적 분석

1

서 론

1.1 연구 목적 및 필요성

본 연구는 한국어 학습서로서 역사적인 자료인 『交隣須知』에 나타난 언어 자료를 학습 자료 말뭉치로 구축하여 분석함으로써 『交隣須知』에 나타난 언어 교육의 양상을 밝히는 것을 목적으로 한다.

최근 한국어 교육에 대한 관심의 증가는 한국의 국가적 위상이 높아졌으며 외국에서 불고 있는 한류 열풍 등을 주요 원인으로 들 수 있다. 이러한 관심의 증가는 외국인 학습자들에게 좀 더 쉽고 재미있는 한국어 학습의 자료를 제공해야 하는 교수(teaching)면뿐만 아니라, 한국어 교육학에서 그 학문적 깊이와 넓이를 확보해야 한다는 과제를 제시하고 있다. 한국어 교육학은 간단하게 말하자면, 외국인 또는 재외동포들에게 한국어를 어떻게 교수하고 평가하는 것이 좋은지에 대해 연구하는 학문이다. 그렇게 하기 위해서는 한국어 자체에 대한 연구, 언어 교육, 언어 평가에 관한 연구들이 다양하게 이루어져야 한다. 최근 한국어 교육과 관련한 연구들은 이러한 흐름을 잘 반영하고 있으며 연구의 양적인 면과 질적인 면을 모두 충족시키고 있다고 하겠다.

그럼에도 불구하고 한국어 교육에 있어서 부족한 면을 돌아본다면, 한국어 교육사(韓國語 敎育史)와 관련된 부분이라고 할 수 있다. 현재 무엇을 어떻게 가르치고 평가할지에 대한 관심은 중요하다. 그리고 그것이 관련한 연구들이 갖는 의의는 말할 수 없이 크다. 그러나 현재 한국어 교육은 그 자체로서의 의의도 중요하지만, 과거와의 연관성 그리고 미래로의 발전성 등 또한 간과할 수 없는 부분이다. 따라서 사적(史的)인 연구의 필요성은 크다고 할 수 있다.

또한 현대의 한국어 교육이 서양 언어 그 중에서도 영어 교육학의 절대적인 영향을 받고 있음을 보았을 때, 과거 선조들의 한국어 교육의 모습은 어떠했는지를 밝히는 것은 중요하다고 할 수 있을 것이다. 이러한 점에서 볼 때 과거 우리의 선조들이 한국어를 어떻게 가르쳤는지를 조명하는 것은 한국어 교육학의 발전 과정을 이해하는 데 중요한 초석이 될 것이다.

한국어 교육은 신라시대에도 있었던 것으로 추정할 수 있는 기록이 있고, 명나라에서 역관을 위한 교재가 개발된 것으로 알려져 있지만, 본격적인 한국어 교재는 근대계몽기에 개발되기 시작하였다고 볼 수 있다. 이 연구에서는 근대 일본에서 이루어진 한국어 교육의 모습을 한국어 학습서『交隣須知』를 통해 살펴보고자 한다. 당시 한국어 교육의 모습을 밝힘에 있어서 한국어 학습서, 즉 교재는 당시 한국어 교육의 내용과 방법을 추론할 수 있는 근거를 제공하고 있다고 할 수 있다.

『交隣須知』는 일본 에도(江戶) 시대부터 메이지(明治) 시대에 걸쳐 일본에서 가장 널리 사용된 한국어 학습서다. 이 교리수지는 본문이 일본어와 대당 한국어의 문장으로 이루어진 일종의 <어휘용례집>이라고 할 수 있는데 18세기 초에 처음 만들어진 것으로 추정되며 20세기 초까지 여러 이본이 존재하여 당시 양국의 언어와 그 변화 모습을 파악하는 데 중요한 단서를 제공한다. 처음 활자로 간행된 1881년(명치14) 초판본『交隣須知』이후 다양한『交隣須知』이본에 대한 연구들을 살펴보면 한국어 학습서로서의 의미보다는 국어와 일본어의 언어 변천에 관련하여 국어학과 일본어학에서 더 조명을 받아 왔다고 할 수 있다. 이는『交隣須知』가 갖는 본연의 역할은 부각되지 못한 채 부가적인 부분에서 연구가 된 것으로 한국어 학습서로서의 의미와 역할이 어떠했는지를 밝히는 것이 반드시 필요하다.

현대 한국어 교육학에서는 다양한 말뭉치 자료 구축에 관한 연구가 진행되고 있다. 한국어 학습자 말뭉치, 오류 말뭉치 등이 그것인데 이와 함께 역사적인 한국어 교육 자료, 즉 교재 자료의 말뭉치 구축이 필요하다고 할 수 있다. 이는 한국어 교육의 역사적 자료를 보전한다는 의의와 함께 교육의 내용으로 사용된 어휘와 문법 등을 계량적으로 파악하여 연구의 객관성을 보장할 수 있기 때문이다.

지금까지의 내용을 요약하여 연구의 필요성과 그 의의를 기술하면 다음과 같다.

첫째, 한국어 교육의 역사를 새롭게 정립해 나갈 필요가 있다. 현대 한국어 교육이 서양의 언어 교육의 절대적인 영향력에 있는 가운데, 근대 한국어 교육의 모습 속에서 서양의 언어 교육과의 공통점과 차이점을 밝혀 동양 언어 교육 혹은 한국어 언어 교육 역사의 흐름을 제대로 밝혀야 할 것이다. 이는 한국어 교육 발달사(韓國語 敎育 發達史)의 일부를 완성할 수 있는 연구로서, 한국어 교육의 양적인 성장에 발맞추어 한국어 교육학의 질적인 성장에 기여할 수 있다.

둘째,『校隣須知』에 관한 한국어 학습서로서의 의의를 밝혀야 한다.『交隣須知』에 관한 기존의 연구들이 주로 국어사적인 영역에 국한되어 있어 실제로 어떠한 내용이 학습되었는지 본연의 역할은 조명되지 못하고 있는 현실이다. 물론 그러한 연구의 의의가 크다고 할 수 있으나, 그럼에도 이는 본말이 전도된 연구로서『校隣須知』의 참된 역할을 파악하지 않고 있는 것이다. 따라서 이번 연구는 『交隣須知』에 나타난 언어 교육, 한국어 교육의 양상에 관한 것으로서『交隣須知』에 대한 완전한 해석을 시도할 수 있게 된다. 이러한 점은 역사 자료 연구의 새로운 지평을 열 수 있게 할 것이다.

셋째, 역사적 한국어 교육 자료의 말뭉치 구축이 필요하며, 이를 통한 객관적 연구 토대가 마련되어야 한다. 따라서 본 연구에서는 『交隣須知』를 말뭉치 자료로 구축하고 언어 자료의 계량적 분석 특히, 형태소 분석과 언어 기능 분석에 대한 연구를 시도할 것이며, 이를 통해 당시『交隣須知』가 가지고 있던 한국어 학습서로서의 양상을 밝히는 데 활용할 수 있을 것이다. 이는 한국어 교육의 역사를 부분적으로나마 추론할 수 있는 객관적인 근거를 마련하도록 할 것이다.

1.2 연구 내용 및 방법

본 연구를 통해서는 다음과 같은 연구 목표를 나타낼 수 있다.

(1)『交隣須知』의 원시 말뭉치를 구축하여, 형태소 분석 및 언어 기능 분석의 토대를 마련한다.
(2)『交隣須知』의 형태소 분석을 통해 언어 사용의 분포를 파악하고 자료로 제시한다.
(3)『交隣須知』의 의사소통 기능 분석을 통해 언어 교육의 양상을 파악하고 자료로 제시한다.

이러한 연구 목표를 위해 제시되는 연구 결과로서 말뭉치를 활용하기 위해서는 표준화된 지침에 의거하는 것이 가장 중요하다. 본 연구에서는 현재 대규모로 진행되고 있는 여러 말뭉치 구축 사업 중에서 국립국어원 '21세기 세종계획'의 말뭉치 구축 지침(1998)에 따라, TEI Markup의 방식으로『交隣須知』의 원문을 입력하여 원시 말뭉치를 구축하며 형태소별로 태깅하여 형태 분석 말뭉치를 구축한다.

말뭉치 구축을 위한 대상 자료는 다음과 같다.

1) 원시 말뭉치 구축 대상 자료

   1. 京都大本(苗伐川本) : 19세기 초 – 권1, 2, 3, 4
   2. 初刊本(명치14년본) : 1881년 – 권1, 2, 3, 4

    3. 再刊本(명치16년본) : 1883년 – 권1, 2, 3, 4
    4. 宝迫本 : 1883년 – 권1, 2, 3, 4

『交隣須知』의 이본들은 많다. 그러나 본 연구에서는 원시말뭉치 구축을 위한 자료로 아래 네 가지를 선정하여 입력하고자 한다.[1] 이들은 권1, 2, 3, 4이 완전하게 남아 있는 것들이다.

2) 형태소 분석 말뭉치 및 의사소통 기능 분석 말뭉치 구축

위에 제시한 네 가지의 원시 말뭉치 중 본 연구에서는 京都大本 (苗伐川本)을 대상으로 하여 형태소 분석 말뭉치와 의사소통 기능 분석 말뭉치를 구축한여 그 계량적 분석 결과를 제시하고자 한다.[2]

---

1. 자료 입력은 片茂鎭(2005)을 참조하였다.
2. 형태소 분석 및 의사소통 기능 분석과 관련한 자세한 내용은 2장과 3장 에서 제시한다.

2. 『交隣須知』 언어 사용의 계량적 분석

『交隣須知』의 언어 사용과
언어 기능에 관한 계량적 분석

2

『交隣須知』 언어 사용의 계량적 분석

2.1 형태소 사용 빈도 통계

『交隣須知』에 대해 형태소별로 분석하여 말뭉치를 구축하는 데에도, '21세기 세종계획'의 말뭉치 구축 지침에 의거하여 말뭉치를 구축하였다. 형태소 구축 말뭉치 구축에 사용한 태그 셋은 다음과 같다.[1)]

대분류(7개)	소분류(18개)	세부분류	태그	
(1) 체언	명사	일반명사	NNG	1
		고유명사	NNP	2
		의존명사	NNB	3
	대명사		NP	4
	수사		NR	5
(2) 용언	동사		VV	6
	형용사		VA	7

---

1. 이 연구에서는 (7) 기호에 해당하는 분석은 별도로 하지 않았다. 여기에서는 태그셋의 전체를 보이기 위해 제시한다.

대분류(7개)	소분류(18개)	세부분류	태그	
(2) 용언	보조용언		VX	8
	지정사	긍정지정사	VCP	9
		부정지정사	VCN	10
(3) 수식언	관형사		MM	11
	부사	일반부사	MAG	12
		접속부사	MAJ	13
(4) 독립언	감탄사		IC	14
(5) 관계언	격조사	주격조사	JKS	15
		관형격조사	JKG	16
		목적격조사	JKO	17
		부사격조사	JKB	18
		호격조사	JKV	19
		인용격조사	JKQ	20
	보조사		JX	21
	접속조사		JC	22
(6) 의존형태	어미	선어말어미	EP	23
		종결어미	EF	24
		연결어미	EC	25
		명사형전성어미	ETN	26
		관형형전성어미	ETM	27
(7) 기호	방점	평성	0	28
		거성	1	29
		상성	2	30
	쉼표		SP	31
	괄호표		SS	32
	한자		SH	33
	기타기호		SW	34

京都大本(苗伐川本) 권1~권4까지를 형태소 분석한 결과를 빈도순으로 나타내면 다음과 같다.[2] 형태소 분석이 된 대상은 모두

---

2. 이는 깜짝새 프로그램을 통해 빈도수를 확인하였다

29,257개에 달한다.

『京都大本(苗伐川本) 권1~권4』 형태소 빈도순

형태소	분류	빈도수	순위	백분율
읍	EP	784	1	2.680%
이	JKS	744	2	2.543%
을	JKO	621	3	2.122%
늬	EF	519	4	1.774%
오	EP	499	5	1.706%
ㄴ	ETM	484	6	1.654%
외	EF	471	7	1.610%
니	EC	470	8	1.606%
은	JX	470	9	1.606%
는	JX	436	10	1.490%
ᄒ	VV	426	11	1.456%
의	JKB	422	12	1.442%
어	EC	404	13	1.381%
고	EC	392	14	1.340%
이	VCP	381	15	1.302%
ㄴ	EP	364	16	1.244%
니	EF	316	17	1.080%
면	EC	310	18	1.060%
여	EC	310	19	1.060%
습	EP	288	20	0.984%
라	EF	282	21	0.964%
ᄉ	EP	254	22	0.868%
소	EF	252	23	0.861%
것	NNB	222	24	0.759%
가	JKS	211	25	0.721%
지	EC	207	26	0.707%
를	JKO	199	27	0.680%
아	EC	192	28	0.656%

형태소	분류	빈도수	순위	백분율
는	ETM	192	29	0.656%
시	EP	179	30	0.612%
기	ETN	175	31	0.598%
다	EF	165	32	0.564%
가	VV	163	33	0.557%
니라	EF	144	34	0.492%
사름	NNG	136	35	0.465%
먹	VV	135	36	0.461%
없	VA	132	37	0.451%
아니ᄒ	VX	131	38	0.448%
보	VV	128	39	0.437%
ᄒ	VX	124	40	0.424%
롤	JKO	122	41	0.417%
잇	VA	118	42	0.403%
게	EC	117	43	0.400%
도	JX	117	44	0.400%
오	VV	111	45	0.379%
둏	VA	110	46	0.376%
데	EF	102	47	0.349%
어라	EF	99	48	0.338%
ㄹ	ETM	98	49	0.335%
나	VV	93	50	0.318%
은	ETM	89	51	0.304%
엿	EP	86	52	0.294%
엇	EP	84	53	0.287%
일	NNG	84	54	0.287%
쓰	VV	82	55	0.280%
로	JKB	81	56	0.277%
ㄴ가	EF	78	57	0.267%
앗	EP	75	58	0.256%
으니	EC	75	59	0.256%
내	VV	73	60	0.250%

형태소	분류	빈도수	순위	백분율
리	EF	71	61	0.243%
어	EP	71	62	0.243%
못ᄒ	VX	70	63	0.239%
말	NNG	69	64	0.236%
새	EF	65	65	0.222%
으면	EC	65	66	0.222%
잘	MAG	65	67	0.222%
ㄴ고	EF	63	68	0.215%
ㄴ다	EF	63	69	0.215%
되	VV	63	70	0.215%
보	VX	61	71	0.208%
으로	JKB	61	72	0.208%
시브	VX	60	73	0.205%
ㅣ	JKS	59	74	0.202%
아라	EF	59	75	0.202%
믈	NNG	57	76	0.195%
다가	EC	56	77	0.191%
말	VX	56	78	0.191%
여라	EF	56	79	0.191%
ㄹ가	EF	55	80	0.188%
듸	NNB	50	81	0.171%
이시	VA	49	82	0.167%
지[치]	EC	49	83	0.167%
ㄹ고	EF	48	84	0.164%
쟈	EF	48	85	0.164%
두	VX	47	86	0.161%
들	VV	47	87	0.161%
예	JKB	46	88	0.157%
도	EP	45	89	0.154%
어렵	VA	45	90	0.154%
좋	VA	44	91	0.150%
알	VV	43	92	0.147%

형태소	분류	빈도수	순위	백분율
어야	EC	43	93	0.147%
니르	VV	42	94	0.144%
다	MAG	42	95	0.144%
되	EC	42	96	0.144%
치	VV	42	97	0.144%
만히	MAG	41	98	0.140%
시	EF	41	99	0.140%
로	EP	40	100	0.137%
더	EP	39	101	0.133%
못	MAG	39	102	0.133%
비	NNG	39	103	0.133%
소리	NNG	37	104	0.126%
아니	MAG	37	105	0.126%
주	VX	37	106	0.126%
놈	NNG	37	107	0.126%
이	JKB	37	108	0.126%
닙	VV	35	109	0.120%
넣	VV	34	110	0.116%
만	JX	34	111	0.116%
에	JKB	34	112	0.116%
후	NNG	34	113	0.116%
흔	MM	34	114	0.116%
어도	EC	33	115	0.113%
뵈	VV	32	116	0.109%
앉	VV	32	117	0.109%
으니라	EF	32	118	0.109%
잡	VV	32	119	0.109%
얻	VV	31	120	0.106%
크	VA	31	121	0.106%
ᄀ장	MAG	31	122	0.106%
많	VA	30	123	0.103%
술	NNG	30	124	0.103%

형태소	분류	빈도수	순위	백분율
굿	VA	30	125	0.103%
놓	VV	29	126	0.099%
아모	MM	29	127	0.099%
믈	NNG	29	128	0.099%
잘ᄒ	VV	28	129	0.096%
믜	VV	28	130	0.096%
거	EP	27	131	0.092%
날	NNG	27	132	0.092%
든	EC	27	133	0.092%
비	NNG	27	134	0.092%
이나	JX	27	135	0.092%
주	VV	27	136	0.092%
집	NNG	27	137	0.092%
길	NNG	26	138	0.089%
어이	MAG	26	139	0.089%
여야	EC	26	140	0.089%
의	JKG	26	141	0.089%
나	JX	25	142	0.085%
르쇠	EF	25	143	0.085%
을	ETM	25	144	0.085%
짓	VV	25	145	0.085%
으	EP	25	146	0.085%
트	VV	25	147	0.085%
양	NNB	24	148	0.082%
(아/0)	EC	23	149	0.079%
거든	EC	23	150	0.079%
말	VV	23	151	0.079%
민망ᄒ	VA	23	152	0.079%
자	VV	23	153	0.079%
제	NNB	23	154	0.079%
이	MM	22	155	0.075%
ᄆᆞᆷ	NNG	22	156	0.075%

형태소	분류	빈도수	순위	백분율
브름	NNG	22	157	0.075%
곱	VA	21	158	0.072%
리	EP	21	159	0.072%
맛	NNG	21	160	0.072%
모로	VV	21	161	0.072%
묻	VV	21	162	0.072%
옳	VA	21	163	0.072%
픠	VV	21	164	0.072%
눈	NNG	20	165	0.068%
ㄹ시	EF	20	166	0.068%
밥	NNG	20	167	0.068%
부딕	MAG	20	168	0.068%
불	VV	20	169	0.068%
빗ㅊ	NNG	20	170	0.068%
딘니	VV	20	171	0.068%
드리	VV	19	172	0.065%
쇠	EF	19	173	0.065%
쉬이	MAG	19	174	0.065%
우	EP	19	175	0.065%
의셔	JKB	19	176	0.065%
견딕	VV	18	177	0.062%
너기	VV	18	178	0.062%
도	JKQ	17	179	0.058%
매	EC	17	180	0.058%
샹ᄒ	VV	17	181	0.058%
손	NNG	17	182	0.058%
쉽	VA	17	183	0.058%
죽	VV	17	184	0.058%
그	MM	16	185	0.055%
남ㄱ	NNG	16	186	0.055%
니	NNB	16	187	0.055%
닛	VV	16	188	0.055%

형태소	분류	빈도수	순위	백분율
듯	VV	16	189	0.055%
라	EC	16	190	0.055%
려	EC	16	191	0.055%
블	NNG	16	192	0.055%
속	NNG	16	193	0.055%
ㅣ	VCP	16	194	0.055%
적	VA	16	195	0.055%
굿ㅌ	VA	16	196	0.055%
값	NNG	15	197	0.051%
과	JC	15	198	0.051%
나모	NNG	15	199	0.051%
닉	VV	15	200	0.051%
다시	MAG	15	201	0.051%
담	VV	15	202	0.051%
덥	VA	15	203	0.051%
ㄹ레	EF	15	204	0.051%
마리	NNG	15	205	0.051%
맞	VV	15	206	0.051%
아셔	EC	15	207	0.051%
여도	EC	15	208	0.051%
져	MM	15	209	0.051%
줄	NNB	15	210	0.051%
으면	EC	15	211	0.051%
게	JKB	14	212	0.048%
고기	NNG	14	213	0.048%
내	NNG	14	214	0.048%
냐	EF	14	215	0.048%
너모	MAG	14	216	0.048%
뉘	NP	14	217	0.048%
두	VV	14	218	0.048%
라도	JX	14	219	0.048%
멀리	MAG	14	220	0.048%

형태소	분류	빈도수	순위	백분율
무셥	VA	14	221	0.048%
병	NNG	14	222	0.048%
붓	VV	14	223	0.048%
사	VV	14	224	0.048%
아야	EC	14	225	0.048%
옷	NNG	14	226	0.048%
의게	JKB	14	227	0.048%
하늘	NNG	14	228	0.048%
미오	MAG	14	229	0.048%
미이	MAG	14	230	0.048%
그	NP	13	231	0.044%
긔특ᄒ	VA	13	232	0.044%
길	VA	13	233	0.044%
놈	NNB	13	234	0.044%
님금	NNG	13	235	0.044%
다ᄅ	VA	13	236	0.044%
무엇	NP	13	237	0.044%
받	VV	13	238	0.044%
발	NNG	13	239	0.044%
버히	VV	13	240	0.044%
비단	NNG	13	241	0.044%
야	EC	13	242	0.044%
여	EP	13	243	0.044%
옵	EP	13	244	0.044%
지	VV	13	245	0.044%
굴	VV	13	246	0.044%
쓰	VV	13	247	0.044%
씩	VV	13	248	0.044%
계시	VX	12	249	0.041%
곳	NNB	12	250	0.041%
다히	VV	12	251	0.041%
도라가	VV	12	252	0.041%

형태소	분류	빈도수	순위	백분율
무슴	MM	12	253	0.041%
밤	NNG	12	254	0.041%
적	NNB	12	255	0.041%
질긔	VA	12	256	0.041%
집	NNG	12	257	0.041%
플	VV	12	258	0.041%
든든히	MAG	12	259	0.041%
듯ᄒ	VX	12	260	0.041%
씨	VV	12	261	0.041%
째	NNG	12	262	0.041%
곳치	VV	11	263	0.038%
과연	MAG	11	264	0.038%
글	NNG	11	265	0.038%
나	NP	11	266	0.038%
놀	VV	11	267	0.038%
마다	JX	11	268	0.038%
만나	VV	11	269	0.038%
멋	MM	11	270	0.038%
못ᄒ	VV	11	271	0.038%
봄	NNG	11	272	0.038%
블샹ᄒ	VA	11	273	0.038%
사오납	VA	11	274	0.038%
새	NNG	11	275	0.038%
쉬	VV	11	276	0.038%
싀훤ᄒ	VA	11	277	0.038%
아니	VCN	11	278	0.038%
아도	EC	11	279	0.038%
여러	MM	11	280	0.038%
오	EF	11	281	0.038%
오ᄅ	VV	11	282	0.038%
요	EF	11	283	0.038%
줄	NNG	11	284	0.038%

형태소	분류	빈도수	순위	백분율
하	MAG	11	285	0.038%
는	EP	11	286	0.038%
딕졉ᄒ	VV	11	287	0.038%
가족	NNG	10	288	0.034%
곳ᄎ	NNG	10	289	0.034%
그리	MAG	10	290	0.034%
굿치	VV	10	291	0.034%
나오	VV	10	292	0.034%
높	VA	10	293	0.034%
등	NNB	10	294	0.034%
둥ᄒ	VA	10	295	0.034%
들	VV	10	296	0.034%
랴	EF	10	297	0.034%
리라	EF	10	298	0.034%
멀	VA	10	299	0.034%
몸	NNG	10	300	0.034%
신	VV	10	301	0.034%
심이	MAG	10	302	0.034%
아	EP	10	303	0.034%
오늘	NNG	10	304	0.034%
울	VV	10	305	0.034%
음식	NNG	10	306	0.034%
웃틈	NNG	10	307	0.034%
이제	NNG	10	308	0.034%
저	NP	10	309	0.034%
티	VV	10	310	0.034%
힘	NNG	10	311	0.034%
으	EC	10	312	0.034%
갚	VV	9	313	0.031%
개	NNG	9	314	0.031%
걸	VV	9	315	0.031%
고	EF	9	316	0.031%

형태소	분류	빈도수	순위	백분율
괴이ㅎ	VA	9	317	0.031%
그림	NNG	9	318	0.031%
나라	NNG	9	319	0.031%
녀름	NNG	9	320	0.031%
담	NNG	9	321	0.031%
도록	EC	9	322	0.031%
말슴	NNG	9	323	0.031%
말ㅎ	VV	9	324	0.031%
보내	VV	9	325	0.031%
블	VV	9	326	0.031%
산	NNG	9	327	0.031%
쇼셔	EF	9	328	0.031%
심히	MAG	9	329	0.031%
싯	VV	9	330	0.031%
아모리	MAG	9	331	0.031%
앒ㅍ	NNG	9	332	0.031%
어다가	EC	9	333	0.031%
어듸	NP	9	334	0.031%
이야	JX	9	335	0.031%
입	NNG	9	336	0.031%
제	NP	9	337	0.031%
둘	NNG	9	338	0.031%
둘	VV	9	339	0.031%
ㅂ리	VV	9	340	0.031%
쏫	VV	9	341	0.031%
올	JKO	9	342	0.031%
춫	VV	9	343	0.031%
(어/0)	EC	8	344	0.027%
가지	NNB	8	345	0.027%
걷	VV	8	346	0.027%
계시	VV	8	347	0.027%
고져	EC	8	348	0.027%

형태소	분류	빈도수	순위	백분율
국	NNG	8	349	0.027%
굴	VV	8	350	0.027%
그만	MAG	8	351	0.027%
기름	NNG	8	352	0.027%
나	EC	8	353	0.027%
나라	EF	8	354	0.027%
남기	NNG	8	355	0.027%
니	NNG	8	356	0.027%
다른	MM	8	357	0.027%
더ᄒ	VV	8	358	0.027%
메	VV	8	359	0.027%
못	NNG	8	360	0.027%
번	NNB	8	361	0.027%
벼	NNG	8	362	0.027%
분	NNB	8	363	0.027%
븕	VA	8	364	0.027%
살	VV	8	365	0.027%
셔	JKB	8	366	0.027%
셔	VV	8	367	0.027%
슳	VA	8	368	0.027%
심ㄱ	VV	8	369	0.027%
ㅣ	JKG	8	370	0.027%
아릭	NNG	8	371	0.027%
야	JX	8	372	0.027%
약지	NNG	8	373	0.027%
요스이	NNG	8	374	0.027%
우리	NP	8	375	0.027%
은	EC	8	376	0.027%
이긔	VV	8	377	0.027%
조심ᄒ	VV	8	378	0.027%
지내	VV	8	379	0.027%
춤	NNG	8	380	0.027%

형태소	분류	빈도수	순위	백분율
칩	VA	8	381	0.027%
허믈	NNG	8	382	0.027%
혹	MAG	8	383	0.027%
든녀오	VV	8	384	0.027%
쏘	MAG	8	385	0.027%
쓸	NNG	8	386	0.027%
즈	NNG	8	387	0.027%
츳	VV	8	388	0.027%
가져가	VV	7	389	0.024%
가지	VV	7	390	0.024%
과	JKB	7	391	0.024%
그런	MM	7	392	0.024%
긔운	NNG	7	393	0.024%
깃브	VA	7	394	0.024%
ㄴ지	EC	7	395	0.024%
녜	VV	7	396	0.024%
누	NP	7	397	0.024%
대로	JX	7	398	0.024%
더	MAG	7	399	0.024%
등	NNG	7	400	0.024%
막	VV	7	401	0.024%
먹기	VV	7	402	0.024%
모오	VV	7	403	0.024%
모르	VV	7	404	0.024%
목	NNG	7	405	0.024%
박	VV	7	406	0.024%
밧	VV	7	407	0.024%
밭	NNG	7	408	0.024%
벗기	VV	7	409	0.024%
붓치	VV	7	410	0.024%
브르	VV	7	411	0.024%
상	NNG	7	412	0.024%

형태소	분류	빈도수	순위	백분율
성ᄒ	VA	7	413	0.024%
시작ᄒ	VV	7	414	0.024%
식	JX	7	415	0.024%
아니	VX	7	416	0.024%
어셔	EC	7	417	0.024%
엇더ᄒ	VA	7	418	0.024%
열	VV	7	419	0.024%
오	EC	7	420	0.024%
오래	MAG	7	421	0.024%
우ᄒ	NNG	7	422	0.024%
의	JKS	7	423	0.024%
이	EP	7	424	0.024%
자니	NP	7	425	0.024%
절로	MAG	7	426	0.024%
털	NNG	7	427	0.024%
풍뉴	NNG	7	428	0.024%
활	NNG	7	429	0.024%
ᄂ리	VV	7	430	0.024%
늘	VV	7	431	0.024%
놋	NNG	7	432	0.024%
닉일	NNG	7	433	0.024%
ᄆ들	VV	7	434	0.024%
믈릭	VV	7	435	0.024%
묽	VA	7	436	0.024%
믠들	VV	7	437	0.024%
볼셔	MAG	7	438	0.024%
봇	VV	7	439	0.024%
ᄉ이	NNG	7	440	0.024%
숨	VV	7	441	0.024%
쌍	NNG	7	442	0.024%
쌔히	VV	7	443	0.024%
으니	EC	7	444	0.024%

형태소	분류	빈도수	순위	백분율
은	ETM	7	445	0.024%
이셔	JKB	7	446	0.024%
즈라	VV	7	447	0.024%
히	NNG	7	448	0.024%
거라	EF	6	449	0.021%
걸리	VV	6	450	0.021%
겨올	NNG	6	451	0.021%
공	NNG	6	452	0.021%
과연(果然)	MAG	6	453	0.021%
구경ᄒ	VV	6	454	0.021%
귀ᄒ	VA	6	455	0.021%
글시	NNG	6	456	0.021%
ㄴ들	EC	6	457	0.021%
나가	VV	6	458	0.021%
넘	VV	6	459	0.021%
닛	VV	6	460	0.021%
더럽	VA	6	461	0.021%
덕	VA	6	462	0.021%
두	MM	6	463	0.021%
둘	NR	6	464	0.021%
듯ᄒ	VX	6	465	0.021%
ㅁ	ETN	6	466	0.021%
무겁	VA	6	467	0.021%
문	NNG	6	468	0.021%
믈드리	VV	6	469	0.021%
바로	VA	6	470	0.021%
빗	NNG	6	471	0.021%
석	VV	6	472	0.021%
셥기	VV	6	473	0.021%
숨	VV	6	474	0.021%
슬프	VA	6	475	0.021%
아직	MAG	6	476	0.021%

형태소	분류	빈도수	순위	백분율
얇프	VA	6	477	0.021%
앗	VV	6	478	0.021%
어듭	VA	6	479	0.021%
어인	MM	6	480	0.021%
어질	VA	6	481	0.021%
엇지	MAG	6	482	0.021%
오래	VA	6	483	0.021%
올리	VV	6	484	0.021%
외	JKB	6	485	0.021%
으라	EF	6	486	0.021%
이리	MAG	6	487	0.021%
일	MAG	6	488	0.021%
잠간	MAG	6	489	0.021%
견	NNG	6	490	0.021%
절박ㅎ	VA	6	491	0.021%
정ㅎ	VV	6	492	0.021%
착ㅎ	VA	6	493	0.021%
창	NNG	6	494	0.021%
청ㅎ	VV	6	495	0.021%
체	NNB	6	496	0.021%
켜	VV	6	497	0.021%
코	NNG	6	498	0.021%
회	NNG	6	499	0.021%
희	VA	6	500	0.021%
힘쓰	VV	6	501	0.021%
ᄀ늘	VA	6	502	0.021%
ᄀ브	VA	6	503	0.021%
ᄃ	EP	6	504	0.021%
ᄃ드	VA	6	505	0.021%
ᄃᆯ	VA	6	506	0.021%
ᄃᆯ리	VV	6	507	0.021%
ᄃᆰ	NNG	6	508	0.021%

형태소	분류	빈도수	순위	백분율
브리	VX	6	509	0.021%
싀	VV	6	510	0.021%
써러지	VV	6	511	0.021%
쎡	NNG	6	512	0.021%
으라	EF	6	513	0.021%
츠	VA	6	514	0.021%
춤	VV	6	515	0.021%
폴	VV	6	516	0.021%
흔가지	NNG	6	517	0.021%
감격히	VV	5	518	0.017%
개	VV	5	519	0.017%
건너	VV	5	520	0.017%
고나	EF	5	521	0.017%
곡식	NNG	5	522	0.017%
관	NNG	5	523	0.017%
관계히	VV	5	524	0.017%
괴롭	VA	5	525	0.017%
굽	VV	5	526	0.017%
근	NNB	5	527	0.017%
기예	EC	5	528	0.017%
긴	VV	5	529	0.017%
길ᄒ	NNG	5	530	0.017%
낚	VV	5	531	0.017%
남	VV	5	532	0.017%
낫	VV	5	533	0.017%
낳	VV	5	534	0.017%
내	NP	5	535	0.017%
냥반	NNG	5	536	0.017%
너르	VA	5	537	0.017%
널	NNG	5	538	0.017%
년ᄒ	VV	5	539	0.017%
녜	NNG	5	540	0.017%

형태소	분류	빈도수	순위	백분율
노라	EF	5	541	0.017%
뉴	NNG	5	542	0.017%
니기	VV	5	543	0.017%
닐	VV	5	544	0.017%
닙ㅍ	NNG	5	545	0.017%
다스리	VV	5	546	0.017%
대	NNG	5	547	0.017%
도로	MAG	5	548	0.017%
도적	NNG	5	549	0.017%
등(中)	NNB	5	550	0.017%
드러가	VV	5	551	0.017%
들리	VV	5	552	0.017%
막	MAG	5	553	0.017%
맛나	VA	5	554	0.017%
멋ㅊ	NR	5	555	0.017%
모호	VV	5	556	0.017%
몬져	MAG	5	557	0.017%
무슴	MM	5	558	0.017%
므르	VA	5	559	0.017%
믄지	NNG	5	560	0.017%
바다ㅎ	NNG	5	561	0.017%
벼슬	NNG	5	562	0.017%
별	NNG	5	563	0.017%
부리	VV	5	564	0.017%
부터	JKB	5	565	0.017%
사오	VV	5	566	0.017%
살	NNG	5	567	0.017%
새	MM	5	568	0.017%
서로	MAG	5	569	0.017%
서늘ㅎ	VA	5	570	0.017%
세	VA	5	571	0.017%
셤	NNG	5	572	0.017%

형태소	분류	빈도수	순위	백분율
셩	NNG	5	573	0.017%
셰	VV	5	574	0.017%
손가락	NNG	5	575	0.017%
수이	MAG	5	576	0.017%
실ㅎ	VA	5	577	0.017%
싸홈	NNG	5	578	0.017%
쌓	VV	5	579	0.017%
쏘	VV	5	580	0.017%
ㅣ나	JX	5	581	0.017%
아마도	MAG	5	582	0.017%
아들	NNG	5	583	0.017%
약	NNG	5	584	0.017%
어리	VA	5	585	0.017%
어제	NNG	5	586	0.017%
얽	VV	5	587	0.017%
여러ㅎ	NNG	5	588	0.017%
오르	VV	5	589	0.017%
요ᄉ이	MAG	5	590	0.017%
을란	JX	5	591	0.017%
이	NNB	5	592	0.017%
이라도	JX	5	593	0.017%
잃	VV	5	594	0.017%
자	EF	5	595	0.017%
쟝만ㅎ	VV	5	596	0.017%
쟝슈	NNG	5	597	0.017%
죄	NNG	5	598	0.017%
쥐	VV	5	599	0.017%
즘싱	NNG	5	600	0.017%
지	NNB	5	601	0.017%
직희	VV	5	602	0.017%
칠	NNG	5	603	0.017%
혜	VV	5	604	0.017%

형태소	분류	빈도수	순위	백분율
흙	NNG	5	605	0.017%
ᄀ럽	VA	5	606	0.017%
ᄂ라	EF	5	607	0.017%
ᄇᄅ	VV	5	608	0.017%
붉	VA	5	609	0.017%
비호	VV	5	610	0.017%
뿔	NNG	5	611	0.017%
ᄉ랑ᄒ	VV	5	612	0.017%
술	NNG	5	613	0.017%
싱각ᄒ	VV	5	614	0.017%
쏘리	NNG	5	615	0.017%
쓴허지	VV	5	616	0.017%
싈	VV	5	617	0.017%
쌔지	VV	5	618	0.017%
쑨	VV	5	619	0.017%
읏	EP	5	620	0.017%
즘	NNG	5	621	0.017%
ᄒ리	VV	5	622	0.017%
가도	VV	4	623	0.014%
가마괴	NNG	4	624	0.014%
가븨	VA	4	625	0.014%
가온딕	NNG	4	626	0.014%
가져오	VV	4	627	0.014%
가지	VX	4	628	0.014%
갓	NNG	4	629	0.014%
거복ᄒ	VA	4	630	0.014%
거름	NNG	4	631	0.014%
검	VA	4	632	0.014%
곡셕	NNG	4	633	0.014%
곳	NNG	4	634	0.014%
괴	VV	4	635	0.014%
구름	NNG	4	636	0.014%

형태소	분류	빈도수	순위	백분율
군듕	NNG	4	637	0.014%
굴	NNG	4	638	0.014%
궁	NNG	4	639	0.014%
궤	NNG	4	640	0.014%
그러ᄒ	VA	4	641	0.014%
그릇	NNG	4	642	0.014%
금음날	NNG	4	643	0.014%
기동	NNG	4	644	0.014%
기리	VV	4	645	0.014%
기르마	NNG	4	646	0.014%
깊	VA	4	647	0.014%
나	EP	4	648	0.014%
나죵	NNG	4	649	0.014%
낫	NNG	4	650	0.014%
낫	VA	4	651	0.014%
놉ᄑ	VA	4	652	0.014%
니	EP	4	653	0.014%
니러나	VV	4	654	0.014%
님ᄒ	VV	4	655	0.014%
다힝(多幸)ᄒ	VA	4	656	0.014%
닥	VV	4	657	0.014%
닫	VV	4	658	0.014%
달	VV	4	659	0.014%
달히	VV	4	660	0.014%
답답ᄒ	VA	4	661	0.014%
대로	NNB	4	662	0.014%
더욱	MAG	4	663	0.014%
덜	MAG	4	664	0.014%
덥ᄑ	VV	4	665	0.014%
뎍국	NNG	4	666	0.014%
도라보	VV	4	667	0.014%
도라오	VV	4	668	0.014%

형태소	분류	빈도수	순위	백분율
도로혀	MAG	4	669	0.014%
돈	VV	4	670	0.014%
두려ᄒ	VV	4	671	0.014%
드러오	VV	4	672	0.014%
든든ᄒ	VA	4	673	0.014%
들어가	VV	4	674	0.014%
들이	VV	4	675	0.014%
맛ㄷ	VV	4	676	0.014%
맛치	MAG	4	677	0.014%
먹이	VV	4	678	0.014%
면ᄒ	VV	4	679	0.014%
몌	VV	4	680	0.014%
뫼	NNG	4	681	0.014%
믈	VV	4	682	0.014%
믈결	NNG	4	683	0.014%
믈리	VV	4	684	0.014%
믈ㄱ	NNG	4	685	0.014%
미리	MAG	4	686	0.014%
밀	VV	4	687	0.014%
및	VV	4	688	0.014%
밧ㄱ	NNG	4	689	0.014%
방	NNG	4	690	0.014%
벌	NNG	4	691	0.014%
범	NNG	4	692	0.014%
법	NNG	4	693	0.014%
병들	VV	4	694	0.014%
부모	NNG	4	695	0.014%
북	NNG	4	696	0.014%
붓	NNG	4	697	0.014%
붓들	VV	4	698	0.014%
뷔	VV	4	699	0.014%
브듸	MAG	4	700	0.014%

형태소	분류	빈도수	순위	백분율
비최	VV	4	701	0.014%
빗	VV	4	702	0.014%
빗기	VV	4	703	0.014%
삼	VV	4	704	0.014%
서리	NNG	4	705	0.014%
셰	NNG	4	706	0.014%
셰오	VV	4	707	0.014%
소임(所任)	NNG	4	708	0.014%
손님	NNG	4	709	0.014%
손바당	NNG	4	710	0.014%
쇼	NNG	4	711	0.014%
수리	NNG	4	712	0.014%
스승	NNG	4	713	0.014%
슬피	MAG	4	714	0.014%
시힝ᄒ	VV	4	715	0.014%
신	VV	4	716	0.014%
실로	MAG	4	717	0.014%
심(甚)히	MAG	4	718	0.014%
씨	NNG	4	719	0.014%
아프	VA	4	720	0.014%
압ᄑ	NNG	4	721	0.014%
어룬	NNG	4	722	0.014%
얼마나	MAG	4	723	0.014%
업슈이	MAG	4	724	0.014%
엇마나	MAG	4	725	0.014%
여름	NNG	4	726	0.014%
웃	VV	4	727	0.014%
위틱ᄒ	VA	4	728	0.014%
으되	EC	4	729	0.014%
으리라	EF	4	730	0.014%
으매	EC	4	731	0.014%
의	EF	4	732	0.014%

형태소	분류	빈도수	순위	백분율
일본	NNP	4	733	0.014%
잇	VV	4	734	0.014%
쟈르	VA	4	735	0.014%
쟝	NNG	4	736	0.014%
져리	MAG	4	737	0.014%
졍(情)	NNG	4	738	0.014%
좁	VA	4	739	0.014%
쥐	NNG	4	740	0.014%
즉제	MAG	4	741	0.014%
증	NNG	4	742	0.014%
지지	VV	4	743	0.014%
참예ᄒ	VV	4	744	0.014%
칼	NNG	4	745	0.014%
타	VV	4	746	0.014%
틈	NNG	4	747	0.014%
파ᄒ	VV	4	748	0.014%
플	NNG	4	749	0.014%
해롭	VA	4	750	0.014%
헐	VV	4	751	0.014%
ᄀ올	NNG	4	752	0.014%
ᄀ득	MAG	4	753	0.014%
ᄀ롯치	VV	4	754	0.014%
글	NNG	4	755	0.014%
글희	VV	4	756	0.014%
ᄀ치	JKB	4	757	0.014%
ᄀ치	MAG	4	758	0.014%
ᄂ려지	VV	4	759	0.014%
놀래	MAG	4	760	0.014%
놀리	VV	4	761	0.014%
ᄂᆞ츠	NNG	4	762	0.014%
ᄃ라나	VV	4	763	0.014%
쇠	NNG	4	764	0.014%

형태소	분류	빈도수	순위	백분율
슬	VV	4	765	0.014%
슬피	VV	4	766	0.014%
싀	VV	4	767	0.014%
씽	NNG	4	768	0.014%
쏭	NNG	4	769	0.014%
씌	NNG	4	770	0.014%
싯른	VV	4	771	0.014%
씨	NNG	4	772	0.014%
쓴[쓰]	VV	4	773	0.014%
ᄌ로	MAG	4	774	0.014%
ᄌ로	NNG	4	775	0.014%
ᄌ손(子孫)	NNG	4	776	0.014%
ᄌ식(子息)	NNG	4	777	0.014%
즉ᄒ	VA	4	778	0.014%
취ᄒ	VV	4	779	0.014%
춤아	MAG	4	780	0.014%
치	NNG	4	781	0.014%
칙	NNG	4	782	0.014%
ᄒ른	NNG	4	783	0.014%
힝혀	MAG	4	784	0.014%
(어)	IC	3	785	0.010%
가래	NNG	3	786	0.010%
가싀	NNG	3	787	0.010%
가지	NNG	3	788	0.010%
각각	MAG	3	789	0.010%
갈	VV	3	790	0.010%
강남	NNG	3	791	0.010%
강남(江南)	NNG	3	792	0.010%
갸륵ᄒ	VA	3	793	0.010%
거륵ᄒ	VA	3	794	0.010%
걸	VA	3	795	0.010%
것ㄱ	VV	3	796	0.010%

형태소	분류	빈도수	순위	백분율
결단ᄒ	VV	3	797	0.010%
경	NNG	3	798	0.010%
경히	MAG	3	799	0.010%
곳	JX	3	800	0.010%
괴이히	MAG	3	801	0.010%
구경	NNG	3	802	0.010%
구실	NNG	3	803	0.010%
구지	MAG	3	804	0.010%
구ᄒ	VV	3	805	0.010%
군ᄉ	NNG	3	806	0.010%
군ᄉ(軍士)	NNG	3	807	0.010%
굳	VV	3	808	0.010%
굵	VA	3	809	0.010%
굽	VA	3	810	0.010%
귀	NNG	3	811	0.010%
그르	VA	3	812	0.010%
그리	VV	3	813	0.010%
그치	VV	3	814	0.010%
근심	NNG	3	815	0.010%
긁	VV	3	816	0.010%
금	NNG	3	817	0.010%
금즉ᄒ	VA	3	818	0.010%
급히	MAG	3	819	0.010%
긔특(奇特)ᄒ	VA	3	820	0.010%
기울	VV	3	821	0.010%
기음	NNG	3	822	0.010%
기ᄃ리	VV	3	823	0.010%
길드리	VV	3	824	0.010%
김	NNG	3	825	0.010%
깁프	VA	3	826	0.010%
깃거ᄒ	VV	3	827	0.010%
깃드리	VV	3	828	0.010%

형태소	분류	빈도수	순위	백분율
너	NP	3	829	0.010%
넘녀	NNG	3	830	0.010%
노기	VV	3	831	0.010%
노릇	NNG	3	832	0.010%
녹	VV	3	833	0.010%
논	NNG	3	834	0.010%
농스	NNG	3	835	0.010%
놓	VX	3	836	0.010%
누르	VA	3	837	0.010%
누에	NNG	3	838	0.010%
눈믈	NNG	3	839	0.010%
눈썹	NNG	3	840	0.010%
눕	VV	3	841	0.010%
늙	VA	3	842	0.010%
니	VV	3	843	0.010%
다리	NNG	3	844	0.010%
단오	NNG	3	845	0.010%
답〃ᄒ	VA	3	846	0.010%
댱인	NNG	3	847	0.010%
더듸	VA	3	848	0.010%
덜	VV	3	849	0.010%
덜ᄒ	VA	3	850	0.010%
뎌	NP	3	851	0.010%
도다	EF	3	852	0.010%
도망ᄒ	VV	3	853	0.010%
독	NNG	3	854	0.010%
돈	NNG	3	855	0.010%
돌	NNG	3	856	0.010%
돕	VV	3	857	0.010%
돗	NNG	3	858	0.010%
동즈	NNG	3	859	0.010%
됴션	NNG	3	860	0.010%

형태소	분류	빈도수	순위	백분율
둣겁	VA	3	861	0.010%
뒤ㅎ	NNG	3	862	0.010%
듕	NNG	3	863	0.010%
듕(重)ㅎ	VA	3	864	0.010%
든〃ㅎ	VA	3	865	0.010%
들	EC	3	866	0.010%
디	EC	3	867	0.010%
라도	EC	3	868	0.010%
란	JX	3	869	0.010%
로셔	JKB	3	870	0.010%
리잇가	EF	3	871	0.010%
말슴ㅎ	VV	3	872	0.010%
맛당ㅎ	VA	3	873	0.010%
맛치	VV	3	874	0.010%
머리	NNG	3	875	0.010%
먹키	VV	3	876	0.010%
멀니	MAG	3	877	0.010%
명일	NNG	3	878	0.010%
모시	NNG	3	879	0.010%
모ㅎ	NNG	3	880	0.010%
못쓰	VV	3	881	0.010%
뫼ㅎ	NNG	3	882	0.010%
무단ㅎ	VA	3	883	0.010%
무던ㅎ	VA	3	884	0.010%
문(門)	NNG	3	885	0.010%
물	NNG	3	886	0.010%
믈러가	VV	3	887	0.010%
밋	VV	3	888	0.010%
밋ㅊ	NNG	3	889	0.010%
밋ㅌ	NNG	3	890	0.010%
바독	NNG	3	891	0.010%
바로	MAG	3	892	0.010%

형태소	분류	빈도수	순위	백분율
반반ᄒ	VA	3	893	0.010%
밧ㄱ	NNB	3	894	0.010%
밧긔	JX	3	895	0.010%
밧비	MAG	3	896	0.010%
밧치	VV	3	897	0.010%
번ᄒ	VX	3	898	0.010%
벗	VV	3	899	0.010%
볏ᄎ	NNG	3	900	0.010%
보	NNG	3	901	0.010%
보름날	NNG	3	902	0.010%
본받	VV	3	903	0.010%
볼기	NNG	3	904	0.010%
뵈	VX	3	905	0.010%
부러지	VV	3	906	0.010%
부즈런이	MAG	3	907	0.010%
분부	NNG	3	908	0.010%
분주ᄒ	VA	3	909	0.010%
붓치	VV	3	910	0.010%
븨	VA	3	911	0.010%
비록	MAG	3	912	0.010%
빌	VV	3	913	0.010%
빗스	VA	3	914	0.010%
사괴	VV	3	915	0.010%
삿기	NNG	3	916	0.010%
새	VV	3	917	0.010%
새벽	NNG	3	918	0.010%
샹고들	NNG	3	919	0.010%
섭〃ᄒ	VA	3	920	0.010%
섭섭ᄒ	VA	3	921	0.010%
섯돌	NNG	3	922	0.010%
셔울	NNG	3	923	0.010%
셟	VA	3	924	0.010%

형태소	분류	빈도수	순위	백분율
셩내	VV	3	925	0.010%
소기	VV	3	926	0.010%
소옴	NNG	3	927	0.010%
수	NNG	3	928	0.010%
숨	NNG	3	929	0.010%
쉬훤ᄒ	VA	3	930	0.010%
슈	NNG	3	931	0.010%
슬	VV	3	932	0.010%
시기	VV	3	933	0.010%
신션	NNG	3	934	0.010%
실	NNG	3	935	0.010%
심〃ᄒ	VA	3	936	0.010%
싸흘	VV	3	937	0.010%
쓰	VA	3	938	0.010%
씹	VV	3	939	0.010%
아모	NP	3	940	0.010%
아룸답	VA	3	941	0.010%
아ᄋ	NNG	3	942	0.010%
아희들	NNG	3	943	0.010%
안	NNG	3	944	0.010%
안개	NNG	3	945	0.010%
안심ᄒ	VV	3	946	0.010%
안쥬	NNG	3	947	0.010%
안히	NNG	3	948	0.010%
앗기	VV	3	949	0.010%
약(藥)	NNG	3	950	0.010%
어니	EC	3	951	0.010%
어야[여]	EC	3	952	0.010%
어엿브	VA	3	953	0.010%
언덕	NNG	3	954	0.010%
언마나	MAG	3	955	0.010%
얼	VV	3	956	0.010%

형태소	분류	빈도수	순위	백분율
여믈	NNG	3	957	0.010%
여셔	EC	3	958	0.010%
역시(亦是)	MAG	3	959	0.010%
엷	VA	3	960	0.010%
엿줍	VV	3	961	0.010%
예셔	JKB	3	962	0.010%
오[으]	EP	3	963	0.010%
오좀	NNG	3	964	0.010%
온갖	MAG	3	965	0.010%
올나가	VV	3	966	0.010%
외	NNG	3	967	0.010%
외[의]	EF	3	968	0.010%
요란ㅎ	VA	3	969	0.010%
욕심	NNG	3	970	0.010%
우습	VA	3	971	0.010%
울	NNG	3	972	0.010%
원슈	NNG	3	973	0.010%
위로ㅎ	VV	3	974	0.010%
으러	EC	3	975	0.010%
으로셔	JKB	3	976	0.010%
웃듬	NNG	3	977	0.010%
응당	MAG	3	978	0.010%
일으	VV	3	979	0.010%
일홈	NNG	3	980	0.010%
잇글	VV	3	981	0.010%
자리	NNG	3	982	0.010%
자시	VV	3	983	0.010%
잔치ㅎ	VV	3	984	0.010%
잘못	MAG	3	985	0.010%
잘못ㅎ	VV	3	986	0.010%
쟈	NNG	3	987	0.010%
쟝춫	MAG	3	988	0.010%

형태소	분류	빈도수	순위	백분율
저즐	VV	3	989	0.010%
져녁	NNG	3	990	0.010%
졀	NNG	3	991	0.010%
졈졈	MAG	3	992	0.010%
졍신	NNG	3	993	0.010%
조츨ᄒ	VA	3	994	0.010%
조히	MAG	3	995	0.010%
죵	NNG	3	996	0.010%
쥬	NNG	3	997	0.010%
즈의	NNG	3	998	0.010%
즉금	NNG	3	999	0.010%
지나	VV	3	1000	0.010%
지르	VV	3	1001	0.010%
지져괴	VV	3	1002	0.010%
진쥬	NNG	3	1003	0.010%
창(窓)	NNG	3	1004	0.010%
쳐로	JKB	3	1005	0.010%
쳐치ᄒ	VV	3	1006	0.010%
쳬ᄒ	VX	3	1007	0.010%
츰	NNG	3	1008	0.010%
치	EC	3	1009	0.010%
탓	NNB	3	1010	0.010%
톱	NNG	3	1011	0.010%
패ᄒ	VV	3	1012	0.010%
펴	VV	3	1013	0.010%
편안ᄒ	VA	3	1014	0.010%
평싱	NNG	3	1015	0.010%
피	NNG	3	1016	0.010%
하마	MAG	3	1017	0.010%
한가ᄒ	VA	3	1018	0.010%
합ᄒ	VV	3	1019	0.010%
향	NNG	3	1020	0.010%

형태소	분류	빈도수	순위	백분율
향긔롭	VA	3	1021	0.010%
허(虛)ᄒ	VA	3	1022	0.010%
허리	NNG	3	1023	0.010%
혜	NNG	3	1024	0.010%
호	VV	3	1025	0.010%
홈자	MAG	3	1026	0.010%
황공ᄒ	VA	3	1027	0.010%
후(後)	NNG	3	1028	0.010%
흐리	VA	3	1029	0.010%
흥졍	NNG	3	1030	0.010%
흥졍ᄒ	VV	3	1031	0.010%
희ᄌ	NNG	3	1032	0.010%
ᄀ리우	VV	3	1033	0.010%
ᄀ이없	VA	3	1034	0.010%
ᄀᆷ초	VV	3	1035	0.010%
기과(改過)ᄒ	VV	3	1036	0.010%
ᄂ려오	VV	3	1037	0.010%
ᄂᆯ	NNG	3	1038	0.010%
늘	NNG	3	1039	0.010%
늣	VA	3	1040	0.010%
ᄃ려	JKB	3	1041	0.010%
돌빗ᄎ	NNG	3	1042	0.010%
듬	VV	3	1043	0.010%
ᄆ르	VV	3	1044	0.010%
민들	VV	3	1045	0.010%
브라보	VV	3	1046	0.010%
빅셩	NNG	3	1047	0.010%
빅셩들	NNG	3	1048	0.010%
ᄲ	VV	3	1049	0.010%
ᄉ름	NNG	3	1050	0.010%
ᄉᆞ	VV	3	1051	0.010%
ᄽ	VV	3	1052	0.010%

형태소	분류	빈도수	순위	백분율
쇠	NNG	3	1053	0.010%
쑤미	VV	3	1054	0.010%
슬히	VV	3	1055	0.010%
슳	VV	3	1056	0.010%
씌	JKB	3	1057	0.010%
씬	NNG	3	1058	0.010%
짜ᅙ	NNG	3	1059	0.010%
쌍ᅙ	NNG	3	1060	0.010%
쑵	VV	3	1061	0.010%
쓰	NNG	3	1062	0.010%
찌	VV	3	1063	0.010%
ᄯ	VV	3	1064	0.010%
씀	NNG	3	1065	0.010%
쎠	NNG	3	1066	0.010%
쌱리	VV	3	1067	0.010%
쌘	NNB	3	1068	0.010%
짜	VV	3	1069	0.010%
은	JX	3	1070	0.010%
줄	VA	3	1071	0.010%
출히	VV	3	1072	0.010%
춤새	NNG	3	1073	0.010%
특	NNG	3	1074	0.010%
흔나	NR	3	1075	0.010%
흔부로	MAG	3	1076	0.010%
힝츠	NNG	3	1077	0.010%
가마	NNG	2	1078	0.007%
가여멸	VA	2	1079	0.007%
가재	NNG	2	1080	0.007%
간대로	MAG	2	1081	0.007%
감	NNG	2	1082	0.007%
강	NNG	2	1083	0.007%
강믈	NNG	2	1084	0.007%

형태소	분류	빈도수	순위	백분율
거나	EC	2	1085	0.007%
거두	VV	2	1086	0.007%
거롬	NNG	2	1087	0.007%
거륵이	MAG	2	1088	0.007%
거믄고	NNG	2	1089	0.007%
거의	MAG	2	1090	0.007%
거줏	NNG	2	1091	0.007%
건디	VV	2	1092	0.007%
건마눈	EC	2	1093	0.007%
결새	NNG	2	1094	0.007%
걸어가	VV	2	1095	0.007%
검박ᄒ	VA	2	1096	0.007%
게	NNG	2	1097	0.007%
게	NP	2	1098	0.007%
겨시	VV	2	1099	0.007%
겨집사름	NNG	2	1100	0.007%
견되	VV	2	1101	0.007%
견마	NNG	2	1102	0.007%
견우	NNP	2	1103	0.007%
겻ㅌ	NNG	2	1104	0.007%
경계ᄒ	VV	2	1105	0.007%
계오	MAG	2	1106	0.007%
계집	NNG	2	1107	0.007%
고개	NNG	2	1108	0.007%
고으	VV	2	1109	0.007%
고을	NNG	2	1110	0.007%
고인	NNG	2	1111	0.007%
고지듯	VV	2	1112	0.007%
고치	VV	2	1113	0.007%
고ᄒ	VV	2	1114	0.007%
곡됴	NNG	2	1115	0.007%
곡졍	NNG	2	1116	0.007%

형태소	분류	빈도수	순위	백분율
곤ᄒ	VA	2	1117	0.007%
골	NNG	2	1118	0.007%
곰당	MAG	2	1119	0.003%
곳ᄎ[ㅈ]	NNG	2	1120	0.007%
공부	NNG	2	1121	0.007%
공신	NNG	2	1122	0.007%
공ᄉ	NNG	2	1123	0.007%
과실	NNG	2	1124	0.007%
관가	NNG	2	1125	0.007%
관가(官家)	NNG	2	1126	0.007%
관원(官員)	NNG	2	1127	0.007%
광증	NNG	2	1128	0.007%
광직	NNG	2	1129	0.007%
괴	NNG	2	1130	0.007%
구시월	NNG	2	1131	0.007%
구을	VV	2	1132	0.007%
구챠ᄒ	VA	2	1133	0.007%
국화	NNG	2	1134	0.007%
군ᄌ	NNG	2	1135	0.007%
굴형	NNG	2	1136	0.007%
굼ㄱ	NNG	2	1137	0.007%
권	NNG	2	1138	0.007%
권ᄒ	VV	2	1139	0.007%
궐	NNG	2	1140	0.007%
궤	VV	2	1141	0.007%
귀엿쓸	NNG	2	1142	0.007%
귀향	NNG	2	1143	0.007%
귀히	MAG	2	1144	0.007%
규화	NNG	2	1145	0.007%
그대로	MAG	2	1146	0.007%
그릇	NNG	2	1147	0.007%
그릇ㅅ	NNG	2	1148	0.007%

형태소	분류	빈도수	순위	백분율
그릇ᄒ	VV	2	1149	0.007%
그리ᄒ	VV	2	1150	0.007%
그림재	NNG	2	1151	0.007%
그립	VA	2	1152	0.007%
그믈	NNG	2	1153	0.007%
그저	MAG	2	1154	0.007%
근본	NNG	2	1155	0.007%
글쓰기	NNG	2	1156	0.007%
금ᄒ	VV	2	1157	0.007%
급피	MAG	2	1158	0.007%
긔	NNG	2	1159	0.007%
긔	VV	2	1160	0.007%
긔별	NNG	2	1161	0.007%
긔운(氣運)	NNG	2	1162	0.007%
기[이]	ETN	2	1163	0.007%
기러기	NNG	2	1164	0.007%
기르	VV	2	1165	0.007%
기울어디	VV	2	1166	0.007%
기ᄅ	VV	2	1167	0.007%
깁	VV	2	1168	0.007%
깃치	VV	2	1169	0.007%
ㄴ딕	EC	2	1170	0.007%
나모닙	NNG	2	1171	0.007%
나모신	NNG	2	1172	0.007%
나븨	NNG	2	1173	0.007%
나아가	VV	2	1174	0.007%
나릇	NNG	2	1175	0.007%
난초	NNG	2	1176	0.007%
낮	NNG	2	1177	0.007%
내치	VV	2	1178	0.007%
냥	NNB	2	1179	0.007%
냥쥬	NNG	2	1180	0.007%

형태소	분류	빈도수	순위	백분율
너븨	NNG	2	1181	0.007%
널	VA	2	1182	0.007%
네	NP	2	1183	0.007%
녀기	VV	2	1184	0.007%
녀편늬	NNG	2	1185	0.007%
녀룸지	NNG	2	1186	0.007%
년	NNB	2	1187	0.007%
넘녀ᄒ	VV	2	1188	0.007%
넘치	NNG	2	1189	0.007%
녜ᄉ(例事)	NNG	2	1190	0.007%
노	NNG	2	1191	0.007%
노래	NNG	2	1192	0.007%
노올	NNG	2	1193	0.007%
노피	MAG	2	1194	0.007%
노름	NNG	2	1195	0.007%
노릭	NNG	2	1196	0.007%
놀내	VV	2	1197	0.007%
놀라	VV	2	1198	0.007%
놋쇠	NNG	2	1199	0.007%
농	NNG	2	1200	0.007%
누	VV	2	1201	0.007%
누고	NP	2	1202	0.007%
누로	VA	2	1203	0.007%
누륵	NNG	2	1204	0.007%
뉘읏	VV	2	1205	0.007%
늙으니	NNG	2	1206	0.007%
니러혀	VV	2	1207	0.007%
니르	VV	2	1208	0.007%
니마	NNG	2	1209	0.007%
니별(離別)	NNG	2	1210	0.007%
니잇가	EF	2	1211	0.007%
님자	NNG	2	1212	0.007%

형태소	분류	빈도수	순위	백분율
닢	NNG	2	1213	0.007%
다	EC	2	1214	0.007%
다[다]	EF	2	1215	0.007%
다[라]	EF	2	1216	0.007%
다가는	EC	2	1217	0.007%
다치	VV	2	1218	0.007%
다히	JKB	2	1219	0.007%
다숫	NR	2	1220	0.007%
다힝ᄒ	VA	2	1221	0.007%
단	NNB	2	1222	0.007%
단장	NNG	2	1223	0.007%
당ᄒ	VV	2	1224	0.007%
대감ᄌ	NNG	2	1225	0.007%
대구	NNG	2	1226	0.007%
댱	NNG	2	1227	0.007%
댱마	NNG	2	1228	0.007%
댱인(匠人)	NNG	2	1229	0.007%
더러	MAG	2	1230	0.007%
더옥	MAG	2	1231	0.007%
더지	VV	2	1232	0.007%
덩이	NNG	2	1233	0.007%
뎌구리	NNG	2	1234	0.007%
뎌기	NP	2	1235	0.007%
뎜뎜	MAG	2	1236	0.007%
뎡(定)ᄒ	VV	2	1237	0.007%
뎡히	MAG	2	1238	0.007%
도	EC	2	1239	0.007%
도모(圖謀)	NNG	2	1240	0.007%
도쇠	EF	2	1241	0.007%
독ᄒ	VA	2	1242	0.007%
돗대	NNG	2	1243	0.007%
동	NNG	2	1244	0.007%

형태소	분류	빈도수	순위	백분율
동궁(東宮)	NNG	2	1245	0.007%
동산	NNG	2	1246	0.007%
동쇼	NNG	2	1247	0.007%
동지	NNG	2	1248	0.007%
동지둘	NNG	2	1249	0.007%
동늬부ᄉ(東萊府使)	NNG	2	1250	0.007%
되	EF	2	1251	0.007%
됴하ᄒ	VV	2	1252	0.007%
됴히	MAG	2	1253	0.007%
둉회	NNG	2	1254	0.007%
두두리	VV	2	1255	0.007%
두로	MAG	2	1256	0.007%
둑거이	MAG	2	1257	0.007%
둑겁	VA	2	1258	0.007%
둘리	VV	2	1259	0.007%
둘재	NNG	2	1260	0.007%
드리	VX	2	1261	0.007%
드믈	VA	2	1262	0.007%
드믈게	MAG	2	1263	0.007%
드듸	VV	2	1264	0.007%
들	NNG	2	1265	0.007%
등	NNB	2	1266	0.007%
등블	NNG	2	1267	0.007%
등잔	NNG	2	1268	0.007%
디	VV	2	1269	0.007%
딕녀	NNP	2	1270	0.007%
ㄹ	JKB	2	1271	0.007%
ㄹ지라도	EC	2	1272	0.007%
ㄹ지연졍	EC	2	1273	0.007%
라[러]	EF	2	1274	0.007%
련마ᄂ	EC	2	1275	0.007%
로써	JKB	2	1276	0.007%

형태소	분류	빈도수	순위	백분율
마지못ᄒ	VA	2	1277	0.007%
만	NNB	2	1278	0.007%
만만ᄒ	VA	2	1279	0.007%
만치	NNB	2	1280	0.007%
맞지	VV	2	1281	0.007%
매	JKB	2	1282	0.007%
매	NNG	2	1283	0.007%
머믈	VV	2	1284	0.007%
머흘	VV	2	1285	0.007%
먹	NNG	2	1286	0.007%
먼	MAG	2	1287	0.007%
먼니	MAG	2	1288	0.007%
며	EC	2	1289	0.007%
명심(銘心)ᄒ	VV	2	1290	0.007%
명화	NNG	2	1291	0.007%
모든	MM	2	1292	0.007%
모션	NNG	2	1293	0.007%
모양	NNG	2	1294	0.007%
모히	VV	2	1295	0.007%
모릭	NNG	2	1296	0.007%
목면	NNG	2	1297	0.007%
목믈	NNG	2	1298	0.007%
못츠르기	NNG	2	1299	0.007%
무긔	NNG	2	1300	0.007%
무리	NNG	2	1301	0.007%
문허지	VV	2	1302	0.007%
므슴	MM	2	1303	0.007%
믈읏	MAG	2	1304	0.007%
밀	NNG	2	1305	0.007%
밀기름	NNG	2	1306	0.007%
밀치	VV	2	1307	0.007%
밋처	MAG	2	1308	0.007%

형태소	분류	빈도수	순위	백분율
밋쳔	NNG	2	1309	0.007%
바르	VV	2	1310	0.007%
바회	NNG	2	1311	0.007%
바늘	NNG	2	1312	0.007%
반갑	VA	2	1313	0.007%
반드시	MAG	2	1314	0.007%
발자곡	NNG	2	1315	0.007%
밧고	VV	2	1316	0.007%
버들	NNG	2	1317	0.007%
버서지	VV	2	1318	0.007%
범ᄉ(凡事)	NNG	2	1319	0.007%
벗	NNG	2	1320	0.007%
베플	VV	2	1321	0.007%
벼슬	NNG	2	1322	0.007%
벼슬ᄒ	VV	2	1323	0.007%
변	NNG	2	1324	0.007%
별	NNG	2	1325	0.007%
보션	NNG	2	1326	0.007%
보드랍	VA	2	1327	0.007%
본	NNG	2	1328	0.007%
본디	MAG	2	1329	0.007%
부러	MAG	2	1330	0.007%
부모(父母)	NNG	2	1331	0.007%
부억	NNG	2	1332	0.007%
부치	VV	2	1333	0.007%
부ᄅ	VA	2	1334	0.007%
분	NNG	2	1335	0.007%
분명ᄒ	VA	2	1336	0.007%
불	NNG	2	1337	0.007%
불치	VV	2	1338	0.007%
붓ᄃ	VV	2	1339	0.007%
븍	NNG	2	1340	0.007%

형태소	분류	빈도수	순위	백분율
블꼿	NNG	2	1341	0.007%
붓	VV	2	1342	0.007%
비늘	NNG	2	1343	0.007%
빗나	VV	2	1344	0.007%
빗최	VV	2	1345	0.007%
사공들	NNG	2	1346	0.007%
사기	VV	2	1347	0.007%
사로잡	VV	2	1348	0.007%
사룸들	NNG	2	1349	0.007%
산골	NNG	2	1350	0.007%
산슈	NNG	2	1351	0.007%
산힝	NNG	2	1352	0.007%
산힝ᄒ	VV	2	1353	0.007%
삼월	NNG	2	1354	0.007%
새요	NNG	2	1355	0.007%
샤	NNG	2	1356	0.007%
샤ᄒ	VV	2	1357	0.007%
샹	NNG	2	1358	0.007%
샹고ᄒ	VV	2	1359	0.007%
샹뎐(上典)	NNG	2	1360	0.007%
서너	MM	2	1361	0.007%
셜	VV	2	1362	0.007%
세ᄒ	NR	2	1363	0.007%
셔가여리	NNG	2	1364	0.007%
셔양	NNG	2	1365	0.007%
셕벽	NNG	2	1366	0.007%
션믈	NNG	2	1367	0.007%
셜당	NNG	2	1368	0.007%
셩인	NNG	2	1369	0.007%
셩쥬	NNG	2	1370	0.007%
셰샹	NNG	2	1371	0.007%
소업(所業)	NNG	2	1372	0.007%

형태소	분류	빈도수	순위	백분율
소릭ᄒ	VV	2	1373	0.007%
소치	NNG	2	1374	0.007%
손목	NNG	2	1375	0.007%
손씨	NNG	2	1376	0.007%
솔	NNG	2	1377	0.007%
솟아나	VV	2	1378	0.007%
송	NNG	2	1379	0.007%
쇠	VV	2	1380	0.007%
쇠복	NNG	2	1381	0.007%
쇼일(消日)ᄒ	VV	2	1382	0.007%
쇼쥬	NNG	2	1383	0.007%
슈샹이	MAG	2	1384	0.007%
슈샹ᄒ	VA	2	1385	0.007%
슌ᄒ	VA	2	1386	0.007%
슝샹ᄒ	VV	2	1387	0.007%
슬희	VV	2	1388	0.007%
승겁	VA	2	1389	0.007%
싀	VA	2	1390	0.007%
시내ㄱ	NNG	2	1391	0.007%
시방	MAG	2	1392	0.007%
시방	NNG	2	1393	0.007%
시비	NNG	2	1394	0.007%
시비(是非)	NNG	2	1395	0.007%
식혜	NNG	2	1396	0.007%
신	NNG	2	1397	0.007%
신경(腎經)	NNG	2	1398	0.007%
신의	NNG	2	1399	0.007%
신쥬	NNG	2	1400	0.007%
심	VV	2	1401	0.007%
십	MM	2	1402	0.007%
싸	VV	2	1403	0.007%
싸호	VV	2	1404	0.007%

형태소	분류	빈도수	순위	백분율
쏘이	VV	2	1405	0.007%
쑤	VV	2	1406	0.007%
쓰이	VV	2	1407	0.007%
쓸	VV	2	1408	0.007%
아니ᄒ	VV	2	1409	0.007%
아득ᄒ	VA	2	1410	0.007%
아몰	VV	2	1411	0.007%
아비	NNG	2	1412	0.007%
아ᄋ라이	MAG	2	1413	0.007%
아춤	NNG	2	1414	0.007%
안치	VV	2	1415	0.007%
알외	VV	2	1416	0.007%
알프	VA	2	1417	0.007%
애	NNG	2	1418	0.007%
야쇽ᄒ	VA	2	1419	0.007%
약간	MAG	2	1420	0.007%
양(樣)	NNB	2	1421	0.007%
어룸	NNG	2	1422	0.007%
언제	NP	2	1423	0.007%
얼고믹	VV	2	1424	0.007%
얼굴	NNG	2	1425	0.007%
업더지	VV	2	1426	0.007%
업시	MAG	2	1427	0.007%
업시ᄒ	VV	2	1428	0.007%
업딕	VV	2	1429	0.007%
엇던	MM	2	1430	0.007%
엇지[치]	MAG	2	1431	0.007%
에워밧	VV	2	1432	0.007%
여어보	VV	2	1433	0.007%
여외	VA	2	1434	0.007%
여흘	NNG	2	1435	0.007%
연고	NNG	2	1436	0.007%

형태소	분류	빈도수	순위	백분율
연장	NNG	2	1437	0.007%
열두	MM	2	1438	0.007%
열쇠	NNG	2	1439	0.007%
열없	VA	2	1440	0.007%
영화	NNG	2	1441	0.007%
오월	NNG	2	1442	0.007%
옥	NNG	2	1443	0.007%
온갓	MM	2	1444	0.007%
온갖	MM	2	1445	0.007%
올히	VV	2	1446	0.007%
올히	NNG	2	1447	0.007%
옴기	VV	2	1448	0.007%
와	JC	2	1449	0.007%
외국	NNG	2	1450	0.007%
요동ᄒ	VV	2	1451	0.007%
우믈	NNG	2	1452	0.007%
우슴	NNG	2	1453	0.007%
우장	NNG	2	1454	0.007%
우훔	NNG	2	1455	0.007%
위	NNG	2	1456	0.007%
위ᄒ	VV	2	1457	0.007%
유삼	NNG	2	1458	0.007%
으나	EC	2	1459	0.007%
으라	EC	2	1460	0.007%
으랴	EF	2	1461	0.007%
으려	EC	2	1462	0.007%
으리	EF	2	1463	0.007%
으시	EP	2	1464	0.007%
은가	EF	2	1465	0.007%
은혜(恩惠)	NNG	2	1466	0.007%
은디	EC	2	1467	0.007%
은힝	NNG	2	1468	0.007%

형태소	분류	빈도수	순위	백분율
을[올]	JKO	2	1469	0.007%
을[울]	JKO	2	1470	0.007%
을가	EF	2	1471	0.007%
을고	EF	2	1472	0.007%
웅흐	VV	2	1473	0.007%
의논	NNG	2	1474	0.007%
의복	NNG	2	1475	0.007%
이	ETN	2	1476	0.007%
이것	NP	2	1477	0.007%
이듬히	NNG	2	1478	0.007%
이런	MM	2	1479	0.007%
이슬	NNG	2	1480	0.007%
이시	VX	2	1481	0.007%
이월	NNG	2	1482	0.007%
인ᄉ	NNG	2	1483	0.007%
인ᄉ(人事)	NNG	2	1484	0.007%
인슴	NNG	2	1485	0.007%
일	VV	2	1486	0.007%
일졍	NNG	2	1487	0.007%
일즉	MAG	2	1488	0.007%
일홈ᄌ	NNG	2	1489	0.007%
잇	VX	2	1490	0.007%
잇가	EF	2	1491	0.007%
잇다감	MAG	2	1492	0.007%
자식(子息)	NNG	2	1493	0.007%
자흐	NNG	2	1494	0.007%
잡기	NNG	2	1495	0.007%
장흐	VA	2	1496	0.007%
재	NNG	2	1497	0.007%
재	VA	2	1498	0.007%
쟈개	NNG	2	1499	0.007%
쟉도	NNG	2	1500	0.007%

형태소	분류	빈도수	순위	백분율
쟉ᄉ	NNG	2	1501	0.007%
저리	VA	2	1502	0.007%
저마다	MAG	2	1503	0.007%
저모	VV	2	1504	0.007%
저무	VV	2	1505	0.007%
저허ᄒ	VV	2	1506	0.007%
젓	NNG	2	1507	0.007%
젓	VV	2	1508	0.007%
젖	VV	2	1509	0.007%
제	MM	2	1510	0.007%
져	NP	2	1511	0.007%
져녁째	NNG	2	1512	0.007%
져주	VV	2	1513	0.007%
져편	NP	2	1514	0.007%
젹	NNG	2	1515	0.007%
젹젹	MAG	2	1516	0.007%
젼(前)	NNG	2	1517	0.007%
젼ᄒ	VV	2	1518	0.007%
졈을	VV	2	1519	0.007%
졋	NNG	2	1520	0.007%
졍(定)ᄒ	VV	2	1521	0.007%
졍셔	NNG	2	1522	0.007%
졍셩	NNG	2	1523	0.007%
졍이	MAG	2	1524	0.007%
졔(祭)ᄒ	VV	2	1525	0.007%
졔ᄉ	NNG	2	1526	0.007%
졔ᄉᄒ	VV	2	1527	0.007%
조모	NNG	2	1528	0.007%
조심(操心)ᄒ	VV	2	1529	0.007%
조지	VV	2	1530	0.007%
좀	NNG	2	1531	0.007%
좃차가	VV	2	1532	0.007%

형태소	분류	빈도수	순위	백분율
종요롭	VA	2	1533	0.007%
죄(罪)	NNG	2	1534	0.007%
죄인(罪人)	NNG	2	1535	0.007%
족접이	NNG	2	1536	0.007%
족히	MAG	2	1537	0.007%
죵들	NNG	2	1538	0.007%
죵용히	MAG	2	1539	0.007%
죵회	NNG	2	1540	0.007%
주기	VV	2	1541	0.007%
주머니	NNG	2	1542	0.007%
죽기	VV	2	1543	0.007%
죽이	VV	2	1544	0.007%
줄기	NNG	2	1545	0.007%
줍	VV	2	1546	0.007%
쥬션ㅎ	VV	2	1547	0.007%
쥬인	NNG	2	1548	0.007%
쥭	NNG	2	1549	0.007%
즈	VA	2	1550	0.007%
즌흙	NNG	2	1551	0.007%
즛	VV	2	1552	0.007%
지	EP	2	1553	0.007%
지이	VV	2	1554	0.007%
지혀	VV	2	1555	0.007%
진	NNG	2	1556	0.007%
진동ㅎ	VV	2	1557	0.007%
진셔	NNG	2	1558	0.007%
진짓	MAG	2	1559	0.007%
진익	NNG	2	1560	0.007%
진ㅎ	VA	2	1561	0.007%
짐쟉ㅎ	VV	2	1562	0.007%
차	NNG	2	1563	0.007%
차	VV	2	1564	0.007%

형태소	분류	빈도수	순위	백분율
창(倉)	NNG	2	1565	0.007%
챠일	NNG	2	1566	0.007%
챡실이	MAG	2	1567	0.007%
챤챤히	MAG	2	1568	0.007%
체	NNG	2	1569	0.007%
쳐량ᄒ	VA	2	1570	0.007%
쳐연(凄然)ᄒ	VA	2	1571	0.007%
쳐치	NNG	2	1572	0.007%
쳔연ᄒ	VA	2	1573	0.007%
쳔쳔이	MAG	2	1574	0.007%
쳔쳔히	MAG	2	1575	0.007%
쳡(妾)	NNG	2	1576	0.007%
초가집	NNG	2	1577	0.007%
초록(草綠)	NNG	2	1578	0.007%
초목	NNG	2	1579	0.007%
추	VV	2	1580	0.007%
츄셕	NNG	2	1581	0.007%
츄슈	NNG	2	1582	0.007%
츠	VV	2	1583	0.007%
층층이	MAG	2	1584	0.007%
치마	NNG	2	1585	0.007%
칠월	NNG	2	1586	0.007%
침노ᄒ	VV	2	1587	0.007%
쿵〃	MAG	2	1588	0.007%
키	NNG	2	1589	0.007%
탐ᄒ	VV	2	1590	0.007%
터지	VV	2	1591	0.007%
토란	NNG	2	1592	0.007%
투호ᄒ	VV	2	1593	0.007%
트	VV	2	1594	0.007%
틔눈	NNG	2	1595	0.007%
팀치	NNG	2	1596	0.007%

형태소	분류	빈도수	순위	백분율
파	NNG	2	1597	0.007%
팔월	NNG	2	1598	0.007%
퍅ᄒ	VA	2	1599	0.007%
폐	VV	2	1600	0.007%
폭포	NNG	2	1601	0.007%
풀	NNG	2	1602	0.007%
품	NNG	2	1603	0.007%
프ᄅ	VA	2	1604	0.007%
피	VV	2	1605	0.007%
피츠(彼此)	NNG	2	1606	0.007%
피ᄒ	VV	2	1607	0.007%
필(匹)	NNB	2	1608	0.007%
하인(下人)들	NNG	2	1609	0.007%
한새	NNG	2	1610	0.007%
함	NNG	2	1611	0.007%
합(合)ᄒ	VV	2	1612	0.007%
항복	NNG	2	1613	0.007%
해ᄒ	VV	2	1614	0.007%
향내	NNG	2	1615	0.007%
허락(許諾)ᄒ	VV	2	1616	0.007%
허욤	NNG	2	1617	0.007%
험ᄒ	VA	2	1618	0.007%
혁	NNG	2	1619	0.007%
호령ᄒ	VV	2	1620	0.007%
호쵸[죠]	NNG	2	1621	0.007%
홀로	MAG	2	1622	0.007%
화병	NNG	2	1623	0.007%
화약	NNG	2	1624	0.007%
화초	NNG	2	1625	0.007%
화친	NNG	2	1626	0.007%
황뎨	NNG	2	1627	0.007%
후일	NNG	2	1628	0.007%

형태소	분류	빈도수	순위	백분율
흉년	NNG	2	1629	0.007%
흉ᄒ	VA	2	1630	0.007%
흐르	VV	2	1631	0.007%
흔ᄒ	VA	2	1632	0.007%
흘러가	VV	2	1633	0.007%
흘리	VV	2	1634	0.007%
훗터지	VV	2	1635	0.007%
ᄀ	NNG	2	1636	0.007%
ᄀ난ᄒ	VA	2	1637	0.007%
ᄀ리오	VV	2	1638	0.007%
ᄀ만히	MAG	2	1639	0.007%
ᄀ올	NNG	2	1640	0.007%
극급ᄒ	VA	2	1641	0.007%
굴리	VV	2	1642	0.007%
굴ᄒ	VV	2	1643	0.007%
굼	VV	2	1644	0.007%
굼을	VA	2	1645	0.007%
ᄀᆺ	MAG	2	1646	0.007%
ᄀᆺ부	VA	2	1647	0.007%
ᄀᆺ초	VV	2	1648	0.007%
기자ᄒ	VA	2	1649	0.007%
ᄂ라가	VV	2	1650	0.007%
ᄂ리티	VV	2	1651	0.007%
ᄂ지라	EF	2	1652	0.007%
닉	NNG	2	1653	0.007%
닉	NP	2	1654	0.007%
닉년	NNG	2	1655	0.007%
닉도이	MAG	2	1656	0.007%
닝슈	NNG	2	1657	0.007%
ᄃ라미	NNG	2	1658	0.007%
ᄃ래	NNG	2	1659	0.007%
ᄃ려오	VV	2	1660	0.007%

형태소	분류	빈도수	순위	백분율
드시	EC	2	1661	0.007%
드들	NNG	2	1662	0.007%
드리	VV	2	1663	0.007%
드스ᄒ	VA	2	1664	0.007%
든〃ᄒ	VA	2	1665	0.007%
든녀가	VV	2	1666	0.007%
듬그	VV	2	1667	0.007%
돗	EC	2	1668	0.007%
돗	VV	2	1669	0.007%
디	NNG	2	1670	0.007%
디졉	NNG	2	1671	0.007%
딕(宅)	NNG	2	1672	0.007%
ᄆ올	NNG	2	1673	0.007%
ᄆ옴	NNG	2	1674	0.007%
ᄆ디	NNG	2	1675	0.007%
믈국	NNG	2	1676	0.007%
믈으	VV	2	1677	0.007%
믈쏭	NNG	2	1678	0.007%
미이	VV	2	1679	0.007%
밉	VA	2	1680	0.007%
밍글	VV	2	1681	0.007%
ᄇ라뵈	VV	2	1682	0.007%
ᄇ람	NNG	2	1683	0.007%
ᄇ르	VA	2	1684	0.007%
븕	VV	2	1685	0.007%
븕쥐	NNG	2	1686	0.007%
비얌	NNG	2	1687	0.007%
빅스	NNG	2	1688	0.007%
ᄤ	NNG	2	1689	0.007%
븟	NNG	2	1690	0.007%
ᄲ	VV	2	1691	0.007%
ᄡ	VA	2	1692	0.007%

형태소	분류	빈도수	순위	백분율
쓰	VV	2	1693	0.007%
짜	VV	2	1694	0.007%
스나히	NNG	2	1695	0.007%
스방	NNG	2	1696	0.007%
스신(使臣)	NNG	2	1697	0.007%
스양(辭讓)호	VV	2	1698	0.007%
스월	NNG	2	1699	0.007%
슬지	VV	2	1700	0.007%
슯피	VV	2	1701	0.007%
숨즈	NNG	2	1702	0.007%
싀	NNG	2	1703	0.007%
싱	NNG	2	1704	0.007%
싱션	NNG	2	1705	0.007%
싱포	NNG	2	1706	0.007%
싸볼	VV	2	1707	0.007%
삿ㄱ	VV	2	1708	0.007%
쌔	VV	2	1709	0.007%
쌔여지	VV	2	1710	0.007%
쏫	NNG	2	1711	0.007%
쏯	NNG	2	1712	0.007%
쑴	NNG	2	1713	0.007%
쒜	VV	2	1714	0.007%
쓰	VV	2	1715	0.007%
쓸	NNG	2	1716	0.007%
쏫츠	NNG	2	1717	0.007%
씉	NNG	2	1718	0.007%
씨이	VV	2	1719	0.007%
싯지	JX	2	1720	0.007%
쩌나	VV	2	1721	0.007%
쩌러디	VV	2	1722	0.007%
쑬	VV	2	1723	0.007%
쑴	NNG	2	1724	0.007%

형태소	분류	빈도수	순위	백분율
씯	VV	2	1725	0.007%
쓰려지	VV	2	1726	0.007%
쓰리	VV	2	1727	0.007%
쓰름	NNG	2	1728	0.007%
쌔혀나	VV	2	1729	0.007%
샌쪽ㅎ	VA	2	1730	0.007%
썰	VV	2	1731	0.007%
쓰	VV	2	1732	0.007%
쌋	VV	2	1733	0.007%
씳	VV	2	1734	0.007%
으도	EC	2	1735	0.007%
으로	JKB	2	1736	0.007%
으셔	EC	2	1737	0.007%
즈미	NNG	2	1738	0.007%
즈시	MAG	2	1739	0.007%
즈연	MAG	2	1740	0.007%
즈연(自然)	MAG	2	1741	0.007%
줌기	VV	2	1742	0.007%
좀좀ㅎ	VA	2	1743	0.007%
줍	EP	2	1744	0.007%
지	NNG	2	1745	0.007%
지샹(宰相)	NNG	2	1746	0.007%
지조(才操)	NNG	2	1747	0.007%
진믈	NNG	2	1748	0.007%
징	NNG	2	1749	0.007%
징징ㅎ	VV	2	1750	0.007%
츠례	NNG	2	1751	0.007%
출하리	MAG	2	1752	0.007%
치식	NNG	2	1753	0.007%
키	VV	2	1754	0.007%
프리	NNG	2	1755	0.007%
풋	NNG	2	1756	0.007%

형태소	분류	빈도수	순위	백분율
픠	VV	2	1757	0.007%
호염즉호	VA	2	1758	0.007%
흔	NNG	2	1759	0.007%
흔딕	MAG	2	1760	0.007%
홈긔	MAG	2	1761	0.007%
홈씌	MAG	2	1762	0.007%
힝(行)호	VV	2	1763	0.007%
힝실	NNG	2	1764	0.007%
힝실(行實)	NNG	2	1765	0.007%
(몰)언덕	NNG	1	1766	0.003%
가	EF	1	1767	0.003%
가	NNG	1	1768	0.003%
가	VX	1	1769	0.003%
가공즈	NNG	1	1770	0.003%
가난	NNG	1	1771	0.003%
가다듬	VV	1	1772	0.003%
가락지	NNG	1	1773	0.003%
가렵	VA	1	1774	0.003%
가마긔	NNG	1	1775	0.003%
가마니	MAG	1	1776	0.003%
가마호	VA	1	1777	0.003%
가븨가븨	MAG	1	1778	0.003%
가븨엽	VA	1	1779	0.003%
가사	NNG	1	1780	0.003%
가스리	NNG	1	1781	0.003%
가싀	VV	1	1782	0.003%
가야미	NNG	1	1783	0.003%
가연(嫁緣)호	VV	1	1784	0.003%
가잠	NNG	1	1785	0.003%
가장	MAG	1	1786	0.003%
가좌(加坐)	NNG	1	1787	0.003%
가지가지	NNG	1	1788	0.003%

형태소	분류	빈도수	순위	백분율
가키	VV	1	1789	0.003%
가탁ᄒ	VV	1	1790	0.003%
가슴	NNG	1	1791	0.003%
가슴거리	NNG	1	1792	0.003%
가슴안키	NNG	1	1793	0.003%
가식	NNG	1	1794	0.003%
가읷	NNG	1	1795	0.003%
가즈	NNG	1	1796	0.003%
가지	NNG	1	1797	0.003%
각	MAG	1	1798	0.003%
각대	NNG	1	1799	0.003%
각디	NNG	1	1800	0.003%
간(間)	NNB	1	1801	0.003%
간고어	NNG	1	1802	0.003%
간댱	NNG	1	1803	0.003%
간사(姦詐)ᄒ	VA	1	1804	0.003%
간슈(看守)	NNG	1	1805	0.003%
간악(姦惡)ᄒ	VA	1	1806	0.003%
간직ᄒ	VV	1	1807	0.003%
간화	NNG	1	1808	0.003%
간화(肝火)	NNG	1	1809	0.003%
간ᄒ	VV	1	1810	0.003%
갈구리	NNG	1	1811	0.003%
갈기	NNG	1	1812	0.003%
갈수메	NNG	1	1813	0.003%
갈즈	NNG	1	1814	0.003%
갈ᄒ	VA	1	1815	0.003%
감(敢)이	MAG	1	1816	0.003%
감샤(感謝)ᄒ	VV	1	1817	0.003%
감댱	NNG	1	1818	0.003%
감토	NNG	1	1819	0.003%
감히	MAG	1	1820	0.003%

형태소	분류	빈도수	순위	백분율
감스(監司)	NNG	1	1821	0.003%
감틱	NNG	1	1822	0.003%
감흐	VV	1	1823	0.003%
갑	NNG	1	1824	0.003%
갑옷	NNG	1	1825	0.003%
갓가이	MAG	1	1826	0.003%
갓가이	NNG	1	1827	0.003%
갓가히	MAG	1	1828	0.003%
갓겹	VA	1	1829	0.003%
갓옷	NNG	1	1830	0.003%
갓치[차]	JKB	1	1831	0.003%
갓씬	NNG	1	1832	0.003%
강〃흐	VA	1	1833	0.003%
강개흐	VA	1	1834	0.003%
강고도리	NNG	1	1835	0.003%
강남슈슈	NNG	1	1836	0.003%
강의디심(剛毅之心)	NNG	1	1837	0.003%
강파	NNG	1	1838	0.003%
강항녕	NNG	1	1839	0.003%
강호	NNG	1	1840	0.003%
강회	NNG	1	1841	0.003%
갖	NNG	1	1842	0.003%
개고리	NNG	1	1843	0.003%
개놈들	NNG	1	1844	0.003%
개들	NNG	1	1845	0.003%
개얌	NNG	1	1846	0.003%
개ㄴ리	NNG	1	1847	0.003%
개즈춰	NNG	1	1848	0.003%
거	NNG	1	1849	0.003%
거[커]나	EC	1	1850	0.003%
거년	NNG	1	1851	0.003%
거니와	EC	1	1852	0.003%

형태소	분류	빈도수	순위	백분율
거동	NNG	1	1853	0.003%
거동(居動)	NNG	1	1854	0.003%
거드믈	NNG	1	1855	0.003%
거러가	VV	1	1856	0.003%
거러앉	VV	1	1857	0.003%
거로	VA	1	1858	0.003%
거룩ᄒ	VA	1	1859	0.003%
거르	VV	1	1860	0.003%
거리	NNG	1	1861	0.003%
거리	VV	1	1862	0.003%
거만(倨慢)ᄒ	VA	1	1863	0.003%
거므리	NNG	1	1864	0.003%
거믄ᄌ	NNG	1	1865	0.003%
거믈못	NNG	1	1866	0.003%
거믜줄	NNG	1	1867	0.003%
거번	NNG	1	1868	0.003%
거복	NNG	1	1869	0.003%
거슬	VV	1	1870	0.003%
거습ᄒ	VA	1	1871	0.003%
거울	NNG	1	1872	0.003%
거졀ᄒ	VV	1	1873	0.003%
거쥬	NNG	1	1874	0.003%
거쳘	NNG	1	1875	0.003%
거츨	VA	1	1876	0.003%
거치지	VV	1	1877	0.003%
거치치	VV	1	1878	0.003%
거플	NNG	1	1879	0.003%
거ᄂ리	VV	1	1880	0.003%
거ᄅ가	VV	1	1881	0.003%
거릭	NNG	1	1882	0.003%
거츳	NNG	1	1883	0.003%
거희(去核)ᄒ	VV	1	1884	0.003%

형태소	분류	빈도수	순위	백분율
건너오	VV	1	1885	0.003%
건네	VV	1	1886	0.003%
건만는	EC	1	1887	0.003%
건장ᄒ	VA	1	1888	0.003%
건지	VV	1	1889	0.003%
걸리찌	VV	1	1890	0.003%
걸릿키	VV	1	1891	0.003%
걸어오	VV	1	1892	0.003%
걸히	VV	1	1893	0.003%
검핑	NNG	1	1894	0.003%
겁	NNG	1	1895	0.003%
겁질	NNG	1	1896	0.003%
겁칠	NNG	1	1897	0.003%
겁풀	NNG	1	1898	0.003%
겁플	NNG	1	1899	0.003%
겁픔	NNG	1	1900	0.003%
것	EP	1	1901	0.003%
것구로	MAG	1	1902	0.003%
것그러지	VV	1	1903	0.003%
것티	VV	1	1904	0.003%
겆	NNG	1	1905	0.003%
게금	EC	1	1906	0.003%
게야	EC	1	1907	0.003%
게어르	VA	1	1908	0.003%
게오르	VA	1	1909	0.003%
게오목	NNG	1	1910	0.003%
게올이	VA	1	1911	0.003%
겨	NNG	1	1912	0.003%
겨를	NNG	1	1913	0.003%
겨슈남기	NNG	1	1914	0.003%
겨시	VX	1	1915	0.003%
겨오사리	NNG	1	1916	0.003%

형태소	분류	빈도수	순위	백분율
겨오셔	JKS	1	1917	0.003%
겨을	NNG	1	1918	0.003%
겨릭	MAG	1	1919	0.003%
격군	NNG	1	1920	0.003%
격지	NNG	1	1921	0.003%
격ᄒ	VA	1	1922	0.003%
견주	VV	1	1923	0.003%
결	NNG	1	1924	0.003%
결단(決斷)	NNG	1	1925	0.003%
결단(決斷)ᄒ	VV	1	1926	0.003%
결단ᄒ	NNG	1	1927	0.003%
결박ᄒ	VV	1	1928	0.003%
결옴	NNG	1	1929	0.003%
결릭들	NNG	1	1930	0.003%
결ᄒ	VV	1	1931	0.003%
겸손ᄒ	VA	1	1932	0.003%
겸ᄒ	VV	1	1933	0.003%
겹겹이	MAG	1	1934	0.003%
겻ㄷ	NNG	1	1935	0.003%
겻집	NNG	1	1936	0.003%
경광쥬	NNG	1	1937	0.003%
경긔	NNG	1	1938	0.003%
경도	NNG	1	1939	0.003%
경미	NNG	1	1940	0.003%
경셩(京城)	NNG	1	1941	0.003%
경슈	NNG	1	1942	0.003%
경영ᄒ	VV	1	1943	0.003%
경일	NNG	1	1944	0.003%
경편(輕便)ᄒ	VV	1	1945	0.003%
경화쥬	NNG	1	1946	0.003%
경긱	NNG	1	1947	0.003%
경직인(輕才人)	NNG	1	1948	0.003%

형태소	분류	빈도수	순위	백분율
계관화	NNG	1	1949	0.003%
계오	VV	1	1950	0.003%
계요	MAG	1	1951	0.003%
계유	NNG	1	1952	0.003%
계집들	NNG	1	1953	0.003%
계집사름	NNG	1	1954	0.003%
계즈	NNG	1	1955	0.003%
고	NNG	1	1956	0.003%
고공사리	NNG	1	1957	0.003%
고노	NNG	1	1958	0.003%
고단히	MAG	1	1959	0.003%
고도	EC	1	1960	0.003%
고도어	NNG	1	1961	0.003%
고라믈	NNG	1	1962	0.003%
고래	NNG	1	1963	0.003%
고례	NNG	1	1964	0.003%
고로	VA	1	1965	0.003%
고롬	NNG	1	1966	0.003%
고맙	VA	1	1967	0.003%
고문고	NNG	1	1968	0.003%
고믈	NNG	1	1969	0.003%
고밀저이	MAG	1	1970	0.003%
고법	NNG	1	1971	0.003%
고비	NNG	1	1972	0.003%
고비(高飛)	NNG	1	1973	0.003%
고사리	NNG	1	1974	0.003%
고소	VA	1	1975	0.003%
고아리	NNG	1	1976	0.003%
고야	EC	1	1977	0.003%
고약[약]ᄒ	VA	1	1978	0.003%
고으	VA	1	1979	0.003%
고쟈	EC	1	1980	0.003%

형태소	분류	빈도수	순위	백분율
고쟈	NNG	1	1981	0.003%
고조	NNG	1	1982	0.003%
고집	NNG	1	1983	0.003%
고프	VA	1	1984	0.003%
고해	NNG	1	1985	0.003%
고른	VA	1	1986	0.003%
곡셕(穀石)	NNG	1	1987	0.003%
곡졀	NNG	1	1988	0.003%
곡졀(曲折)	NNG	1	1989	0.003%
곡지	NNG	1	1990	0.003%
곤쟝	NNG	1	1991	0.003%
곤비ᄒ	VA	1	1992	0.003%
곧	NNB	1	1993	0.003%
곧	VA	1	1994	0.003%
골골ᄒ	VA	1	1995	0.003%
골슈	NNG	1	1996	0.003%
곰	NNG	1	1997	0.003%
곰들리	NNG	1	1998	0.003%
곱쟝	NNG	1	1999	0.003%
곱치	NNG	1	2000	0.003%
곳봉오리	NNG	1	2001	0.003%
곳부리	NNG	1	2002	0.003%
곳ㅈ	NNB	1	2003	0.003%
곳챵	NNG	1	2004	0.003%
곳치	NNG	1	2005	0.003%
곳듸	NNG	1	2006	0.003%
공(公)	NNG	1	2007	0.003%
공경ᄒ	VV	1	2008	0.003%
공교로이	MAG	1	2009	0.003%
공교롭	VA	1	2010	0.003%
공논	NNG	1	2011	0.003%
공덕	NNG	1	2012	0.003%

형태소	분류	빈도수	순위	백분율
공둥	NNG	1	2013	0.003%
공부ᄒ	VV	1	2014	0.003%
공슌이	MAG	1	2015	0.003%
공슌히	MAG	1	2016	0.003%
공역	NNG	1	2017	0.003%
공작미	NNG	1	2018	0.003%
孔雀珠(공쟉쥬)	NNG	1	2019	0.003%
공쟉(孔雀)	NNG	1	2020	0.003%
공졍ᄒ	VA	1	2021	0.003%
공체	NNG	1	2022	0.003%
공편(公平)이	MAG	1	2023	0.003%
공편(公平)ᄒ	VA	1	2024	0.003%
공ᄉ(公事)	NNG	1	2025	0.003%
공ᄌ	NNG	1	2026	0.003%
곳	NNB	1	2027	0.003%
곳	VV	1	2028	0.003%
과거	NNG	1	2029	0.003%
蝌蚪(과두)	NNG	1	2030	0.003%
과부(寡婦)	NNG	1	2031	0.003%
과슬	NNG	1	2032	0.003%
과식(過食)ᄒ	VV	1	2033	0.003%
과실(果實)	NNG	1	2034	0.003%
과ᄒ	VA	1	2035	0.003%
곽	NNG	1	2036	0.003%
곽난	NNG	1	2037	0.003%
관(館)	NNG	1	2038	0.003%
관계[겨]ᄒ	VV	1	2039	0.003%
관동별곡(關東別曲)	NNP	1	2040	0.003%
관듕(館中	NNG	1	2041	0.003%
관원	NNG	1	2042	0.003%
관ᄃ	EC	1	2043	0.003%
관ᄃ(冠帶)	NNG	1	2044	0.003%

형태소	분류	빈도수	순위	백분율
광대	NNG	1	2045	0.003%
광대뿌리	NNG	1	2046	0.003%
광어	NNG	1	2047	0.003%
광이	NNG	1	2048	0.003%
광정ᄒ	VV	1	2049	0.003%
광조리	NNG	1	2050	0.003%
괘샹	NNG	1	2051	0.003%
괘샹(掛箱)	NNG	1	2052	0.003%
괘심ᄒ	VA	1	2053	0.003%
괴셕	NNG	1	2054	0.003%
괴오(ᄒ)	VA	1	2055	0.003%
괴요ᄒ	VA	1	2056	0.003%
괴지	VV	1	2057	0.003%
굇쏘리	NNG	1	2058	0.003%
교교ᄒ	VA	1	2059	0.003%
교만(驕慢)ᄒ	VA	1	2060	0.003%
교외	NNG	1	2061	0.003%
교의(交椅)	NNG	1	2062	0.003%
교직	NNG	1	2063	0.003%
交織	NNG	1	2064	0.003%
교직(交織)	NNG	1	2065	0.003%
교즈	NNG	1	2066	0.003%
구(求)ᄒ	VV	1	2067	0.003%
구[그]경ᄒ	VV	1	2068	0.003%
구[그]슬	NNG	1	2069	0.003%
구구히	MAG	1	2070	0.003%
구긔	VV	1	2071	0.003%
구덕	NNG	1	2072	0.003%
구들	NNG	1	2073	0.003%
구량주사(九兩走紗)	NNG	1	2074	0.003%
구레나룻	NNG	1	2075	0.003%
구리	NNG	1	2076	0.003%

형태소	분류	빈도수	순위	백분율
구린내	NNG	1	2077	0.003%
구믈구믈ᄒ	VV	1	2078	0.003%
구미	VV	1	2079	0.003%
구버보	VV	1	2080	0.003%
구병ᄒ	VV	1	2081	0.003%
구브러	VA	1	2082	0.003%
구석	NNG	1	2083	0.003%
구수ᄒ	VA	1	2084	0.003%
구슬	NNG	1	2085	0.003%
구원	NNG	1	2086	0.003%
구월	NNG	1	2087	0.003%
구월(九月)구일(九日)	NNG	1	2088	0.003%
구월구일	NNG	1	2089	0.003%
구을이	VV	1	2090	0.003%
구의[외]	NNG	1	2091	0.003%
구이	VV	1	2092	0.003%
구일	NNG	1	2093	0.003%
구일되관(古一代官)	NNG	1	2094	0.003%
구지없	VA	1	2095	0.003%
구ᄅ	VV	1	2096	0.003%
국거리	NNG	1	2097	0.003%
국긔	NNG	1	2098	0.003%
國書	NNG	1	2099	0.003%
국슈	NNG	1	2100	0.003%
국왕	NNG	1	2101	0.003%
군	NNG	1	2102	0.003%
군(君)	NNG	1	2103	0.003%
군(郡)	NNG	1	2104	0.003%
군듕(軍中)	NNG	1	2105	0.003%
군박ᄒ	VV	1	2106	0.003%
군병	NNG	1	2107	0.003%
군속ᄒ	VV	1	2108	0.003%

형태소	분류	빈도수	순위	백분율
군슈	NNG	1	2109	0.003%
군ᄉ(軍士)들	NNG	1	2110	0.003%
굳세	VA	1	2111	0.003%
굴독	NNG	1	2112	0.003%
굴복(屈伏)ᄒ	VV	1	2113	0.003%
굴릭	NNG	1	2114	0.003%
굵[굵]	VA	1	2115	0.003%
굼	NNG	1	2116	0.003%
굼굼ᄒ	VV	1	2117	0.003%
굽어보	VV	1	2118	0.003%
굿	NNG	1	2119	0.003%
굿기	VV	1	2120	0.003%
굿대	NNG	1	2121	0.003%
굿세	VA	1	2122	0.003%
굿트여	MAG	1	2123	0.003%
굿히여	MAG	1	2124	0.003%
궁[군]굴ᄒ	VA	1	2125	0.003%
궁구ᄒ	VV	1	2126	0.003%
궂	VA	1	2127	0.003%
권수	NNG	1	2128	0.003%
귀[긔]ᄒ	VA	1	2129	0.003%
귀경	NNG	1	2130	0.003%
귀먹	VV	1	2131	0.003%
귀밋털	NNG	1	2132	0.003%
귀바괴	NNG	1	2133	0.003%
귀슌(歸順)ᄒ	VV	1	2134	0.003%
귀신	NNG	1	2135	0.003%
귀여	NNG	1	2136	0.003%
귀여지	NNG	1	2137	0.003%
귀엿골	NNG	1	2138	0.003%
귀우	NNG	1	2139	0.003%
귀우리	NNG	1	2140	0.003%

형태소	분류	빈도수	순위	백분율
귓도람	NNG	1	2141	0.003%
규방	NNG	1	2142	0.003%
귤	NNG	1	2143	0.003%
귤뎡	NNG	1	2144	0.003%
그[구]믈	NNG	1	2145	0.003%
그것	NP	1	2146	0.003%
그게	NP	1	2147	0.003%
그늘	NNG	1	2148	0.003%
그늬	NNG	1	2149	0.003%
그대도록	MAG	1	2150	0.003%
그대지	MAG	1	2151	0.003%
그러면	MAJ	1	2152	0.003%
그런고로	MAJ	1	2153	0.003%
그릇되	VV	1	2154	0.003%
그릇보	VV	1	2155	0.003%
그만의	MAG	1	2156	0.003%
그믐날	NNG	1	2157	0.003%
그을	NNG	1	2158	0.003%
그적긔	NNG	1	2159	0.003%
그티	VV	1	2160	0.003%
극[국]열ᄒ	VV	1	2161	0.003%
극[국]진(極盡)히	MAG	1	2162	0.003%
극진(極盡)ᄒ	VA	1	2163	0.003%
극히	MAG	1	2164	0.003%
근간(近間)	NNG	1	2165	0.003%
근습	NNG	1	2166	0.003%
근시(近侍)	NNG	1	2167	0.003%
근시ᄒ	VV	1	2168	0.003%
근지[치]럽	VA	1	2169	0.003%
글귀	NNG	1	2170	0.003%
글뎨	NNG	1	2171	0.003%
글픠	NNG	1	2172	0.003%

형태소	분류	빈도수	순위	백분율
긁	VA	1	2173	0.003%
금(金)	NNG	1	2174	0.003%
금년	NNG	1	2175	0.003%
금닌어	NNG	1	2176	0.003%
금봉차	NNG	1	2177	0.003%
금션	NNG	1	2178	0.003%
금션화	NNG	1	2179	0.003%
금은화	NNG	1	2180	0.003%
금젼화	NNG	1	2181	0.003%
금죽ᄒ	VA	1	2182	0.003%
금편(金鞭)	NNG	1	2183	0.003%
급급ᄒ	VA	1	2184	0.003%
급뎌ᄒ	VV	1	2185	0.003%
급뎨	NNG	1	2186	0.003%
급뎨(及第)ᄒ	VV	1	2187	0.003%
급뎨ᄒ	VV	1	2188	0.003%
급ᄒ	VA	1	2189	0.003%
급ᄒ	VV	1	2190	0.003%
굿ㄷ	NNG	1	2191	0.003%
궂	NNG	1	2192	0.003%
긔	JKB	1	2193	0.003%
긔(믐)	VV	1	2194	0.003%
긔[귀]운	NNG	1	2195	0.003%
긔걸	NNG	1	2196	0.003%
긔계[개]	NNG	1	2197	0.003%
긔년	NNG	1	2198	0.003%
긔덕이	NNG	1	2199	0.003%
긔덜(奇絶)ᄒ	VA	1	2200	0.003%
긔록ᄒ	VV	1	2201	0.003%
긔롱	NNG	1	2202	0.003%
긔린	NNG	1	2203	0.003%
긔먹	VV	1	2204	0.003%

형태소	분류	빈도수	순위	백분율
긔별(奇別)ᄒ	VV	1	2205	0.003%
긔별ᄒ	VV	1	2206	0.003%
긔샹	NNG	1	2207	0.003%
긔신	NNG	1	2208	0.003%
긔약(期約)	NNG	1	2209	0.003%
긔역(氣逆)ᄒ	VA	1	2210	0.003%
긔일	NNG	1	2211	0.003%
긔졀(奇絶)ᄒ	VA	1	2212	0.003%
긔졀ᄒ	VA	1	2213	0.003%
긔초	NNG	1	2214	0.003%
긔쏘라미	NNG	1	2215	0.003%
기	NNG	1	2216	0.003%
기[키]	ETN	1	2217	0.003%
기름	NNG	1	2218	0.003%
기리ᄒ	VA	1	2219	0.003%
奇立	NNG	1	2220	0.003%
기믜	NNG	1	2221	0.003%
기슭	NNG	1	2222	0.003%
기여	EC	1	2223	0.003%
기우	VV	1	2224	0.003%
기우러지	VV	1	2225	0.003%
기운	VV	1	2226	0.003%
기을	VV	1	2227	0.003%
기의	EC	1	2228	0.003%
기쟝(긔댱)	NNG	1	2229	0.003%
기지게	NNG	1	2230	0.003%
碁桶(긔통)	NNG	1	2231	0.003%
기들리	VV	1	2232	0.003%
기룹지	VA	1	2233	0.003%
기릭	NNG	1	2234	0.003%
기춤	NNG	1	2235	0.003%
긴ᄒ	VA	1	2236	0.003%

형태소	분류	빈도수	순위	백분율
길경	NNG	1	2237	0.003%
길죽ㅎ	VA	1	2238	0.003%
길ㅎ	VA	1	2239	0.003%
깁	NNG	1	2240	0.003%
깁창	NNG	1	2241	0.003%
깁프	VA	1	2242	0.003%
깁회	NNG	1	2243	0.003%
깁히깁히	MAG	1	2244	0.003%
깃	NNG	1	2245	0.003%
깃두리	NNG	1	2246	0.003%
깊피	MAG	1	2247	0.003%
깊히	MAG	1	2248	0.003%
깨여나	VV	1	2249	0.003%
ㄴ[ㅁ]들	EC	1	2250	0.003%
ㄴ[ㅅ]	ETM	1	2251	0.003%
ㄴ고나	EF	1	2252	0.003%
나	NNG	1	2253	0.003%
나귀	NNG	1	2254	0.003%
나기	NNG	1	2255	0.003%
나날	NNG	1	2256	0.003%
나라ㅎ	NNG	1	2257	0.003%
나력증	NNG	1	2258	0.003%
나모가지	NNG	1	2259	0.003%
나모닙ㅍ	NNG	1	2260	0.003%
나모닙ㅎ	NNG	1	2261	0.003%
나모셕이	NNG	1	2262	0.003%
나발	NNG	1	2263	0.003%
나양성(洛陽城)	NNG	1	2264	0.003%
나젼	NNG	1	2265	0.003%
나타나	VV	1	2266	0.003%
나히	NNG	1	2267	0.003%
낙	NNG	1	2268	0.003%

형태소	분류	빈도수	순위	백분율
낙낙ᄒ	VA	1	2269	0.003%
낙뎨	NNG	1	2270	0.003%
낙본	NNG	1	2271	0.003%
낙으내	NNG	1	2272	0.003%
낙후ᄒ	VV	1	2273	0.003%
난간(欄干)	NNG	1	2274	0.003%
난됴(鸞鳥)	NNG	1	2275	0.003%
난장이	NNG	1	2276	0.003%
난초(蘭草)	NNG	1	2277	0.003%
날	VV	1	2278	0.003%
날마다	MAG	1	2279	0.003%
날회	VV	1	2280	0.003%
남	NNG	1	2281	0.003%
남기	VV	1	2282	0.003%
남녀	NNG	1	2283	0.003%
남목	NNG	1	2284	0.003%
남방	NNG	1	2285	0.003%
남뷔	NNG	1	2286	0.003%
남식(藍色)	NNG	1	2287	0.003%
남이	NNG	1	2288	0.003%
납	NNG	1	2289	0.003%
납(鑞)	NNG	1	2290	0.003%
납월	NNG	1	2291	0.003%
납의(衲衣)	NNG	1	2292	0.003%
납평	NNG	1	2293	0.003%
납향(臘享)	NNG	1	2294	0.003%
납ᄌ	NNG	1	2295	0.003%
낫낫치	MAG	1	2296	0.003%
낫잠[츰]	NNG	1	2297	0.003%
낭	NNG	1	2298	0.003%
내(儺)	NNG	1	2299	0.003%
내리	VV	1	2300	0.003%

형태소	분류	빈도수	순위	백분율
내쉬	VV	1	2301	0.003%
내왇	VV	1	2302	0.003%
내들	VV	1	2303	0.003%
냥목	NNG	1	2304	0.003%
냥반(兩班)	NNG	1	2305	0.003%
냥산	NNG	1	2306	0.003%
냥식	NNG	1	2307	0.003%
냥이젼	NNG	1	2308	0.003%
너출	NNG	1	2309	0.003%
너흘	VV	1	2310	0.003%
너희	NP	1	2311	0.003%
넉〃ㅎ	VA	1	2312	0.003%
넘어가	VV	1	2313	0.003%
넘씨	VV	1	2314	0.003%
넙	VA	1	2315	0.003%
넙의	NNG	1	2316	0.003%
넙피	VV	1	2317	0.003%
네모반	NNG	1	2318	0.003%
네재가락	NNG	1	2319	0.003%
녀광	NNG	1	2320	0.003%
녀기	NNG	1	2321	0.003%
녀념(閭閻)	NNG	1	2322	0.003%
녀디	NNG	1	2323	0.003%
녀롬지	NNG	1	2324	0.003%
녁	VA	1	2325	0.003%
녁셔	NNG	1	2326	0.003%
년	NNG	1	2327	0.003%
년곳ㅊ	NNG	1	2328	0.003%
년두식	NNG	1	2329	0.003%
년쇽(連續)ㅎ	VV	1	2330	0.003%
년어	NNG	1	2331	0.003%
녈녀(烈女)	NNG	1	2332	0.003%

형태소	분류	빈도수	순위	백분율
녈녈ᄒ	VA	1	2333	0.003%
넘녀스롭	VA	1	2334	0.003%
넘넘ᄒ	VA	1	2335	0.003%
넘블ᄒ	VV	1	2336	0.003%
넘의	VV	1	2337	0.003%
넘쥬	NNG	1	2338	0.003%
넘통	NNG	1	2339	0.003%
넘ᄂ믈	NNG	1	2340	0.003%
녑ᄒ	NNG	1	2341	0.003%
녑힘	NNG	1	2342	0.003%
녕	NNG	1	2343	0.003%
녕거(領去)ᄒ	VV	1	2344	0.003%
녕녕이	MAG	1	2345	0.003%
녕녕히	MAG	1	2346	0.003%
녕농ᄒ	VA	1	2347	0.003%
녕니ᄒ	VA	1	2348	0.003%
녕험	NNG	1	2349	0.003%
녕ᄒ	VA	1	2350	0.003%
녜(禮)	NNG	1	2351	0.003%
녜믈	NNG	1	2352	0.003%
녜믈(禮物)	NNG	1	2353	0.003%
녜약	NNG	1	2354	0.003%
녯	MM	1	2355	0.003%
녱	VV	1	2356	0.003%
노	VV	1	2357	0.003%
노략질ᄒ	VV	1	2358	0.003%
노려기	NNG	1	2359	0.003%
노로	NNG	1	2360	0.003%
노름	NNG	1	2361	0.003%
노복(奴僕)	NNG	1	2362	0.003%
노새	NNG	1	2363	0.003%
노어	NNG	1	2364	0.003%

형태소	분류	빈도수	순위	백분율
노역질ᄒ	VV	1	2365	0.003%
노인	NNG	1	2366	0.003%
노인셩	NNG	1	2367	0.003%
노ᄒ	NNG	1	2368	0.003%
노호	VV	1	2369	0.003%
노홈	NNG	1	2370	0.003%
노히	VV	1	2371	0.003%
노릇ᄒ	VA	1	2372	0.003%
녹	NNG	1	2373	0.003%
녹(錄)	NNG	1	2374	0.003%
녹두	NNG	1	2375	0.003%
녹음(綠陰)	NNG	1	2376	0.003%
논글형	NNG	1	2377	0.003%
논박	NNG	1	2378	0.003%
놀기	NNG	1	2379	0.003%
놈들	NNG	1	2380	0.003%
놉피	MAG	1	2381	0.003%
놉히	MAG	1	2382	0.003%
놋짓반	NNG	1	2383	0.003%
농담	NNG	1	2384	0.003%
농부	NNG	1	2385	0.003%
농즙	NNG	1	2386	0.003%
놓	VA	1	2387	0.003%
뇌뇌낙낙ᄒ	VA	1	2388	0.003%
뇌동ᄒ	VV	1	2389	0.003%
뇌육	NNG	1	2390	0.003%
뇌육(腦肉)	NNG	1	2391	0.003%
뇨뇨히	MAG	1	2392	0.003%
뇨량ᄒ	VA	1	2393	0.003%
뇨죠ᄒ	VA	1	2394	0.003%
뇽	NNG	1	2395	0.003%
뇽안	NNG	1	2396	0.003%

형태소	분류	빈도수	순위	백분율
누긔	NP	1	2397	0.003%
누더기	NNG	1	2398	0.003%
누셜(漏泄)ㅎ	VV	1	2399	0.003%
누셜ㅎ	VV	1	2400	0.003%
누역	NNG	1	2401	0.003%
누의	NNG	1	2402	0.003%
누추ㅎ	VA	1	2403	0.003%
눈[는]믈	NNG	1	2404	0.003%
눈두에	NNG	1	2405	0.003%
눈망올[을]	NNG	1	2406	0.003%
눈주	VV	1	2407	0.003%
눈터럭	NNG	1	2408	0.003%
눈흙	NNG	1	2409	0.003%
눈ㅎ	VA	1	2410	0.003%
눌	VV	1	2411	0.003%
눌오	VV	1	2412	0.003%
뉘웃보	VV	1	2413	0.003%
뉘웃즈	VV	1	2414	0.003%
뉴두	NNG	1	2415	0.003%
뉴리병	NNG	1	2416	0.003%
뉴월	NNG	1	2417	0.003%
뉴황	NNG	1	2418	0.003%
뉵가락	NNG	1	2419	0.003%
뉵화	NNG	1	2420	0.003%
느[누]룩가	VV	1	2421	0.003%
느를	VA	1	2422	0.003%
느름나모	NNG	1	2423	0.003%
느리	VA	1	2424	0.003%
느리	VV	1	2425	0.003%
느릐	VV	1	2426	0.003%
는	ETM	1	2427	0.003%
는	JX	1	2428	0.003%

형태소	분류	빈도수	순위	백분율
늠늠ᄒ	VA	1	2429	0.003%
늣갑	VV	1	2430	0.003%
능(綾)	NNG	1	2431	0.003%
능(能)ᄒ	NNG	1	2432	0.003%
능금	NNG	1	2433	0.003%
능기쥬	NNG	1	2434	0.003%
능심(惱心)ᄒ	VA	1	2435	0.003%
능필	NNG	1	2436	0.003%
능화	NNG	1	2437	0.003%
능히	MAG	1	2438	0.003%
늦	VA	1	2439	0.003%
늬	EC	1	2440	0.003%
니(利)	NNG	1	2441	0.003%
니(利)	NNG	1	2442	0.003%
니(理)	NNG	1	2443	0.003%
니각ᄒ	VV	1	2444	0.003%
니금	NNG	1	2445	0.003%
니녕	NNG	1	2446	0.003%
니도	NNG	1	2447	0.003%
니러서	VV	1	2448	0.003%
니무음	NNG	1	2449	0.003%
니믈	NNG	1	2450	0.003%
니별(離別)ᄒ	VV	1	2451	0.003%
니별ᄒ	VV	1	2452	0.003%
니블	NNG	1	2453	0.003%
니어	NNG	1	2454	0.003%
니이ᄒ	VV	1	2455	0.003%
니저ᄇ리	VV	1	2456	0.003%
니질	NNG	1	2457	0.003%
니르혀	VV	1	2458	0.003%
니룰	VV	1	2459	0.003%
닌족	NNG	1	2460	0.003%

형태소	분류	빈도수	순위	백분율
닌즈	NNG	1	2461	0.003%
닌ᄒ	VA	1	2462	0.003%
뉘	VV	1	2463	0.003%
님시응변ᄒ	VV	1	2464	0.003%
님시ᄒ	VV	1	2465	0.003%
님위	NNG	1	2466	0.003%
닙신양명(立身揚名)	NNG	1	2467	0.003%
닙츈(立春)	NNG	1	2468	0.003%
닙ᄑ	NNG	1	2469	0.003%
닛뷔	NNG	1	2470	0.003%
닛ᄎ	NNG	1	2471	0.003%
다	EP	1	2472	0.003%
다고	EF	1	2473	0.003%
다드미질	NNG	1	2474	0.003%
다락	NNG	1	2475	0.003%
다래시양	NNG	1	2476	0.003%
다만	MAG	1	2477	0.003%
다믈	VV	1	2478	0.003%
다복쑥	NNG	1	2479	0.003%
다쇼	NNG	1	2480	0.003%
다야	NNG	1	2481	0.003%
다홍믈	NNG	1	2482	0.003%
다히	NNG	1	2483	0.003%
다둣	VV	1	2484	0.003%
다스마	NNG	1	2485	0.003%
다쇡(茶色)	NNG	1	2486	0.003%
다ᄒ	VV	1	2487	0.003%
닥지	NNG	1	2488	0.003%
닥회	VV	1	2489	0.003%
단	NNG	1	2490	0.003%
단고지	NNG	1	2491	0.003%
단단ᄒ	VA	1	2492	0.003%

형태소	분류	빈도수	순위	백분율
단뎡ᄒ	VA	1	2493	0.003%
단매대	NNG	1	2494	0.003%
단명ᄒ	VA	1	2495	0.003%
단목	NNG	1	2496	0.003%
단오날	NNG	1	2497	0.003%
단졍이	MAG	1	2498	0.003%
단졍히	MAG	1	2499	0.003%
단쳥	NNG	1	2500	0.003%
단츄	NNG	1	2501	0.003%
단ᄌ(單子)	NNG	1	2502	0.003%
달	NNG	1	2503	0.003%
달	VA	1	2504	0.003%
달	VX	1	2505	0.003%
달내	VV	1	2506	0.003%
달호	VV	1	2507	0.003%
달릮	VV	1	2508	0.003%
담(痰)	NNG	1	2509	0.003%
담(膽)	NNG	1	2510	0.003%
담그	VV	1	2511	0.003%
담담이	MAG	1	2512	0.003%
담담ᄒ	VA	1	2513	0.003%
담당ᄒ	VV	1	2514	0.003%
담댱	NNG	1	2515	0.003%
담마대	NNG	1	2516	0.003%
담ᄒ	NNG	1	2517	0.003%
담ᄒ	VA	1	2518	0.003%
담ᄒ	VV	1	2519	0.003%
닷	NNG	1	2520	0.003%
닷	VV	1	2521	0.003%
닷ㄱ	VV	1	2522	0.003%
닷치	VV	1	2523	0.003%
닷ᄒ	VX	1	2524	0.003%

형태소	분류	빈도수	순위	백분율
당낭	NNG	1	2525	0.003%
당돌히	MAG	1	2526	0.003%
당샹닉	NNG	1	2527	0.003%
당신	NP	1	2528	0.003%
당인	NNG	1	2529	0.003%
당인들	NNG	1	2530	0.003%
닿	VV	1	2531	0.003%
대개	MAG	1	2532	0.003%
대골	NNG	1	2533	0.003%
대공	NNG	1	2534	0.003%
대군[금]	NNG	1	2535	0.003%
대궐	NNG	1	2536	0.003%
대궐(大闕)	NNG	1	2537	0.003%
대단	NNG	1	2538	0.003%
대로(大路)	NNG	1	2539	0.003%
大菱(대릉)	NNG	1	2540	0.003%
대문	NNG	1	2541	0.003%
대붕(大鵬)	NNG	1	2542	0.003%
대뷔	NNG	1	2543	0.003%
대숩ㅍ	NNG	1	2544	0.003%
대슌	NNG	1	2545	0.003%
대야	NNG	1	2546	0.003%
대양(大洋)	NNG	1	2547	0.003%
대졉	NNG	1	2548	0.003%
대주사(大走紗)	NNG	1	2549	0.003%
대쳥	NNG	1	2550	0.003%
대툇마루	NNG	1	2551	0.003%
대파질	NNG	1	2552	0.003%
대평쇼	NNG	1	2553	0.003%
대풍ㅎ	NNG	1	2554	0.003%
대홍대단(大紅大緞)	NNG	1	2555	0.003%
대수로이	MAG	1	2556	0.003%

형태소	분류	빈도수	순위	백분율
대亽(大事)ᄒ	VV	1	2557	0.003%
댜라	NNG	1	2558	0.003%
댱가가	NNG	1	2559	0.003%
댱가락	NNG	1	2560	0.003%
댱검	NNG	1	2561	0.003%
댱국	NNG	1	2562	0.003%
댱막	NNG	1	2563	0.003%
댱미	NNG	1	2564	0.003%
댱삼	NNG	1	2565	0.003%
댱슈	NNG	1	2566	0.003%
댱슈(長壽)이	MAG	1	2567	0.003%
댱슈ᄒ	VV	1	2568	0.003%
댱승	NNG	1	2569	0.003%
댱쟈(長者)	NNG	1	2570	0.003%
댱증	NNG	1	2571	0.003%
더덕	NNG	1	2572	0.003%
더덩	NNG	1	2573	0.003%
더듬	VV	1	2574	0.003%
더러이	MAG	1	2575	0.003%
더블	VV	1	2576	0.003%
더옥[윽]	MAG	1	2577	0.003%
더이	VV	1	2578	0.003%
덕	NNG	1	2579	0.003%
덕담	NNG	1	2580	0.003%
덕담(德談)	NNG	1	2581	0.003%
덕담ᄒ	VV	1	2582	0.003%
덕대	NNG	1	2583	0.003%
덕덕	MAG	1	2584	0.003%
덕틱(德澤)	NNG	1	2585	0.003%
덤병이	VV	1	2586	0.003%
덥블	NNG	1	2587	0.003%
덮	VV	1	2588	0.003%

형태소	분류	빈도수	순위	백분율
데	EP	1	2589	0.003%
데	VV	1	2590	0.003%
데치	VV	1	2591	0.003%
데티	VV	1	2592	0.003%
뎌	MM	1	2593	0.003%
뎌고리	NNG	1	2594	0.003%
뎌그리	NNG	1	2595	0.003%
뎌긔	NP	1	2596	0.003%
뎌녁	NNG	1	2597	0.003%
뎌리	MAG	1	2598	0.003%
뎍	VV	1	2599	0.003%
뎍간	NNG	1	2600	0.003%
뎍간ᄒ	VA	1	2601	0.003%
뎍군	NNG	1	2602	0.003%
뎍뎍이	MAG	1	2603	0.003%
뎍삼	NNG	1	2604	0.003%
뎍실	NNG	1	2605	0.003%
뎍인	NNG	1	2606	0.003%
뎐(奠)ᄒ	VV	1	2607	0.003%
뎐과	NNG	1	2608	0.003%
뎐당	NNG	1	2609	0.003%
뎐염(傳染)ᄒ	VV	1	2610	0.003%
뎐쟝	NNG	1	2611	0.003%
뎐하지쥬	NNG	1	2612	0.003%
뎐ᄌ	NNG	1	2613	0.003%
뎐지	NNG	1	2614	0.003%
뎔구	NNG	1	2615	0.003%
뎔둉(絶終)ᄒ	VV	1	2616	0.003%
뎜	NNG	1	2617	0.003%
뎜고ᄒ	VV	1	2618	0.003%
뎜뎜이	MAG	1	2619	0.003%
뎝시	NNG	1	2620	0.003%

형태소	분류	빈도수	순위	백분율
뎡	NNG	1	2621	0.003%
뎡남침	NNG	1	2622	0.003%
뎡뎡	NNG	1	2623	0.003%
뎡뎡ᄒ	VA	1	2624	0.003%
뎡바기	NNG	1	2625	0.003%
뎡박이	NNG	1	2626	0.003%
뎡비단	NNG	1	2627	0.003%
뎡승	NNG	1	2628	0.003%
뎡월	NNG	1	2629	0.003%
뎡졔ᄒ	VA	1	2630	0.003%
뎡죵(疔腫)	NNG	1	2631	0.003%
뎡직(貞直)ᄒ	VA	1	2632	0.003%
뎡칠	NNG	1	2633	0.003%
뎡ᄉ(政事)	NNG	1	2634	0.003%
뎡ᄌ	NNG	1	2635	0.003%
뎡ᄌ(亭子)	NNG	1	2636	0.003%
뎡ᄒ	VV	1	2637	0.003%
뎨ᄌ	NNG	1	2638	0.003%
도[토]록	EC	1	2639	0.003%
도곤	JX	1	2640	0.003%
도다지	NNG	1	2641	0.003%
도도	VV	1	2642	0.003%
도도ᄒ	VA	1	2643	0.003%
도돔	NNG	1	2644	0.003%
도로래	NNG	1	2645	0.003%
도로ᄃ라	MAG	1	2646	0.003%
도리채	NNG	1	2647	0.003%
도마	NNG	1	2648	0.003%
도마비얌	NNG	1	2649	0.003%
도모(圖謀)ᄒ	VV	1	2650	0.003%
도미	NNG	1	2651	0.003%
도섭	NNG	1	2652	0.003%

형태소	분류	빈도수	순위	백분율
도셔	NNG	1	2653	0.003%
도적맞	VV	1	2654	0.003%
도적ᄒ	VV	1	2655	0.003%
도타	NNG	1	2656	0.003%
도포	NNG	1	2657	0.003%
도홍대단(桃紅大緞)	NNG	1	2658	0.003%
도황	NNG	1	2659	0.003%
도ᄉ	NNG	1	2660	0.003%
도치	NNG	1	2661	0.003%
도히션(渡海船)	NNG	1	2662	0.003%
독교ᄌ	NNG	1	2663	0.003%
독당ᄒ	VV	1	2664	0.003%
돈범히	VV	1	2665	0.003%
돈피	NNG	1	2666	0.003%
돌뎌괴	NNG	1	2667	0.003%
돌몽이	NNG	1	2668	0.003%
돌믈	NNG	1	2669	0.003%
돌옷ᄉ	NNG	1	2670	0.003%
돌ᄃ리	NNG	1	2671	0.003%
돗아지	NNG	1	2672	0.003%
돗토리	NNG	1	2673	0.003%
동개	NNG	1	2674	0.003%
동과	NNG	1	2675	0.003%
동관(同官)	NNG	1	2676	0.003%
동기(童妓)	NNG	1	2677	0.003%
동남풍	NNG	1	2678	0.003%
동녹	NNG	1	2679	0.003%
동동ᄒ	VA	1	2680	0.003%
동부(同婦)	NNG	1	2681	0.003%
동븍풍	NNG	1	2682	0.003%
동셔(同壻)	NNG	1	2683	0.003%
동션(同船)	NNG	1	2684	0.003%

형태소	분류	빈도수	순위	백분율
동유	NNG	1	2685	0.003%
동풍	NNG	1	2686	0.003%
동닉(東萊)	NNP	1	2687	0.003%
동닉녕감	NNG	1	2688	0.003%
동빅나모	NNG	1	2689	0.003%
동싱	NNG	1	2690	0.003%
동히	NNG	1	2691	0.003%
되[됫]	VV	1	2692	0.003%
되롱뇽	NNG	1	2693	0.003%
되쌔여나	VV	1	2694	0.003%
됴곰	NNG	1	2695	0.003%
됴공(朝貢)ᄒ	VV	1	2696	0.003%
됴롱	NNG	1	2697	0.003%
됴리	NNG	1	2698	0.003%
됴리(調理)ᄒ	VV	1	2699	0.003%
됴셕	NNG	1	2700	0.003%
됴션	NNP	1	2701	0.003%
됴션(朝鮮)	NNG	1	2702	0.003%
됴시	NNG	1	2703	0.003%
됴졍(朝廷)	NNG	1	2704	0.003%
됴졍닉	NNG	1	2705	0.003%
됴통	NNG	1	2706	0.003%
됴하우	NNG	1	2707	0.003%
동용ᄒ	VA	1	2708	0.003%
동일도록	MAG	1	2709	0.003%
두	NR	1	2710	0.003%
두[둣]	VV	1	2711	0.003%
두견화	NNG	1	2712	0.003%
두남	NNG	1	2713	0.003%
두던	NNG	1	2714	0.003%
두덩	NNG	1	2715	0.003%
두둘	VV	1	2716	0.003%

형태소	분류	빈도수	순위	백분율
두럽	VA	1	2717	0.003%
두렷시	MAG	1	2718	0.003%
두로혀	VV	1	2719	0.003%
두루미	NNG	1	2720	0.003%
두르	VV	1	2721	0.003%
두리	VV	1	2722	0.003%
두리반	NNG	1	2723	0.003%
두리혀	NNG	1	2724	0.003%
두부	NNG	1	2725	0.003%
두에	NNG	1	2726	0.003%
두역	NNG	1	2727	0.003%
두지쥐	NNG	1	2728	0.003%
두츙	NNG	1	2729	0.003%
두텁	VA	1	2730	0.003%
두통	NNG	1	2731	0.003%
두드리	VV	1	2732	0.003%
둑	NNG	1	2733	0.003%
둔(鈍)ᄒ	VA	1	2734	0.003%
둔ᄒ	VA	1	2735	0.003%
둘	MM	1	2736	0.003%
둘[들]버	NNG	1	2737	0.003%
둘부	NNG	1	2738	0.003%
둘ᄒ	NNG	1	2739	0.003%
듯	VX	1	2740	0.003%
듯덮	VV	1	2741	0.003%
둥글	VA	1	2742	0.003%
둥시러ᄒ	VA	1	2743	0.003%
뒤	NNG	1	2744	0.003%
뒤	VV	1	2745	0.003%
뒤간	NNG	1	2746	0.003%
뒤거름치[지]	VV	1	2747	0.003%
뒤곡되	NNG	1	2748	0.003%

형태소	분류	빈도수	순위	백분율
둑	NNG	1	2749	0.003%
듕깃	NNG	1	2750	0.003%
듕노(中路)	NNG	1	2751	0.003%
듕놈	NNG	1	2752	0.003%
듕단	NNG	1	2753	0.003%
듕듕텁텁ᄒ	VA	1	2754	0.003%
듕들	NNG	1	2755	0.003%
듕믈(重物)	NNG	1	2756	0.003%
듕슌	NNG	1	2757	0.003%
듕양	NNG	1	2758	0.003%
듕풍	NNG	1	2759	0.003%
듕미	NNG	1	2760	0.003%
드고	NNG	1	2761	0.003%
드러굿	VV	1	2762	0.003%
드려놓	VV	1	2763	0.003%
드려오	VV	1	2764	0.003%
드믄이	MAG	1	2765	0.003%
들어나	VV	1	2766	0.003%
들어오	VV	1	2767	0.003%
들텨나	VV	1	2768	0.003%
들째	NNG	1	2769	0.003%
듯	NNG	1	2770	0.003%
듯(ᄒ)	VX	1	2771	0.003%
등걸	NNG	1	2772	0.003%
등녹	NNG	1	2773	0.003%
등니장신	NNG	1	2774	0.003%
등당	NNG	1	2775	0.003%
등뎡	NNG	1	2776	0.003%
등지게	NNG	1	2777	0.003%
등하	NNG	1	2778	0.003%
등하블명	NNG	1	2779	0.003%
등화	NNG	1	2780	0.003%

형태소	분류	빈도수	순위	백분율
둥ᄆ르	NNG	1	2781	0.003%
둥즈	NNG	1	2782	0.003%
디금	MAG	1	2783	0.003%
디내	VV	1	2784	0.003%
디디ᄒ	VA	1	2785	0.003%
디룡이	NNG	1	2786	0.003%
디리ᄒ	VA	1	2787	0.003%
디위ᄒ	VV	1	2788	0.003%
디의	NNG	1	2789	0.003%
디혜	NNG	1	2790	0.003%
디혜(智慧)	NNG	1	2791	0.003%
디히	NNB	1	2792	0.003%
딕	VV	1	2793	0.003%
딘	NNG	1	2794	0.003%
딘동ᄒ	VV	1	2795	0.003%
딘믹ᄒ	VV	1	2796	0.003%
딜그룻ㅅ	NNG	1	2797	0.003%
딥	VV	1	2798	0.003%
딧	VV	1	2799	0.003%
ㄹ네	EF	1	2800	0.003%
ㄹ다	EF	1	2801	0.003%
ㄹ만	JX	1	2802	0.003%
ㄹ션정	EC	1	2803	0.003%
ㄹ셰라	EF	1	2804	0.003%
ㄹ셰면	EC	1	2805	0.003%
ㄹ쇠이다	EF	1	2806	0.003%
ㄹ지연뎡	EC	1	2807	0.003%
ㄹ진디	EC	1	2808	0.003%
ㄹ늬	EF	1	2809	0.003%
ㄹᄃ려	JKB	1	2810	0.003%
ㄹ싀	EC	1	2811	0.003%
라셔	JKS	1	2812	0.003%

형태소	분류	빈도수	순위	백분율
라타	JX	1	2813	0.003%
러	EC	1	2814	0.003%
렴나	EF	1	2815	0.003%
룡(龍)	NNG	1	2816	0.003%
리	NNB	1	2817	0.003%
마	EF	1	2818	0.003%
마	NNG	1	2819	0.003%
마구	NNG	1	2820	0.003%
마기쇠	NNG	1	2821	0.003%
마노	NNG	1	2822	0.003%
마루	NNG	1	2823	0.003%
마삭	NNG	1	2824	0.003%
마샹	NNG	1	2825	0.003%
마샹님	NNG	1	2826	0.003%
마샹도님	NNG	1	2827	0.003%
마샹앙와	NNG	1	2828	0.003%
마샹지	NNG	1	2829	0.003%
마시	VV	1	2830	0.003%
마올	NNG	1	2831	0.003%
마초	VV	1	2832	0.003%
마치	VV	1	2833	0.003%
마함	NNG	1	2834	0.003%
마늘	NNG	1	2835	0.003%
마르	VA	1	2836	0.003%
마을	NNG	1	2837	0.003%
마츰내	MAG	1	2838	0.003%
막대	NNG	1	2839	0.003%
막키	VV	1	2840	0.003%
만	MM	1	2841	0.003%
만나보	VV	1	2842	0.003%
만당(滿堂)	NNG	1	2843	0.003%
만당ᄒ	VV	1	2844	0.003%

형태소	분류	빈도수	순위	백분율
만도라미	NNG	1	2845	0.003%
만두	NNG	1	2846	0.003%
만목	NNG	1	2847	0.003%
만믈(萬物)	NNG	1	2848	0.003%
만민지샹(萬民之上)	NNG	1	2849	0.003%
만일	MAG	1	2850	0.003%
만일(萬一)이	MAG	1	2851	0.003%
만초	NNG	1	2852	0.003%
만호	NNG	1	2853	0.003%
만ᄒ	VA	1	2854	0.003%
많[많]	VA	1	2855	0.003%
많이	MAG	1	2856	0.003%
만	VV	1	2857	0.003%
말덧두어리	VV	1	2858	0.003%
말리	VV	1	2859	0.003%
말암	NNG	1	2860	0.003%
말미	NNG	1	2861	0.003%
맛나	VV	1	2862	0.003%
맛다	JX	1	2863	0.003%
맛보	VV	1	2864	0.003%
맛즈	VV	1	2865	0.003%
맛초	VV	1	2866	0.003%
맛ㅌ	VV	1	2867	0.003%
맛ᄐ	VV	1	2868	0.003%
망극(莫極)ᄒ	VA	1	2869	0.003%
망극ᄒ	VA	1	2870	0.003%
망근	NNG	1	2871	0.003%
망녕저이	MAG	1	2872	0.003%
망망ᄒ	VA	1	2873	0.003%
망발	NNG	1	2874	0.003%
망어	NNG	1	2875	0.003%
망일	NNG	1	2876	0.003%

형태소	분류	빈도수	순위	백분율
망태	NNG	1	2877	0.003%
망혼	NNG	1	2878	0.003%
맞치	VV	1	2879	0.003%
매돌	NNG	1	2880	0.003%
매실	NNG	1	2881	0.003%
매아지	NNG	1	2882	0.003%
머(믈)	VV	1	2883	0.003%
머그리	NNG	1	2884	0.003%
머긔낡그	NNG	1	2885	0.003%
머기	VV	1	2886	0.003%
머무리	NNG	1	2887	0.003%
머물	VV	1	2888	0.003%
머믈	VV	1	2889	0.003%
먹금즉ᄒ	VA	1	2890	0.003%
먹음	VV	1	2891	0.003%
멀위	NNG	1	2892	0.003%
멋츠	NNG	1	2893	0.003%
메유기	NNG	1	2894	0.003%
메투리	NNG	1	2895	0.003%
며기	NNG	1	2896	0.003%
며욕	NNG	1	2897	0.003%
며ᄂ리	NNG	1	2898	0.003%
면(免)ᄒ	VV	1	2899	0.003%
면[몐]	EC	1	2900	0.003%
면쥬	NNG	1	2901	0.003%
면폐	NNG	1	2902	0.003%
면품(面稟)	NNG	1	2903	0.003%
멸츤날	NNG	1	2904	0.003%
멸츨	NNG	1	2905	0.003%
멸씃	MAG	1	2906	0.003%
명	NNG	1	2907	0.003%
명낭(明朗)히	MAG	1	2908	0.003%

형태소	분류	빈도수	순위	백분율
명막	NNG	1	2909	0.003%
명명ᄒ	VA	1	2910	0.003%
명문	NNG	1	2911	0.003%
명챵(名唱)	NNG	1	2912	0.003%
명빅	NNG	1	2913	0.003%
몃	MM	1	2914	0.003%
메	NNG	1	2915	0.003%
메우	VV	1	2916	0.003%
메으	VV	1	2917	0.003%
메이	VV	1	2918	0.003%
모긔	NNG	1	2919	0.003%
모나	VA	1	2920	0.003%
모다	NNG	1	2921	0.003%
모단	NNG	1	2922	0.003%
모단곳ᄎ	NNG	1	2923	0.003%
모도	MAG	1	2924	0.003%
모딜	VA	1	2925	0.003%
모래	NNG	1	2926	0.003%
모로미	MAG	1	2927	0.003%
모릉	NNG	1	2928	0.003%
모면	NNG	1	2929	0.003%
모모히	MAG	1	2930	0.003%
모밀	NNG	1	2931	0.003%
모질	VA	1	2932	0.003%
모하쳥	NNG	1	2933	0.003%
모해ᄒ	VV	1	2934	0.003%
목구멍	NNG	1	2935	0.003%
목면(木棉)	NNG	1	2936	0.003%
목목이	MAG	1	2937	0.003%
목숨	NNG	1	2938	0.003%
목욕	NNG	1	2939	0.003%
목쟝(牧場)	NNG	1	2940	0.003%

형태소	분류	빈도수	순위	백분율
목픔	NNG	1	2941	0.003%
목휘[휘]	NNG	1	2942	0.003%
목즈	NNG	1	2943	0.003%
목줄르	VV	1	2944	0.003%
몬지	NNG	1	2945	0.003%
몰	VV	1	2946	0.003%
몰나보	VV	1	2947	0.003%
몰슉	MAG	1	2948	0.003%
몰언덕	NNG	1	2949	0.003%
몸픠	NNG	1	2950	0.003%
못[믓]	MAG	1	2951	0.003%
못[믓]ᄒ	VX	1	2952	0.003%
못내	MAG	1	2953	0.003%
못ㅅ	NNG	1	2954	0.003%
못스	VV	1	2955	0.003%
못토	NNG	1	2956	0.003%
몽글	VA	1	2957	0.003%
몽동바리	NNG	1	2958	0.003%
몽몽이	MAG	1	2959	0.003%
몽셜	NNG	1	2960	0.003%
뫼시	VV	1	2961	0.003%
뫼아리	NNG	1	2962	0.003%
묘	NNG	1	2963	0.003%
묘묘히	MAG	1	2964	0.003%
묘화	NNG	1	2965	0.003%
묘ᄒ	VA	1	2966	0.003%
무	NNG	1	2967	0.003%
무가내하	NNG	1	2968	0.003%
무가내하(無可奈何)	NNG	1	2969	0.003%
무공쥬	NNG	1	2970	0.003%
무궁화	NNG	1	2971	0.003%
무당	NNG	1	2972	0.003%

형태소	분류	빈도수	순위	백분율
무던[단]ᄒ	VA	1	2973	0.003%
무던ᄒ	VV	1	2974	0.003%
무릎	NNG	1	2975	0.003%
무루게	MAG	1	2976	0.003%
무미ᄒ	VA	1	2977	0.003%
무상ᄒ	VA	1	2978	0.003%
무상ᄒ	VA	1	2979	0.003%
무샤마귀	NNG	1	2980	0.003%
무셔워ᄒ	VV	1	2981	0.003%
무신(無心)이	MAG	1	2982	0.003%
무여	MAG	1	2983	0.003%
무우	NNG	1	2984	0.003%
무이	VV	1	2985	0.003%
무지게	NNG	1	2986	0.003%
무한(無限)이	MAG	1	2987	0.003%
무ᄅ	VA	1	2988	0.003%
무ᄌ(茂子)	NNG	1	2989	0.003%
문(紋)	NNG	1	2990	0.003%
문셔	NNG	1	2991	0.003%
문안	NNG	1	2992	0.003%
문어	NNG	1	2993	0.003%
문지늬	NNG	1	2994	0.003%
문츠키	VV	1	2995	0.003%
문포	NNG	1	2996	0.003%
문허디	VV	1	2997	0.003%
문호(門戶)	NNG	1	2998	0.003%
묻	NNG	1	2999	0.003%
물	VV	1	3000	0.003%
물건	NNG	1	3001	0.003%
물리	VV	1	3002	0.003%
물옷	MAG	1	3003	0.003%
뭇길	NNG	1	3004	0.003%

형태소	분류	빈도수	순위	백분율
믓시	NNG	1	3005	0.003%
믓치	VV	1	3006	0.003%
뮈여ᄒ	VV	1	3007	0.003%
므단히	MAG	1	3008	0.003%
므덥	VA	1	3009	0.003%
므로도	EC	1	3010	0.003%
므릭	NNG	1	3011	0.003%
므즈미	NNG	1	3012	0.003%
믄득	MAG	1	3013	0.003%
믄허지	VV	1	3014	0.003%
믈가래	NNG	1	3015	0.003%
믈거픔	NNG	1	3016	0.003%
믈구나모	NNG	1	3017	0.003%
믈구뷔	NNG	1	3018	0.003%
믈러	MAG	1	3019	0.003%
믈러내	VV	1	3020	0.003%
믈리티	VV	1	3021	0.003%
믈방	NNG	1	3022	0.003%
믈방을	NNG	1	3023	0.003%
믈쥬들	NNG	1	3024	0.003%
믈화	NNG	1	3025	0.003%
믈화곳	NNG	1	3026	0.003%
믈릭	NNG	1	3027	0.003%
믓	VV	1	3028	0.003%
믜근믜근ᄒ	VA	1	3029	0.003%
믠데갈이	NNG	1	3030	0.003%
믱〃ᄒ	VA	1	3031	0.003%
미결ᄒ	VV	1	3032	0.003%
미나리	NNG	1	3033	0.003%
미덤	NNG	1	3034	0.003%
미련ᄒ	VA	1	3035	0.003%
미르뇽(龍)	NNG	1	3036	0.003%

형태소	분류	빈도수	순위	백분율
미션	NNG	1	3037	0.003%
미슈	NNG	1	3038	0.003%
미시	NNG	1	3039	0.003%
미안ᄒ	VA	1	3040	0.003%
미월(微月)	NNG	1	3041	0.003%
미인	NNG	1	3042	0.003%
未日(미일)	NNG	1	3043	0.003%
미처	MAG	1	3044	0.003%
미혹(迷惑)ᄒ	VA	1	3045	0.003%
민어	NNG	1	3046	0.003%
민쳡(敏捷)ᄒ	VA	1	3047	0.003%
믿	VV	1	3048	0.003%
밀치	NNG	1	3049	0.003%
밋그럽	VA	1	3050	0.003%
밋그리	MM	1	3051	0.003%
밋기	VV	1	3052	0.003%
밋쇠	NNG	1	3053	0.003%
밑	VV	1	3054	0.003%
ㅂ새	EF	1	3055	0.003%
바다マ	NNG	1	3056	0.003%
바독물	NNG	1	3057	0.003%
바디	NNG	1	3058	0.003%
바라뵈	VV	1	3059	0.003%
바로(ᄒ)	VV	1	3060	0.003%
바르	VA	1	3061	0.003%
바리	NNG	1	3062	0.003%
바얌	NNG	1	3063	0.003%
바올	NNG	1	3064	0.003%
바치	VV	1	3065	0.003%
바히	VV	1	3066	0.003%
바ᄅ보	VV	1	3067	0.003%
박	NNG	1	3068	0.003%

형태소	분류	빈도수	순위	백분율
박곡	NNG	1	3069	0.003%
박남(博覽)	NNG	1	3070	0.003%
박셕	NNG	1	3071	0.003%
박회	NNG	1	3072	0.003%
박히	VV	1	3073	0.003%
반	NNG	1	3074	0.003%
반지[치]셜	VA	1	3075	0.003%
반짓블	VA	1	3076	0.003%
반찬	NNG	1	3077	0.003%
반피	NNG	1	3078	0.003%
반득반득	MAG	1	3079	0.003%
반득반득ᄒ	VA	1	3080	0.003%
반뒤	NNG	1	3081	0.003%
반씀음	NNG	1	3082	0.003%
반ᄒ	VV	1	3083	0.003%
발(發)ᄒ	VV	1	3084	0.003%
발괄	NNG	1	3085	0.003%
발뒤측	NNG	1	3086	0.003%
발등	NNG	1	3087	0.003%
발명ᄒ	VV	1	3088	0.003%
발목	NNG	1	3089	0.003%
발바당	NNG	1	3090	0.003%
발삿치	NNG	1	3091	0.003%
발톱	NNG	1	3092	0.003%
발표	NNG	1	3093	0.003%
발븟치	MAG	1	3094	0.003%
발븟트	VA	1	3095	0.003%
발ᄒ	VV	1	3096	0.003%
밧들	VV	1	3097	0.003%
밧브	VA	1	3098	0.003%
밧지	VV	1	3099	0.003%
밧ᄎ	NNG	1	3100	0.003%

형태소	분류	빈도수	순위	백분율
밧ㅌ	VV	1	3101	0.003%
밧듯(ㅎ)	VA	1	3102	0.003%
방〃골〃	NNG	1	3103	0.003%
방긔	NNG	1	3104	0.003%
방니	NNG	1	3105	0.003%
방댱(方張)	NNG	1	3106	0.003%
방마치	NNG	1	3107	0.003%
방믈	NNG	1	3108	0.003%
방법	NNG	1	3109	0.003%
방셕	NNG	1	3110	0.003%
방어	NNG	1	3111	0.003%
방울	NNG	1	3112	0.003%
방쟝	NNG	1	3113	0.003%
방쥬	NNG	1	3114	0.003%
방축(防築)	NNG	1	3115	0.003%
방패	NNG	1	3116	0.003%
방풍ㅎ	VV	1	3117	0.003%
방하	NNG	1	3118	0.003%
방하공이	NNG	1	3119	0.003%
방싁	NNG	1	3120	0.003%
방즈히	MAG	1	3121	0.003%
방즈ㅎ	VA	1	3122	0.003%
밭[발]	VV	1	3123	0.003%
뱡튜질ㅎ	VV	1	3124	0.003%
버금	NNG	1	3125	0.003%
버들가지	NNG	1	3126	0.003%
버들개야지	NNG	1	3127	0.003%
버들나모	NNG	1	3128	0.003%
버들닙	NNG	1	3129	0.003%
버레	NNG	1	3130	0.003%
버릇	NNG	1	3131	0.003%
버리	VV	1	3132	0.003%

형태소	분류	빈도수	순위	백분율
버리지	NNG	1	3133	0.003%
버서	NNG	1	3134	0.003%
버치	VV	1	3135	0.003%
벅벅히	MAG	1	3136	0.003%
번개	NNG	1	3137	0.003%
번거ᄒ	VA	1	3138	0.003%
번극ᄒ	VA	1	3139	0.003%
번두쳐	MAG	1	3140	0.003%
번득〃〃ᄒ	VA	1	3141	0.003%
번성ᄒ	VV	1	3142	0.003%
번화ᄒ	VV	1	3143	0.003%
벌	VV	1	3144	0.003%
벌거ᄒ	VA	1	3145	0.003%
벌목	NNG	1	3146	0.003%
벌션	NNG	1	3147	0.003%
범남(汎濫)	NNG	1	3148	0.003%
범남ᄒ	VV	1	3149	0.003%
범마ᄒ	VV	1	3150	0.003%
범범히	MAG	1	3151	0.003%
범붓체	NNG	1	3152	0.003%
범연히	MAG	1	3153	0.003%
범일	NNG	1	3154	0.003%
범졉ᄒ	VV	1	3155	0.003%
범ᄉ	NNG	1	3156	0.003%
법	NNB	1	3157	0.003%
법텹	NNG	1	3158	0.003%
벗드듸	VV	1	3159	0.003%
벗어나	VV	1	3160	0.003%
벙어리	NNG	1	3161	0.003%
벼것츠렁이	NNG	1	3162	0.003%
벼로	NNG	1	3163	0.003%
벼록	NNG	1	3164	0.003%

형태소	분류	빈도수	순위	백분율
벼리	NNG	1	3165	0.003%
벼슬ᄒ	VV	1	3166	0.003%
벽녁	NNG	1	3167	0.003%
벽도문(碧桃紋)	NNG	1	3168	0.003%
변방	NNG	1	3169	0.003%
변쳐	NNG	1	3170	0.003%
변통	NNG	1	3171	0.003%
변통(變通)ᄒ	VV	1	3172	0.003%
변통ᄒ	VV	1	3173	0.003%
변화(變化)	NNG	1	3174	0.003%
변ᄒ	VV	1	3175	0.003%
별간쟈믈	NNG	1	3176	0.003%
별니	NNG	1	3177	0.003%
별로	MAG	1	3178	0.003%
별호(別號)	NNG	1	3179	0.003%
볍새	NNG	1	3180	0.003%
볏	NNG	1	3181	0.003%
볏ㄷ	NNG	1	3182	0.003%
병(病)	NNG	1	3183	0.003%
兵馬節度使 (병사절도ᄉ)	NNG	1	3184	0.003%
병부	NNG	1	3185	0.003%
병아리	NNG	1	3186	0.003%
병어	NNG	1	3187	0.003%
병장붓치	NNG	1	3188	0.003%
병풍	NNG	1	3189	0.003%
병ᄉ	NNG	1	3190	0.003%
볘	VV	1	3191	0.003%
볘게	NNG	1	3192	0.003%
볘슬	NNG	1	3193	0.003%
보(補)ᄒ	VV	1	3194	0.003%
보검	NNG	1	3195	0.003%

형태소	분류	빈도수	순위	백분율
보곰자리	NNG	1	3196	0.003%
보딘	NNG	1	3197	0.003%
보라싀	NNG	1	3198	0.003%
보람	NNG	1	3199	0.003%
보리밥	NNG	1	3200	0.003%
보부족(補不足)ᄒ	VV	1	3201	0.003%
보신ᄒ	VV	1	3202	0.003%
보심	NNG	1	3203	0.003%
보왐죽ᄒ	VA	1	3204	0.003%
보왐즉[죽]ᄒ	VA	1	3205	0.003%
보인	NNG	1	3206	0.003%
보젼	NNG	1	3207	0.003%
보죠개	NNG	1	3208	0.003%
보채	VV	1	3209	0.003%
보태	VV	1	3210	0.003%
보ᄃ럽	VA	1	3211	0.003%
보빅	NNG	1	3212	0.003%
보숩피	VV	1	3213	0.003%
보읙	NNG	1	3214	0.003%
보ᄒ	VV	1	3215	0.003%
복	NNG	1	3216	0.003%
복	VV	1	3217	0.003%
복(福)	NNG	1	3218	0.003%
복병ᄒ	VV	1	3219	0.003%
복성화	NNG	1	3220	0.003%
복성화쎠	NNG	1	3221	0.003%
복어	NNG	1	3222	0.003%
복쟈	NNG	1	3223	0.003%
복통	NNG	1	3224	0.003%
복싱션	NNG	1	3225	0.003%
본딕	NNG	1	3226	0.003%
본스	NNG	1	3227	0.003%

형태소	분류	빈도수	순위	백분율
볼모	NNG	1	3228	0.003%
붓ㅊ	NNG	1	3229	0.003%
봉	NNG	1	3230	0.003%
봉선화	NNG	1	3231	0.003%
봉안(奉安)	NNG	1	3232	0.003%
봉쟉	NNG	1	3233	0.003%
봉견복	NNG	1	3234	0.003%
봉족	NNG	1	3235	0.003%
봉쵸	NNG	1	3236	0.003%
봉화(烽火)	NNG	1	3237	0.003%
봉황(鳳凰)	NNG	1	3238	0.003%
봉뉘산(蓬萊山)	NNG	1	3239	0.003%
봉ᄒ	VV	1	3240	0.003%
븨	NNG	1	3241	0.003%
븨승새	NNG	1	3242	0.003%
븨쌍이	NNG	1	3243	0.003%
부	NNG	1	3244	0.003%
부드럽	VA	1	3245	0.003%
부러(ㅎ)	VV	1	3246	0.003%
부러ㅎ	VV	1	3247	0.003%
부루	NNG	1	3248	0.003%
부리	NNG	1	3249	0.003%
부뷔	VV	1	3250	0.003%
부비	NNG	1	3251	0.003%
부산쳠ㅅ	NNG	1	3252	0.003%
부쇠	NNG	1	3253	0.003%
부쇠짓	NNG	1	3254	0.003%
부시	NNG	1	3255	0.003%
부어지	VV	1	3256	0.003%
부용화	NNG	1	3257	0.003%
부쟉	NNG	1	3258	0.003%
부절업시	MAG	1	3259	0.003%

형태소	분류	빈도수	순위	백분율
부즈런히	MAG	1	3260	0.003%
부지기수(不知其數)	NNG	1	3261	0.003%
부질(不秩)ᄒ	VA	1	3262	0.003%
부체질ᄒ	VV	1	3263	0.003%
부쳬	NNG	1	3264	0.003%
부쵹ᄒ	VV	1	3265	0.003%
부치[지]	VV	1	3266	0.003%
부티	VV	1	3267	0.003%
부헝이	NNG	1	3268	0.003%
부르	VV	1	3269	0.003%
부르기	NNG	1	3270	0.003%
부리	NNG	1	3271	0.003%
부ᄉ(府使)	NNG	1	3272	0.003%
부치	NNG	1	3273	0.003%
분간(分揀)ᄒ	VV	1	3274	0.003%
분명(分明)이	MAG	1	3275	0.003%
분명히	MAG	1	3276	0.003%
분명ᄒ	VV	1	3277	0.003%
분묘	NNG	1	3278	0.003%
분변(分辨)ᄒ	VV	1	3279	0.003%
분변[병](分辨)ᄒ	VV	1	3280	0.003%
분분ᄒ	VA	1	3281	0.003%
분셩덕ᄒ	VV	1	3282	0.003%
분수	NNG	1	3283	0.003%
분주(奔走)ᄒ	VV	1	3284	0.003%
붇	VV	1	3285	0.003%
불구(不久)	NNG	1	3286	0.003%
불꼿	NNG	1	3287	0.003%
불리	VV	1	3288	0.003%
붉	VA	1	3289	0.003%
붓곳치	NNG	1	3290	0.003%
붓그럽	VA	1	3291	0.003%

형태소	분류	빈도수	순위	백분율
붓돋	VV	1	3292	0.003%
붓체질	NNG	1	3293	0.003%
붓치[지]	VV	1	3294	0.003%
붓ㅌ	VV	1	3295	0.003%
붕사	NNG	1	3296	0.003%
뷔	NNG	1	3297	0.003%
뷘말	NNG	1	3298	0.003%
브러지	VV	1	3299	0.003%
브로	VA	1	3300	0.003%
브록ㅎ	VA	1	3301	0.003%
브르	VV	1	3302	0.003%
브뷔	VV	1	3303	0.003%
브즈러니	MAG	1	3304	0.003%
브즈런ㅎ	VA	1	3305	0.003%
브ㄹ	VA	1	3306	0.003%
북경(北京)	NNP	1	3307	0.003%
북안성	NNG	1	3308	0.003%
북풍	NNG	1	3309	0.003%
븐나모	NNG	1	3310	0.003%
블	VV	1	3311	0.003%
블견쇼과(不見小過)	NNG	1	3312	0.003%
블과	MAG	1	3313	0.003%
블관ㅎ	VV	1	3314	0.003%
블그	VA	1	3315	0.003%
블긋블긋ㅎ	VA	1	3316	0.003%
블기	NNG	1	3317	0.003%
블니	VA	1	3318	0.003%
블러오	VV	1	3319	0.003%
블리	VV	1	3320	0.003%
블빗ㅊ	NNG	1	3321	0.003%
블용	NNG	1	3322	0.003%
블하당	NNG	1	3323	0.003%

형태소	분류	빈도수	순위	백분율
블회	NNG	1	3324	0.003%
블희	NNG	1	3325	0.003%
븕웃븕웃ᄒ	VA	1	3326	0.003%
븟그럽	VA	1	3327	0.003%
븟티	VV	1	3328	0.003%
븨	VV	1	3329	0.003%
븨븨ᄒ	VA	1	3330	0.003%
비(比)ᄒ	VV	1	3331	0.003%
비각	NNG	1	3332	0.003%
비노	NNG	1	3333	0.003%
비단ᄒ	NNG	1	3334	0.003%
비둔ᄒ	VA	1	3335	0.003%
비듬	NNG	1	3336	0.003%
비러먹	VV	1	3337	0.003%
비로소	MAG	1	3338	0.003%
비름	NNG	1	3339	0.003%
비리	VA	1	3340	0.003%
비마즈	NNG	1	3341	0.003%
비밀이	MAG	1	3342	0.003%
비밀하	VA	1	3343	0.003%
비밀히	MAG	1	3344	0.003%
비뵈	NNG	1	3345	0.003%
비븍	VV	1	3346	0.003%
비븍딜	NNG	1	3347	0.003%
비비히	MAG	1	3348	0.003%
비상	NNG	1	3349	0.003%
비올히	NNG	1	3350	0.003%
비위(脾胃)	NNG	1	3351	0.003%
비파	NNG	1	3352	0.003%
비ᄌ	NNG	1	3353	0.003%
비ᄌ남ㄱ	NNG	1	3354	0.003%
비취(翡翠)	NNG	1	3355	0.003%

형태소	분류	빈도수	순위	백분율
빈빈이	MAG	1	3356	0.003%
빈혀	NNG	1	3357	0.003%
빌기	NNG	1	3358	0.003%
빌리	VV	1	3359	0.003%
빗고로	MAG	1	3360	0.003%
빗길	NNG	1	3361	0.003%
빗내	VV	1	3362	0.003%
빗당	NNG	1	3363	0.003%
빗덥	NNG	1	3364	0.003%
빗들	NNG	1	3365	0.003%
빗발	NNG	1	3366	0.003%
빗솔	NNG	1	3367	0.003%
빗ㅊ[ㅈ]	NNG	1	3368	0.003%
빗츠게	NNG	1	3369	0.003%
빗쑤러지	VV	1	3370	0.003%
빙고ㅎ	VV	1	3371	0.003%
빙당	NNG	1	3372	0.003%
빚	VV	1	3373	0.003%
빨	VV	1	3374	0.003%
ㅅ	ETM	1	3375	0.003%
ㅅ	JKG	1	3376	0.003%
ㅅ다	EF	1	3377	0.003%
사	EP	1	3378	0.003%
사	NNG	1	3379	0.003%
사[서]어	NNG	1	3380	0.003%
사긔	NNG	1	3381	0.003%
사김ㅎ	VV	1	3382	0.003%
사당	NNG	1	3383	0.003%
사돈	NNG	1	3384	0.003%
사라나	VV	1	3385	0.003%
사리	VV	1	3386	0.003%
사모	NNG	1	3387	0.003%

형태소	분류	빈도수	순위	백분율
사발	NNG	1	3388	0.003%
사벽	NNG	1	3389	0.003%
査實(사실)	NNG	1	3390	0.003%
사회	NNG	1	3391	0.003%
사ᄃ새	NNG	1	3392	0.003%
사ᄉ	NNG	1	3393	0.003%
사지	NNG	1	3394	0.003%
사획ᄒ	VV	1	3395	0.003%
사립작	NNG	1	3396	0.003%
삭	NNG	1	3397	0.003%
삭	VV	1	3398	0.003%
산〃집〃	NNG	1	3399	0.003%
산단화	NNG	1	3400	0.003%
산달피	NNG	1	3401	0.003%
산듕	NNG	1	3402	0.003%
산듕(山中)	NNG	1	3403	0.003%
산슈(山水)	NNG	1	3404	0.003%
산양ᄒ	VV	1	3405	0.003%
산원	NNG	1	3406	0.003%
산장	NNG	1	3407	0.003%
산장이들	NNG	1	3408	0.003%
산호쥬	NNG	1	3409	0.003%
살각괴	NNG	1	3410	0.003%
살갑	VA	1	3411	0.003%
살길	NNG	1	3412	0.003%
살밋ᄎ	NNG	1	3413	0.003%
삶	NNG	1	3414	0.003%
삼	NNG	1	3415	0.003%
삼	NR	1	3416	0.003%
삼가ᄒ	VV	1	3417	0.003%
삼강(三綱)	NNG	1	3418	0.003%
삼공	NNG	1	3419	0.003%

형태소	분류	빈도수	순위	백분율
삼기	VV	1	3420	0.003%
삼년	NNG	1	3421	0.003%
삼년(三年)	NNG	1	3422	0.003%
삼녹	NNG	1	3423	0.003%
삼됴졍늬	NNG	1	3424	0.003%
삼목	NNG	1	3425	0.003%
삼월(三月)삼일(三日)	NNG	1	3426	0.003%
삼일	NNG	1	3427	0.003%
삼즉ᄒ	VA	1	3428	0.003%
삼청	NNG	1	3429	0.003%
삼태	NNG	1	3430	0.003%
삼판늬	NNG	1	3431	0.003%
삼ᄉ월	NNG	1	3432	0.003%
삼틱셩	NNG	1	3433	0.003%
삽쥬	NNG	1	3434	0.003%
삿	NNG	1	3435	0.003%
삿갓	NNG	1	3436	0.003%
상긔마	NNG	1	3437	0.003%
상기	VV	1	3438	0.003%
상마	NNG	1	3439	0.003%
상쾌ᄒ	VA	1	3440	0.003%
상ᄉ	NNG	1	3441	0.003%
새것	NNG	1	3442	0.003%
새농	NNG	1	3443	0.003%
새로이	MAG	1	3444	0.003%
새매	NNG	1	3445	0.003%
새벽즘	NNG	1	3446	0.003%
새오	VV	1	3447	0.003%
새옴	NNG	1	3448	0.003%
새ᄒ	VV	1	3449	0.003%
샤례ᄒ	VV	1	3450	0.003%
샤마귀	NNG	1	3451	0.003%

형태소	분류	빈도수	순위	백분율
샤약	NNG	1	3452	0.003%
샤직(社稷)	NNG	1	3453	0.003%
샤치(奢侈)ᄒ	VA	1	3454	0.003%
샤향	NNG	1	3455	0.003%
샹(相)	NNG	1	3456	0.003%
샹(傷)ᄒ	VV	1	3457	0.003%
샹교ᄒ	VV	1	3458	0.003%
샹년(上年)	NNG	1	3459	0.003%
샹놈	NNG	1	3460	0.003%
샹놈들	NNG	1	3461	0.003%
샹덕	NNG	1	3462	0.003%
샹두	NNG	1	3463	0.003%
샹마	NNG	1	3464	0.003%
샹말	NNG	1	3465	0.003%
샹면ᄒ	VV	1	3466	0.003%
샹사ᄅᆷ	NNG	1	3467	0.003%
샹샹	NNG	1	3468	0.003%
샹셩	NNG	1	3469	0.003%
샹아	NNG	1	3470	0.003%
샹원날	NNG	1	3471	0.003%
샹인	NNG	1	3472	0.003%
샹토	NNG	1	3473	0.003%
샹한	NNG	1	3474	0.003%
샹호	NNG	1	3475	0.003%
샹ᄉ	NNG	1	3476	0.003%
샹ᄌ	NNG	1	3477	0.003%
샹히	MAG	1	3478	0.003%
샷	NNG	1	3479	0.003%
서	EC	1	3480	0.003%
서로	NNG	1	3481	0.003%
서리	VA	1	3482	0.003%
서이	VA	1	3483	0.003%

형태소	분류	빈도수	순위	백분율
셕이	VV	1	3484	0.003%
셖	VV	1	3485	0.003%
셜	VA	1	3486	0.003%
셜퓌	VA	1	3487	0.003%
셜픠	VA	1	3488	0.003%
셟	NNG	1	3489	0.003%
셤	NNG	1	3490	0.003%
셥나모	NNG	1	3491	0.003%
셩긔	VA	1	3492	0.003%
셩애	NNG	1	3493	0.003%
셰	EF	1	3494	0.003%
셰	NR	1	3495	0.003%
셰츠	VA	1	3496	0.003%
셔	EC	1	3497	0.003%
셔각	NNG	1	3498	0.003%
셔간	NNG	1	3499	0.003%
셔계	NNG	1	3500	0.003%
셔관	NNG	1	3501	0.003%
셔긔(書記)	NNG	1	3502	0.003%
셔남풍	NNG	1	3503	0.003%
셔리(書吏)	NNG	1	3504	0.003%
셔방(書房)	NNG	1	3505	0.003%
셔븍풍	NNG	1	3506	0.003%
셔산	NNG	1	3507	0.003%
셔샹	NNG	1	3508	0.003%
셔셔ᄒ	VA	1	3509	0.003%
셔슬	NNG	1	3510	0.003%
셔안	NNG	1	3511	0.003%
셔우	NNG	1	3512	0.003%
셔우	VV	1	3513	0.003%
셔으	VV	1	3514	0.003%
셔인(庶尹)	NNG	1	3515	0.003%

형태소	분류	빈도수	순위	백분율
셔풍	NNG	1	3516	0.003%
셔ᄉ(世事)	NNG	1	3517	0.003%
셔ᄌ(庶子)	NNG	1	3518	0.003%
셔ᄌ(世子)	NNG	1	3519	0.003%
셔칙	NNG	1	3520	0.003%
셔칙(書冊)	NNG	1	3521	0.003%
셕	NNG	1	3522	0.003%
셕경	NNG	1	3523	0.003%
셕뉴	NNG	1	3524	0.003%
셕오	NNP	1	3525	0.003%
셕웅황	NNG	1	3526	0.003%
셕쥬	NNG	1	3527	0.003%
션단	NNG	1	3528	0.003%
션등(船燈)	NNG	1	3529	0.003%
션력(宣力)ᄒ	VV	1	3530	0.003%
션비	NNG	1	3531	0.003%
션악	NNG	1	3532	0.003%
션약	NNG	1	3533	0.003%
션젼관	NNG	1	3534	0.003%
션챵	NNG	1	3535	0.003%
셜비	NNG	1	3536	0.003%
셜	VA	1	3537	0.003%
셜당(雪糖)	NNG	1	3538	0.003%
셜쇠	NNG	1	3539	0.003%
셜치ᄒ	VV	1	3540	0.003%
셜파ᄒ	VV	1	3541	0.003%
셜판	NNG	1	3542	0.003%
셤	NNB	1	3543	0.003%
셤단	NNG	1	3544	0.003%
셤셤ᄒ	VA	1	3545	0.003%
셩(盛)ᄒ	VA	1	3546	0.003%
셩각괴	NNG	1	3547	0.003%

형태소	분류	빈도수	순위	백분율
셩당	NNG	1	3548	0.003%
셩명	NNG	1	3549	0.003%
셩명(姓名)	NNG	1	3550	0.003%
셩본(姓本)	NNG	1	3551	0.003%
셩식	NNG	1	3552	0.003%
셩영(成營)ᄒ	VV	1	3553	0.003%
셩혼	NNG	1	3554	0.003%
셩ᄉ(成事)ᄒ	VV	1	3555	0.003%
셩ᄌ(姓字)	NNG	1	3556	0.003%
셰간ᄉ	NNG	1	3557	0.003%
셰사	NNG	1	3558	0.003%
셰샹(世上)	NNG	1	3559	0.003%
셰션	NNG	1	3560	0.003%
셰슈	NNG	1	3561	0.003%
셰ᄌ	NNG	1	3562	0.003%
셰ᄌ(世子)	NNG	1	3563	0.003%
소견	NNG	1	3564	0.003%
소견(所見)	NNG	1	3565	0.003%
소곰	NNG	1	3566	0.003%
소나모	NNG	1	3567	0.003%
소남ㄱ	NNG	1	3568	0.003%
소담ᄒ	VA	1	3569	0.003%
소략(疏略)ᄒ	VA	1	3570	0.003%
소문	NNG	1	3571	0.003%
소문(所聞)	NNG	1	3572	0.003%
소반찬	NNG	1	3573	0.003%
소소	VV	1	3574	0.003%
소아ᄇ리	VV	1	3575	0.003%
소아ᄒ	VA	1	3576	0.003%
소원(素遠)이	MAG	1	3577	0.003%
소경	NNG	1	3578	0.003%
소지	NNG	1	3579	0.003%

형태소	분류	빈도수	순위	백분율
속	VV	1	3580	0.003%
속대	NNG	1	3581	0.003%
속즈	NNG	1	3582	0.003%
손것자리	NNG	1	3583	0.003%
손금	NNG	1	3584	0.003%
손등	NNG	1	3585	0.003%
손톱	NNG	1	3586	0.003%
손즈(孫子)	NNG	1	3587	0.003%
솔닙ㅍ	NNG	1	3588	0.003%
솟	VV	1	3589	0.003%
솟[섯]	VV	1	3590	0.003%
송곳ㅅ	NNG	1	3591	0.003%
송이	NNG	1	3592	0.003%
송장쎠리	NNG	1	3593	0.003%
숯	NNG	1	3594	0.003%
쇠	NNG	1	3595	0.003%
쇠가래	NNG	1	3596	0.003%
쇠나기	NNG	1	3597	0.003%
쇠마치	NNG	1	3598	0.003%
쇠마함	NNG	1	3599	0.003%
쇠뭉동이	NNG	1	3600	0.003%
쇠잔(衰殘)ㅎ	VA	1	3601	0.003%
쇠픔	NNG	1	3602	0.003%
쇼가차	NNG	1	3603	0.003%
쇼간ㅎ	VV	1	3604	0.003%
쇼갈증	NNG	1	3605	0.003%
쇼감즈	NNG	1	3606	0.003%
쇼경	NNG	1	3607	0.003%
쇼녀(小女)	NNG	1	3608	0.003%
쇼도	NNG	1	3609	0.003%
쇼동(小童)	NNG	1	3610	0.003%
쇼라	NNG	1	3611	0.003%

형태소	분류	빈도수	순위	백분율
쇼록이	NNG	1	3612	0.003%
쇼션	NNG	1	3613	0.003%
쇼쇼히	MAG	1	3614	0.003%
쇼시랑	NNG	1	3615	0.003%
쇼식	NNG	1	3616	0.003%
쇼식(消息)	NNG	1	3617	0.003%
쇼인(小人)들	NNG	1	3618	0.003%
속	NNG	1	3619	0.003%
속(屬)ᄒ	VV	1	3620	0.003%
속공	NNG	1	3621	0.003%
속담(俗談)	NNG	1	3622	0.003%
속절(屬節)	NNG	1	3623	0.003%
속절없시	MAG	1	3624	0.003%
숑골매	NNG	1	3625	0.003%
숑곳니	NNG	1	3626	0.003%
숑낙	NNG	1	3627	0.003%
숑어	NNG	1	3628	0.003%
숑이	NNG	1	3629	0.003%
숑화식(松花色)	NNG	1	3630	0.003%
숑ᄉ	NNG	1	3631	0.003%
수(數)	NNG	1	3632	0.003%
수거디	VV	1	3633	0.003%
水軍節度使	NNG	1	3634	0.003%
수기	VV	1	3635	0.003%
수리	NNG	1	3636	0.003%
수심	NNG	1	3637	0.003%
수심(愁心)	NNG	1	3638	0.003%
수오리	NNG	1	3639	0.003%
수텩ᄒ	VA	1	3640	0.003%
수화쥬	NNG	1	3641	0.003%
순냥(純量)ᄒ	VA	1	3642	0.003%
順流(슌뉴[슈])	NNG	1	3643	0.003%

형태소	분류	빈도수	순위	백분율
술[슬]	NNG	1	3644	0.003%
숨기	VV	1	3645	0.003%
숨풀	NNG	1	3646	0.003%
숩ㅎ	NNG	1	3647	0.003%
숫	NNG	1	3648	0.003%
숫돌	NNG	1	3649	0.003%
숫블	NNG	1	3650	0.003%
쉬	VA	1	3651	0.003%
쉬우	VV	1	3652	0.003%
쉰	NR	1	3653	0.003%
쉿무우	NNG	1	3654	0.003%
슈	NNB	1	3655	0.003%
슈건	NNG	1	3656	0.003%
슈고	NNG	1	3657	0.003%
슈고(受苦)롭	VA	1	3658	0.003%
슈고로이	MAG	1	3659	0.003%
슈골(壽傑)	NNG	1	3660	0.003%
슈공	NNG	1	3661	0.003%
슈귀	NNG	1	3662	0.003%
슈노	NNG	1	3663	0.003%
슈달피	NNG	1	3664	0.003%
슈뎡ㅎ	VV	1	3665	0.003%
슈령(守令)	NNG	1	3666	0.003%
슈로	NNG	1	3667	0.003%
슈목	NNG	1	3668	0.003%
슈목션(水木船)	NNG	1	3669	0.003%
슈박	NNG	1	3670	0.003%
슈샹히	MAG	1	3671	0.003%
슈션화	NNG	1	3672	0.003%
슈슈	NNG	1	3673	0.003%
슈양	NNG	1	3674	0.003%
슈어	NNG	1	3675	0.003%

형태소	분류	빈도수	순위	백분율
슈영	NNG	1	3676	0.003%
슈운	NNG	1	3677	0.003%
슈은	NNG	1	3678	0.003%
슈인ᄉ(修人事)	NNG	1	3679	0.003%
슈졍(水晶)	NNG	1	3680	0.003%
슈죵	NNG	1	3681	0.003%
슈질(水疾)ᄒ	VV	1	3682	0.003%
슈표	NNG	1	3683	0.003%
슈픔(手品)	NNG	1	3684	0.003%
슈ᄉ(水使)	NNG	1	3685	0.003%
슈ᄌ	NNG	1	3686	0.003%
슈프롬	NNG	1	3687	0.003%
슉모	NNG	1	3688	0.003%
슉부	NNG	1	3689	0.003%
슉젼복	NNG	1	3690	0.003%
슌슈	NNG	1	3691	0.003%
슌풍	NNG	1	3692	0.003%
슐	NNG	1	3693	0.003%
슝샹(崇尙)ᄒ	VV	1	3694	0.003%
스리	VA	1	3695	0.003%
스무	MM	1	3696	0.003%
스므날	NNG	1	3697	0.003%
스릭	NNG	1	3698	0.003%
스ᄉ로	MAG	1	3699	0.003%
슬갑	NNG	1	3700	0.003%
슬겁	VA	1	3701	0.003%
슬긔	VA	1	3702	0.003%
슬기	NNG	1	3703	0.003%
슬슬ᄒ	VA	1	3704	0.003%
슬픔ㅁ	NNG	1	3705	0.003%
슬하(膝下)	NNG	1	3706	0.003%
슬허ᄒ	VV	1	3707	0.003%

형태소	분류	빈도수	순위	백분율
슬희여ᄒ	VV	1	3708	0.003%
슬히	VA	1	3709	0.003%
슳	VV	1	3710	0.003%
습	NNG	1	3711	0.003%
습열	NNG	1	3712	0.003%
습열(濕熱)	NNG	1	3713	0.003%
슷	VV	1	3714	0.003%
승	NNG	1	3715	0.003%
승관ᄒ	VV	1	3716	0.003%
승뉴	NNG	1	3717	0.003%
승복ᄒ	VV	1	3718	0.003%
승부	NNG	1	3719	0.003%
승상	NNG	1	3720	0.003%
승샹(承相)	NNG	1	3721	0.003%
싀	NNG	1	3722	0.003%
싀가	NNG	1	3723	0.003%
싀골	NNG	1	3724	0.003%
싀금싀금ᄒ	VA	1	3725	0.003%
싀긔	NNG	1	3726	0.003%
싀목	NNG	1	3727	0.003%
싀어마님	NNG	1	3728	0.003%
싀어버이	NNG	1	3729	0.003%
싀탄	NNG	1	3730	0.003%
싀훤(ᄒ)	VA	1	3731	0.003%
시	NNG	1	3732	0.003%
시[지]	EP	1	3733	0.003%
시나대	NNG	1	3734	0.003%
시댱ᄒ	VA	1	3735	0.003%
시릐	NNG	1	3736	0.003%
시방(時方)	MAG	1	3737	0.003%
시병	NNG	1	3738	0.003%
시앗	NNG	1	3739	0.003%

형태소	분류	빈도수	순위	백분율
시양	NNG	1	3740	0.003%
시오쇠	NNG	1	3741	0.003%
시운	NNG	1	3742	0.003%
시위	NNG	1	3743	0.003%
始作ᄒ	VV	1	3744	0.003%
시졀	NNG	1	3745	0.003%
시졀(時節)	NNG	1	3746	0.003%
시졍	NNG	1	3747	0.003%
시조(始祖)	NNG	1	3748	0.003%
시죵(侍從)	NNG	1	3749	0.003%
시직	NNG	1	3750	0.003%
시톄	NNG	1	3751	0.003%
시회	NNG	1	3752	0.003%
시훤ᄒ	VA	1	3753	0.003%
시흥(詩興)	NNG	1	3754	0.003%
시ᄂ대	NNG	1	3755	0.003%
시름	NNG	1	3756	0.003%
시힝(施行)ᄒ	VV	1	3757	0.003%
신나모	NNG	1	3758	0.003%
신령	NNG	1	3759	0.003%
신믈	NNG	1	3760	0.003%
신션(神仙)	NNG	1	3761	0.003%
신션답	VA	1	3762	0.003%
신이화	NNG	1	3763	0.003%
신쟉(神雀)	NNG	1	3764	0.003%
신쟝	NNG	1	3765	0.003%
신텽ᄒ	VV	1	3766	0.003%
신하	NNG	1	3767	0.003%
신하(臣下)	NNG	1	3768	0.003%
실	VA	1	3769	0.003%
실(實)로	MAG	1	3770	0.003%
실(實)ᄒ	VA	1	3771	0.003%

형태소	분류	빈도수	순위	백분율
실과	NNG	1	3772	0.003%
실긔	NNG	1	3773	0.003%
실긔(失期)	NNG	1	3774	0.003%
실슈	NNG	1	3775	0.003%
실신(失信)ᄒ	VV	1	3776	0.003%
실업시	MAG	1	3777	0.003%
실없	VA	1	3778	0.003%
실오리	NNG	1	3779	0.003%
실형	NNG	1	3780	0.003%
실늬	NNG	1	3781	0.003%
심	NNG	1	3782	0.003%
심〃이	MAG	1	3783	0.003%
심샹이	MAG	1	3784	0.003%
심심ᄒ	VA	1	3785	0.003%
심ᄒ	VA	1	3786	0.003%
십	NR	1	3787	0.003%
십월	NNG	1	3788	0.003%
십이률	NNG	1	3789	0.003%
싯ㄱ	VV	1	3790	0.003%
싸[짜]	VV	1	3791	0.003%
싸기	VV	1	3792	0.003%
싸키	VV	1	3793	0.003%
싸홈ᄒ	VV	1	3794	0.003%
싸히	VV	1	3795	0.003%
싼눈	NNG	1	3796	0.003%
쌀	NNG	1	3797	0.003%
쌋기	NNG	1	3798	0.003%
쌍뉵	NNG	1	3799	0.003%
쎄	VV	1	3800	0.003%
쑥	NNG	1	3801	0.003%
쓔시	VA	1	3802	0.003%
쏫	VV	1	3803	0.003%

형태소	분류	빈도수	순위	백분율
아[이]야	EC	1	3804	0.003%
아가외[의]	NNG	1	3805	0.003%
아고지	NNG	1	3806	0.003%
아교(阿膠)	NNG	1	3807	0.003%
아기	NNG	1	3808	0.003%
아니(ㅎ)	VV	1	3809	0.003%
아다가	EC	1	3810	0.003%
아득아득ㅎ	VA	1	3811	0.003%
아라[리]둣	VV	1	3812	0.003%
아록뎌	MAG	1	3813	0.003%
아롱아롱ㅎ	VA	1	3814	0.003%
아막아막ㅎ	VA	1	3815	0.003%
아모가히	NP	1	3816	0.003%
아모개히	NP	1	3817	0.003%
아모카나	MAG	1	3818	0.003%
아아ㅎ	VA	1	3819	0.003%
아오로	MAG	1	3820	0.003%
아올	VV	1	3821	0.003%
아이	VV	1	3822	0.003%
아이예	MAG	1	3823	0.003%
아조	MAG	1	3824	0.003%
아쳥(鴉靑)	NNG	1	3825	0.003%
아탕ㅎ	VV	1	3826	0.003%
아홉	MM	1	3827	0.003%
아릭사룸	NNG	1	3828	0.003%
아익	NNG	1	3829	0.003%
아즈미	NNG	1	3830	0.003%
아즈비	NNG	1	3831	0.003%
아징	NNG	1	3832	0.003%
아희	NNG	1	3833	0.003%
악풍	NNG	1	3834	0.003%
안	VV	1	3835	0.003%

형태소	분류	빈도수	순위	백분율
안갑	NNG	1	3836	0.003%
안경	NNG	1	3837	0.003%
안기[키]	VV	1	3838	0.003%
안막	NNG	1	3839	0.003%
안밧ㄱ	NNG	1	3840	0.003%
안이곱	VA	1	3841	0.003%
안장	NNG	1	3842	0.003%
안ㅎ	NNG	1	3843	0.003%
안싁	NNG	1	3844	0.003%
안준박이	NNG	1	3845	0.003%
알	NNG	1	3846	0.003%
알근알근ㅎ	VA	1	3847	0.003%
알아보	VV	1	3848	0.003%
알릐	VV	1	3849	0.003%
앓프	VV	1	3850	0.003%
앓	VV	1	3851	0.003%
암암ㅎ	VA	1	3852	0.003%
암을	VV	1	3853	0.003%
암즘싱	NNG	1	3854	0.003%
암치	NNG	1	3855	0.003%
암혹(暗惑)ㅎ	VV	1	3856	0.003%
암즈	NNG	1	3857	0.003%
앗ㅈ	VV	1	3858	0.003%
앗프	VA	1	3859	0.003%
앙홰	NNG	1	3860	0.003%
애애ㅎ	VA	1	3861	0.003%
애드롭	VA	1	3862	0.003%
야	JKV	1	3863	0.003%
야[여]	JX	1	3864	0.003%
야[여]간	MAG	1	3865	0.003%
야롯	VA	1	3866	0.003%
야비달ㅎ	VV	1	3867	0.003%

형태소	분류	빈도수	순위	백분율
야차	NNG	1	3868	0.003%
약〃ᄒ	VA	1	3869	0.003%
약과(藥菓)	NNG	1	3870	0.003%
약대	NNG	1	3871	0.003%
약치	NNG	1	3872	0.003%
약ᄒ	VA	1	3873	0.003%
양능포(羊綾布)	NNG	1	3874	0.003%
양듕(洋中)	NNG	1	3875	0.003%
양마	NNG	1	3876	0.003%
양양ᄒ	VA	1	3877	0.003%
양지	NNG	1	3878	0.003%
양지딜ᄒ	VV	1	3879	0.003%
양피	NNG	1	3880	0.003%
양ᄌ(養子)	NNG	1	3881	0.003%
양줌	NNG	1	3882	0.003%
어	IC	1	3883	0.003%
어[여]다가	EC	1	3884	0.003%
어[여]라	EF	1	3885	0.003%
어고	EC	1	3886	0.003%
어금니	NNG	1	3887	0.003%
어긋[굿]나	VV	1	3888	0.003%
어긋나	VV	1	3889	0.003%
어긔	VV	1	3890	0.003%
어긔여지	VV	1	3891	0.003%
어뇌	MM	1	3892	0.003%
어니	MM	1	3893	0.003%
어듭(어듭)	VA	1	3894	0.003%
어드러	NNG	1	3895	0.003%
어든	EC	1	3896	0.003%
어듭	VA	1	3897	0.003%
어뗘ᄒ	VA	1	3898	0.003%
어려	EC	1	3899	0.003%

형태소	분류	빈도수	순위	백분율
어려이	MAG	1	3900	0.003%
어렵브시	MAG	1	3901	0.003%
어룽믈	NNG	1	3902	0.003%
어리	MAG	1	3903	0.003%
어린놈	NNG	1	3904	0.003%
어면	EC	1	3905	0.003%
어버이	NNG	1	3906	0.003%
어부들	NNG	1	3907	0.003%
어셔	MAG	1	3908	0.003%
어엿부	VA	1	3909	0.003%
어엿비	MAG	1	3910	0.003%
어외	EF	1	3911	0.003%
어이ᄒ	VV	1	3912	0.003%
어즈럽	VA	1	3913	0.003%
어즐[줄]ᄒ	VA	1	3914	0.003%
어즐ᄒ	VA	1	3915	0.003%
어지	EC	1	3916	0.003%
어느	EC	1	3917	0.003%
어닉	MM	1	3918	0.003%
어ᄅ믄지	VV	1	3919	0.003%
어릭	NNG	1	3920	0.003%
어릭	VV	1	3921	0.003%
어ᄉ(御使)	NNG	1	3922	0.003%
어지(於字)	NNG	1	3923	0.003%
어치	NNG	1	3924	0.003%
억늑ᄒ	VV	1	3925	0.003%
억졔ᄒ	VV	1	3926	0.003%
언문	NNG	1	3927	0.003%
언문(諺文)	NNG	1	3928	0.003%
언약(言約)	NNG	1	3929	0.003%
언치[지]	NNG	1	3930	0.003%
언텽	NNG	1	3931	0.003%

형태소	분류	빈도수	순위	백분율
얼머이	NNG	1	3932	0.003%
얼연히	MAG	1	3933	0.003%
얼현	NNG	1	3934	0.003%
얼현히	MAG	1	3935	0.003%
얽머흐	VA	1	3936	0.003%
얽어미	VV	1	3937	0.003%
엄슉흐	VV	1	3938	0.003%
엄지	NNG	1	3939	0.003%
엄흐	VA	1	3940	0.003%
업	VV	1	3941	0.003%
업드러지	VV	1	3942	0.003%
업서지	VV	1	3943	0.003%
업시	VV	1	3944	0.003%
업신여기	VV	1	3945	0.003%
업텨디	VV	1	3946	0.003%
엇[엿]	EP	1	3947	0.003%
엇게	MAG	1	3948	0.003%
엇게	NNG	1	3949	0.003%
엇지[치]	MAG	1	3950	0.003%
엇지흐	VV	1	3951	0.003%
엇치흐	VV	1	3952	0.003%
에굽	VA	1	3953	0.003%
에셔	JKB	1	3954	0.003%
에이	VV	1	3955	0.003%
여긔	NNG	1	3956	0.003%
여긔	NP	1	3957	0.003%
여다	EC	1	3958	0.003%
여다가	EC	1	3959	0.003%
여당	NNG	1	3960	0.003%
여든	EC	1	3961	0.003%
여라[랴]	EF	1	3962	0.003%
여러히	MAG	1	3963	0.003%

형태소	분류	빈도수	순위	백분율
여섭	NR	1	3964	0.003%
여셔	JKB	1	3965	0.003%
여의	NNG	1	3966	0.003%
여홀	NNG	1	3967	0.003%
여늘	EC	1	3968	0.003%
여ᄋ	NNG	1	3969	0.003%
여히	NNG	1	3970	0.003%
역	VV	1	3971	0.003%
역긔	NNG	1	3972	0.003%
역마	NNG	1	3973	0.003%
역슈	NNG	1	3974	0.003%
역적	NNG	1	3975	0.003%
역풍	NNG	1	3976	0.003%
역ᄉ(役事)	NNG	1	3977	0.003%
연	NNG	1	3978	0.003%
연놈	NNG	1	3979	0.003%
연연ᄒ	VA	1	3980	0.003%
연지	NNG	1	3981	0.003%
연초식(軟草色)	NNG	1	3982	0.003%
연향	NNG	1	3983	0.003%
연후	NNG	1	3984	0.003%
연ᄒ	VA	1	3985	0.003%
열	MM	1	3986	0.003%
열니	VV	1	3987	0.003%
열닷샌날	NNG	1	3988	0.003%
열리	VV	1	3989	0.003%
열복ᄒ	VV	1	3990	0.003%
열십ᄌ	NNG	1	3991	0.003%
열자대구	NNG	1	3992	0.003%
염쇼	NNG	1	3993	0.003%
염쵸	NNG	1	3994	0.003%
엿	NNG	1	3995	0.003%

형태소	분류	빈도수	순위	백분율
엿ᄒ	VA	1	3996	0.003%
영만히	MAG	1	3997	0.003%
영영ᄒ	VA	1	3998	0.003%
영웅(英雄)	NNG	1	3999	0.003%
영장	NNG	1	4000	0.003%
영지	VA	1	4001	0.003%
옅	VA	1	4002	0.003%
옇	VV	1	4003	0.003%
예	NP	1	4004	0.003%
예예ᄒ	VA	1	4005	0.003%
오[어]졔	NNG	1	4006	0.003%
오곰	NNG	1	4007	0.003%
오라비	NNG	1	4008	0.003%
오래개여	MAG	1	4009	0.003%
오랴	EF	1	4010	0.003%
오류마몰	NNG	1	4011	0.003%
오리	NNG	1	4012	0.003%
오미ᄌ	NNG	1	4013	0.003%
오샹(五常)	NNG	1	4014	0.003%
오소리	NNG	1	4015	0.003%
오심증	NNG	1	4016	0.003%
오월(五月)	NNG	1	4017	0.003%
오적[석]어	NNG	1	4018	0.003%
오졔	NNG	1	4019	0.003%
오좀통	NNG	1	4020	0.003%
오직	MAG	1	4021	0.003%
오츄[쥬]마(烏騅馬)	NNG	1	4022	0.003%
오화당	NNG	1	4023	0.003%
오활ᄒ	VA	1	4024	0.003%
오히려	MAG	1	4025	0.003%
오ᄅ느리	VV	1	4026	0.003%
오싀	NNG	1	4027	0.003%

형태소	분류	빈도수	순위	백분율
오죽	MAG	1	4028	0.003%
오죽ㅎ	VA	1	4029	0.003%
옥(獄)	NNG	1	4030	0.003%
옥슈	NNG	1	4031	0.003%
옥슈슈	NNG	1	4032	0.003%
옥창	NNG	1	4033	0.003%
온[은]갓	MAG	1	4034	0.003%
온간	MM	1	4035	0.003%
온젼ㅎ	VA	1	4036	0.003%
온졍	NNG	1	4037	0.003%
온화ㅎ	VA	1	4038	0.003%
올라가	VV	1	4039	0.003%
올라오	VV	1	4040	0.003%
올마가	VV	1	4041	0.003%
올창이	NNG	1	4042	0.003%
올흔손	NNG	1	4043	0.003%
옴	NNG	1	4044	0.003%
옷갓	MM	1	4045	0.003%
옷거리	NNG	1	4046	0.003%
옷깃	NNG	1	4047	0.003%
옷나모	NNG	1	4048	0.003%
옷칠	NNG	1	4049	0.003%
옹	NNG	1	4050	0.003%
와간셔안(臥看書案)	NNG	1	4051	0.003%
와이다	EF	1	4052	0.003%
완완이	MAG	1	4053	0.003%
완인	NNG	1	4054	0.003%
완ㅎ	VV	1	4055	0.003%
왈쟈	NNG	1	4056	0.003%
왕대	NNG	1	4057	0.003%
왕후	NNG	1	4058	0.003%
왕늬ㅎ	VV	1	4059	0.003%

형태소	분류	빈도수	순위	백분율
외	NNB	1	4060	0.003%
외감	NNG	1	4061	0.003%
외관	NNG	1	4062	0.003%
외나모드리	NNG	1	4063	0.003%
외러이	NNG	1	4064	0.003%
외롭	VA	1	4065	0.003%
외방	NNG	1	4066	0.003%
외방(外方)	NNG	1	4067	0.003%
외오	VV	1	4068	0.003%
외외ᄒ	VA	1	4069	0.003%
외자[빚]	NNG	1	4070	0.003%
외즙ᄒ	VV	1	4071	0.003%
원	MM	1	4072	0.003%
왼손	NNG	1	4073	0.003%
왼편	NNG	1	4074	0.003%
요〃ᄒ	VA	1	4075	0.003%
요것	NP	1	4076	0.003%
요동(搖動)ᄒ	VV	1	4077	0.003%
요령	NNG	1	4078	0.003%
요졀롭	VA	1	4079	0.003%
요ᄒ	NNG	1	4080	0.003%
요기(撓改)ᄒ	VV	1	4081	0.003%
요힝	NNG	1	4082	0.003%
욕(辱)보	VV	1	4083	0.003%
욕되	VV	1	4084	0.003%
욕보	VV	1	4085	0.003%
욕심(慾心)	NNG	1	4086	0.003%
용	VA	1	4087	0.003%
용납ᄒ	VV	1	4088	0.003%
용녈ᄒ	VA	1	4089	0.003%
용슈ᄒ	VV	1	4090	0.003%
용심ᄒ	VV	1	4091	0.003%

형태소	분류	빈도수	순위	백분율
용용이	MAG	1	4092	0.003%
용용ᄒ	VA	1	4093	0.003%
용졀롭	VV	1	4094	0.003%
용ᄒ	VA	1	4095	0.003%
용ᄒ	VV	1	4096	0.003%
우람ᄒ	VA	1	4097	0.003%
우러	MAG	1	4098	0.003%
우러〃러보	VV	1	4099	0.003%
우러르	VV	1	4100	0.003%
우리나라	NNG	1	4101	0.003%
우리나라ᄒ	NNG	1	4102	0.003%
우모	NNG	1	4103	0.003%
우산	NNG	1	4104	0.003%
우연이	MAG	1	4105	0.003%
우음	NNG	1	4106	0.003%
우환	NNG	1	4107	0.003%
우릭	NNG	1	4108	0.003%
욱욱ᄒ	VA	1	4109	0.003%
운	NNG	1	4110	0.003%
울긔	NNG	1	4111	0.003%
울기	NNG	1	4112	0.003%
울루	NNG	1	4113	0.003%
울리	VV	1	4114	0.003%
울연이	MAG	1	4115	0.003%
울울히	MAG	1	4116	0.003%
울울ᄒ	VA	1	4117	0.003%
움	NNG	1	4118	0.003%
움주기	VV	1	4119	0.003%
움즈기	VV	1	4120	0.003%
움즉(ᄒ)	VV	1	4121	0.003%
움츠리켜	VV	1	4122	0.003%
움쑥ᄒ	VA	1	4123	0.003%

형태소	분류	빈도수	순위	백분율
움즈기	VV	1	4124	0.003%
움즈키	VV	1	4125	0.003%
웃나릇	NNG	1	4126	0.003%
웃둑ᄒ	VA	1	4127	0.003%
웃옷	NNG	1	4128	0.003%
웅덩이	NNG	1	4129	0.003%
웅장(雄壯)ᄒ	VA	1	4130	0.003%
원	NNG	1	4131	0.003%
원(願)ᄒ	VV	1	4132	0.003%
원[웡]통(寃痛)ᄒ	VA	1	4133	0.003%
원간	MAG	1	4134	0.003%
원갓	MM	1	4135	0.003%
원권대	MAG	1	4136	0.003%
원긔	NNG	1	4137	0.003%
원망	NNG	1	4138	0.003%
원망(怨妄)	NNG	1	4139	0.003%
원망저	VA	1	4140	0.003%
원앙(鴛鴦)	NNG	1	4141	0.003%
원원이	MAG	1	4142	0.003%
원원ᄒ	VA	1	4143	0.003%
원일	NNG	1	4144	0.003%
월	NNG	1	4145	0.003%
월궁(月宮)	NNG	1	4146	0.003%
월식	NNG	1	4147	0.003%
월왕(越王)	NNG	1	4148	0.003%
위엄	NNG	1	4149	0.003%
위열ᄒ	VV	1	4150	0.003%
위ᄒ	NNG	1	4151	0.003%
유고	NNG	1	4152	0.003%
유동(猶同)하	VA	1	4153	0.003%
유록	NNG	1	4154	0.003%
유무(有無)	NNG	1	4155	0.003%

형태소	분류	빈도수	순위	백분율
遺物(유믈)	NNG	1	4156	0.003%
유복거복	NNG	1	4157	0.003%
유어	NNG	1	4158	0.003%
유여ᄒ	VV	1	4159	0.003%
유유히	MAG	1	4160	0.003%
유유ᄒ	VA	1	4161	0.003%
유의(有意)ᄒ	VV	1	4162	0.003%
유톄ᄒ	VA	1	4163	0.003%
유한(幽閑)ᄒ	VA	1	4164	0.003%
유화(柔和)ᄒ	VA	1	4165	0.003%
유즈	NNG	1	4166	0.003%
윤도(輪圖)	NNG	1	4167	0.003%
윤포	NNG	1	4168	0.003%
윤들	NNG	1	4169	0.003%
으	EC	1	4170	0.003%
으[오]로	JKB	1	4171	0.003%
으나마	EC	1	4172	0.003%
으니	EF	1	4173	0.003%
으로	EC	1	4174	0.003%
으로[르]	JKB	1	4175	0.003%
으로서	JKB	1	4176	0.003%
으며	EC	1	4177	0.003%
으흐롬	NNG	1	4178	0.003%
은	NNG	1	4179	0.003%
은[온]	JX	1	4180	0.003%
은구어	NNG	1	4181	0.003%
은근이	MAG	1	4182	0.003%
은근히	MAG	1	4183	0.003%
은대	EC	1	4184	0.003%
은덕	NNG	1	4185	0.003%
은들	EC	1	4186	0.003%
은은이	MAG	1	4187	0.003%

형태소	분류	빈도수	순위	백분율
은즉	EC	1	4188	0.003%
은지	EC	1	4189	0.003%
은하슈	NNG	1	4190	0.003%
은혜	NNG	1	4191	0.003%
은ᄉ	NNG	1	4192	0.003%
은ᄉ(隱士)	NNG	1	4193	0.003%
乙字	NNG	1	4194	0.003%
읊ᄑ	VV	1	4195	0.003%
음음ᄒ	VA	1	4196	0.003%
읍(揖)ᄒ	VV	1	4197	0.003%
읍ᄒ	VV	1	4198	0.003%
웃[웃]틈	NNG	1	4199	0.003%
웃[웃]씀	NNG	1	4200	0.003%
웃슴	NNG	1	4201	0.003%
웃틈	MAG	1	4202	0.003%
웃씀	NNG	1	4203	0.003%
응(應)ᄒ	VV	1	4204	0.003%
의	NNG	1	4205	0.003%
의[위]심젓	VA	1	4206	0.003%
의[위]합(意合)ᄒ	VV	1	4207	0.003%
의[이]	JKB	1	4208	0.003%
의[이]	JKG	1	4209	0.003%
의긔	NNG	1	4210	0.003%
의부(義父)	NNG	1	4211	0.003%
의빙ᄒ	VV	1	4212	0.003%
의심	NNG	1	4213	0.003%
의연히	MAG	1	4214	0.003%
의외(意外)	MAG	1	4215	0.003%
의원(醫員)	NNG	1	4216	0.003%
의의ᄒ	VA	1	4217	0.003%
의젓ᄒ	VA	1	4218	0.003%
의주	NNP	1	4219	0.003%

형태소	분류	빈도수	순위	백분율
의는	JX	1	4220	0.003%
의미ᄒ	VV	1	4221	0.003%
읫	JKG	1	4222	0.003%
이	JKG	1	4223	0.003%
이	JKO	1	4224	0.003%
이	JKS	1	4225	0.003%
이	MAG	1	4226	0.003%
이	NNG	1	4227	0.003%
이	NP	1	4228	0.003%
이	VV	1	4229	0.003%
이가	JKS	1	4230	0.003%
이단	NNG	1	4231	0.003%
이들	NNB	1	4232	0.003%
이랑	NNG	1	4233	0.003%
이렁져렁	MAG	1	4234	0.003%
이르	VA	1	4235	0.003%
이며	JX	1	4236	0.003%
이믜	MAG	1	4237	0.003%
이바지	NNG	1	4238	0.003%
이번	MM	1	4239	0.003%
이삭버릭	NNG	1	4240	0.003%
移所ᄒ	VV	1	4241	0.003%
이십삼일	NNG	1	4242	0.003%
이안(移安)ᄒ	VV	1	4243	0.003%
이엄	NNG	1	4244	0.003%
이우	NNG	1	4245	0.003%
이윽이	MAG	1	4246	0.003%
이청(二靑)	NNG	1	4247	0.003%
이편	NNG	1	4248	0.003%
이픔	NNG	1	4249	0.003%
이현부모(以顯父母)	NNG	1	4250	0.003%
이뻐	NNG	1	4251	0.003%

형태소	분류	빈도수	순위	백분율
이즈(而字)	NNG	1	4252	0.003%
이즈라지	VV	1	4253	0.003%
익기	NNG	1	4254	0.003%
인간	NNG	1	4255	0.003%
인도(人道)	NNG	1	4256	0.003%
인듕(人中)	NNG	1	4257	0.003%
인들	JX	1	4258	0.003%
인믈(人物)	NNG	1	4259	0.003%
인연	NNG	1	4260	0.003%
인젹	NNG	1	4261	0.003%
인졍(人贐)ᄒ	VV	1	4262	0.003%
인졍(人情)	NNG	1	4263	0.003%
인픔(人品)	NNG	1	4264	0.003%
인ᄒ	VV	1	4265	0.003%
일	MM	1	4266	0.003%
일국(一國	NNG	1	4267	0.003%
일년	NNG	1	4268	0.003%
일년초(一年草)	NNG	1	4269	0.003%
일도	NNG	1	4270	0.003%
일만	MM	1	4271	0.003%
日本	NNP	1	4272	0.003%
일본(日本)	NNP	1	4273	0.003%
日本人	NNG	1	4274	0.003%
일산	NNG	1	4275	0.003%
일슌(一瞬)	NNG	1	4276	0.003%
일시(一時)	NNG	1	4277	0.003%
일식ᄒ	VV	1	4278	0.003%
일신	NNG	1	4279	0.003%
일용	NNG	1	4280	0.003%
일용(日用)	NNG	1	4281	0.003%
일월	NNG	1	4282	0.003%
일정(一定)	MAG	1	4283	0.003%

형태소	분류	빈도수	순위	백분율
일졍(一定)	NNG	1	4284	0.003%
일체(一遞)ᄒ	VV	1	4285	0.003%
일품판셔	NNG	1	4286	0.003%
일히	NNG	1	4287	0.003%
일쿨[근]	VV	1	4288	0.003%
임의	NNG	1	4289	0.003%
입내	NNG	1	4290	0.003%
입시울	NNG	1	4291	0.003%
잇	NNG	1	4292	0.003%
잇가나모	NNG	1	4293	0.003%
잇들	NNG	1	4294	0.003%
잇튼날	NNG	1	4295	0.003%
잇틀	NNG	1	4296	0.003%
잇쓸	VV	1	4297	0.003%
잉틱(肨胎)	NNG	1	4298	0.003%
자완	NNG	1	4299	0.003%
자재벌리	NNG	1	4300	0.003%
자히	VV	1	4301	0.003%
작난ᄒ	VV	1	4302	0.003%
작작ᄒ	VA	1	4303	0.003%
잔	NNG	1	4304	0.003%
잔〃ᄒ	VA	1	4305	0.003%
잔인ᄒ	VA	1	4306	0.003%
잔풍ᄒ	VV	1	4307	0.003%
잔치	NNG	1	4308	0.003%
잔ᄒ	VV	1	4309	0.003%
잘못되	VV	1	4310	0.003%
잘싱기	VA	1	4311	0.003%
잠	NNG	1	4312	0.003%
잠날이곳이	NNG	1	4313	0.003%
잡것	NNG	1	4314	0.003%
잡곡	NNG	1	4315	0.003%

형태소	분류	빈도수	순위	백분율
잡되	VA	1	4316	0.003%
잡되이	MAG	1	4317	0.003%
잡아오	VV	1	4318	0.003%
잡어먹	VV	1	4319	0.003%
잡어오	VV	1	4320	0.003%
잡피	VV	1	4321	0.003%
잡스셜	NNG	1	4322	0.003%
잡습	VV	1	4323	0.003%
잣	NNG	1	4324	0.003%
잣송이	NNG	1	4325	0.003%
장	NNG	1	4326	0.003%
장긔	NNG	1	4327	0.003%
장뎡	NNG	1	4328	0.003%
장도	NNG	1	4329	0.003%
장방	NNG	1	4330	0.003%
장히	MAG	1	4331	0.003%
장ᄒ	VV	1	4332	0.003%
쟈[챠]	NNG	1	4333	0.003%
쟈갈	NNG	1	4334	0.003%
쟈고	NNG	1	4335	0.003%
쟈랑내	VV	1	4336	0.003%
쟈로	VV	1	4337	0.003%
쟈밤	NNG	1	4338	0.003%
쟈ᄅ	NNG	1	4339	0.003%
쟉별	NNG	1	4340	0.003%
쟝고	NNG	1	4341	0.003%
쟝노	NNG	1	4342	0.003%
쟝만(ᄒ)	VV	1	4343	0.003%
쟝슈ᄒ	VA	1	4344	0.003%
쟝옷	NNG	1	4345	0.003%
쟝위(腸胃)	NNG	1	4346	0.003%
쟝ᄉᄒ	VV	1	4347	0.003%

형태소	분류	빈도수	순위	백분율
쟝식	NNG	1	4348	0.003%
쟝즈(障子)	NNG	1	4349	0.003%
저므	VV	1	4350	0.003%
저히	VA	1	4351	0.003%
젼지	VV	1	4352	0.003%
졀	VV	1	4353	0.003%
졀ㅎ	VV	1	4354	0.003%
졈그	VV	1	4355	0.003%
졋나모	NNG	1	4356	0.003%
져	NNG	1	4357	0.003%
져그리	NNG	1	4358	0.003%
져기	MAG	1	4359	0.003%
져리	VV	1	4360	0.003%
져므니	NNG	1	4361	0.003%
져믈	VV	1	4362	0.003%
져븨	NNG	1	4363	0.003%
져비	NNG	1	4364	0.003%
져비	NP	1	4365	0.003%
져일(第一)	MAG	1	4366	0.003%
져졔	NNG	1	4367	0.003%
져주	NNG	1	4368	0.003%
져츷	NNG	1	4369	0.003%
져즘긔	MAG	1	4370	0.003%
젹	VV	1	4371	0.003%
젹다믈	NNG	1	4372	0.003%
젹막ㅎ	VA	1	4373	0.003%
젼(傳)ㅎ	VV	1	4374	0.003%
젼[쳔]쟝	NNG	1	4375	0.003%
젼갈	NNG	1	4376	0.003%
젼복	NNG	1	4377	0.003%
젼송ㅎ	VV	1	4378	0.003%
젼어	NNG	1	4379	0.003%

형태소	분류	빈도수	순위	백분율
젼주	NNG	1	4380	0.003%
절(節)	NNG	1	4381	0.003%
절[쳘]월	NNG	1	4382	0.003%
절구공이	NNG	1	4383	0.003%
절님	NNG	1	4384	0.003%
절닙	NNG	1	4385	0.003%
절역ㅎ	VV	1	4386	0.003%
절영도	NNG	1	4387	0.003%
절일	NNG	1	4388	0.003%
절절이	MAG	1	4389	0.003%
졈	NNG	1	4390	0.003%
졈 〃	MAG	1	4391	0.003%
졈으	VA	1	4392	0.003%
졈스	NNG	1	4393	0.003%
졉	VV	1	4394	0.003%
졉[쳡]	VV	1	4395	0.003%
졉동새	NNG	1	4396	0.003%
졉시	NNG	1	4397	0.003%
젓내	NNG	1	4398	0.003%
젓바지	VV	1	4399	0.003%
젓통	NNG	1	4400	0.003%
젓쌔지	VV	1	4401	0.003%
졍	MAG	1	4402	0.003%
졍	NNG	1	4403	0.003%
졍(正)이	MAG	1	4404	0.003%
졍(正)히	MAG	1	4405	0.003%
졍간(正間)	NNG	1	4406	0.003%
졍격	NNG	1	4407	0.003%
졍구	VA	1	4408	0.003%
졍답	VA	1	4409	0.003%
졍셩(正誠)	NNG	1	4410	0.003%
졍셩곳	MAG	1	4411	0.003%

형태소	분류	빈도수	순위	백분율
정심	NNG	1	4412	0.003%
정제ᄒ	VV	1	4413	0.003%
정히	MAG	1	4414	0.003%
정ᄉ	NNG	1	4415	0.003%
정식	NNG	1	4416	0.003%
졎	VV	1	4417	0.003%
제[쳬]ᄌ	NNG	1	4418	0.003%
제마(除霾)	NNG	1	4419	0.003%
제야[여](除夜)	NNG	1	4420	0.003%
졔어ᄒ	VV	1	4421	0.003%
졔의	NNG	1	4422	0.003%
졔일	NNG	1	4423	0.003%
졔일(第一)	MAG	1	4424	0.003%
졔츅미(儲蓄米)	NNG	1	4425	0.003%
졔향	NNG	1	4426	0.003%
졔향(祭享)	NNG	1	4427	0.003%
졔후(諸侯)	NNG	1	4428	0.003%
졔ᄉ(祭事)	NNG	1	4429	0.003%
졔ᄒ	VV	1	4430	0.003%
조[초]반(朝飯)	NNG	1	4431	0.003%
조각	NNG	1	4432	0.003%
조각〃〃	MAG	1	4433	0.003%
조각조각	MAG	1	4434	0.003%
조강지쳐	NNG	1	4435	0.003%
조급히	MAG	1	4436	0.003%
조긔	NNG	1	4437	0.003%
조로럭조로럭	MAG	1	4438	0.003%
조롱	NNG	1	4439	0.003%
조밥	NNG	1	4440	0.003%
조부	NNG	1	4441	0.003%
조샹	NNG	1	4442	0.003%
조으름	NNG	1	4443	0.003%

형태소	분류	빈도수	순위	백분율
조증	NNG	1	4444	0.003%
조츨ᄒ	VV	1	4445	0.003%
족하	NNG	1	4446	0.003%
족ᄌ	NNG	1	4447	0.003%
졸막졸막ᄒ	VA	1	4448	0.003%
졸망(卒忘)	NNG	1	4449	0.003%
졸연(卒然)이	MAG	1	4450	0.003%
졸연(卒然)히	MAG	1	4451	0.003%
좀사룸	NNG	1	4452	0.003%
좁으야이	MAG	1	4453	0.003%
좃	VV	1	4454	0.003%
좃차[자]	JX	1	4455	0.003%
종녀	NNG	1	4456	0.003%
종실(宗室)	NNG	1	4457	0.003%
좇	VV	1	4458	0.003%
좋	VA	1	4459	0.003%
좌긔(坐起)ᄒ	VV	1	4460	0.003%
좌우	NNG	1	4461	0.003%
좌우칠보	NNG	1	4462	0.003%
죄지ᄎ(罪之次)	NNG	1	4463	0.003%
죠개	NNG	1	4464	0.003%
죠릭	NNG	1	4465	0.003%
족집개	NNG	1	4466	0.003%
죵녀	NNG	1	4467	0.003%
죵묘	NNG	1	4468	0.003%
죵용	NNG	1	4469	0.003%
죵용ᄒ	VV	1	4470	0.003%
죵ᄌ	NNG	1	4471	0.003%
주먹	NNG	1	4472	0.003%
주무시	VV	1	4473	0.003%
주사	NNG	1	4474	0.003%
주여미	NNG	1	4475	0.003%

형태소	분류	빈도수	순위	백분율
주쥬	NNG	1	4476	0.003%
주름	NNG	1	4477	0.003%
죽[줏]	VV	1	4478	0.003%
죽기[키]	VV	1	4479	0.003%
쥰	NNG	1	4480	0.003%
쥴이	NNG	1	4481	0.003%
쥼	NNB	1	4482	0.003%
줏	VV	1	4483	0.003%
쥐이	VV	1	4484	0.003%
쥬셕[셩]	NNG	1	4485	0.003%
쥬션(周旋)ᄒ	VV	1	4486	0.003%
쥬쟝ᄒ	VV	1	4487	0.003%
쥬져ᄒ	VV	1	4488	0.003%
쥬젼즈	NNG	1	4489	0.003%
쥬졍	NNG	1	4490	0.003%
쥬홍	NNG	1	4491	0.003%
쥬홍더	NNG	1	4492	0.003%
쥭방	NNG	1	4493	0.003%
쥭슌	NNG	1	4494	0.003%
쥰ᄒ	VV	1	4495	0.003%
즈럼길	NNG	1	4496	0.003%
즈롬	NNG	1	4497	0.003%
즈린내	NNG	1	4498	0.003%
즈즈	VV	1	4499	0.003%
즉[죽]시	MAG	1	4500	0.003%
즉[죽]시	NNG	1	4501	0.003%
즉시	MAG	1	4502	0.003%
즉시(卽時)	MAG	1	4503	0.003%
즉쑤리키	VV	1	4504	0.003%
즌므로	VV	1	4505	0.003%
즐[줄]기	NNG	1	4506	0.003%
즐겨ᄒ	VV	1	4507	0.003%

형태소	분류	빈도수	순위	백분율
즐기	VV	1	4508	0.003%
즘싱답	VA	1	4509	0.003%
즙	NNG	1	4510	0.003%
즛	NNG	1	4511	0.003%
즛블	VV	1	4512	0.003%
증손(曾孫)	NNG	1	4513	0.003%
증인	NNG	1	4514	0.003%
지	EF	1	4515	0.003%
지	ETN	1	4516	0.003%
지[치]	VV	1	4517	0.003%
지게	NNG	1	4518	0.003%
지경	NNG	1	4519	0.003%
지긔	NNG	1	4520	0.003%
지나가	VV	1	4521	0.003%
지남셕	NNG	1	4522	0.003%
지당ᄒ	VA	1	4523	0.003%
지도리	NNG	1	4524	0.003%
지랄	NNG	1	4525	0.003%
지리ᄒ	VA	1	4526	0.003%
지새	NNG	1	4527	0.003%
지셰	NNG	1	4528	0.003%
지속(遲速)	NNG	1	4529	0.003%
지아비	NNG	1	4530	0.003%
지우	VV	1	4531	0.003%
지즑	NNG	1	4532	0.003%
지진	NNG	1	4533	0.003%
지초	NNG	1	4534	0.003%
지휘	NNG	1	4535	0.003%
지팅ᄒ	VV	1	4536	0.003%
직	VV	1	4537	0.003%
진(鎭)	NNG	1	4538	0.003%
진글	NNG	1	4539	0.003%

형태소	분류	빈도수	순위	백분율
진담	NNG	1	4540	0.003%
진동	NNG	1	4541	0.003%
진뒤	NNG	1	4542	0.003%
진듀	NNG	1	4543	0.003%
진디	NNG	1	4544	0.003%
진시	NNG	1	4545	0.003%
진에	NNG	1	4546	0.003%
진졍	NNG	1	4547	0.003%
진피	NNG	1	4548	0.003%
진홍대단(眞紅大緞)	NNG	1	4549	0.003%
진흉	NNG	1	4550	0.003%
진흙	NNG	1	4551	0.003%
진들닉	NNG	1	4552	0.003%
진쉐니	NNG	1	4553	0.003%
질긔	VV	1	4554	0.003%
질리	VV	1	4555	0.003%
질약ᄒ	VA	1	4556	0.003%
짐[춤]	VV	1	4557	0.003%
짐기르마	NNG	1	4558	0.003%
짐바ᄒ	NNG	1	4559	0.003%
짐치	NNG	1	4560	0.003%
집	VV	1	4561	0.003%
집셰	NNG	1	4562	0.003%
집수	NNG	1	4563	0.003%
집신	NNG	1	4564	0.003%
집피	NNG	1	4565	0.003%
짓	NNG	1	4566	0.003%
짓젹짓젹ᄒ	VA	1	4567	0.003%
짓ᄎ	NNG	1	4568	0.003%
징긔	VV	1	4569	0.003%
遮面	NNG	1	4570	0.003%
着根(챡근)	NNG	1	4571	0.003%

형태소	분류	빈도수	순위	백분율
착착ᄒ	VA	1	4572	0.003%
참	NNG	1	4573	0.003%
참소	NNG	1	4574	0.003%
참혹히	MAG	1	4575	0.003%
참혹ᄒ	VA	1	4576	0.003%
찻	VV	1	4577	0.003%
창질	NNG	1	4578	0.003%
창틈	NNG	1	4579	0.003%
창틱(蒼苔)	NNG	1	4580	0.003%
채	NNG	1	4581	0.003%
챠	VV	1	4582	0.003%
챡[쟉]실이	MAG	1	4583	0.003%
챡[쟉]ᄌ	NNG	1	4584	0.003%
챤〃히	MAG	1	4585	0.003%
챤챤이	MAG	1	4586	0.003%
챵기(唱妓)	NNG	1	4587	0.003%
챵포	NNG	1	4588	0.003%
처음	NNG	1	4589	0.003%
天板子	NNG	1	4590	0.003%
僉制節度使 (겸져졀도ᄉ)	NNG	1	4591	0.003%
쳣	MM	1	4592	0.003%
쳿블	NNG	1	4593	0.003%
쳐	NNB	1	4594	0.003%
쳐남	NNG	1	4595	0.003%
쳐녀(處女)	NNG	1	4596	0.003%
쳐쳐ᄒ	VA	1	4597	0.003%
쳐치(處置)ᄒ	VV	1	4598	0.003%
쳑	NNB	1	4599	0.003%
쳔	MM	1	4600	0.003%
쳔거(薦擧)ᄒ	VV	1	4601	0.003%
쳔급ᄒ	VA	1	4602	0.003%

형태소	분류	빈도수	순위	백분율
천냥(錢兩)	NNG	1	4603	0.003%
천녑	NNG	1	4604	0.003%
천니(千里)	NNG	1	4605	0.003%
천니경	NNG	1	4606	0.003%
천동ᄒ	VV	1	4607	0.003%
천만	NNG	1	4608	0.003%
천샹	NNG	1	4609	0.003%
천신	NNG	1	4610	0.003%
천아셩	NNG	1	4611	0.003%
천은	NNG	1	4612	0.003%
천졍(天定)	NNG	1	4613	0.003%
천쵸	NNG	1	4614	0.003%
천판즈	NNG	1	4615	0.003%
천판즈(天板子)	NNG	1	4616	0.003%
천하	NNG	1	4617	0.003%
천하(天下)	NNG	1	4618	0.003%
천히	MAG	1	4619	0.003%
천ᄒ	VA	1	4620	0.003%
쳘쥭	NNG	1	4621	0.003%
쳘츄히	MAG	1	4622	0.003%
쳠	NNG	1	4623	0.003%
쳠ᄉ만호(僉使萬戶)	NNG	1	4624	0.003%
쳥(廳)	NNG	1	4625	0.003%
쳥(請)	NNG	1	4626	0.003%
쳥(請)ᄒ	VV	1	4627	0.003%
쳥나	NNG	1	4628	0.003%
쳥념ᄒ	VA	1	4629	0.003%
쳥대	NNG	1	4630	0.003%
쳥명ᄒ	VA	1	4631	0.003%
쳥숑	NNG	1	4632	0.003%
쳥어	NNG	1	4633	0.003%
쳥열(淸熱)ᄒ	VA	1	4634	0.003%

형태소	분류	빈도수	순위	백분율
쳥쥬	NNG	1	4635	0.003%
쳥쥬(淸酒)	NNG	1	4636	0.003%
쳥쳔믈	NNG	1	4637	0.003%
쳥쳥ᄒ	VA	1	4638	0.003%
쳬분(處分)	NNG	1	4639	0.003%
쳬ᄒ	VV	1	4640	0.003%
초	NNG	1	4641	0.003%
초곰	NNG	1	4642	0.003%
초나라	NNG	1	4643	0.003%
초나흔날	NNG	1	4644	0.003%
초다샌날	NNG	1	4645	0.003%
초닷샌날	NNG	1	4646	0.003%
초사흔날	NNG	1	4647	0.003%
초셔	NNG	1	4648	0.003%
초아흐련날	NNG	1	4649	0.003%
초여ᄃ련날	NNG	1	4650	0.003%
초열흘날	NNG	1	4651	0.003%
초엿샌날	NNG	1	4652	0.003%
초일연날	NNG	1	4653	0.003%
초잇튼날	NNG	1	4654	0.003%
초팔일	NNG	1	4655	0.003%
초싱반ᄃᆯ(初生半月)	NNG	1	4656	0.003%
초ᄒ른날	NNG	1	4657	0.003%
촌(村)	NNG	1	4658	0.003%
촌보	NNG	1	4659	0.003%
총	NNG	1	4660	0.003%
총[죵]명지(聰明紙)	NNG	1	4661	0.003%
총명(聰明)	NNG	1	4662	0.003%
총총ᄒ	VA	1	4663	0.003%
쵸부(樵夫)	NNG	1	4664	0.003%
쵸블	NNG	1	4665	0.003%
쵸쟝(怊悵)ᄒ	VV	1	4666	0.003%

형태소	분류	빈도수	순위	백분율
쵸헌	NNG	1	4667	0.003%
쵸취(憔悴)ᄒ	VA	1	4668	0.003%
쵸ᄒ	VV	1	4669	0.003%
쵹	NNG	1	4670	0.003%
쵹쵹	MAG	1	4671	0.003%
춍〃[죵〃]ᄒ	VA	1	4672	0.003%
추이	VV	1	4673	0.003%
추ᄒ	VA	1	4674	0.003%
축〃ᄒ	VA	1	4675	0.003%
춤통	NNG	1	4676	0.003%
츄쇄ᄒ	VV	1	4677	0.003%
츄이ᄒ	VA	1	4678	0.003%
츄천	NNG	1	4679	0.003%
츄츄히	MAG	1	4680	0.003%
츄풍	NNG	1	4681	0.003%
츅슈ᄒ	VV	1	4682	0.003%
츅죠ᄒ	VV	1	4683	0.003%
츈풍	NNG	1	4684	0.003%
츈흥	NNG	1	4685	0.003%
츌당화	NNG	1	4686	0.003%
츌댱(出場)	NNG	1	4687	0.003%
츌션	NNG	1	4688	0.003%
츌입(出入)ᄒ	VV	1	4689	0.003%
츠지	VV	1	4690	0.003%
측빅	NNG	1	4691	0.003%
츨목	NNG	1	4692	0.003%
츳덤츳덤	MAG	1	4693	0.003%
층계ᄒ	VV	1	4694	0.003%
층냥	NNG	1	4695	0.003%
치하ᄒ	VV	1	4696	0.003%
치르	VV	1	4697	0.003%
치즈	NNG	1	4698	0.003%

형태소	분류	빈도수	순위	백분율
치칙	NNG	1	4699	0.003%
칙스(勅使)	NNG	1	4700	0.003%
친(親)히	MAG	1	4701	0.003%
친척	NNG	1	4702	0.003%
친ᄒ	VA	1	4703	0.003%
칠리	VV	1	4704	0.003%
칠셕	NNG	1	4705	0.003%
칠월칠일	NNG	1	4706	0.003%
칠ᄒ	VV	1	4707	0.003%
침	NNG	1	4708	0.003%
침침ᄒ	VA	1	4709	0.003%
침향식(沈香色)	NNG	1	4710	0.003%
침치	NNG	1	4711	0.003%
칼국슈	NNG	1	4712	0.003%
칼집	NNG	1	4713	0.003%
켜내	VV	1	4714	0.003%
켜이	VV	1	4715	0.003%
켤리	NNB	1	4716	0.003%
코구멍	NNG	1	4717	0.003%
코눈믈	NNG	1	4718	0.003%
코믈	NNG	1	4719	0.003%
코을	VV	1	4720	0.003%
코키리	NNG	1	4721	0.003%
코ᄒ	NNG	1	4722	0.003%
코준등	NNG	1	4723	0.003%
콧	NNG	1	4724	0.003%
콩	NNG	1	4725	0.003%
쾌히	MAG	1	4726	0.003%
큰일	NNG	1	4727	0.003%
키	NNG	1	4728	0.003%
타국(他國)	NNG	1	4729	0.003%
타락	NNG	1	4730	0.003%

형태소	분류	빈도수	순위	백분율
타작	NNG	1	4731	0.003%
탁쥬	NNG	1	4732	0.003%
탁탁ᄒ	VA	1	4733	0.003%
탄관	NNG	1	4734	0.003%
탄식(歎息)ᄒ	VV	1	4735	0.003%
탄식ᄒ	VV	1	4736	0.003%
탄탄ᄒ	VA	1	4737	0.003%
탄즈	NNG	1	4738	0.003%
탐	NNG	1	4739	0.003%
탑	NNG	1	4740	0.003%
탕슈	NNG	1	4741	0.003%
탕탕히	MAG	1	4742	0.003%
탕탕ᄒ	VA	1	4743	0.003%
태	NNG	1	4744	0.003%
태쟝부	NNG	1	4745	0.003%
태즈(太子)	NNG	1	4746	0.003%
탸양	NNG	1	4747	0.003%
탸풍	NNG	1	4748	0.003%
터	NNG	1	4749	0.003%
터디	VV	1	4750	0.003%
털[덜]	NNG	1	4751	0.003%
텨박이	VV	1	4752	0.003%
텨파ᄒ	VV	1	4753	0.003%
텬상	NNG	1	4754	0.003%
텬지(天地)	NNG	1	4755	0.003%
토곤	EC	1	4756	0.003%
토슈	NNG	1	4757	0.003%
토ᄒ	VV	1	4758	0.003%
톡기	NNG	1	4759	0.003%
톤ᄂ믈	NNG	1	4760	0.003%
톱니	NNG	1	4761	0.003%
톱질ᄒ	VV	1	4762	0.003%

형태소	분류	빈도수	순위	백분율
통	NNG	1	4763	0.003%
통(桶)	NNG	1	4764	0.003%
통(通)ᄒ	VV	1	4765	0.003%
통[동]	NNG	1	4766	0.003%
통[동]대구	NNG	1	4767	0.003%
통견	NNG	1	4768	0.003%
통쳔셔	NNG	1	4769	0.003%
통ᄉ	NNG	1	4770	0.003%
통ᄒ	VV	1	4771	0.003%
툐툐히	MAG	1	4772	0.003%
퉁	NNG	1	4773	0.003%
투구	NNG	1	4774	0.003%
투견	NNG	1	4775	0.003%
툭	MAG	1	4776	0.003%
튀눈	NNG	1	4777	0.003%
특	NNG	1	4778	0.003%
튱{듕]효	NNG	1	4779	0.003%
튱셩	NNG	1	4780	0.003%
튱신	NNG	1	4781	0.003%
튱효(忠孝)	NNG	1	4782	0.003%
트림	NNG	1	4783	0.003%
특별이	MAG	1	4784	0.003%
틀	NNG	1	4785	0.003%
틔	VV	1	4786	0.003%
틧글	NNG	1	4787	0.003%
티부	NNG	1	4788	0.003%
팀〃ᄒ	VA	1	4789	0.003%
팀팀ᄒ	VA	1	4790	0.003%
파되	NNG	1	4791	0.003%
파션(破船)ᄒ	VV	1	4792	0.003%
파ㅣᄒ	VV	1	4793	0.003%
파죠	NNG	1	4794	0.003%

형태소	분류	빈도수	순위	백분율
판	NNG	1	4795	0.003%
판셔	NNG	1	4796	0.003%
板子	NNG	1	4797	0.003%
판잔	NNG	1	4798	0.003%
판즈(板子)	NNG	1	4799	0.003%
팔냥쥬	NNG	1	4800	0.003%
팔도(八道)	NNG	1	4801	0.003%
팔분톄	NNG	1	4802	0.003%
팔쥰마	NNG	1	4803	0.003%
팔쳔	MM	1	4804	0.003%
八稍魚(팔쵸어)	NNG	1	4805	0.003%
패	NNG	1	4806	0.003%
패싸홈	NNG	1	4807	0.003%
패악ᄒ	VA	1	4808	0.003%
퍼괴	NNG	1	4809	0.003%
퍼지	VV	1	4810	0.003%
펄덕	MAG	1	4811	0.003%
편	NNG	1	4812	0.003%
편벽저이	MAG	1	4813	0.003%
편지	NNG	1	4814	0.003%
편지(片紙)	NNG	1	4815	0.003%
편편ᄒ	VA	1	4816	0.003%
편히	MAG	1	4817	0.003%
편ᄒ	VA	1	4818	0.003%
평교즈	NNG	1	4819	0.003%
평디	NNG	1	4820	0.003%
평명(平明)	NNG	1	4821	0.003%
평안ᄒ	VV	1	4822	0.003%
평초	NNG	1	4823	0.003%
평풍	NNG	1	4824	0.003%
폐	NNG	1	4825	0.003%
폐롭	VA	1	4826	0.003%

형태소	분류	빈도수	순위	백분율
폐열ᄒ	VV	1	4827	0.003%
폐ᄒ	VV	1	4828	0.003%
포도	NNG	1	4829	0.003%
포의	NNG	1	4830	0.003%
포작하	VA	1	4831	0.003%
포폄	NNG	1	4832	0.003%
표	NNG	1	4833	0.003%
표(標)	NNG	1	4834	0.003%
표(表)ᄒ	VV	1	4835	0.003%
표고	NNG	1	4836	0.003%
표락ᄒ	VV	1	4837	0.003%
표묘	NNG	1	4838	0.003%
표연	NNG	1	4839	0.003%
표표ᄒ	VA	1	4840	0.003%
표풍ᄒ	VV	1	4841	0.003%
표피	NNG	1	4842	0.003%
표ᄌ	NNG	1	4843	0.003%
표ᄒ	VV	1	4844	0.003%
풀리	VV	1	4845	0.003%
품	VV	1	4846	0.003%
품ᄒ	VV	1	4847	0.003%
풍년	NNG	1	4848	0.003%
풍노	NNG	1	4849	0.003%
풍뉴ᄒ	VV	1	4850	0.003%
풍상	NNG	1	4851	0.003%
풍속	NNG	1	4852	0.003%
풍월	NNG	1	4853	0.003%
풍일	NNG	1	4854	0.003%
풍토	NNG	1	4855	0.003%
풍치(風彩)	NNG	1	4856	0.003%
프르	VA	1	4857	0.003%
프룻프룻ᄒ	VA	1	4858	0.003%

형태소	분류	빈도수	순위	백분율
프리	VV	1	4859	0.003%
플[블]	NNG	1	4860	0.003%
플모아지라	NNG	1	4861	0.003%
플소옴	NNG	1	4862	0.003%
플이	VV	1	4863	0.003%
플플	MAG	1	4864	0.003%
픔(品)	NNG	1	4865	0.003%
픠	NNG	1	4866	0.003%
피곤ㅎ	VA	1	4867	0.003%
피남ㄱ	NNG	1	4868	0.003%
피박ㅎ	VV	1	4869	0.003%
피셔(避暑)ㅎ	VV	1	4870	0.003%
피셔ㅎ	VV	1	4871	0.003%
필급	NNG	1	4872	0.003%
하	VV	1	4873	0.003%
하라비	NNG	1	4874	0.003%
하사쥬	NNG	1	4875	0.003%
하여지	VA	1	4876	0.003%
하지	NNG	1	4877	0.003%
하직(下直)ㅎ	VV	1	4878	0.003%
하쳐	NNG	1	4879	0.003%
하프욤ㅎ	VV	1	4880	0.003%
蝦蟆(하마)	NNG	1	4881	0.003%
하늘밥도적	NNG	1	4882	0.003%
하늘ㅎ	NNG	1	4883	0.003%
학	NNG	1	4884	0.003%
학(鶴)	NNG	1	4885	0.003%
학질	NNG	1	4886	0.003%
학질(瘧疾)	NNG	1	4887	0.003%
한	NNG	1	4888	0.003%
한(限)	NNG	1	4889	0.003%
한가(閑暇)ㅎ	VA	1	4890	0.003%

형태소	분류	빈도수	순위	백분율
한가온딕	NNG	1	4891	0.003%
한단몽	NNG	1	4892	0.003%
한선날	NNG	1	4893	0.003%
한숨	NNG	1	4894	0.003%
한슈	NNG	1	4895	0.003%
한식	NNG	1	4896	0.003%
한딕	NNG	1	4897	0.003%
할	VV	1	4898	0.003%
할미	NNG	1	4899	0.003%
할미새	NNG	1	4900	0.003%
할치	VV	1	4901	0.003%
핥	VV	1	4902	0.003%
함셕	NNG	1	4903	0.003%
합당(合當)ᄒ	VV	1	4904	0.003%
핫옷	NNG	1	4905	0.003%
항	NNG	1	4906	0.003%
항나	NNG	1	4907	0.003%
항아리	NNG	1	4908	0.003%
항우(項羽)	NNP	1	4909	0.003%
해	NNG	1	4910	0.003%
해(害)[하ㅣ]ᄒ	VV	1	4911	0.003%
향노	NNG	1	4912	0.003%
향ᄒ	VV	1	4913	0.003%
허(許)ᄒ	VV	1	4914	0.003%
허락	NNG	1	4915	0.003%
허락ᄒ	VV	1	4916	0.003%
허무ᄒ	VA	1	4917	0.003%
허물지	VV	1	4918	0.003%
허비	NNG	1	4919	0.003%
허실	NNG	1	4920	0.003%
허염	NNG	1	4921	0.003%
허의	VV	1	4922	0.003%

형태소	분류	빈도수	순위	백분율
허입	NNG	1	4923	0.003%
허탄ㅎ	VA	1	4924	0.003%
허ㅅ	NNG	1	4925	0.003%
허슬ㅎ	VA	1	4926	0.003%
헌	MM	1	4927	0.003%
헛것	NNG	1	4928	0.003%
헤	VV	1	4929	0.003%
헷되	VA	1	4930	0.003%
혀	NNG	1	4931	0.003%
혀	VV	1	4932	0.003%
혁가리	NNG	1	4933	0.003%
혁혁ㅎ	VA	1	4934	0.003%
현(縣)	NNG	1	4935	0.003%
현감	NNG	1	4936	0.003%
현녕	NNG	1	4937	0.003%
현달ㅎ	VA	1	4938	0.003%
현마	NNG	1	4939	0.003%
현판	NNG	1	4940	0.003%
현훈증	NNG	1	4941	0.003%
현싁	NNG	1	4942	0.003%
혈긔(血氣)	NNG	1	4943	0.003%
혈조ㅎ	VA	1	4944	0.003%
혐의롭	VA	1	4945	0.003%
협도	NNG	1	4946	0.003%
형님	NNG	1	4947	0.003%
형벌	NNG	1	4948	0.003%
형벌(刑罰)	NNG	1	4949	0.003%
형상	NNG	1	4950	0.003%
형상(形狀)	NNG	1	4951	0.003%
형상(形裝)	NNG	1	4952	0.003%
형세	NNG	1	4953	0.003%
형제(兄弟)	NNG	1	4954	0.003%

형태소	분류	빈도수	순위	백분율
혜기	VV	1	4955	0.003%
혜일(慧逸)ᄒ	VA	1	4956	0.003%
혬	NNG	1	4957	0.003%
호가	NNG	1	4958	0.003%
호걸	NNG	1	4959	0.003%
호랑이	NNG	1	4960	0.003%
호령	NNG	1	4961	0.003%
호령(號令)ᄒ	VV	1	4962	0.003%
호르레ᄇ름	NNG	1	4963	0.003%
호믜	NNG	1	4964	0.003%
호박(琥珀)	NNG	1	4965	0.003%
호방	NNG	1	4966	0.003%
호블호	NNG	1	4967	0.003%
호소ᄒ	VV	1	4968	0.003%
호쥬	NNG	1	4969	0.003%
호패	NNG	1	4970	0.003%
호호ᄒ	VA	1	4971	0.003%
혹(或)	MAG	1	4972	0.003%
혹ᄒ	VV	1	4973	0.003%
혼인	NNG	1	4974	0.003%
혼인(婚姻)	NNG	1	4975	0.003%
혼자	NNG	1	4976	0.003%
혼혼이	MAG	1	4977	0.003%
혼빅	NNG	1	4978	0.003%
홀	NNG	1	4979	0.003%
홀리	VV	1	4980	0.003%
홀홀히	MAG	1	4981	0.003%
홈의	NNG	1	4982	0.003%
홋옷	NNG	1	4983	0.003%
홍어	NNG	1	4984	0.003%
홍합	NNG	1	4985	0.003%
화긔(火器)	NNG	1	4986	0.003%

형태소	분류	빈도수	순위	백분율
화노	NNG	1	4987	0.003%
화동(和同)ᄒ	VV	1	4988	0.003%
화동ᄒ	VV	1	4989	0.003%
화듕(花中)	NNG	1	4990	0.003%
화랑이	NNG	1	4991	0.003%
화문(花紋)	NNG	1	4992	0.003%
화본	NNG	1	4993	0.003%
화사쥬(花紗紬)	NNG	1	4994	0.003%
화승블	NNG	1	4995	0.003%
화식(火食)	NNG	1	4996	0.003%
화약(火藥)	NNG	1	4997	0.003%
화원(畵員)	NNG	1	4998	0.003%
화쥬	NNG	1	4999	0.003%
화초(花草)	NNG	1	5000	0.003%
확	NNG	1	5001	0.003%
환	NNG	1	5002	0.003%
환[훤](患)	NNG	1	5003	0.003%
환도늘	NNG	1	5004	0.003%
환뷔(鰥夫)	NNG	1	5005	0.003%
환졀	NNG	1	5006	0.003%
활슈	NNG	1	5007	0.003%
활쏘기	NNG	1	5008	0.003%
황	NNG	1	5009	0.003%
황단	NNG	1	5010	0.003%
황대구	NNG	1	5011	0.003%
황뎨(皇帝)	NNG	1	5012	0.003%
황사	NNG	1	5013	0.003%
황셩(皇城)	NNG	1	5014	0.003%
황틍이	NNG	1	5015	0.003%
황후(皇后)	NNG	1	5016	0.003%
황빅(黃栢)	NNG	1	5017	0.003%
홰대	NNG	1	5018	0.003%

형태소	분류	빈도수	순위	백분율
홰블	NNG	1	5019	0.003%
회간	NNG	1	5020	0.003%
회니(回裡)ᄒ	VV	1	5021	0.003%
회답	NNG	1	5022	0.003%
회답ᄒ	VV	1	5023	0.003%
회정회정	MAG	1	5024	0.003%
회포	NNG	1	5025	0.003%
회화나모	NNG	1	5026	0.003%
회회청(回回靑)	NNG	1	5027	0.003%
橫行天下(횡힝쳔하)ᄒ	VV	1	5028	0.003%
효도	NNG	1	5029	0.003%
효도(孝道)	NNG	1	5030	0.003%
효성(孝誠)	NNG	1	5031	0.003%
효셩(孝情)	NNG	1	5032	0.003%
효쥬ᄒ	VV	1	5033	0.003%
효즉(效則)ᄒ	VV	1	5034	0.003%
효험	NNG	1	5035	0.003%
후셰	NNG	1	5036	0.003%
후예	NNG	1	5037	0.003%
후의(厚意)	NNG	1	5038	0.003%
후편(後便)	NNG	1	5039	0.003%
후히	MAG	1	5040	0.003%
후ᄌ	NNG	1	5041	0.003%
훈슈	NNG	1	5042	0.003%
훈훈이	MAG	1	5043	0.003%
훌훌ᄒ	VA	1	5044	0.003%
휘젓	VV	1	5045	0.003%
흉(凶)	NNG	1	5046	0.003%
흉복통	NNG	1	5047	0.003%
흉용ᄒ	VA	1	5048	0.003%
흉흉ᄒ	VA	1	5049	0.003%
흐[후]리	VA	1	5050	0.003%

형태소	분류	빈도수	순위	백분율
흐리우	VV	1	5051	0.003%
흑당	NNG	1	5052	0.003%
흑마포	NNG	1	5053	0.003%
흔	JX	1	5054	0.003%
흔덕이	VV	1	5055	0.003%
흔들	VV	1	5056	0.003%
흔연이	MAG	1	5057	0.003%
흔이	MAG	1	5058	0.003%
흔흔히	MAG	1	5059	0.003%
흔득흔득	MAG	1	5060	0.003%
흙이질	NNG	1	5061	0.003%
흠[홈]향ᄒ	VV	1	5062	0.003%
흡족히	MAG	1	5063	0.003%
흥(興)	NNG	1	5064	0.003%
흥[흔]졍	NNG	1	5065	0.003%
희	VV	1	5066	0.003%
희드리	VA	1	5067	0.003%
희롱	NNG	1	5068	0.003%
희미ᄒ	VA	1	5069	0.003%
희짓	VV	1	5070	0.003%
희한ᄒ	VA	1	5071	0.003%
희듯	VV	1	5072	0.003%
희식	NNG	1	5073	0.003%
흰ᄌ	NNG	1	5074	0.003%
힐난ᄒ	VV	1	5075	0.003%
힘줄	NNG	1	5076	0.003%
ᄀ라틱	VV	1	5077	0.003%
ᄀ래	NNG	1	5078	0.003%
ᄀ리워	VV	1	5079	0.003%
ᄀ만이	MAG	1	5080	0.003%
ᄀ믈	NNG	1	5081	0.003%
ᄀ을	NNG	1	5082	0.003%

형태소	분류	빈도수	순위	백분율
フ이	VV	1	5083	0.003%
フ이업	VA	1	5084	0.003%
フ이업시	MAG	1	5085	0.003%
フ장	NNG	1	5086	0.003%
フ쟝	MAG	1	5087	0.003%
フ즉이	MAG	1	5088	0.003%
フ쳔	NNG	1	5089	0.003%
フ누롭	VA	1	5090	0.003%
フ륵	MAG	1	5091	0.003%
フ륵치	VV	1	5092	0.003%
フ움알	VV	1	5093	0.003%
극곰	MAG	1	5094	0.003%
근쟝	NNG	1	5095	0.003%
근졀이	MAG	1	5096	0.003%
굴가마괴	NNG	1	5097	0.003%
굴기	VV	1	5098	0.003%
굴대	NNG	1	5099	0.003%
굴래	VV	1	5100	0.003%
굴래기	NNG	1	5101	0.003%
굴며기	NNG	1	5102	0.003%
굴이	VV	1	5103	0.003%
굴릐	VV	1	5104	0.003%
굶	VV	1	5105	0.003%
급족저이	MAG	1	5106	0.003%
굿가이	MAG	1	5107	0.003%
굿가히	MAG	1	5108	0.003%
굿곰	MAG	1	5109	0.003%
굿쟝	MAG	1	5110	0.003%
굿지	JX	1	5111	0.003%
굿치[지]	JKB	1	5112	0.003%
굿급ㅎ	VA	1	5113	0.003%
긔가(改嫁)	NNG	1	5114	0.003%

형태소	분류	빈도수	순위	백분율
기기주	NNG	1	5115	0.003%
기시	NNG	1	5116	0.003%
기유	NNG	1	5117	0.003%
긱니	NNG	1	5118	0.003%
긱회	NNG	1	5119	0.003%
ᄂ라든니	VV	1	5120	0.003%
ᄂ려디	VV	1	5121	0.003%
ᄂ히	VV	1	5122	0.003%
ᄂ르	NNG	1	5123	0.003%
ᄂ릇	NNG	1	5124	0.003%
ᄂ릇ㅅ	NNG	1	5125	0.003%
ᄂ즈기	MAG	1	5126	0.003%
논호	VV	1	5127	0.003%
논화	NNG	1	5128	0.003%
논듸	EC	1	5129	0.003%
늘개	NNG	1	5130	0.003%
늘게	NNG	1	5131	0.003%
늘나	VV	1	5132	0.003%
늘내	VV	1	5133	0.003%
늘듸	VV	1	5134	0.003%
늙	VA	1	5135	0.003%
넓쁘	VV	1	5136	0.003%
놈	NP	1	5137	0.003%
놈이	VV	1	5138	0.003%
놈ㅎ	NP	1	5139	0.003%
놉프	VA	1	5140	0.003%
늬[시]	EF	1	5141	0.003%
늬의(內醫)	NNG	1	5142	0.003%
늬힝	NNG	1	5143	0.003%
닉곰	MAG	1	5144	0.003%
닝가슴	NNG	1	5145	0.003%
닝닝ㅎ	VA	1	5146	0.003%

형태소	분류	빈도수	순위	백분율
돗ㄱ	NNG	1	5147	0.003%
ᄃᆞ니	VV	1	5148	0.003%
ᄃᆞ려가	VV	1	5149	0.003%
ᄃᆞ리	NNG	1	5150	0.003%
ᄃᆞ리휘옴	NNG	1	5151	0.003%
ᄃᆞ토	VV	1	5152	0.003%
ᄃᆞ르	VA	1	5153	0.003%
ᄃᆞ르	VV	1	5154	0.003%
ᄃᆞ름ᄃᆞ름	MAG	1	5155	0.003%
ᄃᆞ름ᄃᆞᆺ	VV	1	5156	0.003%
ᄃᆞᄒᆞ	VV	1	5157	0.003%
ᄃᆞᆫ계	NNG	1	5158	0.003%
ᄃᆞᆫ긔	VV	1	5159	0.003%
ᄃᆞᆯ래	VV	1	5160	0.003%
ᄃᆞᆯ밤	NNG	1	5161	0.003%
ᄃᆞᆯ이	VV	1	5162	0.003%
ᄃᆞᆯ팡	NNG	1	5163	0.003%
ᄃᆞᆯ릐	NNG	1	5164	0.003%
ᄃᆞᆯ읫	NNG	1	5165	0.003%
ᄃᆞᆷ듸	NNG	1	5166	0.003%
ᄃᆞᆺ토	VV	1	5167	0.003%
ᄃᆞᆼ긔	NNG	1	5168	0.003%
ᄃᆞᆼ긔	VV	1	5169	0.003%
듸골	NNG	1	5170	0.003%
듸골이	NNG	1	5171	0.003%
듸답	NNG	1	5172	0.003%
듸답ᄒᆞ	VV	1	5173	0.003%
듸덕ᄒᆞ	VV	1	5174	0.003%
듸마도	NNP	1	5175	0.003%
듸마쥬	NNP	1	5176	0.003%
듸마쥬(對馬州)	NNG	1	5177	0.003%
듸마쥬산	NNG	1	5178	0.003%

형태소	분류	빈도수	순위	백분율
뒤모	NNG	1	5179	0.003%
뒤샹(臺上)	NNG	1	5180	0.003%
뒤졉(待接)	NNG	1	5181	0.003%
뒤졉(待接)ㅎ	VA	1	5182	0.003%
뒤쳔명	NNG	1	5183	0.003%
뒤필	NNG	1	5184	0.003%
뒤하증	NNG	1	5185	0.003%
뒤뒤(代代)	NNG	1	5186	0.003%
뒤ㅎ	VV	1	5187	0.003%
무렵	VA	1	5188	0.003%
무르	VA	1	5189	0.003%
무이	MAG	1	5190	0.003%
무즈막	NNG	1	5191	0.003%
무른	NNG	1	5192	0.003%
무른	VV	1	5193	0.003%
무올	NNG	1	5194	0.003%
무춤내	MAG	1	5195	0.003%
무틔	VA	1	5196	0.003%
믄들	VV	1	5197	0.003%
믈	VV	1	5198	0.003%
믈곳비	NNG	1	5199	0.003%
믈긋믈긋ㅎ	VA	1	5200	0.003%
믈다갈	NNG	1	5201	0.003%
믈독	NNG	1	5202	0.003%
믈등	NNG	1	5203	0.003%
믈샀	NNG	1	5204	0.003%
믈솔	NNG	1	5205	0.003%
믈채	NNG	1	5206	0.003%
믉웃믉웃	MAG	1	5207	0.003%
믉히	VV	1	5208	0.003%
믓누의	NNG	1	5209	0.003%
믓ᄎ	VV	1	5210	0.003%

형태소	분류	빈도수	순위	백분율
믓치	VV	1	5211	0.003%
믓둙ㅎ	VV	1	5212	0.003%
뭉울	NNG	1	5213	0.003%
미기	NNG	1	5214	0.003%
미기	VV	1	5215	0.003%
미들	VV	1	5216	0.003%
미몰이	MAG	1	5217	0.003%
미부(妹夫)	NNG	1	5218	0.003%
미양	MAG	1	5219	0.003%
미영	MAG	1	5220	0.003%
미오	VA	1	5221	0.003%
미일	MAG	1	5222	0.003%
미장ㅎ	VV	1	5223	0.003%
미치	VV	1	5224	0.003%
미화	NNG	1	5225	0.003%
미들	VV	1	5226	0.003%
미스(每事)	NNG	1	5227	0.003%
믹믹히	MAG	1	5228	0.003%
믠[미]들	VV	1	5229	0.003%
믠[미]들	VV	1	5230	0.003%
믠드	VV	1	5231	0.003%
밍셧코	MAG	1	5232	0.003%
밍즈	NNG	1	5233	0.003%
및	VV	1	5234	0.003%
ㅂ람벽	NNG	1	5235	0.003%
ㅂ래ㄴ물	NNG	1	5236	0.003%
ㅂ르	VV	1	5237	0.003%
ㅂ사디	VV	1	5238	0.003%
ㅂ의	VV	1	5239	0.003%
ㅂ롬가비	NNG	1	5240	0.003%
ㅂ롬벽	NNG	1	5241	0.003%
ㅂ롬즈	NNG	1	5242	0.003%

형태소	분류	빈도수	순위	백분율
ᄇ스락	NNG	1	5243	0.003%
ᄇ익	VV	1	5244	0.003%
붉히	VV	1	5245	0.003%
비	VV	1	5246	0.003%
비(杯)	NNG	1	5247	0.003%
비(配)	NNG	1	5248	0.003%
비례(背禮)ᄒ	VA	1	5249	0.003%
비멀미	NNG	1	5250	0.003%
비목	NNG	1	5251	0.003%
빅사름	NNG	1	5252	0.003%
비셜ᄒ	VV	1	5253	0.003%
비얌쟝	NNG	1	5254	0.003%
비여호로	MAG	1	5255	0.003%
비이	VV	1	5256	0.003%
비졉ᄒ	VV	1	5257	0.003%
비필(配匹)	NNG	1	5258	0.003%
비회ᄒ	VV	1	5259	0.003%
비ᄃ리	NNG	1	5260	0.003%
비씩	NNG	1	5261	0.003%
비샌록	NNG	1	5262	0.003%
비치	NNG	1	5263	0.003%
빅	NNG	1	5264	0.003%
빅곡(百穀)	NNG	1	5265	0.003%
빅관(百官)	NNG	1	5266	0.003%
빅납	NNG	1	5267	0.003%
빅년	NNG	1	5268	0.003%
빅년(百年)	NNG	1	5269	0.003%
빅뇌	NNG	1	5270	0.003%
빅단	NNG	1	5271	0.003%
빅뎡	NNG	1	5272	0.003%
빅마(白馬)	NNG	1	5273	0.003%
빅마증	NNG	1	5274	0.003%

형태소	분류	빈도수	순위	백분율
빅반(白礬)	NNG	1	5275	0.003%
빅쪽지틍	NNG	1	5276	0.003%
빅죵	NNG	1	5277	0.003%
빅챠일	NNG	1	5278	0.003%
빅빅이	MAG	1	5279	0.003%
빅빅히	MAG	1	5280	0.003%
빋빋ᄒ	VA	1	5281	0.003%
쩔	VV	1	5282	0.003%
쩔치	VV	1	5283	0.003%
쎄쎄	MAG	1	5284	0.003%
쎠[쎠]	VV	1	5285	0.003%
쯰	NNG	1	5286	0.003%
쌰흘	VV	1	5287	0.003%
싹	NNG	1	5288	0.003%
쌍암	NNG	1	5289	0.003%
쓰러디	VV	1	5290	0.003%
쓰러질	NNG	1	5291	0.003%
쑷리	NNG	1	5292	0.003%
쑷리뷔	NNG	1	5293	0.003%
샐셤	NNG	1	5294	0.003%
쐬	VV	1	5295	0.003%
쑷	VV	1	5296	0.003%
쩌	VV	1	5297	0.003%
쩌여지	VV	1	5298	0.003%
삿ㄱ	NNG	1	5299	0.003%
쇠다리	NNG	1	5300	0.003%
쇠아지	NNG	1	5301	0.003%
쇳쏠	NNG	1	5302	0.003%
ᄉ랑스롭	VA	1	5303	0.003%
ᄉ랑오	VA	1	5304	0.003%
ᄉ령	NNG	1	5305	0.003%
ᄉ매길	NNG	1	5306	0.003%

형태소	분류	빈도수	순위	백분율
수면	NNG	1	5307	0.003%
수셜(辭說)	NNG	1	5308	0.003%
수시	NNG	1	5309	0.003%
수양마리	NNG	1	5310	0.003%
수졍(事情)	NNG	1	5311	0.003%
수죡빅믈	NNG	1	5312	0.003%
수지	NNG	1	5313	0.003%
수지(四肢)	NNG	1	5314	0.003%
수향지심	NNG	1	5315	0.003%
수수일	NNG	1	5316	0.003%
수싁	NNG	1	5317	0.003%
수지	NNG	1	5318	0.003%
술픠	VV	1	5319	0.003%
숨	NNG	1	5320	0.003%
숨	VV	1	5321	0.003%
숨셩	NNG	1	5322	0.003%
숨셰	VA	1	5323	0.003%
숨숨이	MAG	1	5324	0.003%
습[숩]	EP	1	5325	0.003%
습[좁]	EP	1	5326	0.003%
습흐	VA	1	5327	0.003%
시	NNB	1	5328	0.003%
싁(色)	NNG	1	5329	0.003%
싁옷	NNG	1	5330	0.003%
싁지(色紙)	NNG	1	5331	0.003%
심	NNG	1	5332	0.003%
싱각	NNG	1	5333	0.003%
싱강	NNG	1	5334	0.003%
싱광(生光)	NNG	1	5335	0.003%
싱긔	NNG	1	5336	0.003%
싱긔(生氣)	NNG	1	5337	0.003%
싱동(生銅)	NNG	1	5338	0.003%

형태소	분류	빈도수	순위	백분율
싱애	NNG	1	5339	0.003%
싱황	NNG	1	5340	0.003%
싸여지	VV	1	5341	0.003%
싸이지	VV	1	5342	0.003%
싸토리	NNG	1	5343	0.003%
싺	VV	1	5344	0.003%
쌀	VV	1	5345	0.003%
쌔티	VV	1	5346	0.003%
쌔드리	VV	1	5347	0.003%
써디	VV	1	5348	0.003%
써리	VV	1	5349	0.003%
써지	VV	1	5350	0.003%
써치	VV	1	5351	0.003%
썰썰ㅎ	VA	1	5352	0.003%
쏫가지	NNG	1	5353	0.003%
쐐[쐐]심ㅎ	VA	1	5354	0.003%
쇠	JKB	1	5355	0.003%
쑤	VV	1	5356	0.003%
쑤러앉	VV	1	5357	0.003%
쑤짖	VV	1	5358	0.003%
쒀이	VV	1	5359	0.003%
쒜지	VV	1	5360	0.003%
쒜치티	VV	1	5361	0.003%
슬이	VV	1	5362	0.003%
싯치[지]	MAG	1	5363	0.003%
씨오	VV	1	5364	0.003%
씨든	VV	1	5365	0.003%
짜부	NNG	1	5366	0.003%
짜올기	NNG	1	5367	0.003%
짜히	NNG	1	5368	0.003%
짝	NNG	1	5369	0.003%
짭	NNG	1	5370	0.003%

형태소	분류	빈도수	순위	백분율
째 〃	MAG	1	5371	0.003%
써들	VV	1	5372	0.003%
써지	VV	1	5373	0.003%
썰리	VV	1	5374	0.003%
쩨	VV	1	5375	0.003%
쇠	NNG	1	5376	0.003%
쑤러지	VV	1	5377	0.003%
쓸어디	VV	1	5378	0.003%
숡[씖]	VV	1	5379	0.003%
쉬	NNG	1	5380	0.003%
쉬	VV	1	5381	0.003%
쉬댱스들	NNG	1	5382	0.003%
쓸ㅎ	NNG	1	5383	0.003%
씖	VV	1	5384	0.003%
씀질ㅎ	VV	1	5385	0.003%
쑷덥	VV	1	5386	0.003%
쑷듯	VV	1	5387	0.003%
씌오	VV	1	5388	0.003%
씌옴	NNG	1	5389	0.003%
찌이	VV	1	5390	0.003%
씸[쌈]	NNG	1	5391	0.003%
쓴	MAG	1	5392	0.003%
쓴라가	VV	1	5393	0.003%
쓴려디	VV	1	5394	0.003%
쓴려치	VV	1	5395	0.003%
쓴로	MAG	1	5396	0.003%
쓴로	VV	1	5397	0.003%
쓴로오	VV	1	5398	0.003%
쓴름	NNB	1	5399	0.003%
쓱별	NNG	1	5400	0.003%
쓸	NNG	1	5401	0.003%
쓸아가	VV	1	5402	0.003%

형태소	분류	빈도수	순위	백분율
쏠와가	VV	1	5403	0.003%
쏠족하	NNG	1	5404	0.003%
쏠ᄌ식	NNG	1	5405	0.003%
쏩디	NNG	1	5406	0.003%
쏫쏫ᄒ	VA	1	5407	0.003%
씌놀	VV	1	5408	0.003%
쌔	VV	1	5409	0.003%
쌔디	VV	1	5410	0.003%
쎄앗	VV	1	5411	0.003%
썜	NNG	1	5412	0.003%
쌔치	VV	1	5413	0.003%
쌕〃ᄒ	VA	1	5414	0.003%
쌘히	MAG	1	5415	0.003%
쏀족ᄒ	VA	1	5416	0.003%
쏩[쏨]	VV	1	5417	0.003%
쏭	NNG	1	5418	0.003%
쏭나모	NNG	1	5419	0.003%
쑈족이	MAG	1	5420	0.003%
쑤리	NNG	1	5421	0.003%
쑬	NNG	1	5422	0.003%
쑴	VV	1	5423	0.003%
쓰리	VV	1	5424	0.003%
쓸	NNG	1	5425	0.003%
쏜ᄅ내	VV	1	5426	0.003%
쑐내ᄒ	VV	1	5427	0.003%
쑐라내	VV	1	5428	0.003%
쑐래ᄒ	VV	1	5429	0.003%
쑐이	VV	1	5430	0.003%
쑐릐ᄒ	VV	1	5431	0.003%
쐬	VV	1	5432	0.003%
쓰옴	NNB	1	5433	0.003%
씽긔	VV	1	5434	0.003%

형태소	분류	빈도수	순위	백분율
ᄋ라	EC	1	5435	0.003%
ᄋ려	EC	1	5436	0.003%
ᄋ졔	NNG	1	5437	0.003%
ᄋ치면	EC	1	5438	0.003%
읍[음]	EP	1	5439	0.003%
의	EP	1	5440	0.003%
의믜ᄒ	VA	1	5441	0.003%
익	NNG	1	5442	0.003%
잉도	NNG	1	5443	0.003%
잉무(鸚鵡)	NNG	1	5444	0.003%
ᄌ(字)	NNG	1	5445	0.003%
ᄌ과부지	NNG	1	5446	0.003%
ᄌ랑ᄒ	VV	1	5447	0.003%
ᄌ르	VV	1	5448	0.003%
ᄌ못	MAG	1	5449	0.003%
ᄌ믈쇠	NNG	1	5450	0.003%
ᄌ븨	NNG	1	5451	0.003%
ᄌ셔(仔細)	MAG	1	5452	0.003%
ᄌ셔(仔細)히	MAG	1	5453	0.003%
ᄌ셔(子細)히	MAG	1	5454	0.003%
ᄌ셔히	MAG	1	5455	0.003%
ᄌ손	NNG	1	5456	0.003%
ᄌ연이	MAG	1	5457	0.003%
ᄌ연히	MAG	1	5458	0.003%
ᄌ져(子弟)	NNG	1	5459	0.003%
ᄌ져ᄒ	VV	1	5460	0.003%
ᄌ지	NNG	1	5461	0.003%
ᄌ지(紫芝)	NNG	1	5462	0.003%
ᄌ총이	NNG	1	5463	0.003%
ᄌ르	MAG	1	5464	0.003%
ᄌ르	VV	1	5465	0.003%
ᄌ싱ᄒ	VV	1	5466	0.003%

형태소	분류	빈도수	순위	백분율
즈지ᄒ	VV	1	5467	0.003%
즉[측]키	MAG	1	5468	0.003%
즉히	NNG	1	5469	0.003%
즘[츰]	NNG	1	5470	0.003%
즛	VV	1	5471	0.003%
즁그럽	VA	1	5472	0.003%
지간	NNG	1	5473	0.003%
지계(齊戒)ᄒ	VV	1	5474	0.003%
지산	NNG	1	5475	0.003%
지조	NNG	1	5476	0.003%
지조(才操)ᄒ	VV	1	5477	0.003%
지조ᄒ	VV	1	5478	0.003%
지촉	NNG	1	5479	0.003%
지긱지긱ᄒ	VA	1	5480	0.003%
지싱지인	NNG	1	5481	0.003%
지치옴	NNG	1	5482	0.003%
진납이	NNG	1	5483	0.003%
징슈	NNG	1	5484	0.003%
취라	NNG	1	5485	0.003%
취쳐	NNG	1	5486	0.003%
취쳐(娶妻)ᄒ	VV	1	5487	0.003%
츠리	VV	1	5488	0.003%
츠운	NNG	1	5489	0.003%
츠자가	VV	1	5490	0.003%
츠조기	NNG	1	5491	0.003%
쳔 〃	MAG	1	5492	0.003%
출하로	MAG	1	5493	0.003%
츰[즘]	VV	1	5494	0.003%
츰개	NNG	1	5495	0.003%
츰나모	NNG	1	5496	0.003%
츰빗	NNG	1	5497	0.003%
츰실ᄒ	VA	1	5498	0.003%

형태소	분류	빈도수	순위	백분율
춈외	NNG	1	5499	0.003%
춈차	NNG	1	5500	0.003%
춈치	NNG	1	5501	0.003%
춉쌀	NNG	1	5502	0.003%
치약ᄒ	VV	1	5503	0.003%
치오	VV	1	5504	0.003%
치이	VV	1	5505	0.003%
치졍(差定)	NNG	1	5506	0.003%
치식(彩色)	NNG	1	5507	0.003%
칙(冊)	NNG	1	5508	0.003%
칙곳	NNG	1	5509	0.003%
칙박(窄迫)ᄒ	VA	1	5510	0.003%
칙수	NNG	1	5511	0.003%
쿨ᄌ릭	NNG	1	5512	0.003%
틱	VV	1	5513	0.003%
틱오	VV	1	5514	0.003%
틱이	VV	1	5515	0.003%
틱일ᄒ	VV	1	5516	0.003%
폴	NNG	1	5517	0.003%
폴궁동이	NNG	1	5518	0.003%
폴쇠	NNG	1	5519	0.003%
폴쟝	NNG	1	5520	0.003%
풋둑	NNG	1	5521	0.003%
픠이	VV	1	5522	0.003%
ᄒ나	NR	1	5523	0.003%
ᄒ마	MAG	1	5524	0.003%
ᄒ믈며	MAG	1	5525	0.003%
ᄒ여곰	MAG	1	5526	0.003%
ᄒ이	VV	1	5527	0.003%
ᄒ현	NNG	1	5528	0.003%
ᄒᄅ사리	NNG	1	5529	0.003%
혼(限)	NNG	1	5530	0.003%

형태소	분류	빈도수	순위	백분율
흔갑	NNG	1	5531	0.003%
흔갓	MAG	1	5532	0.003%
흔눈	NNG	1	5533	0.003%
흔두	MM	1	5534	0.003%
흔숨	NNG	1	5535	0.003%
흔자리	NNG	1	5536	0.003%
흔탄ᄒ	VV	1	5537	0.003%
흔편	NNG	1	5538	0.003%
흔줌	NNG	1	5539	0.003%
흘	NR	1	5540	0.003%
히금	NNG	1	5541	0.003%
히냥	NNG	1	5542	0.003%
히당화	NNG	1	5543	0.003%
히로ᄒ	VV	1	5544	0.003%
히마다	MAG	1	5545	0.003%
히변	NNG	1	5546	0.003%
히여지	VV	1	5547	0.003%
히혹(解惑)	NNG	1	5548	0.003%
히슴	NNG	1	5549	0.003%
히치	NNG	1	5550	0.003%
히치ᄒ	VV	1	5551	0.003%
히티	NNG	1	5552	0.003%
힛것	NNG	1	5553	0.003%
힝낭	NNG	1	5554	0.003%
힝문	NNG	1	5555	0.003%
힝신(行心)ᄒ	VV	1	5556	0.003%
힝인들	NNG	1	5557	0.003%
ᄲᅳᆺ	VV	1	5558	0.003%
ᄲᅧᆲ	VA	1	5559	0.003%
총합계		29,257		

2.2 범주별 형태소 사용 통계

『交隣須知』京都大本(苗伐川本) 권1~권4까지의 형태소 범주별 분포를 가나다 순으로 보이면 다음과 같다.

2.2.1 체언

대분류	소분류	세부분류	태그	출현빈도
체언	명사	일반명사	NNG	5,094
		고유명사	NNP	19
		의존명사	NNB	494
	대명사		NP	148
	수사		NR	26

<1> 일반 명사 출현 빈도(가나다순)

형태소	품사	출현빈도	형태소	품사	출현빈도
(몰)언덕	NNG	1	가잠	NNG	1
가	NNG	1	가재	NNG	2
가공즈	NNG	1	가족	NNG	10
가난	NNG	1	가좌(加坐)	NNG	1
가락지	NNG	1	가지	NNG	3
가래	NNG	3	가지가지	NNG	1
가마	NNG	2	가슴	NNG	1
가마괴	NNG	4	가슴거리	NNG	1
가마귀	NNG	1	가슴안키	NNG	1
가사	NNG	1	가싀	NNG	1
가스리	NNG	1	가이	NNG	1
가싀	NNG	3	가즈	NNG	1
가야미	NNG	1	가지	NNG	1
가온딕	NNG	4	각대	NNG	1

형태소	품사	출현빈도	형태소	품사	출현빈도
각디	NNG	1	강호	NNG	1
간고어	NNG	1	강회	NNG	1
간댱	NNG	1	갖	NNG	1
간슈(看守)	NNG	1	개	NNG	9
간화	NNG	1	개고리	NNG	1
간화(肝火)	NNG	1	개놈들	NNG	1
갈구리	NNG	1	개들	NNG	1
갈기	NNG	1	개얌	NNG	1
갈수메	NNG	1	개ㄴ리	NNG	1
갈ㅈ	NNG	1	개ㅈ취	NNG	1
감	NNG	2	거	NNG	1
감쟝	NNG	1	거년	NNG	1
감토	NNG	1	거동	NNG	1
감ㅅ(監司)	NNG	1	거동(居動)	NNG	1
감틱	NNG	1	거드몰	NNG	1
갑	NNG	1	거롬	NNG	2
갑옷	NNG	1	거리	NNG	1
값	NNG	15	거므리	NNG	1
갓	NNG	4	거믄고	NNG	2
갓가이	NNG	1	거믄ㅈ	NNG	1
갓옷	NNG	1	거믈못	NNG	1
갓찐	NNG	1	거믜줄	NNG	1
강	NNG	2	거번	NNG	1
강고도리	NNG	1	거복	NNG	1
강남	NNG	3	거울	NNG	1
강남(江南)	NNG	3	거쥬	NNG	1
강남슈슈	NNG	1	거즛	NNG	2
강믈	NNG	2	거쳘	NNG	1
강의디심 (剛毅之心)	NNG	1	거플	NNG	1
			거름	NNG	4
강파	NNG	1	거릭	NNG	1
강항녕	NNG	1	거츳	NNG	1

형태소	품사	출현빈도	형태소	품사	출현빈도
걸새	NNG	2	경도	NNG	1
검핑	NNG	1	경미	NNG	1
겁	NNG	1	경성(京城)	NNG	1
겁질	NNG	1	경슈	NNG	1
겁칠	NNG	1	경일	NNG	1
겁풀	NNG	1	경화쥬	NNG	1
겁플	NNG	1	경긱	NNG	1
겁픔	NNG	1	경직인(輕才人)	NNG	1
겇	NNG	1	계관화	NNG	1
게	NNG	2	계유	NNG	1
게오목	NNG	1	계집	NNG	2
겨	NNG	1	계집들	NNG	1
겨를	NNG	1	계집사룸	NNG	1
겨슈남기	NNG	1	계즈	NNG	1
겨오사리	NNG	1	고	NNG	1
겨올	NNG	6	고개	NNG	2
겨을	NNG	1	고공사리	NNG	1
겨집사룸	NNG	2	고기	NNG	14
격군	NNG	1	고노	NNG	1
격지	NNG	1	고도어	NNG	1
견마	NNG	2	고라물	NNG	1
결	NNG	1	고래	NNG	1
결단(決斷)	NNG	1	고례	NNG	1
결단ㅎ	NNG	1	고롬	NNG	1
결옴	NNG	1	고문고	NNG	1
결릭들	NNG	1	고믈	NNG	1
겼ㄷ	NNG	1	고법	NNG	1
겼집	NNG	1	고비	NNG	1
겼ㅌ	NNG	2	고비(高飛)	NNG	1
경	NNG	3	고사리	NNG	1
경광쥬	NNG	1	고아리	NNG	1
경긔	NNG	1	고을	NNG	2

형태소	품사	출현빈도	형태소	품사	출현빈도
고인	NNG	2	공등	NNG	1
고쟈	NNG	1	공부	NNG	2
고조	NNG	1	공신	NNG	2
고집	NNG	1	공역	NNG	1
고해	NNG	1	공작미	NNG	1
곡됴	NNG	2	孔雀珠(공쟉쥬)	NNG	1
곡셕	NNG	4	공쟉(孔雀)	NNG	1
곡셕(穀石)	NNG	1	공쳬	NNG	1
곡식	NNG	5	공亽	NNG	2
곡졀	NNG	1	공亽(公事)	NNG	1
곡졀(曲折)	NNG	1	공즈	NNG	1
곡졍	NNG	2	과거	NNG	1
곡지	NNG	1	蝌蚪(과두)	NNG	1
곤쟝	NNG	1	과부(寡婦)	NNG	1
골	NNG	2	과슬	NNG	1
골슈	NNG	1	과실	NNG	2
곰	NNG	1	과실(果實)	NNG	1
곰들릭	NNG	1	곽	NNG	1
곱쟝	NNG	1	곽난	NNG	1
곱치	NNG	1	관	NNG	5
곳	NNG	4	관(館)	NNG	1
곳봉오리	NNG	1	관가	NNG	2
곳부리	NNG	1	관가(官家)	NNG	2
곳ᄎ	NNG	10	관듕(館中	NNG	1
곳ᄎ[ㅈ]	NNG	2	관원	NNG	1
곳챵	NNG	1	관원(官員)	NNG	2
곳치	NNG	1	관ᄃᆡ(冠帶)	NNG	1
곳딕	NNG	1	광대	NNG	1
공	NNG	6	광대ᄲᅥ리	NNG	1
공(公)	NNG	1	광어	NNG	1
공논	NNG	1	광이	NNG	1
공덕	NNG	1	광조리	NNG	1

형태소	품사	출현빈도
광증	NNG	2
광직	NNG	2
괘샹	NNG	1
괘샹(掛箱)	NNG	1
괴	NNG	2
괴셕	NNG	1
괴쏘리	NNG	1
교외	NNG	1
교의(交椅)	NNG	1
교직	NNG	1
交織	NNG	1
교직(交織)	NNG	1
교즈	NNG	1
구[그]슬	NNG	1
구경	NNG	3
구덕	NNG	1
구들	NNG	1
구량주사 (九兩走紗)	NNG	1
구레나룻	NNG	1
구리	NNG	1
구린내	NNG	1
구석	NNG	1
구슬	NNG	1
구시월	NNG	2
구실	NNG	3
구원	NNG	1
구월	NNG	1
구월(九月) 구일(九日)	NNG	1
구월구일	NNG	1
구의[외]	NNG	1

형태소	품사	출현빈도
구일	NNG	1
구일딕관 (古一代官)	NNG	1
구름	NNG	4
국	NNG	8
국거리	NNG	1
국긔	NNG	1
國書	NNG	1
국슈	NNG	1
국왕	NNG	1
국화	NNG	2
군	NNG	1
군(君)	NNG	1
군(郡)	NNG	1
군듕	NNG	4
군듕(軍中)	NNG	1
군병	NNG	1
군슈	NNG	1
군스	NNG	3
군스(軍士)	NNG	3
군스(軍士)들	NNG	1
군즈	NNG	2
굴	NNG	4
굴독	NNG	1
굴형	NNG	2
굴릭	NNG	1
굼	NNG	1
굼ㄱ	NNG	2
굿	NNG	1
굿대	NNG	1
궁	NNG	4
권	NNG	2

형태소	품사	출현빈도	형태소	품사	출현빈도
권수	NNG	1	근간(近間)	NNG	1
궐	NNG	2	근본	NNG	2
궤	NNG	4	근습	NNG	1
귀	NNG	3	근시(近侍)	NNG	1
귀경	NNG	1	근심	NNG	3
귀밋털	NNG	1	글	NNG	11
귀바괴	NNG	1	글귀	NNG	1
귀신	NNG	1	글데	NNG	1
귀여	NNG	1	글시	NNG	6
귀여지	NNG	1	글쓰기	NNG	2
귀엿골	NNG	1	글픠	NNG	1
귀엿쏠	NNG	2	금	NNG	3
귀우	NNG	1	금(金)	NNG	1
귀우리	NNG	1	금년	NNG	1
귀향	NNG	2	금닌어	NNG	1
귓도람	NNG	1	금봉차	NNG	1
규방	NNG	1	금션	NNG	1
규화	NNG	2	금션화	NNG	1
귤	NNG	1	금은화	NNG	1
귤덩	NNG	1	금음날	NNG	4
그[구]믈	NNG	1	금젼화	NNG	1
그늘	NNG	1	금편(金鞭)	NNG	1
그늬	NNG	1	급데	NNG	1
그릇	NNG	2	긋ㄷ	NNG	1
그릇ㅅ	NNG	2	긎	NNG	1
그림	NNG	9	긔	NNG	2
그림재	NNG	2	긔[귀]운	NNG	1
그믈	NNG	2	긔걸	NNG	1
그믐날	NNG	1	긔계[개]	NNG	1
그을	NNG	1	긔년	NNG	1
그적긔	NNG	1	긔덕이	NNG	1
그릇	NNG	4	긔롱	NNG	1

형태소	품사	출현빈도	형태소	품사	출현빈도
긔린	NNG	1	깃	NNG	1
긔별	NNG	2	깃두리	NNG	1
긔샹	NNG	1	나	NNG	1
긔신	NNG	1	나귀	NNG	1
긔약(期約)	NNG	1	나기	NNG	1
긔운	NNG	7	나날	NNG	1
긔운(氣運)	NNG	2	나라	NNG	9
긔일	NNG	1	나라ㅎ	NNG	1
긔초	NNG	1	나력증	NNG	1
긔쏘라미	NNG	1	나모	NNG	15
기	NNG	1	나모가지	NNG	1
기동	NNG	4	나모닙	NNG	2
기러기	NNG	2	나모닙ㅍ	NNG	1
기름	NNG	1	나모닙ㅎ	NNG	1
奇立	NNG	1	나모셕이	NNG	1
기믜	NNG	1	나모신	NNG	2
기슭	NNG	1	나발	NNG	1
기음	NNG	3	나븨	NNG	2
기장(긔댱)	NNG	1	나양셩(洛陽城)	NNG	1
기지게	NNG	1	나젼	NNG	1
碁桶(긔통)	NNG	1	나죵	NNG	4
기르마	NNG	4	나히	NNG	1
기릅	NNG	8	나룻	NNG	2
기릐	NNG	1	낙	NNG	1
기춤	NNG	1	낙데	NNG	1
길	NNG	26	낙본	NNG	1
길경	NNG	1	낙으내	NNG	1
길ㅎ	NNG	5	난간(欄干)	NNG	1
김	NNG	3	난됴(鸞鳥)	NNG	1
깁	NNG	1	난쟝이	NNG	1
깁창	NNG	1	난초	NNG	2
깁희	NNG	1	난초(蘭草)	NNG	1

형태소	품사	출현빈도	형태소	품사	출현빈도
날	NNG	27	녈	NNG	5
남	NNG	1	녑의	NNG	1
남ㄱ	NNG	16	네모반	NNG	1
남기	NNG	8	네재가락	NNG	1
남녀	NNG	1	녀광	NNG	1
남목	NNG	1	녀기	NNG	1
남방	NNG	1	녀넘(閭閻)	NNG	1
남뷔	NNG	1	녀디	NNG	1
남식(藍色)	NNG	1	녀롬지	NNG	1
남이	NNG	1	녀편늬	NNG	2
납	NNG	1	녀름	NNG	9
납(鑞)	NNG	1	녀름지	NNG	2
납월	NNG	1	녁셔	NNG	1
납의(衲衣)	NNG	1	년	NNG	1
납평	NNG	1	년곳ㅊ	NNG	1
납향(臘享)	NNG	1	년두식	NNG	1
납ᄌ	NNG	1	년어	NNG	1
낫	NNG	4	녈녀(烈女)	NNG	1
낫잠[춤]	NNG	1	넘녀	NNG	3
낭	NNG	1	넘쥬	NNG	1
낮	NNG	2	넘치	NNG	2
내	NNG	14	넘통	NNG	1
내(儺)	NNG	1	넘ᄂᆞ믈	NNG	1
냥목	NNG	1	녑ㅎ	NNG	1
냥반	NNG	5	녑힘	NNG	1
냥반(兩班)	NNG	1	녕	NNG	1
냥산	NNG	1	녕험	NNG	1
냥식	NNG	1	녜	NNG	5
냥이졍	NNG	1	녜(禮)	NNG	1
냥쥬	NNG	2	녜믈	NNG	1
너븨	NNG	2	녜믈(禮物)	NNG	1
너출	NNG	1	녜약	NNG	1

형태소	품사	출현빈도	형태소	품사	출현빈도
녜ᄉ(例事)	NNG	2	농ᄉ	NNG	3
노	NNG	2	뇌육	NNG	1
노래	NNG	2	뇌육(腦肉)	NNG	1
노려기	NNG	1	뇽	NNG	1
노로	NNG	1	뇽안	NNG	1
노름	NNG	1	누더기	NNG	1
노복(奴僕)	NNG	1	누륵	NNG	2
노새	NNG	1	누에	NNG	3
노어	NNG	1	누역	NNG	1
노올	NNG	2	누의	NNG	1
노인	NNG	1	눈	NNG	20
노인셩	NNG	1	눈[는]믈	NNG	1
노ᅙ	NNG	1	눈두에	NNG	1
노홈	NNG	1	눈망올[을]	NNG	1
노름	NNG	2	눈믈	NNG	3
노릇	NNG	3	눈썹	NNG	3
노리	NNG	2	눈터럭	NNG	1
녹	NNG	1	눈흙	NNG	1
녹(錄)	NNG	1	뉴	NNG	5
녹두	NNG	1	뉴두	NNG	1
녹음(綠陰)	NNG	1	뉴리병	NNG	1
논	NNG	3	뉴월	NNG	1
논글형	NNG	1	뉴황	NNG	1
논박	NNG	1	뉵가락	NNG	1
놀기	NNG	1	뉵화	NNG	1
놈들	NNG	1	느름나모	NNG	1
놋쇠	NNG	2	늙으니	NNG	2
놋짓반	NNG	1	능(綾)	NNG	1
농	NNG	2	능(能)ᅙ	NNG	1
농담	NNG	1	능금	NNG	1
농부	NNG	1	능기쥬	NNG	1
농즙	NNG	1	능필	NNG	1

형태소	품사	출현빈도	형태소	품사	출현빈도
능화	NNG	1	다복쑥	NNG	1
니	NNG	8	다쇼	NNG	1
니(利)	NNG	1	다야	NNG	1
니(利)	NNG	1	다홍믈	NNG	1
니(理)	NNG	1	다히	NNG	1
니금	NNG	1	다스마	NNG	1
니녕	NNG	1	다싁(茶色)	NNG	1
니도	NNG	1	닥지	NNG	1
니마	NNG	2	단	NNG	1
니무음	NNG	1	단고지	NNG	1
니믈	NNG	1	단매대	NNG	1
니별(離別)	NNG	2	단목	NNG	1
니블	NNG	1	단오	NNG	3
니어	NNG	1	단오날	NNG	1
니질	NNG	1	단장	NNG	2
닌족	NNG	1	단청	NNG	1
닌즈	NNG	1	단츄	NNG	1
님금	NNG	13	단즈(單子)	NNG	1
님위	NNG	1	달	NNG	1
님자	NNG	2	담	NNG	9
닙신양명 (立身揚名)	NNG	1	담(痰)	NNG	1
닙츈(立春)	NNG	1	담(膽)	NNG	1
닙ㅍ	NNG	5	담댱	NNG	1
닙ㅍ	NNG	1	담마대	NNG	1
닛뷔	NNG	1	담ㅎ	NNG	1
닛츠	NNG	1	닷	NNG	1
닢	NNG	2	당낭	NNG	1
다드미질	NNG	1	당샹늬	NNG	1
다락	NNG	1	당인	NNG	1
다래시양	NNG	1	당인들	NNG	1
다리	NNG	3	대	NNG	5
			대감즈	NNG	2

형태소	품사	출현빈도
대골	NNG	1
대공	NNG	1
대구	NNG	2
대군[금]	NNG	1
대궐	NNG	1
대궐(大闕)	NNG	1
대단	NNG	1
대로(大路)	NNG	1
大菱(대릉)	NNG	1
대문	NNG	1
대붕(大鵬)	NNG	1
대뷔	NNG	1
대슙ㅍ	NNG	1
대슌	NNG	1
대야	NNG	1
대양(大洋)	NNG	1
대졉	NNG	1
대주사(大走紗)	NNG	1
대쳥	NNG	1
대퇸마루	NNG	1
대파질	NNG	1
대평쇼	NNG	1
대풍ㅎ	NNG	1
대홍대단 (大紅大緞)	NNG	1
댜라	NNG	1
댱	NNG	2
댱가가	NNG	1
댱가락	NNG	1
댱검	NNG	1
댱국	NNG	1
댱마	NNG	2

형태소	품사	출현빈도
댱막	NNG	1
댱미	NNG	1
댱삼	NNG	1
댱슈	NNG	1
댱승	NNG	1
댱인	NNG	3
댱인(匠人)	NNG	2
댱쟈(長者)	NNG	1
댱증	NNG	1
더덕	NNG	1
더덩	NNG	1
덕	NNG	1
덕담	NNG	1
덕담(德談)	NNG	1
덕대	NNG	1
덕틱(德澤)	NNG	1
덥블	NNG	1
덩이	NNG	2
뎌고리	NNG	1
뎌구리	NNG	2
뎌그리	NNG	1
뎌녁	NNG	1
뎍간	NNG	1
뎍국	NNG	4
뎍군	NNG	1
뎍삼	NNG	1
뎍실	NNG	1
뎍인	NNG	1
뎐과	NNG	1
뎐당	NNG	1
뎐쟝	NNG	1
뎐하지쥬	NNG	1

형태소	품사	출현빈도
뎐ᄌ	NNG	1
뎐지	NNG	1
뎔구	NNG	1
뎜	NNG	1
뎝시	NNG	1
뎡	NNG	1
뎡남침	NNG	1
뎡뎡	NNG	1
뎡바기	NNG	1
뎡박이	NNG	1
뎡비단	NNG	1
뎡승	NNG	1
뎡월	NNG	1
뎡죵(疔腫)	NNG	1
뎡칠	NNG	1
뎡ᄉ(政事)	NNG	1
뎡ᄌ	NNG	1
뎡ᄌ(亭子)	NNG	1
뎨ᄌ	NNG	1
도다지	NNG	1
도돔	NNG	1
도로래	NNG	1
도리채	NNG	1
도마	NNG	1
도마비얌	NNG	1
도모(圖謀)	NNG	2
도미	NNG	1
도섭	NNG	1
도셔	NNG	1
도적	NNG	5
도타	NNG	1
도포	NNG	1

형태소	품사	출현빈도
도홍대단 (桃紅大緞)	NNG	1
도황	NNG	1
도ᄉ	NNG	1
도치	NNG	1
도히션(渡海船)	NNG	1
독	NNG	3
독교ᄌ	NNG	1
돈	NNG	3
돈피	NNG	1
돌	NNG	3
돌뎌괴	NNG	1
돌몽이	NNG	1
돌믈	NNG	1
돌옷ㅅ	NNG	1
돌ᄃ리	NNG	1
돗	NNG	3
돗대	NNG	2
돗아지	NNG	1
돗토리	NNG	1
동	NNG	2
동개	NNG	1
동과	NNG	1
동관(同官)	NNG	1
동궁(東宮)	NNG	2
동기(童妓)	NNG	1
동남풍	NNG	1
동녹	NNG	1
동부(同婦)	NNG	1
동북풍	NNG	1
동산	NNG	2
동셔(同壻)	NNG	1

형태소	품사	출현빈도	형태소	품사	출현빈도
동션(同船)	NNG	1	두리혀	NNG	1
동쇼	NNG	2	두부	NNG	1
동유	NNG	1	두에	NNG	1
동지	NNG	2	두역	NNG	1
동지둘	NNG	2	두지쥐	NNG	1
동풍	NNG	1	두츙	NNG	1
동닉녕감	NNG	1	두통	NNG	1
동닉부스 (東萊府使)	NNG	2	둑	NNG	1
동빅나모	NNG	1	둘[들]버	NNG	1
동싱	NNG	1	둘부	NNG	1
동즈	NNG	3	둘재	NNG	2
동희	NNG	1	둘ㅎ	NNG	1
되룡농	NNG	1	뒤	NNG	1
됴곰	NNG	1	뒤간	NNG	1
됴롱	NNG	1	뒤곡디	NNG	1
됴리	NNG	1	뒤ㅎ	NNG	3
됴셕	NNG	1	듁	NNG	1
됴션	NNG	3	듕	NNG	3
됴션(朝鮮)	NNG	1	듕깃	NNG	1
됴시	NNG	1	듕노(中路)	NNG	1
됴졍(朝廷)	NNG	1	듕놈	NNG	1
됴졍닉	NNG	1	듕단	NNG	1
됴통	NNG	1	듕들	NNG	1
됴하우	NNG	1	듕믈(重物)	NNG	1
동회	NNG	2	듕슌	NNG	1
두견화	NNG	1	듕양	NNG	1
두남	NNG	1	듕풍	NNG	1
두던	NNG	1	듕미	NNG	1
두뎡	NNG	1	드고	NNG	1
두루미	NNG	1	들	NNG	2
두리반	NNG	1	들깨	NNG	1
			듯	NNG	1

형태소	품사	출현빈도	형태소	품사	출현빈도
등	NNG	7	마샹지	NNG	1
등걸	NNG	1	마올	NNG	1
등녹	NNG	1	마함	NNG	1
등니장신	NNG	1	마눌	NNG	1
등당	NNG	1	마울	NNG	1
등뎡	NNG	1	막대	NNG	1
등블	NNG	2	만당(滿堂)	NNG	1
등잔	NNG	2	만도라미	NNG	1
등지게	NNG	1	만두	NNG	1
등하	NNG	1	만목	NNG	1
등하블명	NNG	1	만믈(萬物)	NNG	1
등화	NNG	1	만민지샹 (萬民之上)	NNG	1
등므르	NNG	1	만초	NNG	1
등즈	NNG	1	만호	NNG	1
디룡이	NNG	1	말	NNG	69
디의	NNG	1	말암	NNG	1
디혜	NNG	1	말미	NNG	1
디혜(智慧)	NNG	1	말슴	NNG	9
딘	NNG	1	맛	NNG	21
딜그릇ㅅ	NNG	1	망근	NNG	1
룡(龍)	NNG	1	망발	NNG	1
마	NNG	1	망어	NNG	1
마구	NNG	1	망일	NNG	1
마기쇠	NNG	1	망태	NNG	1
마노	NNG	1	망혼	NNG	1
마루	NNG	1	매	NNG	2
마리	NNG	15	매돌	NNG	1
마삭	NNG	1	매실	NNG	1
마샹	NNG	1	매아지	NNG	1
마샹닙	NNG	1	머그리	NNG	1
마샹도닙	NNG	1	머긔남그	NNG	1
마샹앙와	NNG	1			

형태소	품사	출현빈도	형태소	품사	출현빈도
머리	NNG	3	모시	NNG	3
머무리	NNG	1	모양	NNG	2
먹	NNG	2	모ᄒ	NNG	3
멀위	NNG	1	모하청	NNG	1
멋ㅊ	NNG	1	모리	NNG	2
메유기	NNG	1	목	NNG	7
메투리	NNG	1	목구멍	NNG	1
며기	NNG	1	목면	NNG	2
며욕	NNG	1	목면(木棉)	NNG	1
며ᄂ리	NNG	1	목믈	NNG	2
면쥬	NNG	1	목숨	NNG	1
면폐	NNG	1	목욕	NNG	1
면폼(面稟)	NNG	1	목쟝(牧場)	NNG	1
멋츤날	NNG	1	목폼	NNG	1
멋츨	NNG	1	목훠[휘]	NNG	1
명	NNG	1	목ᄌ	NNG	1
명막	NNG	1	몬지	NNG	1
명문	NNG	1	몰언덕	NNG	1
명일	NNG	3	몸	NNG	10
명챵(名唱)	NNG	1	몸픠	NNG	1
명화	NNG	2	못	NNG	8
명빅	NNG	1	못ㅅ	NNG	1
메	NNG	1	못토	NNG	1
모긔	NNG	1	못츠르기	NNG	2
모다	NNG	1	몽동바리	NNG	1
모단	NNG	1	몽셜	NNG	1
모단곳ㅊ	NNG	1	뫼	NNG	4
모래	NNG	1	뫼아리	NNG	1
모릉	NNG	1	뫼ᄒ	NNG	3
모면	NNG	1	묘	NNG	1
모밀	NNG	1	묘화	NNG	1
모션	NNG	2	무	NNG	1

형태소	품사	출현빈도	형태소	품사	출현빈도
무가내하	NNG	1	믈거픔	NNG	1
무가내하 (無可奈何)	NNG	1	믈결	NNG	4
무공쥬	NNG	1	믈구나모	NNG	1
무궁화	NNG	1	믈구뷔	NNG	1
무긔	NNG	2	믈방	NNG	1
무당	NNG	1	믈방을	NNG	1
무롣	NNG	1	믈쥬들	NNG	1
무리	NNG	2	믈화	NNG	1
무샤마귀	NNG	1	믈화곳	NNG	1
무우	NNG	1	믈ㄱ	NNG	4
무지게	NNG	1	믈릭	NNG	1
무ㅈ(茂子)	NNG	1	믠데갈이	NNG	1
문	NNG	6	미나리	NNG	1
문(紋)	NNG	1	미덤	NNG	1
문(門)	NNG	3	미르뇽(龍)	NNG	1
문셔	NNG	1	미션	NNG	1
문안	NNG	1	미슈	NNG	1
문어	NNG	1	미시	NNG	1
문지늬	NNG	1	미월(微月)	NNG	1
문포	NNG	1	미인	NNG	1
문호(門戶)	NNG	1	未日(미일)	NNG	1
묻	NNG	1	민어	NNG	1
물	NNG	3	밀	NNG	2
물건	NNG	1	밀기름	NNG	2
뭇길	NNG	1	밀치	NNG	1
뭇시	NNG	1	밋쇠	NNG	1
므릭	NNG	1	밋ㅊ	NNG	3
므즈미	NNG	1	밋쳔	NNG	2
믄직	NNG	5	밋ㅌ	NNG	3
믈	NNG	57	바다ㅎ	NNG	5
믈가래	NNG	1	바다ㄱ	NNG	1
			바독	NNG	3

형태소	품사	출현빈도	형태소	품사	출현빈도
바독믈	NNG	1	방〃골〃	NNG	1
바디	NNG	1	방긔	NNG	1
바리	NNG	1	방니	NNG	1
바얌	NNG	1	방댱(方張)	NNG	1
바올	NNG	1	방마치	NNG	1
바회	NNG	2	방믈	NNG	1
바늘	NNG	2	방법	NNG	1
박	NNG	1	방셕	NNG	1
박곡	NNG	1	방어	NNG	1
박남(博覽)	NNG	1	방울	NNG	1
박셕	NNG	1	방쟝	NNG	1
박회	NNG	1	방쥬	NNG	1
반	NNG	1	방축(防築)	NNG	1
반찬	NNG	1	방패	NNG	1
반피	NNG	1	방하	NNG	1
반디	NNG	1	방하공이	NNG	1
반씀음	NNG	1	방싁	NNG	1
발	NNG	13	밭	NNG	7
발괄	NNG	1	버금	NNG	1
발뒤측	NNG	1	버들	NNG	2
발등	NNG	1	버들가지	NNG	1
발목	NNG	1	버들개야지	NNG	1
발바당	NNG	1	버들나모	NNG	1
발삿치	NNG	1	버들닙	NNG	1
발자곡	NNG	2	버레	NNG	1
발톱	NNG	1	버릇	NNG	1
발표	NNG	1	버리지	NNG	1
밤	NNG	12	버서	NNG	1
밥	NNG	20	번개	NNG	1
밧ㄱ	NNG	4	벌	NNG	4
밧ㅊ	NNG	1	벌목	NNG	1
방	NNG	4	벌션	NNG	1

형태소	품사	출현빈도	형태소	품사	출현빈도
범	NNG	4	병	NNG	14
범남(汎濫)	NNG	1	병(病)	NNG	1
범븟체	NNG	1	兵馬節度使 (병사절도ᄉ)	NNG	1
범일	NNG	1	병부	NNG	1
범ᄉ	NNG	1	병아리	NNG	1
범ᄉ(凡事)	NNG	2	병어	NNG	1
법	NNG	4	병장븟치	NNG	1
법텹	NNG	1	병풍	NNG	1
벗	NNG	2	병ᄉ	NNG	1
벙어리	NNG	1	볕	NNG	2
벼	NNG	8	베게	NNG	1
벼것츠렁이	NNG	1	볘슬	NNG	1
벼로	NNG	1	보	NNG	3
벼록	NNG	1	보검	NNG	1
벼리	NNG	1	보곰자리	NNG	1
벼슬	NNG	2	보딘	NNG	1
벼슬	NNG	5	보라식	NNG	1
벽녁	NNG	1	보람	NNG	1
벽도문(碧桃紋)	NNG	1	보리밥	NNG	1
변	NNG	2	보션	NNG	2
변방	NNG	1	보심	NNG	1
변쳐	NNG	1	보인	NNG	1
변통	NNG	1	보견	NNG	1
변화(變化)	NNG	1	보죠개	NNG	1
별	NNG	5	보름날	NNG	3
별간쟈믈	NNG	1	보빅	NNG	1
별니	NNG	1	보익	NNG	1
별호(別號)	NNG	1	복	NNG	1
볍새	NNG	1	복(福)	NNG	1
볏	NNG	1	복셩화	NNG	1
볏ㄷ	NNG	1	복셩화쎠	NNG	1
볏ㅊ	NNG	3			

형태소	품사	출현빈도
복어	NNG	1
복쟈	NNG	1
복통	NNG	1
복싱션	NNG	1
본	NNG	2
본듸	NNG	1
본스	NNG	1
볼기	NNG	3
볼모	NNG	1
봄	NNG	11
봇ᄎ	NNG	1
봉	NNG	1
봉션화	NNG	1
봉안(奉安)	NNG	1
봉쟉	NNG	1
봉견복	NNG	1
봉족	NNG	1
봉쵸	NNG	1
봉화(烽火)	NNG	1
봉황(鳳凰)	NNG	1
봉늬산(蓬萊山)	NNG	1
뵈	NNG	1
뵈승새	NNG	1
뵈쌍이	NNG	1
부	NNG	1
부루	NNG	1
부리	NNG	1
부모	NNG	4
부모(父母)	NNG	2
부비	NNG	1
부산쳠스	NNG	1
부쇠	NNG	1

형태소	품사	출현빈도
부쇠짓	NNG	1
부시	NNG	1
부억	NNG	2
부용화	NNG	1
부작	NNG	1
부지기수 (不知其數)	NNG	1
부쳬	NNG	1
부헝이	NNG	1
부르기	NNG	1
부리	NNG	1
부스(府使)	NNG	1
부치	NNG	1
북	NNG	4
분	NNG	2
분묘	NNG	1
분부	NNG	3
분수	NNG	1
불	NNG	2
불구(不久)	NNG	1
불꼿	NNG	1
붓	NNG	4
붓곳치	NNG	1
붓체질	NNG	1
붕사	NNG	1
뷔	NNG	1
뷘말	NNG	1
븍	NNG	2
븍안셩	NNG	1
븍풍	NNG	1
븐나모	NNG	1
블	NNG	16

형태소	품사	출현빈도	형태소	품사	출현빈도
블견쇼과 (不見小過)	NNG	1	빗뎝	NNG	1
블기	NNG	1	빗들	NNG	1
블빗ㅊ	NNG	1	빗발	NNG	1
블용	NNG	1	빗솔	NNG	1
블하당	NNG	1	빗ㅊ	NNG	20
블회	NNG	1	빗ㅊ[ㅈ]	NNG	1
블회	NNG	1	빗츠게	NNG	1
블꽃	NNG	2	빙당	NNG	1
비	NNG	27	사	NNG	1
비각	NNG	1	사[서]어	NNG	1
비노	NNG	1	사공들	NNG	2
비단	NNG	13	사긔	NNG	1
비단ㅎ	NNG	1	사당	NNG	1
비듬	NNG	1	사돈	NNG	1
비름	NNG	1	사모	NNG	1
비마ㅈ	NNG	1	사발	NNG	1
비뵈	NNG	1	사벽	NNG	1
비븨딜	NNG	1	査實(사실)	NNG	1
비상	NNG	1	사회	NNG	1
비올히	NNG	1	사ㄷ새	NNG	1
비위(脾胃)	NNG	1	사름	NNG	136
비파	NNG	1	사름들	NNG	2
비늘	NNG	2	사슴	NNG	1
비ㅈ	NNG	1	사지	NNG	1
비ㅈ남ㄱ	NNG	1	사립작	NNG	1
비취(翡翠)	NNG	1	삭	NNG	1
빈혀	NNG	1	산	NNG	9
빌기	NNG	1	산〃집〃	NNG	1
빗	NNG	6	산골	NNG	2
빗길	NNG	1	산단화	NNG	1
빗댱	NNG	1	산달피	NNG	1
			산둥	NNG	1

형태소	품사	출현빈도	형태소	품사	출현빈도
산듕(山中)	NNG	1	삿갓	NNG	1
산슈	NNG	2	삿기	NNG	3
산슈(山水)	NNG	1	상	NNG	7
산원	NNG	1	상긔마	NNG	1
산장	NNG	1	상마	NNG	1
산장이들	NNG	1	상소	NNG	1
산호쥬	NNG	1	새	NNG	11
산힝	NNG	2	새것	NNG	1
살	NNG	5	새농	NNG	1
살각괴	NNG	1	새매	NNG	1
살길	NNG	1	새벽	NNG	3
살밋ㅊ	NNG	1	새벽즘	NNG	1
삶	NNG	1	새옴	NNG	1
삼	NNG	1	새요	NNG	2
삼강(三綱)	NNG	1	샤	NNG	2
삼공	NNG	1	샤마귀	NNG	1
삼년	NNG	1	샤약	NNG	1
삼년(三年)	NNG	1	샤직(社稷)	NNG	1
삼녹	NNG	1	샤향	NNG	1
삼됴졍늬	NNG	1	샹	NNG	2
삼목	NNG	1	샹(相)	NNG	1
삼월	NNG	2	샹고들	NNG	3
삼월(三月) 삼일(三日)	NNG	1	샹년(上年)	NNG	1
삼일	NNG	1	샹놈	NNG	1
삼쳥	NNG	1	샹놈들	NNG	1
삼태	NNG	1	샹덕	NNG	1
삼판닉	NNG	1	샹뎐(上典)	NNG	2
삼스월	NNG	1	샹두	NNG	1
삼틱셩	NNG	1	샹마	NNG	1
삽쥬	NNG	1	샹말	NNG	1
삿	NNG	1	샹사름	NNG	1
			샹샹	NNG	1

형태소	품사	출현빈도	형태소	품사	출현빈도
샹셩	NNG	1	셔우	NNG	1
샹아	NNG	1	셔울	NNG	3
샹원날	NNG	1	셔인(庶尹)	NNG	1
샹인	NNG	1	셔풍	NNG	1
샹토	NNG	1	셔스(世事)	NNG	1
샹한	NNG	1	셔즈(庶子)	NNG	1
샹호	NNG	1	셔즈(世子)	NNG	1
샹스	NNG	1	셔칙	NNG	1
샹즈	NNG	1	셔칙(書冊)	NNG	1
샻	NNG	1	셕	NNG	1
서로	NNG	1	셕경	NNG	1
서리	NNG	4	셕뉴	NNG	1
섥	NNG	1	셕벽	NNG	2
섬	NNG	1	셕웅황	NNG	1
섭나모	NNG	1	셕쥬	NNG	1
섯둘	NNG	3	션단	NNG	1
성애	NNG	1	션등(船燈)	NNG	1
셔가여리	NNG	2	션믈	NNG	2
셔각	NNG	1	션븨	NNG	1
셔간	NNG	1	션악	NNG	1
셔계	NNG	1	션약	NNG	1
셔관	NNG	1	션젼관	NNG	1
셔긔(書記)	NNG	1	션챵	NNG	1
셔남풍	NNG	1	션비	NNG	1
셔리(書吏)	NNG	1	셜당	NNG	2
셔방(書房)	NNG	1	셜당(雪糖)	NNG	1
셔북풍	NNG	1	셜쇠	NNG	1
셔산	NNG	1	셜판	NNG	1
셔샹	NNG	1	셤	NNG	5
셔슬	NNG	1	셤단	NNG	1
셔안	NNG	1	셩	NNG	5
셔양	NNG	2	셩각괴	NNG	1

형태소	품사	출현빈도
성당	NNG	1
성명	NNG	1
성명(姓名)	NNG	1
성본(姓本)	NNG	1
성식	NNG	1
성인	NNG	2
성쥬	NNG	2
성혼	NNG	1
성ᄌ(姓字)	NNG	1
셰	NNG	4
셰간ᄉ	NNG	1
셰사	NNG	1
셰샹	NNG	2
셰샹(世上)	NNG	1
셰션	NNG	1
셰슈	NNG	1
셰ᄌ	NNG	1
셰ᄌ(世子)	NNG	1
소견	NNG	1
소견(所見)	NNG	1
소곰	NNG	1
소나모	NNG	1
소남ㄱ	NNG	1
소문	NNG	1
소문(所聞)	NNG	1
소반찬	NNG	1
소업(所業)	NNG	2
소옴	NNG	3
소임(所任)	NNG	4
소졍	NNG	1
소지	NNG	1
소릭	NNG	37

형태소	품사	출현빈도
소치	NNG	2
속	NNG	16
속대	NNG	1
속즈	NNG	1
손	NNG	17
손가락	NNG	5
손것자리	NNG	1
손금	NNG	1
손님	NNG	4
손등	NNG	1
손목	NNG	2
손바당	NNG	4
손씨	NNG	2
손톱	NNG	1
손ᄌ(孫子)	NNG	1
솔	NNG	2
솔닙ㅍ	NNG	1
송	NNG	2
송곳ㅅ	NNG	1
송이	NNG	1
송장쎠리	NNG	1
숯	NNG	1
쇠	NNG	1
쇠가래	NNG	1
쇠나기	NNG	1
쇠마치	NNG	1
쇠마함	NNG	1
쇠뭉동이	NNG	1
쇠복	NNG	2
쇠픔	NNG	1
쇼	NNG	4
쇼가차	NNG	1

형태소	품사	출현빈도	형태소	품사	출현빈도
쇼갈증	NNG	1	수화쥬	NNG	1
쇼감ᄌ	NNG	1	수릐	NNG	4
쇼경	NNG	1	順流(슌뉴[슈])	NNG	1
쇼녀(小女)	NNG	1	술	NNG	30
쇼도	NNG	1	술[슬]	NNG	1
쇼동(小童)	NNG	1	숨	NNG	3
쇼라	NNG	1	숩풀	NNG	1
쇼록이	NNG	1	숩ㅎ	NNG	1
쇼션	NNG	1	숫	NNG	1
쇼시랑	NNG	1	숫돌	NNG	1
쇼식	NNG	1	숫블	NNG	1
쇼식(消息)	NNG	1	숏무우	NNG	1
쇼인(小人)들	NNG	1	슈	NNG	3
쇼쥬	NNG	2	슈건	NNG	1
쇽	NNG	1	슈고	NNG	1
쇽공	NNG	1	슈골(壽傑)	NNG	1
쇽담(俗談)	NNG	1	슈공	NNG	1
쇽졀(屬節)	NNG	1	슈긔	NNG	1
숑골매	NNG	1	슈노	NNG	1
숑곳니	NNG	1	슈달피	NNG	1
숑낙	NNG	1	슈령(守令)	NNG	1
숑어	NNG	1	슈로	NNG	1
숑이	NNG	1	슈목	NNG	1
숑화ᄉ(松花色)	NNG	1	슈목션(水木船)	NNG	1
숑ᄉ	NNG	1	슈박	NNG	1
수	NNG	3	슈션화	NNG	1
수(數)	NNG	1	슈슈	NNG	1
水軍節度使	NNG	1	슈양	NNG	1
수리	NNG	1	슈어	NNG	1
수심	NNG	1	슈영	NNG	1
수심(愁心)	NNG	1	슈운	NNG	1
수오리	NNG	1	슈은	NNG	1

형태소	품사	출현빈도
슈인ᄉ(修人事)	NNG	1
슈졍(水晶)	NNG	1
슈죵	NNG	1
슈표	NNG	1
슈픔(手品)	NNG	1
슈ᄉ(水使)	NNG	1
슈즈	NNG	1
슈프름	NNG	1
슉모	NNG	1
슉부	NNG	1
슉견복	NNG	1
슌슈	NNG	1
슌풍	NNG	1
슐	NNG	1
스ᄆ날	NNG	1
스승	NNG	4
스리	NNG	1
슬갑	NNG	1
슬기	NNG	1
슬픔ㅁ	NNG	1
슬하(膝下)	NNG	1
습	NNG	1
습열	NNG	1
습열(濕熱)	NNG	1
승	NNG	1
승뉴	NNG	1
승부	NNG	1
승상	NNG	1
승상(承相)	NNG	1
싀	NNG	1
싀가	NNG	1
싀골	NNG	1

형태소	품사	출현빈도
싀긔	NNG	1
싀목	NNG	1
싀어마님	NNG	1
싀어버이	NNG	1
싀탄	NNG	1
시	NNG	1
시나대	NNG	1
시내ᄀ	NNG	2
시릐	NNG	1
시방	NNG	2
시병	NNG	1
시비	NNG	2
시비(是非)	NNG	2
시앗	NNG	1
시양	NNG	1
시오쇠	NNG	1
시운	NNG	1
시위	NNG	1
시졀	NNG	1
시졀(時節)	NNG	1
시졍	NNG	1
시조(始祖)	NNG	1
시죵(侍從)	NNG	1
시직	NNG	1
시톄	NNG	1
시회	NNG	1
시흥(詩興)	NNG	1
시ᄂ대	NNG	1
시룸	NNG	1
식혜	NNG	2
신	NNG	2
신경(腎經)	NNG	2

형태소	품사	출현빈도	형태소	품사	출현빈도
신나모	NNG	1	아교(阿膠)	NNG	1
신령	NNG	1	아기	NNG	1
신믈	NNG	1	아비	NNG	2
신션	NNG	3	아쳥(鴉靑)	NNG	1
신션(神仙)	NNG	1	아들	NNG	5
신의	NNG	2	아리	NNG	8
신이화	NNG	1	아리사름	NNG	1
신쟉(神雀)	NNG	1	아ᄋ	NNG	3
신쟝	NNG	1	아이	NNG	1
신쥬	NNG	2	아즈미	NNG	1
신하	NNG	1	아즈비	NNG	1
신하(臣下)	NNG	1	아징	NNG	1
실	NNG	3	아춤	NNG	2
실과	NNG	1	아히	NNG	1
실긔	NNG	1	아히들	NNG	3
실긔(失期)	NNG	1	악풍	NNG	1
실슈	NNG	1	안	NNG	3
실오리	NNG	1	안갑	NNG	1
실형	NNG	1	안개	NNG	3
실늬	NNG	1	안경	NNG	1
심	NNG	1	안막	NNG	1
십월	NNG	1	안밧ㄱ	NNG	1
십이률	NNG	1	안장	NNG	1
싸홈	NNG	5	안쥬	NNG	3
쌴눈	NNG	1	안ᄒ	NNG	1
쌀	NNG	1	안싁	NNG	1
쌋기	NNG	1	안준박이	NNG	1
쌍뉵	NNG	1	안히	NNG	3
쑥	NNG	1	알	NNG	1
씨	NNG	4	앒ㅍ	NNG	9
아가외[의]	NNG	1	암즘싱	NNG	1
아고지	NNG	1	암치	NNG	1

형태소	품사	출현빈도	형태소	품사	출현빈도
암즈	NNG	1	언문	NNG	1
압프	NNG	4	언문(諺文)	NNG	1
앙홰	NNG	1	언약(言約)	NNG	1
애	NNG	2	언치[지]	NNG	1
야차	NNG	1	언텽	NNG	1
약	NNG	5	얼굴	NNG	2
약(藥)	NNG	3	얼머이	NNG	1
약과(藥菓)	NNG	1	얼현	NNG	1
약대	NNG	1	엄지	NNG	1
약지	NNG	8	엇게	NNG	1
약치	NNG	1	여긔	NNG	1
양능포(羊綾布)	NNG	1	여당	NNG	1
양듕(洋中)	NNG	1	여러ㅎ	NNG	5
양마	NNG	1	여믈	NNG	3
양지	NNG	1	여의	NNG	1
양피	NNG	1	여흘	NNG	1
양즈(養子)	NNG	1	여흘	NNG	2
양쥼	NNG	1	여룸	NNG	4
어금니	NNG	1	여으	NNG	1
어드러	NNG	1	여히	NNG	1
어룬	NNG	4	역긔	NNG	1
어룽물	NNG	1	역마	NNG	1
어린놈	NNG	1	역슈	NNG	1
어버이	NNG	1	역적	NNG	1
어부들	NNG	1	역풍	NNG	1
어제	NNG	5	역스(役事)	NNG	1
어룸	NNG	2	연	NNG	1
어리	NNG	1	연고	NNG	2
어스(御使)	NNG	1	연놈	NNG	1
어지(於字)	NNG	1	연장	NNG	2
어치	NNG	1	연지	NNG	1
언덕	NNG	3	연초식(軟草色)	NNG	1

형태소	품사	출현빈도
연향	NNG	1
연후	NNG	1
열닷샌날	NNG	1
열쇠	NNG	2
열십ᄌ	NNG	1
열자대구	NNG	1
염쇼	NNG	1
염쵸	NNG	1
엿	NNG	1
영웅(英雄)	NNG	1
영장	NNG	1
영화	NNG	2
오[어]제	NNG	1
오곰	NNG	1
오라비	NNG	1
오류마믈	NNG	1
오리	NNG	1
오미ᄌ	NNG	1
오샹(五常)	NNG	1
오소리	NNG	1
오심증	NNG	1
오월	NNG	2
오월(五月)	NNG	1
오적[석]어	NNG	1
오제	NNG	1
오좀	NNG	3
오좀통	NNG	1
오츄[쥬]마 (烏騅馬)	NNG	1
오화당	NNG	1
오늘	NNG	10
오식	NNG	1

형태소	품사	출현빈도
옥	NNG	2
옥(獄)	NNG	1
옥슈	NNG	1
옥슈슈	NNG	1
옥창	NNG	1
온졍	NNG	1
올창이	NNG	1
올혼손	NNG	1
올히	NNG	2
옴	NNG	1
옷	NNG	14
옷거리	NNG	1
옷깃	NNG	1
옷나모	NNG	1
옷칠	NNG	1
옹	NNG	1
와간셔안 (臥看書案)	NNG	1
완인	NNG	1
왈쟈	NNG	1
왕대	NNG	1
왕후	NNG	1
외	NNG	3
외감	NNG	1
외관	NNG	1
외국	NNG	2
외나모드리	NNG	1
외러이	NNG	1
외방	NNG	1
외방(外方)	NNG	1
외자[빗]	NNG	1
왼손	NNG	1

형태소	품사	출현빈도	형태소	품사	출현빈도
왼편	NNG	1	원슈	NNG	3
요령	NNG	1	원앙(鴛鴦)	NNG	1
요ㅎ	NNG	1	원일	NNG	1
요ㅅ이	NNG	8	월	NNG	1
요힝	NNG	1	월궁(月宮)	NNG	1
욕심	NNG	3	월식	NNG	1
욕심(慾心)	NNG	1	월왕(越王)	NNG	1
우리나라	NNG	1	위	NNG	2
우리나라ㅎ	NNG	1	위엄	NNG	1
우모	NNG	1	위ㅎ	NNG	1
우믈	NNG	2	유고	NNG	1
우산	NNG	1	유록	NNG	1
우슴	NNG	2	유무(有無)	NNG	1
우음	NNG	1	遺物(유믈)	NNG	1
우장	NNG	2	유복거복	NNG	1
우ㅎ	NNG	7	유삼	NNG	2
우환	NNG	1	유어	NNG	1
우훔	NNG	2	유ㅈ	NNG	1
우릐	NNG	1	윤도(輪圖)	NNG	1
운	NNG	1	윤포	NNG	1
울	NNG	3	윤들	NNG	1
울긔	NNG	1	으흐롬	NNG	1
울기	NNG	1	은	NNG	1
울루	NNG	1	은구어	NNG	1
움	NNG	1	은덕	NNG	1
웃나릇	NNG	1	은하슈	NNG	1
웃옷	NNG	1	은혜	NNG	1
웅덩이	NNG	1	은혜(恩惠)	NNG	2
원	NNG	1	은ㅅ	NNG	1
원긔	NNG	1	은ㅅ(隱士)	NNG	1
원망	NNG	1	은힝	NNG	2
원망(怨妄)	NNG	1	乙字	NNG	1

형태소	품사	출현빈도	형태소	품사	출현빈도
음식	NNG	10	이ᄌ(而字)	NNG	1
웃[웃]틈	NNG	1	익기	NNG	1
웃[웃]씀	NNG	1	인간	NNG	1
웃듬	NNG	3	인도(人道)	NNG	1
웃슴	NNG	1	인듕(人中)	NNG	1
웃틈	NNG	10	인믈(人物)	NNG	1
웃씀	NNG	1	인연	NNG	1
의	NNG	1	인젹	NNG	1
의긔	NNG	1	인졍(人情)	NNG	1
의논	NNG	2	인픔(人品)	NNG	1
의복	NNG	2	인ᄉ	NNG	2
의부(義父)	NNG	1	인ᄉ(人事)	NNG	2
의심	NNG	1	인슴	NNG	2
의원(醫員)	NNG	1	일	NNG	84
이	NNG	1	일국(一國	NNG	1
이단	NNG	1	일년	NNG	1
이듬히	NNG	2	일년초(一年草)	NNG	1
이랑	NNG	1	일도	NNG	1
이바지	NNG	1	日本人	NNG	1
이삭버릭	NNG	1	일산	NNG	1
이슬	NNG	2	일슌(一瞬)	NNG	1
이십삼일	NNG	1	일시(一時)	NNG	1
이엄	NNG	1	일신	NNG	1
이우	NNG	1	일용	NNG	1
이월	NNG	2	일용(日用)	NNG	1
이제	NNG	10	일월	NNG	1
이쳥(二靑)	NNG	1	일졍	NNG	2
이편	NNG	1	일졍(一定)	NNG	1
이픔	NNG	1	일품판셔	NNG	1
이현부모 (以顯父母)	NNG	1	일홈	NNG	3
			일홈ᄌ	NNG	2
이때	NNG	1	일히	NNG	1

형태소	품사	출현빈도	형태소	품사	출현빈도
임의	NNG	1	쟈[챠]	NNG	1
입	NNG	9	쟈갈	NNG	1
입내	NNG	1	쟈개	NNG	2
입시울	NNG	1	쟈고	NNG	1
잇	NNG	1	쟈밤	NNG	1
잇가나모	NNG	1	쟈르	NNG	1
잇들	NNG	1	쟉도	NNG	2
잇튼날	NNG	1	쟉별	NNG	1
잇틀	NNG	1	쟉ㅅ	NNG	2
잉틱(肛胎)	NNG	1	쟝	NNG	4
자리	NNG	3	쟝고	NNG	1
자식(子息)	NNG	2	쟝노	NNG	1
자완	NNG	1	쟝슈	NNG	5
자재벌틱	NNG	1	쟝옷	NNG	1
자ㅎ	NNG	2	쟝위(腸胃)	NNG	1
잔	NNG	1	쟝식	NNG	1
잔치	NNG	1	쟝즈(障子)	NNG	1
잠	NNG	1	졋	NNG	2
잠날이곳이	NNG	1	졋나모	NNG	1
잡것	NNG	1	져	NNG	1
잡곡	NNG	1	져그리	NNG	1
잡기	NNG	2	져녁	NNG	3
잡스셜	NNG	1	져녁째	NNG	2
잣	NNG	1	져므니	NNG	1
잣송이	NNG	1	져븨	NNG	1
장	NNG	1	져비	NNG	1
장긔	NNG	1	져졔	NNG	1
장뎡	NNG	1	져주	NNG	1
장도	NNG	1	져곳	NNG	1
장방	NNG	1	젹	NNG	2
재	NNG	2	젹다믈	NNG	1
쟈	NNG	3	젼	NNG	6

형태소	품사	출현빈도	형태소	품사	출현빈도
젼(前)	NNG	2	졔[체]주	NNG	1
젼[쳔]쟝	NNG	1	졔마(除䯢)	NNG	1
젼갈	NNG	1	졔야[여](除夜)	NNG	1
젼복	NNG	1	졔의	NNG	1
젼어	NNG	1	졔일	NNG	1
젼주	NNG	1	졔츅미(儲蓄米)	NNG	1
졀	NNG	3	졔향	NNG	1
졀(節)	NNG	1	졔향(祭享)	NNG	1
졀[쳘]월	NNG	1	졔후(諸侯)	NNG	1
졀구공이	NNG	1	졔亽	NNG	2
졀님	NNG	1	졔亽(祭事)	NNG	1
졀닙	NNG	1	조[초]반(朝飯)	NNG	1
졀영도	NNG	1	조각	NNG	1
졀일	NNG	1	조강지쳐	NNG	1
졈	NNG	1	조긔	NNG	1
졈亽	NNG	1	조롱	NNG	1
졉동새	NNG	1	조모	NNG	2
졉시	NNG	1	조밥	NNG	1
졋	NNG	2	조부	NNG	1
졋내	NNG	1	조샹	NNG	1
졋통	NNG	1	조으름	NNG	1
졍	NNG	1	조증	NNG	1
졍(情)	NNG	4	족하	NNG	1
졍간(正間)	NNG	1	족주	NNG	1
졍격	NNG	1	졸망(卒忘)	NNG	1
졍셔	NNG	2	좀	NNG	2
졍셩	NNG	2	좀사룸	NNG	1
졍셩(正誠)	NNG	1	종녀	NNG	1
졍신	NNG	3	종실(宗室)	NNG	1
졍심	NNG	1	좌우	NNG	1
졍亽	NNG	1	좌우칠보	NNG	1
졍식	NNG	1	죄	NNG	5

형태소	품사	출현빈도
죄(罪)	NNG	2
죄인(罪人)	NNG	2
죄지츠(罪之次)	NNG	1
죠개	NNG	1
죠릭	NNG	1
족접이	NNG	2
족집개	NNG	1
죵	NNG	3
죵녀	NNG	1
죵들	NNG	2
죵묘	NNG	1
죵용	NNG	1
죵회	NNG	2
죵ㅈ	NNG	1
주머니	NNG	2
주먹	NNG	1
주사	NNG	1
주여미	NNG	1
주쥬	NNG	1
주룸	NNG	1
준	NNG	1
줄	NNG	11
줄기	NNG	2
줄이	NNG	1
쥐	NNG	4
쥬	NNG	3
쥬셕[셩]	NNG	1
쥬인	NNG	2
쥬젼ㅈ	NNG	1
쥬졍	NNG	1
쥬홍	NNG	1
쥬홍뎌	NNG	1

형태소	품사	출현빈도
쥭	NNG	2
쥭방	NNG	1
쥭슌	NNG	1
즈럼길	NNG	1
즈롬	NNG	1
즈린내	NNG	1
즈의	NNG	3
즉[죽]시	NNG	1
즉금	NNG	3
즌흙	NNG	2
즐[줄]기	NNG	1
즘싱	NNG	5
즙	NNG	1
즛	NNG	1
증	NNG	4
증손(曾孫)	NNG	1
증인	NNG	1
지게	NNG	1
지경	NNG	1
지긔	NNG	1
지남석	NNG	1
지도리	NNG	1
지랄	NNG	1
지새	NNG	1
지셰	NNG	1
지속(遲速)	NNG	1
지아비	NNG	1
지즑	NNG	1
지진	NNG	1
지초	NNG	1
지휘	NNG	1
진	NNG	2

형태소	품사	출현빈도
진(鎭)	NNG	1
진글	NNG	1
진담	NNG	1
진동	NNG	1
진뒤	NNG	1
진듀	NNG	1
진디	NNG	1
진셔	NNG	2
진시	NNG	1
진에	NNG	1
진졍	NNG	1
진쥬	NNG	3
진피	NNG	1
진홍대단 (眞紅大緞)	NNG	1
진흉	NNG	1
진흙	NNG	1
진둘니	NNG	1
진쮀니	NNG	1
진익	NNG	2
짐	NNG	12
짐기ᄅ마	NNG	1
짐바ᅙ	NNG	1
짐치	NNG	1
집	NNG	27
집셰	NNG	1
집수	NNG	1
집신	NNG	1
집피	NNG	1
짓	NNG	1
짓ᄎ	NNG	1
차	NNG	2

형태소	품사	출현빈도
遮面	NNG	1
着根(챡근)	NNG	1
참	NNG	1
참소	NNG	1
창	NNG	6
창(倉)	NNG	2
창(窓)	NNG	3
창질	NNG	1
창틈	NNG	1
창틔(蒼苔)	NNG	1
채	NNG	1
챠일	NNG	2
챡[쟉]ᄌ	NNG	1
챵기(唱妓)	NNG	1
챵포	NNG	1
처음	NNG	1
天板子	NNG	1
僉制節度使 (졈져절도ᄉ)	NNG	1
체	NNG	2
쳿블	NNG	1
쳐남	NNG	1
쳐녀(處女)	NNG	1
쳐치	NNG	2
쳔냥(錢兩)	NNG	1
쳔녑	NNG	1
쳔니(千里)	NNG	1
쳔니경	NNG	1
쳔만	NNG	1
쳔샹	NNG	1
쳔신	NNG	1
쳔아셩	NNG	1

형태소	품사	출현빈도	형태소	품사	출현빈도
쳔은	NNG	1	초셔	NNG	1
쳔졍(天定)	NNG	1	초아흐련날	NNG	1
쳔쵸	NNG	1	초여드련날	NNG	1
쳔판즈	NNG	1	초열흘날	NNG	1
쳔판즈(天板子)	NNG	1	초엿샌날	NNG	1
쳔하	NNG	1	초일연날	NNG	1
쳔하(天下)	NNG	1	초잇튼날	NNG	1
쳘죽	NNG	1	초팔일	NNG	1
쳠	NNG	1	초싱반들 (初生半月)	NNG	1
쳠스만호 (僉使萬戶)	NNG	1	초흐른날	NNG	1
쳡(妾)	NNG	2	촌(村)	NNG	1
쳥(廳)	NNG	1	촌보	NNG	1
쳥(請)	NNG	1	총	NNG	1
쳥나	NNG	1	총[종]명지 (聰明紙)	NNG	1
쳥대	NNG	1	총명(聰明)	NNG	1
쳥숑	NNG	1	쵸부(樵夫)	NNG	1
쳥어	NNG	1	쵸블	NNG	1
쳥쥬	NNG	1	쵸헌	NNG	1
쳥쥬(淸酒)	NNG	1	쵹	NNG	1
쳥쳔물	NNG	1	춤	NNG	8
쳬분(處分)	NNG	1	춤통	NNG	1
초	NNG	1	츄셕	NNG	2
초가집	NNG	2	츄슈	NNG	2
초곰	NNG	1	츄쳔	NNG	1
초나라	NNG	1	츄풍	NNG	1
초나흔날	NNG	1	춘풍	NNG	1
초다샌날	NNG	1	춘흥	NNG	1
초닷샌날	NNG	1	츌당화	NNG	1
초록(草綠)	NNG	2	츌댱(出場)	NNG	1
초목	NNG	2	츌션	NNG	1
초사흔날	NNG	1			

형태소	품사	출현빈도	형태소	품사	출현빈도
측빅	NNG	1	타락	NNG	1
츨목	NNG	1	타작	NNG	1
츩	NNG	3	탁쥬	NNG	1
층냥	NNG	1	탄관	NNG	1
치마	NNG	2	탄즈	NNG	1
치즈	NNG	1	탐	NNG	1
치칙	NNG	1	탑	NNG	1
칙스(勅使)	NNG	1	탕슈	NNG	1
친척	NNG	1	태	NNG	1
칠	NNG	5	태쟝부	NNG	1
칠셕	NNG	1	태즈(太子)	NNG	1
칠월	NNG	2	탸양	NNG	1
칠월칠일	NNG	1	탸풍	NNG	1
침	NNG	1	터	NNG	1
침향싁(沈香色)	NNG	1	털	NNG	7
침치	NNG	1	털[덜]	NNG	1
칼	NNG	4	텬상	NNG	1
칼국슈	NNG	1	텬지(天地)	NNG	1
칼집	NNG	1	토란	NNG	2
코	NNG	6	토슈	NNG	1
코구멍	NNG	1	톡기	NNG	1
코눈믈	NNG	1	톤ᄂᆞ믈	NNG	1
코믈	NNG	1	톱	NNG	3
코키리	NNG	1	톱니	NNG	1
코ᅙ	NNG	1	통	NNG	1
코즌등	NNG	1	통(桶)	NNG	1
콧	NNG	1	통[동]	NNG	1
콩	NNG	1	통[동]대구	NNG	1
큰일	NNG	1	통견	NNG	1
킈	NNG	1	통쳔셔	NNG	1
키	NNG	2	통스	NNG	1
타국(他國)	NNG	1	퉁	NNG	1

형태소	품사	출현빈도	형태소	품사	출현빈도
투구	NNG	1	편	NNG	1
투젼	NNG	1	편지	NNG	1
튀눈	NNG	1	편지(片紙)	NNG	1
특	NNG	1	평교즈	NNG	1
튱{듕]효	NNG	1	평디	NNG	1
튱셩	NNG	1	평명(平明)	NNG	1
튱신	NNG	1	평초	NNG	1
튱효(忠孝)	NNG	1	평풍	NNG	1
트림	NNG	1	평싱	NNG	3
틀	NNG	1	폐	NNG	1
틈	NNG	4	포도	NNG	1
틱눈	NNG	2	포의	NNG	1
틧글	NNG	1	포폄	NNG	1
티부	NNG	1	폭포	NNG	2
팀치	NNG	2	표	NNG	1
파	NNG	2	표(標)	NNG	1
파되	NNG	1	표고	NNG	1
파쵸	NNG	1	표묘	NNG	1
판	NNG	1	표연	NNG	1
판셔	NNG	1	표피	NNG	1
板子	NNG	1	표즈	NNG	1
판잔	NNG	1	풀	NNG	2
판즈(板子)	NNG	1	품	NNG	2
팔냥쥬	NNG	1	풍년	NNG	1
팔도(八道)	NNG	1	풍노	NNG	1
팔분톄	NNG	1	풍뉴	NNG	7
팔월	NNG	2	풍상	NNG	1
팔쥰마	NNG	1	풍속	NNG	1
八稍魚(팔쵸어)	NNG	1	풍월	NNG	1
패	NNG	1	풍일	NNG	1
패싸홈	NNG	1	풍토	NNG	1
퍼괴	NNG	1	풍치(風彩)	NNG	1

형태소	품사	출현빈도	형태소	품사	출현빈도
플	NNG	4	한디	NNG	1
플[블]	NNG	1	할미	NNG	1
플모아지라	NNG	1	할미새	NNG	1
플소옴	NNG	1	함	NNG	2
픔(品)	NNG	1	함셕	NNG	1
픠	NNG	1	핫옷	NNG	1
피	NNG	3	항	NNG	1
피남그	NNG	1	항나	NNG	1
피츠(彼此)	NNG	2	항복	NNG	2
필급	NNG	1	항아리	NNG	1
하라비	NNG	1	해	NNG	1
하사쥬	NNG	1	향	NNG	3
하인(下人)들	NNG	2	향내	NNG	2
하지	NNG	1	향노	NNG	1
하쳐	NNG	1	허락	NNG	1
蝦蟆(하마)	NNG	1	허리	NNG	3
하늘	NNG	14	허믈	NNG	8
하늘밥도적	NNG	1	허비	NNG	1
하늘ㅎ	NNG	1	허실	NNG	1
학	NNG	1	허염	NNG	1
학(鶴)	NNG	1	허욤	NNG	2
학질	NNG	1	허입	NNG	1
학질(瘧疾)	NNG	1	허스	NNG	1
한	NNG	1	헛것	NNG	1
한(限)	NNG	1	혀	NNG	1
한가온디	NNG	1	혁	NNG	2
한단몽	NNG	1	혁가리	NNG	1
한새	NNG	2	현(縣)	NNG	1
한션날	NNG	1	현감	NNG	1
한숨	NNG	1	현녕	NNG	1
한슈	NNG	1	현마	NNG	1
한식	NNG	1	현판	NNG	1

형태소	품사	출현빈도	형태소	품사	출현빈도
현훈증	NNG	1	홋옷	NNG	1
현식	NNG	1	홍어	NNG	1
혈긔(血氣)	NNG	1	홍합	NNG	1
협도	NNG	1	화긔(火器)	NNG	1
형님	NNG	1	화노	NNG	1
형벌	NNG	1	화듕(花中)	NNG	1
형벌(刑罰)	NNG	1	화랑이	NNG	1
형상	NNG	1	화문(花紋)	NNG	1
형상(形狀)	NNG	1	화병	NNG	2
형상(形裝)	NNG	1	화본	NNG	1
형셰	NNG	1	화사쥬(花紗紬)	NNG	1
형졔(兄弟)	NNG	1	화승블	NNG	1
혜	NNG	3	화식(火食)	NNG	1
혬	NNG	1	화약	NNG	2
호가	NNG	1	화약(火藥)	NNG	1
호걸	NNG	1	화원(畵員)	NNG	1
호랑이	NNG	1	화쥬	NNG	1
호령	NNG	1	화초	NNG	2
호르레ᄇ름	NNG	1	화초(花草)	NNG	1
호믜	NNG	1	화친	NNG	2
호박(琥珀)	NNG	1	확	NNG	1
호방	NNG	1	환	NNG	1
호블호	NNG	1	환[횐](患)	NNG	1
호쥬	NNG	1	환도늘	NNG	1
호쵸[죠]	NNG	2	환뷔(鰥夫)	NNG	1
호패	NNG	1	환졀	NNG	1
혼인	NNG	1	활	NNG	7
혼인(婚姻)	NNG	1	활슈	NNG	1
혼자	NNG	1	활쏘기	NNG	1
혼빅	NNG	1	황	NNG	1
홀	NNG	1	황단	NNG	1
홈의	NNG	1	황대구	NNG	1

형태소	품사	출현빈도	형태소	품사	출현빈도
황데	NNG	2	흑당	NNG	1
황데(皇帝)	NNG	1	흑마포	NNG	1
황사	NNG	1	흙	NNG	5
황셩(皇城)	NNG	1	흙이질	NNG	1
황듕이	NNG	1	흥(興)	NNG	1
황후(皇后)	NNG	1	흥[흔]졍	NNG	1
황빅(黃栢)	NNG	1	흥졍	NNG	3
홰대	NNG	1	희롱	NNG	1
홰블	NNG	1	희싁	NNG	1
회	NNG	6	희ᄌ	NNG	3
회간	NNG	1	흰ᄌ	NNG	1
회답	NNG	1	힘	NNG	10
회포	NNG	1	힘줄	NNG	1
회화나모	NNG	1	ᄀ	NNG	2
회회쳥(回回靑)	NNG	1	ᄀ래	NNG	1
효도	NNG	1	ᄀ믈	NNG	1
효도(孝道)	NNG	1	ᄀ올	NNG	4
효셩(孝誠)	NNG	1	ᄀ을	NNG	1
효셩(孝情)	NNG	1	ᄀ장	NNG	1
효험	NNG	1	ᄀ쳔	NNG	1
후	NNG	34	ᄀ울	NNG	2
후(後)	NNG	3	ᄅ쟝	NNG	1
후셰	NNG	1	굴	NNG	4
후예	NNG	1	굴가마괴	NNG	1
후의(厚意)	NNG	1	굴대	NNG	1
후일	NNG	2	굴래기	NNG	1
후편(後便)	NNG	1	굴며기	NNG	1
후ᄌ	NNG	1	긔가(改嫁)	NNG	1
훈슈	NNG	1	긔기주	NNG	1
흉(凶)	NNG	1	긔시	NNG	1
흉년	NNG	2	긔유	NNG	1
흉복통	NNG	1	긱니	NNG	1

형태소	품사	출현빈도
긱회	NNG	1
ᄂ믈	NNG	3
ᄂ른	NNG	1
ᄂ릇	NNG	1
ᄂ릇ㅅ	NNG	1
는화	NNG	1
늘	NNG	3
늘개	NNG	1
늘게	NNG	1
늠	NNG	37
늣ㅊ	NNG	4
늦	NNG	7
늬	NNG	2
늬년	NNG	2
늬의(內醫)	NNG	1
늬일	NNG	7
늬힝	NNG	1
닝가슴	NNG	1
닝슈	NNG	2
돗ㄱ	NNG	1
ᄃ라미	NNG	2
ᄃ래	NNG	2
ᄃ리	NNG	1
ᄃ리휘옴	NNG	1
ᄃ들	NNG	2
ᄃ계	NNG	1
들	NNG	9
들밤	NNG	1
들빗ㅊ	NNG	3
들팡	NNG	1
들릭	NNG	1
들익	NNG	1

형태소	품사	출현빈도
ᄃᆰ	NNG	6
ᄃᆷ듸	NNG	1
둥긔	NNG	1
듸	NNG	2
듸골	NNG	1
듸골이	NNG	1
듸답	NNG	1
듸마쥬(對馬州)	NNG	1
듸마쥬산	NNG	1
듸모	NNG	1
듸샹(臺上)	NNG	1
듸졉	NNG	2
듸졉(待接)	NNG	1
듸쳔명	NNG	1
듸필	NNG	1
듸하증	NNG	1
듸듸(代代)	NNG	1
ᄃᆡᆨ(宅)	NNG	2
ᄆ올	NNG	2
ᄆ옴	NNG	2
ᄆ즈막	NNG	1
ᄆ듸	NNG	2
ᄆ르	NNG	1
ᄆ올	NNG	1
ᄆ옴	NNG	22
믈	NNG	29
믈곳비	NNG	1
믈국	NNG	2
믈다갈	NNG	1
믈독	NNG	1
믈등	NNG	1
믈샀	NNG	1

형태소	품사	출현빈도	형태소	품사	출현빈도
믈솔	NNG	1	빅	NNG	1
믈채	NNG	1	빅곡(百穀)	NNG	1
믈쏭	NNG	2	빅관(百官)	NNG	1
뭇누의	NNG	1	빅납	NNG	1
뭉울	NNG	1	빅년	NNG	1
미기	NNG	1	빅년(百年)	NNG	1
미부(妹夫)	NNG	1	빅뇌	NNG	1
미화	NNG	1	빅단	NNG	1
미ᄉ(每事)	NNG	1	빅뎡	NNG	1
밍ᄌ	NNG	1	빅마(白馬)	NNG	1
ᄇ람	NNG	2	빅마즁	NNG	1
ᄇ람벽	NNG	1	빅반(白磻)	NNG	1
ᄇ래ᄂ믈	NNG	1	빅셩	NNG	3
ᄇ롬	NNG	22	빅셩들	NNG	3
ᄇ롬가비	NNG	1	빅족지퉁	NNG	1
ᄇ롬벽	NNG	1	빅죵	NNG	1
ᄇ롬증	NNG	1	빅챠일	NNG	1
ᄇᄉ락	NNG	1	빅ᄉ	NNG	2
붉쥐	NNG	2	빼	NNG	2
비	NNG	39	뿟	NNG	2
비(杯)	NNG	1	쯰	NNG	1
비(配)	NNG	1	빡	NNG	1
비멀미	NNG	1	빵암	NNG	1
비목	NNG	1	쓰러질	NNG	1
비사룸	NNG	1	뿟리	NNG	1
비얌	NNG	2	뿟리뷔	NNG	1
비얌쟝	NNG	1	쌀	NNG	5
비필(配匹)	NNG	1	쌀셤	NNG	1
비ᄃ리	NNG	1	삿ᄀ	NNG	1
비씩	NNG	1	쇠	NNG	4
비샏록	NNG	1	쇠다리	NNG	1
비치	NNG	1	쇠아지	NNG	1

형태소	품사	출현빈도
쇳쌀	NNG	1
스나히	NNG	2
스령	NNG	1
스매길	NNG	1
스면	NNG	1
스방	NNG	2
스셜(辭說)	NNG	1
스시	NNG	1
스신(使臣)	NNG	2
스양마리	NNG	1
스월	NNG	2
스이	NNG	7
스졍(事情)	NNG	1
스죡빅믈	NNG	1
스지	NNG	1
스지(四肢)	NNG	1
스향지심	NNG	1
스름	NNG	3
스스일	NNG	1
스식	NNG	1
스지	NNG	1
슬	NNG	5
슭	NNG	1
슴셩	NNG	1
슴즈	NNG	2
식	NNG	2
식(色)	NNG	1
식옷	NNG	1
식지(色紙)	NNG	1
심	NNG	1
싱	NNG	2
싱각	NNG	1

형태소	품사	출현빈도
싱강	NNG	1
싱광(生光)	NNG	1
싱긔	NNG	1
싱긔(生氣)	NNG	1
싱동(生銅)	NNG	1
싱션	NNG	2
싱애	NNG	1
싱포	NNG	2
싱황	NNG	1
싸토리	NNG	1
쇠리	NNG	5
쏫	NNG	2
쏫가지	NNG	1
쏯	NNG	2
쇠	NNG	3
쑴	NNG	2
씽	NNG	4
쓸	NNG	2
쏫ᄎ	NNG	2
끝	NNG	2
씬	NNG	3
짜부	NNG	1
짜ᄒ	NNG	3
짜올기	NNG	1
짜히	NNG	1
짝	NNG	1
쌈	NNG	1
쌍	NNG	7
쌍ᄒ	NNG	3
째	NNG	12
쩍	NNG	6
쏭	NNG	4

형태소	품사	출현빈도	형태소	품사	출현빈도
쬐	NNG	1	즈로	NNG	4
쑴	NNG	2	즈믈쇠	NNG	1
쒸	NNG	1	즈미	NNG	2
쒸댱스들	NNG	1	즈븨	NNG	1
쓸ᄒ	NNG	1	즈손	NNG	1
쯧	NNG	3	즈손(子孫)	NNG	4
씌	NNG	4	즈식(子息)	NNG	4
씌옴	NNG	1	즈뎌(子弟)	NNG	1
씸[쌈]	NNG	1	즈지	NNG	1
쓰름	NNG	2	즈지(紫芝)	NNG	1
쏙별	NNG	1	즈총이	NNG	1
쏠	NNG	1	즉히	NNG	1
쏠족하	NNG	1	좀	NNG	5
쏠즈식	NNG	1	좀[춤]	NNG	1
씀	NNG	3	지	NNG	2
씀듸	NNG	1	지간	NNG	1
씩	NNG	4	지산	NNG	1
쌤	NNG	1	지샹(宰相)	NNG	2
쎠	NNG	3	지조	NNG	1
쏭	NNG	1	지조(才操)	NNG	2
쏭나모	NNG	1	지촉	NNG	1
쌱리	NNG	1	지싱지인	NNG	1
쑬	NNG	1	지치옴	NNG	1
쓸	NNG	1	진납이	NNG	1
쏠	NNG	8	진믈	NNG	2
으졔	NNG	1	징	NNG	2
익	NNG	1	징슈	NNG	1
잉도	NNG	1	취라	NNG	1
잉무(鸚鵡)	NNG	1	취쳐	NNG	1
즈	NNG	8	츠례	NNG	2
즈(字)	NNG	1	츠운	NNG	1
즈과부지	NNG	1	츠조기	NNG	1

형태소	품사	출현빈도
춤개	NNG	1
춤나모	NNG	1
춤빗	NNG	1
춤새	NNG	3
춤외	NNG	1
춤차	NNG	1
춤치	NNG	1
춥쌀	NNG	1
치	NNG	4
치졍(差定)	NNG	1
치식	NNG	2
치식(彩色)	NNG	1
칙	NNG	4
칙(冊)	NNG	1
칙곳	NNG	1
칙수	NNG	1
쿨즈르	NNG	1
특	NNG	3
프리	NNG	2
폴	NNG	1
폴궁동이	NNG	1
폴쇠	NNG	1
폴쟝	NNG	1
풋	NNG	2
풋둑	NNG	1
흐현	NNG	1
흐르	NNG	4

형태소	품사	출현빈도
흐르사리	NNG	1
흔	NNG	2
흔(限)	NNG	1
흔가지	NNG	6
흔갑	NNG	1
흔눈	NNG	1
흔숨	NNG	1
흔자리	NNG	1
흔편	NNG	1
흔줌	NNG	1
히	NNG	7
히금	NNG	1
히냥	NNG	1
히당화	NNG	1
히변	NNG	1
히혹(解惑)	NNG	1
히슴	NNG	1
히치	NNG	1
히틱	NNG	1
힛것	NNG	1
힝낭	NNG	1
힝문	NNG	1
힝실	NNG	2
힝실(行實)	NNG	2
힝인들	NNG	1
힝츠	NNG	3

〈2〉 고유 명사

형태소	품사	출현빈도
견우	NNP	2
관동별곡 (關東別曲)	NNP	1
동닉(東萊)	NNP	1
됴션	NNP	1
딕녀	NNP	2
븍경(北京)	NNP	1
셕오	NNP	1

형태소	품사	출현빈도
의주	NNP	1
일본	NNP	4
日本	NNP	1
일본(日本)	NNP	1
항우(項羽)	NNP	1
딕마도	NNP	1
딕마쥬	NNP	1

〈3〉 의존 명사

형태소	품사	출현빈도
가지	NNB	8
간(間)	NNB	1
것	NNB	222
곧	NNB	1
곳	NNB	12
곳ㅈ	NNB	1
곷	NNB	1
근	NNB	5
냥	NNB	2
년	NNB	2
놈	NNB	13
니	NNB	16
단	NNB	2
대로	NNB	4
듕	NNB	10
듕(中)	NNB	5
등	NNB	2
디히	NNB	1

형태소	품사	출현빈도
리	NNB	1
만	NNB	2
만치	NNB	2
밧ㄱ	NNB	3
번	NNB	8
법	NNB	1
분	NNB	8
셤	NNB	1
슈	NNB	1
양	NNP	24
양(樣)	NNB	2
외	NNB	1
이	NNB	5
이들	NNB	1
적	NNB	12
제	NNB	23
줄	NNB	15
줌	NNB	1

형태소	품사	출현빈도
지	NNB	5
쳐	NNB	1
쳑	NNB	1
체	NNB	6
켤릭	NNB	1
탓	NNB	3

형태소	품사	출현빈도
필(匹)	NNB	2
딕	NNB	50
식	NNB	1
ᄯᆞ름	NNB	1
샌	NNB	3
쓰옴	NNB	1

2.2.2 용언

대분류	소분류	세부분류	품사 기호	출현빈도
용언	동사		VV	4,687
	형용사		VA	1,737
	보조용언		VX	658
	지정사	긍정지정사	VCP	397
		부정지정사	VCN	11

<1> 동사

형태소	품사	출현빈도
가	VV	163
가다듬	VV	1
가도	VV	4
가싀	VV	1
가연(嫁緣)ᄒ	VV	1
가져가	VV	7
가져오	VV	4
가지	VV	7
가키	VV	1
가탁ᄒ	VV	1
간직ᄒ	VV	1
간ᄒ	VV	1
갈	VV	3

형태소	품사	출현빈도
감격ᄒ	VV	5
감샤(感謝)ᄒ	VV	1
감ᄒ	VV	1
갚	VV	9
개	VV	5
거두	VV	2
거러가	VV	1
거러앉	VV	1
거르	VV	1
거리	VV	1
거슬	VV	1
거졀ᄒ	VV	1
거치지	VV	1

형태소	품사	출현빈도	형태소	품사	출현빈도
거치치	VV	1	계시	VV	8
거느리	VV	1	계오	VV	1
거르가	VV	1	고으	VV	2
거히(去核)ᄒ	VV	1	고지듯	VV	2
건너	VV	5	고치	VV	2
건너오	VV	1	고ᄒ	VV	2
건네	VV	1	곳치	VV	11
건디	VV	2	공경ᄒ	VV	1
건지	VV	1	공부ᄒ	VV	1
걷	VV	8	곳	VV	1
걸	VV	9	과식(過食)ᄒ	VV	1
걸리	VV	6	관계[겨]ᄒ	VV	1
걸리ᄭ	VV	1	관계ᄒ	VV	5
걸릿키	VV	1	광정ᄒ	VV	1
걸어가	VV	2	괴	VV	4
걸어오	VV	1	괴지	VV	1
걸히	VV	1	구(求)ᄒ	VV	1
것ㄱ	VV	3	구[그]경ᄒ	VV	1
것그러지	VV	1	구경ᄒ	VV	6
것티	VV	1	구긔	VV	1
겨시	VV	2	구믈구믈ᄒ	VV	1
견듸	VV	2	구미	VV	1
견주	VV	1	구버보	VV	1
견듸	VV	18	구병ᄒ	VV	1
결단(決斷)ᄒ	VV	1	구을	VV	2
결단ᄒ	VV	3	구을이	VV	1
결박ᄒ	VV	1	구이	VV	1
결ᄒ	VV	1	구르	VV	1
겸ᄒ	VV	1	구ᄒ	VV	3
경계ᄒ	VV	2	군박ᄒ	VV	1
경영ᄒ	VV	1	군속ᄒ	VV	1
경편(輕便)ᄒ	VV	1	굳	VV	3

형태소	품사	출현빈도		형태소	품사	출현빈도
굴	VV	8		긔별ᄒ	VV	1
굴복(屈伏)ᄒ	VV	1		기르	VV	2
굼굼ᄒ	VV	1		기리	VV	4
굽	VV	5		기우	VV	1
굽어보	VV	1		기우러지	VV	1
굿기	VV	1		기운	VV	1
궁구ᄒ	VV	1		기울	VV	3
권ᄒ	VV	2		기울어디	VV	2
궤	VV	2		기을	VV	1
귀먹	VV	1		기ᄃ리	VV	3
귀슌(歸順)ᄒ	VV	1		기들리	VV	1
그릇되	VV	1		기ᄅ	VV	2
그릇보	VV	1		긴	VV	5
그릇ᄒ	VV	2		길드리	VV	3
그리	VV	3		깁	VV	2
그리ᄒ	VV	2		깃거ᄒ	VV	3
그치	VV	3		깃드리	VV	3
그티	VV	1		깃치	VV	2
극[국]열ᄒ	VV	1		깨여나	VV	1
근시ᄒ	VV	1		나	VV	93
긁	VV	3		나가	VV	6
금ᄒ	VV	2		나아가	VV	2
급뎌ᄒ	VV	1		나오	VV	10
급뎨(及第)ᄒ	VV	1		나타나	VV	1
급뎨ᄒ	VV	1		낙후ᄒ	VV	1
급ᄒ	VV	1		낛	VV	5
긋치	VV	10		날	VV	1
긔	VV	2		날회	VV	1
긔(忌)	VV	1		남	VV	5
긔록ᄒ	VV	1		남기	VV	1
긔먹	VV	1		낫	VV	5
긔별(奇別)ᄒ	VV	1		낳	VV	5

형태소	품사	출현빈도	형태소	품사	출현빈도
내	VV	73	놓	VV	29
내리	VV	1	뇌동ᄒ	VV	1
내쉬	VV	1	누	VV	2
내왇	VV	1	누셜(漏泄)ᄒ	VV	1
내치	VV	2	누셜ᄒ	VV	1
내든	VV	1	눈주	VV	1
너기	VV	18	눌	VV	1
너흘	VV	1	눌오	VV	1
넘	VV	6	눕	VV	3
넘어가	VV	1	뉘읏보	VV	1
넘씨	VV	1	뉘읏ᄌ	VV	1
넙피	VV	1	뉘읏	VV	2
녀기	VV	2	느[누]ᄅ가	VV	1
년쇽(連續)ᄒ	VV	1	느리	VV	1
년ᄒ	VV	5	느ᄅ	VV	1
넘녀ᄒ	VV	2	늣갑	VV	1
넘블ᄒ	VV	1	니	VV	3
넘의	VV	1	니각ᄒ	VV	1
녕거(領去)ᄒ	VV	1	니기	VV	5
넣	VV	34	니러나	VV	4
녜	VV	7	니러서	VV	1
넿	VV	1	니러혀	VV	2
노	VV	1	니르	VV	2
노기	VV	3	니별(離別)ᄒ	VV	1
노략질ᄒ	VV	1	니별ᄒ	VV	1
노역질ᄒ	VV	1	니이ᄒ	VV	1
노호	VV	1	니저ᄇ리	VV	1
노히	VV	1	니ᄅ	VV	42
녹	VV	3	니ᄅ혀	VV	1
놀	VV	11	니를	VV	1
놀내	VV	2	닉	VV	15
놀라	VV	2	닐	VV	5

형태소	품사	출현빈도	형태소	품사	출현빈도
닑	VV	1	더듬	VV	1
님시웅변ᄒ	VV	1	더블	VV	1
님시ᄒ	VV	1	더이	VV	1
님ᄒ	VV	4	더지	VV	2
닙	VV	35	더ᄒ	VV	8
닛	VV	16	덕담ᄒ	VV	1
닞	VV	6	덜	VV	3
다믈	VV	1	덤병이	VV	1
다치	VV	2	덥프	VV	4
다히	VV	12	덮	VV	1
다둣	VV	1	데	VV	1
다스리	VV	5	데치	VV	1
다ᄒ	VV	1	데티	VV	1
닥	VV	4	뎍	VV	1
닥희	VV	1	뎐(奠)ᄒ	VV	1
닫	VV	4	뎐염(傳染)ᄒ	VV	1
달	VV	4	뎔동(絶終)ᄒ	VV	1
달내	VV	1	뎜고ᄒ	VV	1
달호	VV	1	뎡(定)ᄒ	VV	2
달히	VV	4	뎡ᄒ	VV	1
달리	VV	1	도도	VV	1
담	VV	15	도라가	VV	12
담그	VV	1	도라보	VV	4
담당ᄒ	VV	1	도라오	VV	4
담ᄒ	VV	1	도망ᄒ	VV	3
닷	VV	1	도모(圖謀)ᄒ	VV	1
닷ㄱ	VV	1	도적맞	VV	1
닷치	VV	1	도적ᄒ	VV	1
당ᄒ	VV	2	독당ᄒ	VV	1
닿	VV	1	돈범히	VV	1
대ᄉ(大事)ᄒ	VV	1	돈	VV	4
댱슈ᄒ	VV	1	돕	VV	3

형태소	품사	출현빈도	형태소	품사	출현빈도
되	VV	63	들이	VV	4
되[뒷]	VV	1	들텨나	VV	1
되쌔여나	VV	1	듯	VV	16
됴공(朝貢)ᄒ	VV	1	디	VV	2
됴리(調理)ᄒ	VV	1	디내	VV	1
됴하ᄒ	VV	2	디위ᄒ	VV	1
두	VV	14	딕	VV	1
두[둧]	VV	1	딘동ᄒ	VV	1
두두리	VV	2	딘믹ᄒ	VV	1
두둘	VV	1	딥	VV	1
두려ᄒ	VV	4	딧	VV	1
두로혀	VV	1	마시	VV	1
두르	VV	1	마초	VV	1
두리	VV	1	마치	VV	1
두ᄃ리	VV	1	막	VV	7
둘리	VV	2	막키	VV	1
둣덮	VV	1	만나	VV	11
뒤	VV	1	만나보	VV	1
뒤거름치[지]	VV	1	만당ᄒ	VV	1
드러가	VV	5	맏	VV	1
드러긋	VV	1	말	VV	23
드러오	VV	4	말덧두어리	VV	1
드려놓	VV	1	말리	VV	1
드려오	VV	1	말슴ᄒ	VV	3
드리	VV	19	말ᄒ	VV	9
드딕	VV	2	맛나	VV	1
들	VV	10	맛ᄃ	VV	4
들	VV	47	맛보	VV	1
들리	VV	5	맛즈	VV	1
들어가	VV	4	맛초	VV	1
들어나	VV	1	맛치	VV	3
들어오	VV	1	맛ᄐ	VV	1

형태소	품사	출현빈도	형태소	품사	출현빈도
맛트	VV	1	못스	VV	1
맞	VV	15	못쓰	VV	3
맞지	VV	2	못ᄒ	VV	11
맞치	VV	1	뫼시	VV	1
머(믈)	VV	1	무던ᄒ	VV	1
머기	VV	1	무셔워ᄒ	VV	1
머몰	VV	2	무이	VV	1
머물	VV	1	문츠키	VV	1
머믈	VV	1	문허디	VV	1
머흘	VV	2	문허지	VV	2
먹	VV	135	문	VV	21
먹기	VV	7	물	VV	1
먹음	VV	1	물리	VV	1
먹이	VV	4	뭇치	VV	1
먹키	VV	3	뮈여ᄒ	VV	1
메	VV	8	믄허지	VV	1
면(免)ᄒ	VV	1	믈	VV	4
면ᄒ	VV	4	믈드리	VV	6
명심(銘心)ᄒ	VV	2	믈러가	VV	3
몌	VV	4	믈러내	VV	1
몌우	VV	1	믈리	VV	4
몌으	VV	1	믈리티	VV	1
몌이	VV	1	믓	VV	1
모로	VV	21	미결ᄒ	VV	1
모오	VV	7	민	VV	1
모해ᄒ	VV	1	밀	VV	4
모호	VV	5	밀치	VV	2
모히	VV	2	밋	VV	3
모ᄅ	VV	7	밋기	VV	1
목줄르	VV	1	및	VV	4
몰	VV	1	밑	VV	1
몰나보	VV	1	바라뵈	VV	1

형태소	품사	출현빈도	형태소	품사	출현빈도
바로(ᄒ)	VV	1	벗기	VV	7
바르	VV	2	벗드딕	VV	1
바치	VV	1	벗어나	VV	1
바히	VV	1	베플	VV	2
바르보	VV	1	벼슬ᄒ	VV	1
박	VV	7	벼슬ᄒ	VV	2
박히	VV	1	변통(變通)ᄒ	VV	1
반ᄒ	VV	1	변통ᄒ	VV	1
받	VV	13	변ᄒ	VV	1
발(發)ᄒ	VV	1	병들	VV	4
발명ᄒ	VV	1	볘	VV	1
발ᄒ	VV	1	보	VV	128
밧	VV	7	보(補)ᄒ	VV	1
밧고	VV	2	보내	VV	9
밧들	VV	1	보부족 (補不足)ᄒ	VV	1
밧지	VV	1	보신ᄒ	VV	1
밧치	VV	3	보채	VV	1
밧ㅌ	VV	1	보태	VV	1
방풍ᄒ	VV	1	보숩피	VV	1
밭[발]	VV	1	보ᄒ	VV	1
먕튜질ᄒ	VV	1	복	VV	1
버리	VV	1	복병ᄒ	VV	1
버서지	VV	2	본받	VV	3
버치	VV	1	봉ᄒ	VV	1
버히	VV	13	뵈	VV	32
번셩ᄒ	VV	1	부러(ᄒ)	VV	1
번화ᄒ	VV	1	부러지	VV	3
벌	VV	1	부러ᄒ	VV	1
범남ᄒ	VV	1	부리	VV	5
범마ᄒ	VV	1	부븨	VV	1
범졉ᄒ	VV	1	부어지	VV	1
벗	VV	3			

형태소	품사	출현빈도
부체질ᄒ	VV	1
부쵹ᄒ	VV	1
부치	VV	2
부치[지]	VV	1
부티	VV	1
부르	VV	1
분간(分揀)ᄒ	VV	1
분명ᄒ	VV	1
분변(分辨)ᄒ	VV	1
분변[병](分辨)ᄒ	VV	1
분셩뎍ᄒ	VV	1
분주(奔走)ᄒ	VV	1
붇	VV	1
불	VV	20
불리	VV	1
불치	VV	2
붓	VV	14
붓돈	VV	1
붓들	VV	4
붓치	VV	7
붓치[지]	VV	1
붓ᄐ	VV	1
붓ᄃ	VV	2
뷔	VV	4
브러지	VV	1
브르	VV	1
브뷔	VV	1
브르	VV	7
븐	VV	1
블	VV	9
블관ᄒ	VV	1

형태소	품사	출현빈도
블러오	VV	1
블리	VV	1
븟	VV	2
븟치	VV	3
븟티	VV	1
븨	VV	1
비(比)ᄒ	VV	1
비러먹	VV	1
비븨	VV	1
비최	VV	4
빌	VV	3
빌리	VV	1
빗	VV	4
빗기	VV	4
빗나	VV	2
빗내	VV	1
빗최	VV	2
빗쑤러지	VV	1
빙고ᄒ	VV	1
빛	VV	1
빨	VV	1
사	VV	14
사괴	VV	3
사기	VV	2
사김ᄒ	VV	1
사라나	VV	1
사로잡	VV	2
사리	VV	1
사오	VV	5
사획ᄒ	VV	1
삭	VV	1
산양ᄒ	VV	1

형태소	품사	출현빈도	형태소	품사	출현빈도
산힝ᄒ	VV	2	소기	VV	3
살	VV	8	소소	VV	1
삼	VV	4	소아ᄇ리	VV	1
삼가ᄒ	VV	1	소릭ᄒ	VV	2
삼기	VV	1	속	VV	1
상기	VV	1	솟	VV	1
새	VV	3	솟[섯]	VV	1
새오	VV	1	솟아나	VV	2
새ᄒ	VV	1	쇠	VV	2
샤례ᄒ	VV	1	쇼간ᄒ	VV	1
샤ᄒ	VV	2	쇼일(消日)ᄒ	VV	2
샹(傷)ᄒ	VV	1	속(屬)ᄒ	VV	1
샹고ᄒ	VV	2	수거디	VV	1
샹교ᄒ	VV	1	수기	VV	1
샹면ᄒ	VV	1	숨	VV	6
샹ᄒ	VV	17	숨기	VV	1
석	VV	6	쉬	VV	11
석이	VV	1	쉬우	VV	1
쉬	VV	1	슈뎡ᄒ	VV	1
설	VV	2	슈질(水疾)ᄒ	VV	1
셔	VV	8	슝샹(崇尙)ᄒ	VV	1
셔우	VV	1	슝샹ᄒ	VV	2
셔으	VV	1	슬	VV	3
션력(宣力)ᄒ	VV	1	슬허ᄒ	VV	1
셜치ᄒ	VV	1	슬회	VV	2
셜파ᄒ	VV	1	슬회여ᄒ	VV	1
셤기	VV	6	숡	VV	1
셩내	VV	3	슷	VV	1
셩영(成營)ᄒ	VV	1	승관ᄒ	VV	1
셩ᄉ(成事)ᄒ	VV	1	승복ᄒ	VV	1
셰	VV	5	시기	VV	3
셰오	VV	4	시작ᄒ	VV	7

형태소	품사	출현빈도	형태소	품사	출현빈도
始作ㅎ	VV	1	아몰	VV	2
시힝(施行)ㅎ	VV	1	아올	VV	1
시힝ㅎ	VV	4	아이	VV	1
신	VV	4	아탕ㅎ	VV	1
신텽ㅎ	VV	1	안	VV	1
싣	VV	10	안기[키]	VV	1
실신(失信)ㅎ	VV	1	안심ㅎ	VV	3
심	VV	2	안치	VV	2
심ㄱ	VV	8	앉	VV	32
싯	VV	9	알	VV	43
싯ㄱ	VV	1	알아보	VV	1
싸	VV	2	알외	VV	2
싸[짜]	VV	1	알리	VV	1
싸기	VV	1	앓프	VV	1
싸키	VV	1	앓	VV	1
싸호	VV	2	암을	VV	1
싸홈ㅎ	VV	1	암혹(暗惑)ㅎ	VV	1
싸흘	VV	3	앗	VV	6
싸히	VV	1	앗기	VV	3
쌓	VV	5	앗ㅈ	VV	1
쎄	VV	1	야비달ㅎ	VV	1
쏘	VV	5	양지딜ㅎ	VV	1
쏘이	VV	2	어긋[귯]나	VV	1
쑤	VV	2	어긋나	VV	1
쓰	VV	82	어긔	VV	1
쓰이	VV	2	어긔여지	VV	1
쓸	VV	2	어이ㅎ	VV	1
쑷	VV	1	어르문지	VV	1
씹	VV	3	어리	VV	1
아니(ㅎ)	VV	1	억늑ㅎ	VV	1
아니ㅎ	VV	2	억졔ㅎ	VV	1
아라[리]듯	VV	1	얻	VV	31

형태소	품사	출현빈도	형태소	품사	출현빈도
얼	VV	3	올라오	VV	1
얼고믹	VV	2	올리	VV	6
읽	VV	5	올마가	VV	1
읽어믹	VV	1	올히	VV	2
엄슉ᄒ	VV	1	옴기	VV	2
업	VV	1	완ᄒ	VV	1
업더지	VV	2	왕닉ᄒ	VV	1
업드러지	VV	1	외오	VV	1
업서지	VV	1	외즙ᄒ	VV	1
업시	VV	1	요동(搖動)ᄒ	VV	1
업시ᄒ	VV	2	요동ᄒ	VV	2
업신여기	VV	1	요기(撓改)ᄒ	VV	1
업텨디	VV	1	욕(辱)보	VV	1
업듸	VV	2	욕되	VV	1
엇지ᄒ	VV	1	욕보	VV	1
엇치ᄒ	VV	1	용납ᄒ	VV	1
에워ᄲᅳ	VV	2	용슈ᄒ	VV	1
에이	VV	1	용심ᄒ	VV	1
여어보	VV	2	용결롭	VV	1
역	VV	1	용ᄒ	VV	1
열	VV	7	우러〃러보	VV	1
열니	VV	1	우러르	VV	1
열리	VV	1	울	VV	10
열복ᄒ	VV	1	울리	VV	1
엿줍	VV	3	움주기	VV	1
옇	VV	1	움즈기	VV	1
오	VV	111	움즉(ᄒ)	VV	1
오르	VV	5	움츠리커	VV	1
오ᄅ	VV	11	움즈기	VV	1
오ᄅᄂ리	VV	1	움즈키	VV	1
올나가	VV	3	웃	VV	4
올라가	VV	1	원(願)ᄒ	VV	1

형태소	품사	출현빈도
위로ᄒ	VV	3
위열ᄒ	VV	1
위ᄒ	VV	2
유여ᄒ	VV	1
유의(有意)ᄒ	VV	1
읇ㅍ	VV	1
읍(揖)ᄒ	VV	1
읍ᄒ	VV	1
응(應)ᄒ	VV	1
응ᄒ	VV	2
의[위]합(意合)ᄒ	VV	1
의빙ᄒ	VV	1
의미ᄒ	VV	1
이	VV	1
이긔	VV	8
移所ᄒ	VV	1
이안(移安)ᄒ	VV	1
이즈라지	VV	1
인졍(人賑)ᄒ	VV	1
인ᄒ	VV	1
일	VV	2
일식ᄒ	VV	1
일으	VV	3
일쳬(一遰)ᄒ	VV	1
일쿨[ᄀᆞᆮ]	VV	1
잃	VV	5
잇	VV	4
잇글	VV	3
잇슬	VV	1
자	VV	23
자시	VV	3

형태소	품사	출현빈도
자히	VV	1
작난ᄒ	VV	1
잔풍ᄒ	VV	1
잔치ᄒ	VV	3
잔ᄒ	VV	1
잘못되	VV	1
잘못ᄒ	VV	3
잘ᄒ	VV	28
잡	VV	32
잡아오	VV	1
잡어먹	VV	1
잡어오	VV	1
잡피	VV	1
잡습	VV	1
장ᄒ	VV	1
쟈랑내	VV	1
쟈로	VV	1
쟝만(ᄒ)	VV	1
쟝만ᄒ	VV	5
쟝ᄉᆞᄒ	VV	1
저모	VV	2
저무	VV	2
저므	VV	1
저즐	VV	3
저허ᄒ	VV	2
전지	VV	1
절	VV	1
절ᄒ	VV	1
점그	VV	1
젓	VV	2
졋	VV	2
져리	VV	1

형태소	품사	출현빈도	형태소	품사	출현빈도
져믈	VV	1	죽	VV	17
져주	VV	2	죽[줏]	VV	1
젹	VV	1	죽기	VV	2
젼(傳)ᄒ	VV	1	죽기[키]	VV	1
젼송ᄒ	VV	1	죽이	VV	2
젼ᄒ	VV	2	줍	VV	2
졀역ᄒ	VV	1	줏	VV	1
졈을	VV	2	쥐	VV	5
졉	VV	1	쥐이	VV	1
졉[쳡]	VV	1	쥬션(周旋)ᄒ	VV	1
젓바지	VV	1	쥬션ᄒ	VV	2
젓쌔지	VV	1	쥬쟝ᄒ	VV	1
졍(定)ᄒ	VV	2	쥬겨ᄒ	VV	1
졍졔ᄒ	VV	1	쥰ᄒ	VV	1
졍ᄒ	VV	6	즈즈	VV	1
졎	VV	1	즉쑤리키	VV	1
졔(祭)ᄒ	VV	2	즌므로	VV	1
졔어ᄒ	VV	1	즐겨ᄒ	VV	1
졔스ᄒ	VV	2	즐기	VV	1
졔ᄒ	VV	1	줏블	VV	1
조심(操心)ᄒ	VV	2	즛	VV	2
조심ᄒ	VV	8	지	VV	13
조지	VV	2	지[치]	VV	1
조츌ᄒ	VV	1	지나	VV	3
좃	VV	1	지나가	VV	1
좃차가	VV	2	지내	VV	8
좇	VV	1	지르	VV	3
좌긔(坐起)ᄒ	VV	1	지우	VV	1
죵용ᄒ	VV	1	지이	VV	2
주	VV	27	지져괴	VV	3
주기	VV	2	지지	VV	4
주무시	VV	1	지혀	VV	2

형태소	품사	출현빈도	형태소	품사	출현빈도
지팅ᄒ	VV	1	층계ᄒ	VV	1
직	VV	1	치	VV	42
직희	VV	5	치하ᄒ	VV	1
진동ᄒ	VV	2	치ᄅ	VV	1
질긔	VV	1	칠리	VV	1
질리	VV	1	칠ᄒ	VV	1
짊[춹]	VV	1	침노ᄒ	VV	2
짐쟉ᄒ	VV	2	켜	VV	6
집	VV	1	켜내	VV	1
짓	VV	25	켜이	VV	1
징긔	VV	1	코을	VV	1
차	VV	2	타	VV	4
참예ᄒ	VV	4	탄식(歎息)ᄒ	VV	1
찻	VV	1	탄식ᄒ	VV	1
챠	VV	1	탐ᄒ	VV	2
쳐치(處置)ᄒ	VV	1	터디	VV	1
쳐치ᄒ	VV	3	터지	VV	2
쳔거(薦擧)ᄒ	VV	1	텨박이	VV	1
쳔동ᄒ	VV	1	텨파ᄒ	VV	1
청(請)ᄒ	VV	1	토ᄒ	VV	1
청ᄒ	VV	6	톱질ᄒ	VV	1
쳬ᄒ	VV	1	통(通)ᄒ	VV	1
쵸쟝(怊悵)ᄒ	VV	1	통ᄒ	VV	1
쵸ᄒ	VV	1	투호ᄒ	VV	2
추	VV	2	트	VV	2
추이	VV	1	틔	VV	1
츄쇄ᄒ	VV	1	티	VV	10
츅슈ᄒ	VV	1	파션(破船)ᄒ	VV	1
츅죠ᄒ	VV	1	파ㅣᄒ	VV	1
츌입(出入)ᄒ	VV	1	파ᄒ	VV	4
츠	VV	2	패ᄒ	VV	3
츠지	VV	1	퍼지	VV	1

형태소	품사	출현빈도	형태소	품사	출현빈도
퍼	VV	3	해ᄒ	VV	2
평안ᄒ	VV	1	향ᄒ	VV	1
폐	VV	2	허(許)ᄒ	VV	1
폐열ᄒ	VV	1	허락(許諾)ᄒ	VV	2
폐ᄒ	VV	1	허락ᄒ	VV	1
표(表)ᄒ	VV	1	허물지	VV	1
표락ᄒ	VV	1	허의	VV	1
표풍ᄒ	VV	1	헐	VV	4
표ᄒ	VV	1	혜	VV	1
풀리	VV	1	혀	VV	1
품	VV	1	혜	VV	5
품ᄒ	VV	1	혜기	VV	1
풍뉴ᄒ	VV	1	호	VV	3
프리	VV	1	호령(號令)ᄒ	VV	1
플	VV	12	호령ᄒ	VV	2
플이	VV	1	호소ᄒ	VV	1
픠	VV	21	혹ᄒ	VV	1
피	VV	2	홀리	VV	1
피박ᄒ	VV	1	화동(和同)ᄒ	VV	1
피셔(避暑)ᄒ	VV	1	화동ᄒ	VV	1
피셔ᄒ	VV	1	회니(回裡)ᄒ	VV	1
피ᄒ	VV	2	회답ᄒ	VV	1
하	VV	1	橫行天下 (횡힝쳔하)ᄒ	VV	1
하직(下直)ᄒ	VV	1	효쥬ᄒ	VV	1
하프욤ᄒ	VV	1	효즉(效則)ᄒ	VV	1
할	VV	1	휘젓	VV	1
할치	VV	1	흐리우	VV	1
핥	VV	1	흐ᄅ	VV	2
합(合)ᄒ	VV	2	흔덕이	VV	1
합당(合當)ᄒ	VV	1	흔들	VV	1
합ᄒ	VV	3	흘러가	VV	2
해(害)[하ㅣ]ᄒ	VV	1			

형태소	품사	출현빈도
흘리	VV	2
흠[홈]향ᄒ	VV	1
흣터지	VV	2
흥졍ᄒ	VV	3
희	VV	1
희짓	VV	1
희듯	VV	1
힐난ᄒ	VV	1
힘쓰	VV	6
ᄀ라ᄐ	VV	1
ᄀ리오	VV	2
ᄀ리우	VV	3
ᄀ리워	VV	1
ᄀ이	VV	1
ᄀ르치	VV	1
ᄀ릇치	VV	4
ᄀ음알	VV	1
골	VV	13
골기	VV	1
골래	VV	1
골리	VV	2
골이	VV	1
골리	VV	1
골ᄒ	VV	2
골히	VV	4
굶	VV	1
굼	VV	2
굼초	VV	3
굿초	VV	2
기과(改過)ᄒ	VV	3
ᄂ라가	VV	2
ᄂ라ᄃ니	VV	1

형태소	품사	출현빈도
ᄂ려디	VV	1
ᄂ려오	VV	3
ᄂ려지	VV	4
ᄂ리	VV	7
ᄂ리티	VV	2
ᄂ히	VV	1
ᄂ호	VV	1
늘	VV	7
늘나	VV	1
늘내	VV	1
늘듸	VV	1
늘리	VV	4
넓브	VV	1
늠이	VV	1
ᄃ니	VV	1
ᄃ라나	VV	4
ᄃ려가	VV	1
ᄃ려오	VV	2
ᄃ토	VV	1
ᄃ르	VV	1
ᄃ룸듯	VV	1
ᄃ리	VV	2
ᄃᄒ	VV	1
ᄃ긔	VV	1
ᄃ녀가	VV	2
ᄃ녀오	VV	8
ᄃ니	VV	20
ᄃᆯ	VV	9
ᄃᆯ래	VV	1
ᄃᆯ리	VV	6
ᄃᆯ이	VV	1
ᄃᆷ	VV	3

형태소	품사	출현빈도
ᄃᆞᆷ그	VV	2
ᄃᆞᆺ	VV	2
ᄃᆞᆺ토	VV	1
ᄃᆞᆼ긔	VV	1
ᄃᆡ답ᄒᆞ	VV	1
ᄃᆡ뎍ᄒᆞ	VV	1
ᄃᆡ졉ᄒᆞ	VV	11
ᄃᆡᄒᆞ	VV	1
ᄆᆞ르	VV	3
ᄆᆞᄅᆞ	VV	1
ᄆᆞᆫ들	VV	1
ᄆᆞᆫᄃᆞᆯ	VV	7
ᄆᆞᆯ	VV	1
ᄆᆞᆯ으	VV	2
ᄆᆞᆯᄅᆡ	VV	7
ᄆᆞᆰ히	VV	1
ᄆᆞᆽᄎᆞ	VV	1
ᄆᆞᆽ치	VV	1
ᄆᆞᆽᄃᆞᆰᄒᆞ	VV	1
ᄆᆡ	VV	28
ᄆᆡ기	VV	1
ᄆᆡ들	VV	1
ᄆᆡ이	VV	2
ᄆᆡ장ᄒᆞ	VV	1
ᄆᆡ치	VV	1
ᄆᆡᄃᆞᆯ	VV	1
ᄆᆡᆫ[ᄆᆡ]들	VV	1
ᄆᆡᆫ[ᄆᆡ]ᄃᆞᆯ	VV	1
ᄆᆡᆫ들	VV	3
ᄆᆡᆫᄃᆞ	VV	1
ᄆᆡᆫᄃᆞᆯ	VV	7
ᄆᆡᆼ글	VV	2
ᄆᆡᆽ	VV	1
ᄇᆞ라보	VV	3
ᄇᆞ라뵈	VV	2
ᄇᆞ르	VV	1
ᄇᆞ리	VV	9
ᄇᆞ사디	VV	1
ᄇᆞ싀	VV	1
ᄇᆞᄅᆞ	VV	5
ᄇᆞᄋᆡ	VV	1
ᄇᆞᆰ	VV	2
ᄇᆞᆰ히	VV	1
ᄇᆡ	VV	1
ᄇᆡ셜ᄒᆞ	VV	1
ᄇᆡ이	VV	1
ᄇᆡ졉ᄒᆞ	VV	1
ᄇᆡ호	VV	5
ᄇᆡ회ᄒᆞ	VV	1
ᄠᅥᆯ	VV	1
ᄠᅥᆯ치	VV	1
ᄠᅧ[ᄩᅧ]	VV	1
ᄠᅵ	VV	2
ᄡᅡ흘	VV	1
ᄡᅳ	VV	2
ᄡᅳ러디	VV	1
ᄡᆞ	VV	7
ᄧᅡ	VV	2
ᄧᅬ	VV	1
ᄧᅳᆺ	VV	1
ᄧᆞ	VV	3
ᄧᆡ	VV	1
ᄧᆡ여지	VV	1
ᄉᆞ랑ᄒᆞ	VV	5

형태소	품사	출현빈도		형태소	품사	출현빈도
亽양(辭讓)ㅎ	VV	2		쒜	VV	2
슬	VV	4		쒜지	VV	1
슬지	VV	2		쒜치티	VV	1
슬픠	VV	1		스	VV	2
슬피	VV	4		슫허지	VV	5
숨	VV	7		슬이	VV	1
숩	VV	1		슬히	VV	3
숩피	VV	2		슳	VV	3
싀	VV	3		씨	VV	12
싱각ㅎ	VV	5		씨이	VV	2
싸	VV	3		싈	VV	5
싸볼	VV	2		싄	VV	6
싸여지	VV	1		싄오	VV	1
싸이지	VV	1		싄든	VV	1
쌁	VV	1		써나	VV	2
쌀	VV	1		써들	VV	1
샷ㄱ	VV	2		써러디	VV	2
쌔	VV	2		써러지	VV	6
쌔여지	VV	2		써지	VV	1
쌔티	VV	1		썰리	VV	1
쌔드리	VV	1		쩨	VV	1
쩌디	VV	1		쑤러지	VV	1
쩌리	VV	1		쑬	VV	2
쩌지	VV	1		쑬어디	VV	1
쩌치	VV	1		쑭[씖]	VV	1
쏘	VV	4		쑵	VV	3
쏫	VV	9		쒸	VV	1
쑤	VV	1		쓰	VV	13
쑤러앉	VV	1		씖	VV	1
쑤미	VV	3		씀질ㅎ	VV	1
쑤짖	VV	1		쑷덥	VV	1
쒀이	VV	1		쑷듯	VV	1

형태소	품사	출현빈도	형태소	품사	출현빈도
씌	VV	13	쌜래ᄒ	VV	1
씌오	VV	1	쌜이	VV	1
씨	VV	3	쌜릭ᄒ	VV	1
씨이	VV	1	쌋	VV	2
씷	VV	2	쌋[쯧]	VV	4
쓴	VV	3	쌰	VV	3
쓴라가	VV	1	쌌	VV	2
쓴려디	VV	1	쐬	VV	1
쓴려지	VV	2	씽긔	VV	1
쓴려치	VV	1	씷	VV	2
쓴로	VV	1	쯧	VV	5
쓴로오	VV	1	즈라	VV	7
쓴리	VV	2	즈랑ᄒ	VV	1
쓴른	VV	4	즈르	VV	1
쓸아가	VV	1	즈겨ᄒ	VV	1
쓸와가	VV	1	즈른	VV	1
씌놀	VV	1	즈싱ᄒ	VV	1
쌔	VV	1	즈지ᄒ	VV	1
쌔디	VV	1	좀기	VV	2
쌔지	VV	5	즛	VV	1
쌔혀나	VV	2	지계(齊戒)ᄒ	VV	1
쌔히	VV	7	지조(才操)ᄒ	VV	1
쌔앗	VV	1	지조ᄒ	VV	1
쌔치	VV	1	징징ᄒ	VV	2
쌉[쏌]	VV	1	취쳐(娶妻)ᄒ	VV	1
쌕리	VV	3	취ᄒ	VV	4
쌈	VV	1	츠	VV	8
쌘리	VV	1	츠리	VV	1
쌘른내	VV	1	츠자가	VV	1
쌜	VV	2	출히	VV	3
쌜내ᄒ	VV	1	춤	VV	6
쌜라내	VV	1	춤[좀]	VV	1

형태소	품사	출현빈도
츳	VV	9
치약ᄒ	VV	1
치오	VV	1
치이	VV	1
키	VV	2
트	VV	25
틱	VV	1
틱오	VV	1
틱이	VV	1
틱일ᄒ	VV	1
폴	VV	6
픠	VV	2

형태소	품사	출현빈도
픠이	VV	1
ᄒ	VV	426
ᄒ리	VV	5
ᄒ이	VV	1
흔탄ᄒ	VV	1
희로ᄒ	VV	1
희여지	VV	1
희치ᄒ	VV	1
힝(行)ᄒ	VV	2
힝신(行心)ᄒ	VV	1
ᄲᅳᆽ	VV	1

⟨2⟩ 형용사

형태소	품사	출현빈도
가렵	VA	1
가마ᄒ	VA	1
가븨	VA	4
가븨엽	VA	1
가여멸	VA	2
간사(姦詐)ᄒ	VA	1
간악(姦惡)ᄒ	VA	1
갈ᄒ	VA	1
갓겹	VA	1
강〃ᄒ	VA	1
강개ᄒ	VA	1
갸륵ᄒ	VA	3
거로	VA	1
거록ᄒ	VA	1
거륵ᄒ	VA	3

형태소	품사	출현빈도
거만(倨慢)ᄒ	VA	1
거복ᄒ	VA	4
거습ᄒ	VA	1
거츨	VA	1
건장ᄒ	VA	1
걸	VA	3
검	VA	4
검박ᄒ	VA	2
게어르	VA	1
게오르	VA	1
게올이	VA	1
격ᄒ	VA	1
겸손ᄒ	VA	1
고로	VA	1
고맙	VA	1

형태소	품사	출현빈도	형태소	품사	출현빈도
고소	VA	1	귀[긔]ᄒ	VA	1
고약[악]ᄒ	VA	1	귀ᄒ	VA	6
고으	VA	1	그러ᄒ	VA	4
고프	VA	1	그르	VA	3
고ᄅ	VA	1	그립	VA	2
곤비ᄒ	VA	1	극진(極盡)ᄒ	VA	1
곤ᄒ	VA	2	근지[치]럽	VA	1
곧	VA	1	굵	VA	1
골골ᄒ	VA	1	금죽ᄒ	VA	1
곱	VA	21	금즉ᄒ	VA	3
공교롭	VA	1	급급ᄒ	VA	1
공졍ᄒ	VA	1	급ᄒ	VA	1
공편(公平)ᄒ	VA	1	긔덜(奇絶)ᄒ	VA	1
과ᄒ	VA	1	긔역(氣逆)ᄒ	VA	1
쾌심ᄒ	VA	1	긔졀(奇絶)ᄒ	VA	1
괴롭	VA	5	긔졀ᄒ	VA	1
괴오(ᄒ)	VA	1	긔특(奇特)ᄒ	VA	3
괴요ᄒ	VA	1	긔특ᄒ	VA	13
괴이ᄒ	VA	9	기리ᄒ	VA	1
교교ᄒ	VA	1	기룸지	VA	1
교만(驕慢)ᄒ	VA	1	긴ᄒ	VA	1
구브러	VA	1	길	VA	13
구수ᄒ	VA	1	길죽ᄒ	VA	1
구지없	VA	1	길ᄒ	VA	1
구챠ᄒ	VA	2	깁ᄑ	VA	3
굳세	VA	1	깁프	VA	1
굵	VA	3	깃브	VA	7
굵[긁]	VA	1	깊	VA	4
굽	VA	3	낙낙ᄒ	VA	1
굿세	VA	1	낫	VA	4
궁[군]굴ᄒ	VA	1	너ᄅ	VA	5
궂	VA	1	넉〃ᄒ	VA	1

형태소	품사	출현빈도	형태소	품사	출현빈도
널	VA	2	단명ᄒ	VA	1
넙	VA	1	달	VA	1
녁	VA	1	담담ᄒ	VA	1
녈녈ᄒ	VA	1	담ᄒ	VA	1
녑녀스롭	VA	1	답〃ᄒ	VA	3
녑녑ᄒ	VA	1	답답ᄒ	VA	4
녕농ᄒ	VA	1	더럽	VA	6
녕니ᄒ	VA	1	더듸	VA	3
녕ᄒ	VA	1	덜ᄒ	VA	3
노릇ᄒ	VA	1	덥	VA	15
놉프	VA	4	덕	VA	6
높	VA	10	덕간ᄒ	VA	1
놓	VA	1	덩덩ᄒ	VA	1
뇌뇌낙낙ᄒ	VA	1	덩졔ᄒ	VA	1
뇨량ᄒ	VA	1	뎡직(貞直)ᄒ	VA	1
뇨죠ᄒ	VA	1	도도ᄒ	VA	1
누로	VA	2	독ᄒ	VA	2
누르	VA	3	동동ᄒ	VA	1
누추ᄒ	VA	1	동용ᄒ	VA	1
눈ᄒ	VA	1	둏	VA	110
느를	VA	1	두럽	VA	1
느리	VA	1	두텁	VA	1
늙	VA	3	둑겁	VA	2
늠늠ᄒ	VA	1	둔(鈍)ᄒ	VA	1
능심(惱心)ᄒ	VA	1	둔ᄒ	VA	1
늦	VA	1	둣겁	VA	3
닌ᄒ	VA	1	둥글	VA	1
다ᄅ	VA	13	둥시러ᄒ	VA	1
다힝(多幸)ᄒ	VA	4	듕(重)ᄒ	VA	3
다힝ᄒ	VA	2	듕듕텹텹ᄒ	VA	1
단단ᄒ	VA	1	듕ᄒ	VA	10
단뎡ᄒ	VA	1	드믈	VA	2

형태소	품사	출현빈도	형태소	품사	출현빈도
든〃ᄒ	VA	3	므덥	VA	1
든든ᄒ	VA	4	므르	VA	5
디디ᄒ	VA	1	믜근믜근ᄒ	VA	1
디리ᄒ	VA	1	밍〃ᄒ	VA	1
마지못ᄒ	VA	2	미련ᄒ	VA	1
마ᄅ	VA	1	미안ᄒ	VA	1
만만ᄒ	VA	2	미혹(迷惑)ᄒ	VA	1
만ᄒ	VA	1	민망ᄒ	VA	23
많	VA	30	민첩(敏捷)ᄒ	VA	1
많[망]	VA	1	밋그럽	VA	1
맛나	VA	5	바로	VA	6
맛당ᄒ	VA	3	바르	VA	1
망극(莫極)ᄒ	VA	1	반갑	VA	2
망극ᄒ	VA	1	반반ᄒ	VA	3
망망ᄒ	VA	1	반지[치]셜	VA	1
먹금즉ᄒ	VA	1	반짓블	VA	1
멀	VA	10	반득반득ᄒ	VA	1
명명ᄒ	VA	1	발볏트	VA	1
모나	VA	1	밧브	VA	1
모딜	VA	1	밧듯(ᄒ)	VA	1
모질	VA	1	방즈ᄒ	VA	1
몽글	VA	1	번거ᄒ	VA	1
묘ᄒ	VA	1	번극ᄒ	VA	1
무겁	VA	6	번득〃〃ᄒ	VA	1
무단ᄒ	VA	3	벌거ᄒ	VA	1
무던[단]ᄒ	VA	1	보왐죽ᄒ	VA	1
무던ᄒ	VA	3	보왐즉[죽]ᄒ	VA	1
무미ᄒ	VA	1	보드랍	VA	2
무상ᄒ	VA	1	보드럽	VA	1
무상ᄒ	VA	1	부드럽	VA	1
무셥	VA	14	부질(不秩)ᄒ	VA	1
무ᄅ	VA	1	부ᄅ	VA	2

형태소	품사	출현빈도	형태소	품사	출현빈도
분명ᄒ	VA	2	설픠	VA	1
분분ᄒ	VA	1	섭〃ᄒ	VA	3
분주ᄒ	VA	3	섭섭ᄒ	VA	3
붉	VA	1	성긔	VA	1
붓그럽	VA	1	세	VA	5
브로	VA	1	세츠	VA	1
브록ᄒ	VA	1	셔셔ᄒ	VA	1
브즈런ᄒ	VA	1	셜	VA	1
브ᄅ	VA	1	셥	VA	3
블그	VA	1	셥셥ᄒ	VA	1
블긋블긋ᄒ	VA	1	셩(盛)ᄒ	VA	1
블니	VA	1	셩ᄒ	VA	7
블샹ᄒ	VA	11	소담ᄒ	VA	1
붉	VA	8	소략(疏略)ᄒ	VA	1
븕읏븕읏ᄒ	VA	1	소아ᄒ	VA	1
붓그럽	VA	1	쇠잔(衰殘)ᄒ	VA	1
븨	VA	3	수턱ᄒ	VA	1
븨븨ᄒ	VA	1	순냥(純量)ᄒ	VA	1
비둔ᄒ	VA	1	쉬	VA	1
비리	VA	1	쉬훤ᄒ	VA	3
비밀하	VA	1	쉽	VA	17
빗ᄉ	VA	3	슈고(受苦)롭	VA	1
사오납	VA	11	슈샹ᄒ	VA	2
살갑	VA	1	슌ᄒ	VA	2
삼즉ᄒ	VA	1	스리	VA	1
상쾌ᄒ	VA	1	슬겁	VA	1
샤치(奢侈)ᄒ	VA	1	슬긔	VA	1
서리	VA	1	슬슬ᄒ	VA	1
서이	VA	1	슬프	VA	6
서늘ᄒ	VA	5	슬히	VA	1
설	VA	1	슗	VA	8
설픠	VA	1	승겁	VA	2

형태소	품사	출현빈도	형태소	품사	출현빈도
싀	VA	2	야쇽ᄒ	VA	2
싀금싀금ᄒ	VA	1	약〃ᄒ	VA	1
싀훤(ᄒ)	VA	1	약ᄒ	VA	1
싀훤ᄒ	VA	11	양양ᄒ	VA	1
시당ᄒ	VA	1	어듭	VA	6
시훤ᄒ	VA	1	어듭(어듭)	VA	1
신션답	VA	1	어듭	VA	1
싣	VA	1	어떠ᄒ	VA	1
실(實)ᄒ	VA	1	어렵	VA	45
실없	VA	1	어리	VA	5
실ᄒ	VA	5	어엿부	VA	1
심〃ᄒ	VA	3	어엿브	VA	3
심심ᄒ	VA	1	어즈럽	VA	1
심ᄒ	VA	1	어즐[줄]ᄒ	VA	1
쑤시	VA	1	어즐ᄒ	VA	1
쓰	VA	3	어질	VA	6
아득아득ᄒ	VA	1	얽머ᄒ	VA	1
아득ᄒ	VA	2	엄ᄒ	VA	1
아롱아롱ᄒ	VA	1	없	VA	132
아막아막ᄒ	VA	1	엇더ᄒ	VA	7
아아ᄒ	VA	1	에굽	VA	1
아프	VA	4	여외	VA	2
아름답	VA	3	연연ᄒ	VA	1
안이곱	VA	1	연ᄒ	VA	1
알근알근ᄒ	VA	1	열없	VA	2
알프	VA	2	엷	VA	3
얇프	VA	6	엿ᄒ	VA	1
암암ᄒ	VA	1	영영ᄒ	VA	1
앗프	VA	1	영지	VA	1
애애ᄒ	VA	1	옅	VA	1
애드롭	VA	1	예예ᄒ	VA	1
야롯	VA	1	오래	VA	6

형태소	품사	출현빈도	형태소	품사	출현빈도
오활ᄒ	VA	1	의[위]심젓	VA	1
오즉ᄒ	VA	1	의의ᄒ	VA	1
온견ᄒ	VA	1	의졋ᄒ	VA	1
온화ᄒ	VA	1	이르	VA	1
옳	VA	21	이시	VA	49
외롭	VA	1	잇	VA	118
외외ᄒ	VA	1	작작ᄒ	VA	1
요〃ᄒ	VA	1	잔〃ᄒ	VA	1
요란ᄒ	VA	3	잔인ᄒ	VA	1
요결롭	VA	1	잘싱기	VA	1
용	VA	1	잡되	VA	1
용녈ᄒ	VA	1	장ᄒ	VA	2
용용ᄒ	VA	1	재	VA	2
용ᄒ	VA	1	쟈ᄅ	VA	4
우람ᄒ	VA	1	쟝슈ᄒ	VA	1
우습	VA	3	저리	VA	2
욱욱ᄒ	VA	1	저히	VA	1
울울ᄒ	VA	1	젹	VA	16
움쑥ᄒ	VA	1	격막ᄒ	VA	1
웃둑ᄒ	VA	1	결박ᄒ	VA	6
웅장(雄壯)ᄒ	VA	1	겸으	VA	1
원[웡]통(寃痛)ᄒ	VA	1	정구	VA	1
원망저	VA	1	정답	VA	1
원원ᄒ	VA	1	조츨ᄒ	VA	3
위틱ᄒ	VA	4	졸막졸막ᄒ	VA	1
유동(猶同)하	VA	1	좁	VA	4
유유ᄒ	VA	1	종요롭	VA	2
유톄ᄒ	VA	1	죻	VA	1
유한(幽閑)ᄒ	VA	1	좋	VA	44
유화(柔和)ᄒ	VA	1	즈	VA	2
음음ᄒ	VA	1	즘싱답	VA	1
			지당ᄒ	VA	1

형태소	품사	출현빈도	형태소	품사	출현빈도
지리ᄒ	VA	1	팀팀ᄒ	VA	1
진ᄒ	VA	2	패악ᄒ	VA	1
질긔	VA	12	팍ᄒ	VA	2
질약ᄒ	VA	1	편안ᄒ	VA	3
짓적짓적ᄒ	VA	1	편편ᄒ	VA	1
착착ᄒ	VA	1	편ᄒ	VA	1
착ᄒ	VA	6	폐롭	VA	1
참혹ᄒ	VA	1	포작하	VA	1
쳐량ᄒ	VA	2	표표ᄒ	VA	1
쳐연(凄然)ᄒ	VA	2	프르	VA	1
쳐쳐ᄒ	VA	1	프릇프릇ᄒ	VA	1
쳔급ᄒ	VA	1	프ᄅ	VA	2
쳔연ᄒ	VA	2	피곤ᄒ	VA	1
쳔ᄒ	VA	1	하여지	VA	1
쳥념ᄒ	VA	1	한가(閑暇)ᄒ	VA	1
쳥명ᄒ	VA	1	한가ᄒ	VA	3
쳥열(清熱)ᄒ	VA	1	해롭	VA	4
쳥쳥ᄒ	VA	1	향긔롭	VA	3
총총ᄒ	VA	1	허(虛)ᄒ	VA	3
쵸춰(憔悴)ᄒ	VA	1	허무ᄒ	VA	1
춍〃[죵〃]ᄒ	VA	1	허탄ᄒ	VA	1
추ᄒ	VA	1	허슐ᄒ	VA	1
축〃ᄒ	VA	1	험ᄒ	VA	2
츄이ᄒ	VA	1	헷되	VA	1
친ᄒ	VA	1	혁혁ᄒ	VA	1
침침ᄒ	VA	1	현달ᄒ	VA	1
칩	VA	8	혈조ᄒ	VA	1
크	VA	31	혐의롭	VA	1
탁탁ᄒ	VA	1	혜일(慧逸)ᄒ	VA	1
탄탄ᄒ	VA	1	호호ᄒ	VA	1
탕탕ᄒ	VA	1	황공ᄒ	VA	3
팀〃ᄒ	VA	1	홀홀ᄒ	VA	1

형태소	품사	출현빈도	형태소	품사	출현빈도
흥용ᄒ	VA	1	들	VA	6
흥흥ᄒ	VA	1	딕졉(待接)ᄒ	VA	1
흥ᄒ	VA	2	ᄆ렵	VA	1
흐[후]리	VA	1	ᄆ르	VA	1
흐리	VA	3	ᄆ틱	VA	1
흔ᄒ	VA	2	믈긋믈긋ᄒ	VA	1
희	VA	6	믉	VA	7
희드리	VA	1	미오	VA	1
희미ᄒ	VA	1	밉	VA	2
희한ᄒ	VA	1	ᄇ르	VA	2
ᄀ난ᄒ	VA	2	붉	VA	5
ᄀ렵	VA	5	비례(背禮)ᄒ	VA	1
ᄀ이업	VA	1	븐븐ᄒ	VA	1
ᄀ이없	VA	3	쁘	VA	2
ᄀᄂ롭	VA	1	ᄉ랑스롭	VA	1
ᄀ늘	VA	6	ᄉ랑오	VA	1
ᄀ급ᄒ	VA	2	숨셰	VA	1
ᄀ믈	VA	2	습ᄒ	VA	1
굿	VA	30	썰썰ᄒ	VA	1
굿부	VA	2	쇄[쇄]심ᄒ	VA	1
굿브	VA	6	쏫쏫ᄒ	VA	1
굿급ᄒ	VA	1	썩〃ᄒ	VA	1
굿틱	VA	16	샷쫙ᄒ	VA	1
기자ᄒ	VA	2	쇄쫙ᄒ	VA	2
늙	VA	1	이미ᄒ	VA	1
늅프	VA	1	즉ᄒ	VA	4
늣	VA	3	즐	VA	3
닝닝ᄒ	VA	1	좀좀ᄒ	VA	2
ᄃ르	VA	1	즁그럽	VA	1
ᄃ스ᄒ	VA	2	직긱직긱ᄒ	VA	1
ᄃ〃ᄒ	VA	2	츳	VA	6
ᄃᄃᄒ	VA	6	춤실ᄒ	VA	1

형태소	품사	출현빈도
칙박(窄迫)ᄒ	VA	1
ᄒ염즉ᄒ	VA	2

형태소	품사	출현빈도
ᄡᅥᆸ	VA	1

〈3〉 보조용언

형태소	품사	출현빈도
가	VX	1
가지	VX	4
겨시	VX	1
계시	VX	12
놓	VX	3
달	VX	1
닷ᄒ	VX	1
두	VX	47
듯	VX	1
드리	VX	2
듯(ᄒ)	VX	1
듯ᄒ	VX	6
말	VX	56
못[믓]ᄒ	VX	1

형태소	품사	출현빈도
못ᄒ	VX	70
번ᄒ	VX	3
보	VX	61
뵈	VX	3
시브	VX	60
아니	VX	7
아니ᄒ	VX	131
이시	VX	2
잇	VX	2
주	VX	37
체ᄒ	VX	3
듯ᄒ	VX	12
ᄇ리	VX	6
ᄒ	VX	124

〈4〉 지정사

형태소	품사	출현빈도
이	VCP	381
ㅣ	VCP	16
아니	VCN	11

2.2.3 수식언

대분류	소분류	세부분류	품사 기호	출현빈도
수식언	관형사		MM	231
	부사	일반부사	MAG	1,102
		접속부사	MAJ	2

<1> 관형사

형태소	품사	출현빈도	형태소	품사	출현빈도
그	MM	16	어니	MM	1
그런	MM	7	어인	MM	6
넷	MM	1	어늬	MM	1
다른	MM	8	엇던	MM	2
뎌	MM	1	여러	MM	11
두	MM	6	열	MM	1
둘	MM	1	열두	MM	2
만	MM	1	온간	MM	1
멋	MM	11	온갓	MM	2
몇	MM	1	온갖	MM	2
모든	MM	2	옷갓	MM	1
무슴	MM	5	왼	MM	1
무슴	MM	12	왼갓	MM	1
므슴	MM	2	이	MM	22
밋그리	MM	1	이런	MM	2
새	MM	5	이번	MM	1
서너	MM	2	일	MM	1
스무	MM	1	일만	MM	1
십	MM	2	제	MM	2
아모	MM	29	져	MM	15
아홉	MM	1	첫	MM	1
어늬	MM	1	쳔	MM	1

형태소	품사	출현빈도
팔쳔	MM	1
헌	MM	1

형태소	품사	출현빈도
흔	MM	34
흔두	MM	1

〈2〉 일반부사

형태소	품사	출현빈도
가마니	MAG	1
가븨가븨	MAG	1
가장	MAG	1
각	MAG	1
각각	MAG	3
간대로	MAG	2
감(敢)이	MAG	1
감히	MAG	1
갓가이	MAG	1
갓가히	MAG	1
거록이	MAG	2
거의	MAG	2
것구로	MAG	1
겨릭	MAG	1
겹겹이	MAG	1
경히	MAG	3
계오	MAG	2
계요	MAG	1
고단히	MAG	1
고밀저이	MAG	1
곰당	MAG	2
공교로이	MAG	1
공슌이	MAG	1
공슌히	MAG	1
공편(公平)이	MAG	1

형태소	품사	출현빈도
과연	MAG	11
과연(果然)	MAG	6
괴이히	MAG	3
구구히	MAG	1
구지	MAG	3
굿트여	MAG	1
굿히여	MAG	1
귀히	MAG	2
그대도록	MAG	1
그대로	MAG	2
그대지	MAG	1
그리	MAG	10
그만	MAG	8
그만의	MAG	1
그저	MAG	2
극[국]진(極盡)히	MAG	1
극히	MAG	1
급피	MAG	2
급히	MAG	3
깁히깁히	MAG	1
깊피	MAG	1
깊히	MAG	1
날마다	MAG	1
낫낫치	MAG	1

형태소	품사	출현빈도	형태소	품사	출현빈도
너모	MAG	14	도로혀	MAG	4
녕녕이	MAG	1	도로드라	MAG	1
녕녕히	MAG	1	됴히	MAG	2
노피	MAG	2	동일도록	MAG	1
놉피	MAG	1	두렷시	MAG	1
놉히	MAG	1	두로	MAG	2
뇨뇨히	MAG	1	둑거이	MAG	2
능히	MAG	1	드믄이	MAG	1
다	MAG	42	드믈게	MAG	2
다만	MAG	1	디금	MAG	1
다시	MAG	15	마츰내	MAG	1
단정이	MAG	1	막	MAG	5
단정히	MAG	1	만일	MAG	1
담담이	MAG	1	만일(萬一)이	MAG	1
당돌히	MAG	1	만히	MAG	41
대개	MAG	1	많이	MAG	1
대스로이	MAG	1	맛치	MAG	4
댱슈(長壽)이	MAG	1	망녕저이	MAG	1
더	MAG	7	먼	MAG	2
더러	MAG	2	먼니	MAG	2
더러이	MAG	1	멀니	MAG	3
더옥	MAG	2	멀리	MAG	14
더옥[옥]	MAG	1	멋곳	MAG	1
더욱	MAG	4	명낭(明朗)히	MAG	1
덕덕	MAG	1	모도	MAG	1
덜	MAG	4	모로미	MAG	1
뎌리	MAG	1	모모히	MAG	1
덕덕이	MAG	1	목목이	MAG	1
덤덤	MAG	2	몬져	MAG	5
덤덤이	MAG	1	몰슉	MAG	1
덩히	MAG	2	못	MAG	39
도로	MAG	5	못[믓]	MAG	1

형태소	품사	출현빈도	형태소	품사	출현빈도
못내	MAG	1	분명(分明)이	MAG	1
몽몽이	MAG	1	분명히	MAG	1
묘묘히	MAG	1	브즈러니	MAG	1
무루게	MAG	1	브듸	MAG	4
무신(無心)이	MAG	1	블과	MAG	1
무여	MAG	1	비로소	MAG	1
무한(無限)이	MAG	1	비록	MAG	3
물옷	MAG	1	비밀이	MAG	1
므단히	MAG	1	비밀히	MAG	1
믄득	MAG	1	비비히	MAG	1
믈러	MAG	1	빈빈이	MAG	1
믈옷	MAG	2	빗고로	MAG	1
미리	MAG	4	새로이	MAG	1
미처	MAG	1	샹히	MAG	1
밋처	MAG	2	서로	MAG	5
바로	MAG	3	소원(素遠)이	MAG	1
반드시	MAG	2	쇼쇼히	MAG	1
반득반득	MAG	1	쇽졀없시	MAG	1
발붓치	MAG	1	수이	MAG	5
밧비	MAG	3	쉬이	MAG	19
방즈히	MAG	1	슈고로이	MAG	1
벅벅히	MAG	1	슈샹이	MAG	2
번두쳐	MAG	1	슈샹히	MAG	1
범범히	MAG	1	스스로	MAG	1
범연히	MAG	1	슬피	MAG	4
별로	MAG	1	시방	MAG	2
본듸	MAG	2	시방(時方)	MAG	1
부러	MAG	2	실(實)로	MAG	1
부졀업시	MAG	1	실로	MAG	4
부즈런이	MAG	3	실업시	MAG	1
부즈런히	MAG	1	심(甚)히	MAG	4
부듸	MAG	20	심〃이	MAG	1

형태소	품사	출현빈도	형태소	품사	출현빈도
심샹이	MAG	1	여러히	MAG	1
심이	MAG	10	역시(亦是)	MAG	3
심히	MAG	9	영만히	MAG	1
아니	MAG	37	오래	MAG	7
아록뎌	MAG	1	오래개여	MAG	1
아마도	MAG	5	오직	MAG	1
아모리	MAG	9	오히려	MAG	1
아모카나	MAG	1	오죽	MAG	1
아오로	MAG	1	온[은]갓	MAG	1
아이예	MAG	1	온갖	MAG	3
아조	MAG	1	완완이	MAG	1
아직	MAG	6	요스이	MAG	5
아ᄋ라이	MAG	2	용용이	MAG	1
야[여]간	MAG	1	우러	MAG	1
약간	MAG	2	우연이	MAG	1
어려이	MAG	1	울연이	MAG	1
어렵브시	MAG	1	울울히	MAG	1
어리	MAG	1	원간	MAG	1
어셔	MAG	1	원권대	MAG	1
어엿비	MAG	1	원원이	MAG	1
어이	MAG	26	유유히	MAG	1
언마나	MAG	3	은근이	MAG	1
얼마나	MAG	4	은근히	MAG	1
얼연히	MAG	1	은은이	MAG	1
얼현히	MAG	1	웃틈	MAG	1
업슈이	MAG	4	응당	MAG	3
업시	MAG	2	의연히	MAG	1
엇게	MAG	1	의외(意外)	MAG	1
엇마나	MAG	4	이	MAG	1
엇지	MAG	6	이렁져렁	MAG	1
엇지[치]	MAG	2	이리	MAG	6
엇지[치]	MAG	1	이믜	MAG	1

형태소	품사	출현빈도	형태소	품사	출현빈도
이윽이	MAG	1	조히	MAG	3
일	MAG	6	졸연(卒然)이	MAG	1
일정(一定)	MAG	1	졸연(卒然)히	MAG	1
일즉	MAG	2	좁으야이	MAG	1
잇다감	MAG	2	족히	MAG	2
잘	MAG	65	죵용히	MAG	2
잘못	MAG	3	즉[죽]시	MAG	1
잠간	MAG	6	즉시	MAG	1
잡되이	MAG	1	즉시(卽時)	MAG	1
장히	MAG	1	즉제	MAG	4
쟝츳	MAG	3	진짓	MAG	2
저마다	MAG	2	참혹히	MAG	1
절로	MAG	7	챡[쟉]실이	MAG	1
져기	MAG	1	챡실이	MAG	2
져리	MAG	4	챤〃히	MAG	1
져일(第一)	MAG	1	챤챤이	MAG	1
져줌긔	MAG	1	챤챤히	MAG	2
적적	MAG	2	쳔쳔이	MAG	2
절졀이	MAG	1	쳔쳔히	MAG	2
졈〃	MAG	1	쳔히	MAG	1
졈졈	MAG	3	쳘츄히	MAG	1
졍	MAG	1	쵹쵹	MAG	1
졍(正)이	MAG	1	츄츄히	MAG	1
졍(正)히	MAG	1	츳덤츳덤	MAG	1
졍셩곳	MAG	1	층층이	MAG	2
졍이	MAG	2	친(親)히	MAG	1
졍히	MAG	1	쾌히	MAG	1
졔일(第一)	MAG	1	쿵〃	MAG	2
조각〃〃	MAG	1	탕탕히	MAG	1
조각조각	MAG	1	툐툐히	MAG	1
조급히	MAG	1	툭	MAG	1
조로록조로록	MAG	1	특별이	MAG	1

형태소	품사	출현빈도	형태소	품사	출현빈도
펄덕	MAG	1	ᄀᆞᆺ가이	MAG	1
편벽저이	MAG	1	ᄀᆞᆺ가히	MAG	1
편히	MAG	1	ᄀᆞᆺ곰	MAG	1
플플	MAG	1	ᄀᆞᆺ쟝	MAG	1
하	MAG	11	ᄀᆞᆺ치	MAG	4
하마	MAG	3	ᄂᆞ즈기	MAG	1
혹	MAG	8	늘래	MAG	4
혹(或)	MAG	1	늬도이	MAG	2
혼혼이	MAG	1	늭곰	MAG	1
홀로	MAG	2	ᄃᆞ름ᄃᆞ름	MAG	1
홀홀히	MAG	1	ᄃᆞᆫᄃᆞᆫ히	MAG	12
홈자	MAG	3	ᄆᆞ이	MAG	1
회정회정	MAG	1	ᄆᆞ춤내	MAG	1
후히	MAG	1	ᄆᆞᆰ웃ᄆᆞᆰ웃	MAG	1
훈훈이	MAG	1	ᄆᆡ몰이	MAG	1
흔연이	MAG	1	ᄆᆡ양	MAG	1
흔이	MAG	1	ᄆᆡ영	MAG	1
흔흔히	MAG	1	ᄆᆡ오	MAG	14
흔득흔득	MAG	1	ᄆᆡ이	MAG	14
흡죡히	MAG	1	ᄆᆡ일	MAG	1
ᄀᆞ만이	MAG	1	ᄆᆡᆨᄆᆡᆨ히	MAG	1
ᄀᆞ만히	MAG	2	ᄆᆡᆼ셧코	MAG	1
ᄀᆞ이업시	MAG	1	ᄇᆞᆯ셔	MAG	7
ᄀᆞ장	MAG	31	ᄇᆡ여ᄒᆞ로	MAG	1
ᄀᆞ쟝	MAG	1	ᄇᆡᆨᄇᆡᆨ이	MAG	1
ᄀᆞ즉이	MAG	1	ᄇᆡᆨᄇᆡᆨ히	MAG	1
ᄀᆞ독	MAG	4	ᄲᅦᄲᅦ	MAG	1
ᄀᆞ른	MAG	1	솜솜이	MAG	1
ᄀᆞᆨ곰	MAG	1	ᄉᆞᆫ치[지]	MAG	1
ᄀᆞ졀이	MAG	1	ᄶᅢ〃	MAG	1
ᄀᆞ죡저이	MAG	1	ᄶᅩ	MAG	8
ᄀᆞᆺ	MAG	2	ᄯᅩ	MAG	1

형태소	품사	출현빈도	형태소	품사	출현빈도
쓰로	MAG	1	즉[측]키	MAG	1
썬히	MAG	1	츤 〃	MAG	1
샢족이	MAG	1	츌하로	MAG	1
ᄌᆞ로	MAG	4	츌하리	MAG	2
ᄌᆞ못	MAG	1	춤아	MAG	4
ᄌᆞ셔(仔細)	MAG	1	ᄒᆞ마	MAG	1
ᄌᆞ셔(仔細)히	MAG	1	ᄒᆞ믈며	MAG	1
ᄌᆞ셔(子細)히	MAG	1	ᄒᆞ여곰	MAG	1
ᄌᆞ셔히	MAG	1	ᄒᆞᆫ갓	MAG	1
ᄌᆞ시	MAG	2	ᄒᆞᆫ부로	MAG	3
ᄌᆞ연	MAG	2	ᄒᆞᆫ듸	MAG	2
ᄌᆞ연(自然)	MAG	2	ᄒᆞᆷ긔	MAG	2
ᄌᆞ연이	MAG	1	ᄒᆞᆷ끠	MAG	2
ᄌᆞ연히	MAG	1	히마다	MAG	1
ᄌᆞᄅᆞ	MAG	1	힝혀	MAG	4

〈3〉 접속부사

형태소	품사	출현빈도
그러면	MAJ	1
그런고로	MAJ	1

2.2.4 독립언

대분류	소분류	세부분류	품사 기호	출현빈도
독립언	감탄사		IC	4

〈1〉 감탄사

형태소	품사	출현빈도
(어)	IC	3
어	IC	1

2.2.5 관계언

대분류	소분류	세부분류	품사 기호	출현빈도
관계언	격조사	주격조사	JKS	1,025
		관형격조사	JKG	38
		목적격조사	JKO	956
		부사격조사	JKB	804
		호격조사	JKV	1
		인용격조사	JKQ	17
	보조사		JX	1,207
	접속조사		JC	17

〈1〉 주격조사

형태소	품사	출현빈도
가	JKS	211
겨오셔	JKS	1
라셔	JKS	1
ㅣ	JKS	59

형태소	품사	출현빈도
의	JKS	7
이	JKS	744
이	JKS	1
이가	JKS	1

〈2〉 관형격조사

형태소	품사	출현빈도
ㅅ	JKG	1
ㅣ	JKG	8
의	JKG	26

형태소	품사	출현빈도
의[이]	JKG	1
읫	JKG	1
이	JKG	1

〈3〉 목적격조사

형태소	품사	출현빈도
을	JKO	621
를	JKO	199
ᄅᆞᆯ	JKO	122
올	JKO	9

형태소	품사	출현빈도
을[올]	JKO	2
을[울]	JKO	2
이	JKO	1

〈4〉 부사격조사

형태소	품사	출현빈도
갓치[차]	JKB	1
게	JKB	14
과	JKB	7
긔	JKB	1
다히	JKB	2
르	JKB	2
르드려	JKB	1
로	JKB	81
로셔	JKB	3
로써	JKB	2
매	JKB	2
부터	JKB	5
셔	JKB	8
에	JKB	34
에셔	JKB	1
여셔	JKB	1
예	JKB	46
예셔	JKB	3
외	JKB	6

형태소	품사	출현빈도
으[오]로	JKB	1
으로	JKB	61
으로[르]	JKB	1
으로서	JKB	1
으로셔	JKB	3
의	JKB	422
의[이]	JKB	1
의게	JKB	14
의셔	JKB	19
쳐로	JKB	3
굿치	JKB	4
굿치[지]	JKB	1
드려	JKB	3
씌	JKB	1
씌	JKB	3
오로	JKB	2
이	JKB	37
이셔	JKB	7

〈5〉 호격조사

형태소	품사	출현빈도
야	JKV	1

〈6〉 인용격조사

형태소	품사	출현빈도
도	JKQ	17

〈7〉 보조사

형태소	품사	출현빈도
곳	JX	3
나	JX	25
는	JX	1

형태소	품사	출현빈도
대로	JX	7
도	JX	117
도곤	JX	1

형태소	품사	출현빈도		형태소	품사	출현빈도
르만	JX	1		을란	JX	5
라도	JX	14		의눈	JX	1
라타	JX	1		이나	JX	27
란	JX	3		이라도	JX	5
마다	JX	11		이며	JX	1
만	JX	34		이야	JX	9
맛다	JX	1		인들	JX	1
밧긔	JX	3		죳차[자]	JX	1
식	JX	7		흔	JX	1
ㅣ나	JX	5		긋지	JX	1
야	JX	8		눈	JX	436
야[여]	JX	1		싯지	JX	2
은	JX	470		은	JX	3
은[온]	JX	1				

<8> 접속조사

형태소	품사	출현빈도
과	JC	15
와	JC	2

2.2.6 의존형태

대분류	소분류	세부분류	품사 기호	출현빈도
의존형태	어미	선어말어미	EP	2,992
		종결어미	EF	3,292
		연결어미	EC	3,213
		명사형전성어미	ETN	187
		관형형전성어미	ETM	898

⟨1⟩ 선어말어미

형태소	품사	출현빈도		형태소	품사	출현빈도
거	EP	27		오	EP	499
것	EP	1		오[으]	EP	3
나	EP	4		옵	EP	13
니	EP	4		우	EP	19
다	EP	1		으시	EP	2
더	EP	39		이	EP	7
데	EP	1		지	EP	2
도	EP	45		ㄴ	EP	364
로	EP	40		는	EP	11
리	EP	21		ㄷ	EP	6
사	EP	1		ㅅ	EP	254
시	EP	179		습	EP	288
시[지]	EP	1		습[슴]	EP	1
아	EP	10		습[줍]	EP	1
앗	EP	75		ㅇ	EP	25
어	EP	71		옵	EP	784
엇	EP	84		옵[옴]	EP	1
엇[엿]	EP	1		옷	EP	5
여	EP	13		익	EP	1
엿	EP	86		줍	EP	2

⟨2⟩ 종결어미

형태소	품사	출현빈도		형태소	품사	출현빈도
가	EF	1		ㄴ고나	EF	1
거라	EF	6		ㄴ다	EF	63
고	EF	9		나라	EF	8
고나	EF	5		냐	EF	14
ㄴ가	EF	78		노라	EF	5
ㄴ고	EF	63		니	EF	316

형태소	품사	출현빈도	형태소	품사	출현빈도
니라	EF	144	소	EF	252
니잇가	EF	2	쇠	EF	19
다	EF	165	쇼셔	EF	9
다[다]	EF	2	아라	EF	59
다[라]	EF	2	어[여]라	EF	1
다고	EF	1	어라	EF	99
데	EF	102	어외	EF	1
도다	EF	3	여라	EF	56
도쇠	EF	2	여라[랴]	EF	1
되	EF	2	오	EF	11
ㄹ가	EF	55	오랴	EF	1
ㄹ고	EF	48	와이다	EF	1
ㄹ네	EF	1	외	EF	471
ㄹ다	EF	1	외[의]	EF	3
ㄹ레	EF	15	요	EF	11
ㄹ셰라	EF	1	으니	EF	1
ㄹ쇠	EF	25	으니라	EF	32
ㄹ쇠이다	EF	1	으라	EF	6
ㄹ늬	EF	1	으랴	EF	2
ㄹ싀	EF	20	으리	EF	2
라	EF	282	으리라	EF	4
라[러]	EF	2	은가	EF	2
랴	EF	10	을가	EF	2
렴나	EF	1	을고	EF	2
리	EF	71	의	EF	4
리라	EF	10	잇가	EF	2
리잇가	EF	3	자	EF	5
마	EF	1	쟈	EF	48
ㅂ새	EF	1	지	EF	1
ㅅ다	EF	1	느라	EF	5
새	EF	65	느지라	EF	2
세	EF	1	늬	EF	519

형태소	품사	출현빈도
닉[시]	EF	1
시	EF	41

형태소	품사	출현빈도
으라	EF	6

〈3〉 연결어미

형태소	품사	출현빈도
(아/0)	EC	23
(어/0)	EC	8
거[커]나	EC	1
거나	EC	2
거니와	EC	1
거든	EC	23
건마는	EC	2
건만는	EC	1
게	EC	117
게금	EC	1
게야	EC	1
고	EC	392
고도	EC	1
고야	EC	1
고쟈	EC	1
고져	EC	8
관듸	EC	1
기여	EC	1
기예	EC	5
기의	EC	1
ㄴ[ㅁ]들	EC	1
ㄴ들	EC	6
ㄴ지	EC	7
ㄴ듸	EC	2
나	EC	8

형태소	품사	출현빈도
늬	EC	1
니	EC	470
다	EC	2
다가	EC	56
다가는	EC	2
도	EC	2
도[토]록	EC	1
도록	EC	9
되	EC	42
든	EC	27
들	EC	3
디	EC	3
ㄹ션졍	EC	1
ㄹ셰면	EC	1
ㄹ지라도	EC	2
ㄹ지언뎡	EC	1
ㄹ지언졍	EC	2
ㄹ진듸	EC	1
ㄹ시	EC	1
라	EC	16
라도	EC	3
러	EC	1
려	EC	16
련마는	EC	2
매	EC	17

형태소	품사	출현빈도	형태소	품사	출현빈도
며	EC	2	여셔	EC	3
면	EC	310	여야	EC	26
면[멘]	EC	1	여늘	EC	1
므로도	EC	1	오	EC	7
서	EC	1	으	EC	1
셔	EC	1	으나	EC	2
아	EC	192	으나마	EC	1
아[이]야	EC	1	으니	EC	75
아다가	EC	1	으되	EC	4
아도	EC	11	으라	EC	2
아셔	EC	15	으러	EC	3
아야	EC	14	으려	EC	2
야	EC	13	으로	EC	1
어	EC	404	으매	EC	4
어[여]다가	EC	1	으며	EC	1
어고	EC	1	으면	EC	65
어니	EC	3	은	EC	8
어다가	EC	9	은대	EC	1
어도	EC	33	은들	EC	1
어든	EC	1	은즉	EC	1
어려	EC	1	은지	EC	1
어면	EC	1	은듸	EC	2
어셔	EC	7	지	EC	207
어야	EC	43	지[치]	EC	49
어야[여]	EC	3	치	EC	3
어지	EC	1	토곤	EC	1
어는	EC	1	는듸	EC	1
여	EC	310	디시	EC	2
여다	EC	1	듯	EC	2
여다가	EC	1	ᄋ	EC	10
여도	EC	15	ᄋ니	EC	7
여든	EC	1	ᄋ도	EC	2

형태소	품사	출현빈도
으라	EC	1
으려	EC	1
으면	EC	15

형태소	품사	출현빈도
으셔	EC	2
으치면	EC	1

〈4〉 명사형전성어미

형태소	품사	출현빈도
기	ETN	175
기[이]	ETN	2
기[키]	ETN	1

형태소	품사	출현빈도
ㅁ	ETN	6
이	ETN	2
지	ETN	1

〈5〉 관형형전성어미

형태소	품사	출현빈도
ㄴ	ETM	484
ㄴ[ㅅ]	ETM	1
는	ETM	1
ㄹ	ETM	98
ㅅ	ETM	1

형태소	품사	출현빈도
은	ETM	89
을	ETM	25
는	ETM	192
은	ETM	7

3. 『交隣須知』 언어 기능의 계량적 분석

『交隣須知』의 언어 사용과
언어 기능에 관한 계량적 분석

3

『交隣須知』 언어 기능의 계량적 분석

3.1 의사소통 기능 분석 범주 설정

『交隣須知』에 나타난 의사소통 양상을 살펴보기 위한 하나의 방법은 각 문장이 나타내는 '의사소통 기능'을 살펴보는 것이다. 이를 위해 여기에서는 먼저 '의사소통 기능'의 범주 설정을 하여야 한다.

언어 교육적 관점에서 의사소통 기능을 범주화한 연구는 Halliday (1973, 1975), Wilkins(1976) van Ek and Alexander(1977, 1980), Finocchiaro et al.(1983) 등이 있다. 이들을 열거해 보면 다음과 같다.

○ Halliday(1973)이 제시한 의사소통 기능 항목
1) Instrumental(도구적)
2) Regulatory(통제적)
3) Representational(참조적)

　　4) Interaction(대인적, 상호적)

　　5) Personal(개인적)

　　6) Heuristic(발견적)

　　7) Imaginative(상상적)

○ Wilkins(1976)

　　1) Modality(확신, 필요, 신념, 의지, 책무, 관용 등의 항목)

　　2) Moral discipline and evaluation(도덕적 원리나 판단 등의 표현들)

　　3) Suasion(설득, 추천, 예측 등의 표현들)

　　4) Argument(의견의 교환, 동의나 반대, 거절, 양보 등과 관련한 표현들)

　　5) Rational inquiry and expression(합리적 요구나 해설 등의 표현들)

　　6) Personal emotions(개인 감정 표현들)

　　7) Emotional relations(인사, 적개심, 치렛말 등 감정 관련 표현)

　　8) Interpersonal relations(대인 관계에서 필요한 표현들)

○ Van Ek and Alexander(1977, 1980)

1) 정보를 구하거나 알리는 표현들의 항목

　　1-1. 확인하기

　　1-2. 보고하기

　　1-3. 교정하기

　　1-4. 요청하기

2) 지적 태도를 표시하거나 알아내는 표현들의 항목

2-1. 동의, 반대를 표현하기

2-2. 동의, 반대를 요구하기

2-3. 거절하기

2-4. 초청을 수락하기

2-5. 초청을 사양하기

2-6. 초청에 대한 수락이나 사양 여부를 물어보기

2-7. 제안하기

2-8. 기억이나 망각 여부를 나타내기

2-9. 기억이나 망각 여부를 물어보기

2-10. 가능과 불가능의 여부를 표현하기

2-11. 가능과 불가능의 여부를 물어보기

2-12. 능력이 있거나 없음을 표현하기

2-13. 능력이 있거나 없음을 물어보기

2-14. 추론을 나타내기

2-15. 추론을 물어보기

2-16. 확실 여부를 표현하기

2-17. 확실 여부를 표현하기

2-18. 해야 할 일과 하지 않아도 될 일을 나타내기

2-19. 해야 할 일과 하지 않아도 될 일을 물어보기

2-20. 허락하기

2-21. 허락 받기

3) 감정을 표시하거나 나타내는 표현의 항목

3-1. 즐거움, 좋아함을 표시하기

3-2. 불쾌함, 싫어함을 표시하기

3-3. 즐거움, 좋아함, 불쾌함, 싫어함을 물어보기

    3-4. 놀라움을 표시하기

    3-5. 희망을 나타내기

    3-6. 만족을 표시하기

    3-7. 불만족을 표시하기

    3-8. 만족이나 불만족을 묻기

    3-9. 실망감을 표시하기

    3-10. 두려움이나 걱정을 표시하기

    3-11. 두려움이나 걱정을 묻기

    3-12. 좋아함을 표시하기

    3-13. 좋아하는지에 대해 묻기

    3-14. 감사를 표시하기

    3-15. 동정심을 표시하기

    3-16. 의지, 의도를 나타내기

    3-17. 의도에 대해 묻기

    3-18. 소원이나 바람을 표시하기

    3-19. 소원이나 바람을 묻기

4) 도의적인 태도를 나타내는 표현 항목

    4-1. 사죄하기

    4-2. 용서하기

    4-3. 찬성하기

    4-4. 찬성 안하기

    4-5. 찬성이나 불찬성을 표시하기

    4-6. 감사하기

    4-7. 후회하기

    4-8. 무관심을 나타내기

5) 권고나 설득하는 표현 항목

5-1. 제안하기

5-2. 요구하기

5-3. 초청하기

5-4. 충고하기

5-5. 자제하도록 경고하기

5-6. 지시나 명령하기

6. 대인관계와 관련한 표현 항목

6-1. 인사하기

6-2. 만났을 때 인사하기

6-3. 소개하거나 받을 때 인사하기

6-4. 헤어질 때 인사하기

6-5. 관심을 끌기

6-6. 건배를 제안하기

6-7. 식사를 시작할 때의 표현

○ Finocchiaro et al.(1983)

1) 개인감정을 나타내는 표현

love, joy, pleasure, happiness, surprise, likes, satisfaction, dislikes, disappointment, distress, pain, anger, anguish, fear, anxiety, sorrow, frustration, annoyance, moral, intellectual, and huger, thirst, fatigue, sleepiness, cold, warmth

2) 대인 관계에 필요한 표현

2-1. 인사와 작별

2-2. 사람을 소개하기

2-3. 자신을 확인시키기

2-4. 즐거움을 표현하기

2-5. 복지에 대해 관심을 표현하기

2-6. 초청에 수락하기

2-7. 정중하게 거절하기

2-8. 약속하기

2-9. 약속을 취소학고 연기하기

2-10. 사죄하기

2-11. 변명과 변명을 수용하기

2-12. 찬성과 불찬성을 표시하기

2-13. 말을 중단시키기

2-14. 주제를 바꾸기

2-15. 손님 접견과 방문하기

2-16. 식음료를 제공하기와 수용 또는 사절하기

2-17. 소원, 희망, 바람, 문제점을 교환하기

2-18. 약속하기

2-19. 칭찬하기

2-20. 변명하기

2-21. 호의에 감사하기

3) 지시적인 표현

3-1. 제안하기

3-2. 요청하기

3-3. 제안이나 요청의 수락을 거절하기

3-4. 설득하기

3-5. 허가 요청과 승낙하기

3-6. 도움을 요청하고 응하기

3-7. 행동을 금지시키기

3-8. 지시하고 반응을 나타내기

3-9. 경고하기

3-10. 실망하기

3-11. 지침 설정이나 마감하기

3-12. 명령이나 지시를 요구하기

4) 정보를 교환하는데 필요한 표현

4-1. 교실, 학교, 가정, 지역사회에서 물건이나 사람을 기술하기

4-2. 사람이나 사물을 기술하기

4-3. 정의하기

4-4. 해설, 요약, 번역하기

4-5. 설명하거나 설명을 요구하기

4-6. 비교나 대조하기

4-7. 가능성, 가망성, 능력에 관해 토의하기

4-8. 사건이나 행위에 대한 사실을 요청하거나 보고하기

4-9. 행위나 사건의 결과를 평가하기

5) 창조적 행동에 필요한 표현

5-1. 시, 소설, 음악, 극, 페인팅, 필름, TV 프로그램에 관해 토
의하기

5-2. 사고를 넓히기

5-3. 운율, 시, 소설, 연극을 만들기

5-4. 대화 내용을 재구성하기

5-5. 대화나 소설의 처음과 끝의 본래 내용을 제시하기

5-6. 문제를 해결하기

또한 유럽참조기준(2010)에서는 의사소통기능을 상호 행위에서 발화된 개별 표현의 기능적인 사용의 분류로 보고, 아래와 같이 분류, 제시하고 있다.

1) 사실에 관한 정보를 나누거나 묻기
   인식하기, 보고하기, 정정하기, 묻기, 답하기
2) 입장을 표명하고 다음과 관련된 사항을 묻기
   사실(동의/거부), 지식(앎/모름, 기억/망각, 가능성/확실성), 양태(의무, 필요성, 능력, 허가), 감정(즐거움/불만, 좋아함/싫어함, 만족, 흥미, 놀람, 실망, 두려움, 걱정, 감사), 윤리적 행동(사과, 승인, 후회, 동정심)
3) 설득, 확신
   제안, 의뢰, 경고, 충고, 격려, 도움의 요청, 초대, 제안
4) 사회적 교제
   관심 끌기, 누군가에게 말을 걸고 인사하기, 사람을 소개하기, 건배 제안, 헤어지기
5) 담화 구성
   (28가지 미시 기능, 대화 시작, 화자교체, 대화의 종결 등)
6) 정정, 자가 수정
   (16가지 미시기능)

이 연구에서는 『交隣須知』의 의사소통 기능의 양상을 살피기 위해, <의사소통 기능 범주>를 Van Ek and Alexander(1977, 1980)와 Finocchiaro et al.(1983)의 논의를 절충하여 크게 여섯 가지의 범주, 75개의 소항목으로 나누었다.[4]

1. 정보를 교환하는 데 필요한 표현 항목	2. 지적 태도를 표시하거나 알아내는 표현들의 항목	3. 감정을 표시하거나 나타내는 표현의 항목
4. 도의적인 태도를 나타내는 표현 항목	5. 권고나 설득하는 표현 항목	6. 대인관계와 관련한 표현 항목

〈의사소통기능 범주〉

1. 정보를 교환하는 데 필요한 표현
   1-1. 사물이나 사람, 상황(사건, 행위)을 확인하기
   1-2. 사물이나 사람, 상황(사건, 행위)을 묘사하기
   1-3. 사물이나 사람, 상황(사건, 행위)을 설명(진술)하기
   1-4. 사물이나, 사람, 상황에 대한 확인, 묘사, 설명을 요구하기(질문)
   1-5. 사건이나 행위(행동)의 결과를 평가하기
   1-6. 정의하기(사물, 용어 등)
   1-7. 바꿔 말하기, 요약, 번역하기
   1-8. 비교나 대조, 예시하기
   1-9. 가능성, 가망성, 능력에 관해 논의하기

---

4. Van Ek and Alexander(1977, 1980)의 기능 범주에서 소항목으로 부족한 '정보를 교환하는 데 필요한 항목'을 Finocchiaro et al.(1983)의 항목으로 보충하였다. 물론 이러한 기능 범주 설정은 연구자들에 의해 수정, 변경될 수 있을 것이다. 이 연구에서는 다양한 기능 범주 설정 중 하나의 실례를 보인 것이다.

2. 지적 태도를 표시하거나 알아내는 표현들의 항목

2-1. 동의, 반대를 표현하기

2-2. 동의, 반대를 요구하기

2-3. 거절하기

2-4. 초청을 수락하기

2-5. 초청을 사양하기

2-6. 초청에 대한 수락이나 사양 여부를 물어보기

2-7. 제안(제의)하기

2-8. 기억이나 망각 여부를 나타내기

2-9. 기억이나 망각 여부를 물어보기

2-10. 가능과 불가능의 여부를 표현하기

2-11. 가능과 불가능의 여부를 물어보기

2-12. 능력이 있거나 없음을 표현하기

2-13. 능력이 있거나 없음을 물어보기

2-14. 추론을 나타내기

2-15. 추론을 물어보기

2-16. 확실 여부를 표현하기

2-17. 확실 여부를 물어보기

2-18. 해야 할 일과 하지 않아도 될 일을 나타내기

2-19. 해야 할 일과 하지 않아도 될 일을 물어보기

2-20. 허락하기

2-21. 허락 받기

3. 감정을 표시하거나 나타내는 표현의 항목

3-1. 즐거움, 좋아함을 표시하기

6-12. 식사를 시작할 때의 표현

3.2 『交隣須知』의사소통 기능 범주 분석

이 연구에서는 의사소통 기능 분석을 위해 2,901개의 문장(또는 단어, 구)을 대상으로 삼았다. 이는『交隣須知』묘 1권~4권에 제시된 총 2,889개의 표제어에 딸린 문장 2,901개를[5] 대상으로 하여, 앞에서 제시한 '의사소통 기능 범주'에 따라 하나씩 분석을 실시하였다.

권명	표제어 수	분석 문장 수
1권	755	757
2권	656	663
3권	813	835
4장	665	646
총	2,889	2,901

각 권별 의사소통 기능 분석 결과는 다음과 같다.

---

5. 표제어 수보다 대상 문장 수가 많은 것은 하나의 표제어에 둘 이상의 예문이 제시된 경우가 있거나, 1권에 2권의 내용이 들어있는 등 통계 처리상 문제로 인한 것일 뿐, 전체 숫자에는 별다른 의미를 가지지 않는다.

	의사소통 기능	1권	2권	3권	4권	총
1. 정보 교환	묘사	40	6	16	42	104
	설명	328	396	318	195	1,237
	묘사, 설명 질문	57	29	48	25	159
	사건행위결과 평가	9	0	8	3	20
	정의	55	37	47	9	148
	바꿔 말하기, 요약	0	24	5	1	30
	비교, 대조, 예시	5	6	3	1	15
	가능성, 가망성 논의	29	16	4	60	109
	소계	523	514	449	336	1,822
2. 지적 태도 표현	동의, 반대 표현	0	0	0	2	2
	제안	2	0	65	21	88
	기억이나 망각 표현	2	0	0	1	3
	가능,불가능여부 표현	4	2	22	30	58
	가능,불가능여부 질문	0	0	3	1	4
	능력유무 표현	1	0	6	2	9
	추론 표현	15	0	7	16	38
	추론 질문	4	0	0	0	4
	확실여부 표현	1	0	0	0	1
	확실여부 질문	0	0	0	1	1
	해야 할 일,하지 않을 일 표현	2	0	4	1	7
	허락하기	0	0	0	1	1
	소계	31	2	107	76	216
3. 감정 표현	즐거움,좋아함 표현	11	0	2	19	32
	불쾌,싫어함 표현	8	2	7	15	32
	즐거움,좋아함,불쾌,싫어함질문	0	0	0	2	2
	놀라움 표시	4	4	1	2	11
	기대 표현	3	0	3	0	6
	만족표현	3	2	50	5	60
	불만족 표현	4	1	4	0	9

	의사소통 기능	1권	2권	3권	4권	총
3. 감정 표현	만족,불만족 질문	0	1	1	0	2
	실망 표현	4	1	4	1	10
	두려움,걱정 표현	7	9	15	7	38
	두려움,걱정 질문	2	0	2	1	5
	좋아함 표현	1	0	2	1	4
	고마움 표현	0	1	3	3	7
	동정심 표현	0	0	3	3	6
	의지,의도 표현	3	4	12	8	27
	의도 질문	1	0	4	3	8
	필요한 것,바람 표현	4	4	8	3	19
	필요한 것,바람 질문	0	0	0	1	1
	소계	55	29	121	74	279
4. 도의적 태도	사죄하기	1	0	0	1	2
	칭송하기	1	0	0	1	2
	후회하기	1	0	0	0	1
	무관심 표현	0	0	0	1	1
	소계	3	0	0	3	6
5. 권고나 설득	추천하기	51	42	19	37	149
	요구하기	28	14	39	8	89
	초청하기	3	0	0	0	3
	충고하기	0	1	11	16	28
	자제하도록 경고	0	1	1	48	50
	지시, 명령	62	60	88	48	258
	소계	144	118	158	157	577
6. 대인 관계	인사, 작별	1	0	0	0	1
	소계	1	0	0	0	1
총계		757	663	835	646	2,901

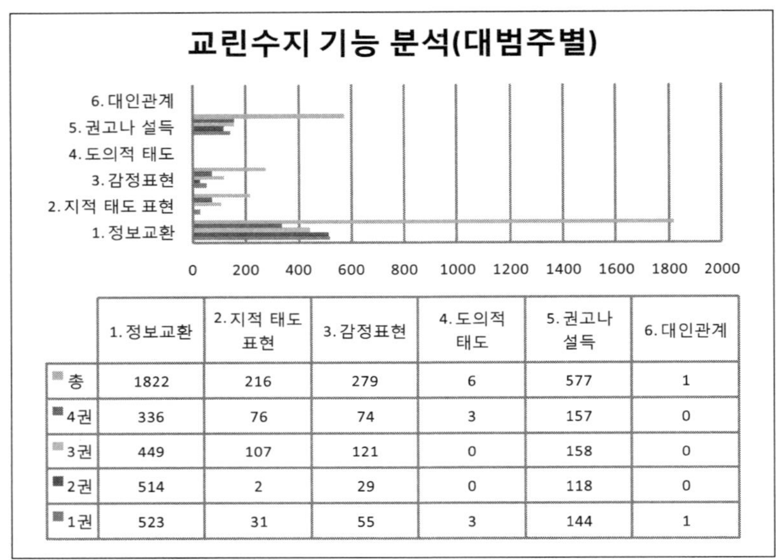

	1. 정보교환	2. 지적 태도 표현	3. 감정표현	4. 도의적 태도	5. 권고나 설득	6. 대인관계
총	1822	216	279	6	577	1
4권	336	76	74	3	157	0
3권	449	107	121	0	158	0
2권	514	2	29	0	118	0
1권	523	31	55	3	144	1

각 권별로 의사소통 기능 범주들의 분포를 보면 다음과 같다.

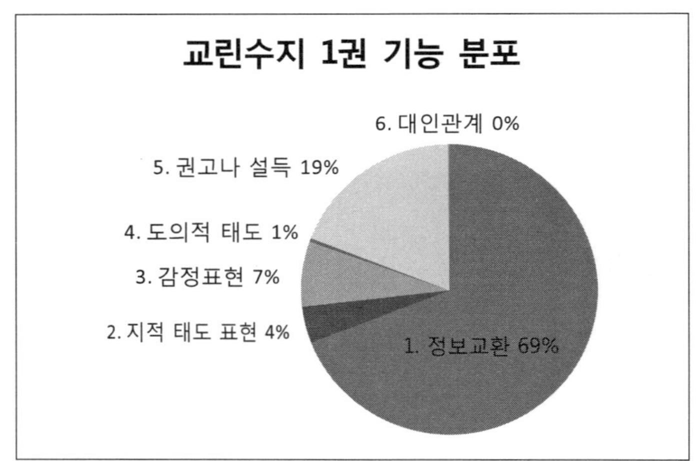

『交隣須知』 1권은 주로 정보교환과 관련된 의사소통 기능으로 나타나고 있으며, 권고나 설득, 지적 태도 표현 순으로 나타나고 있다.

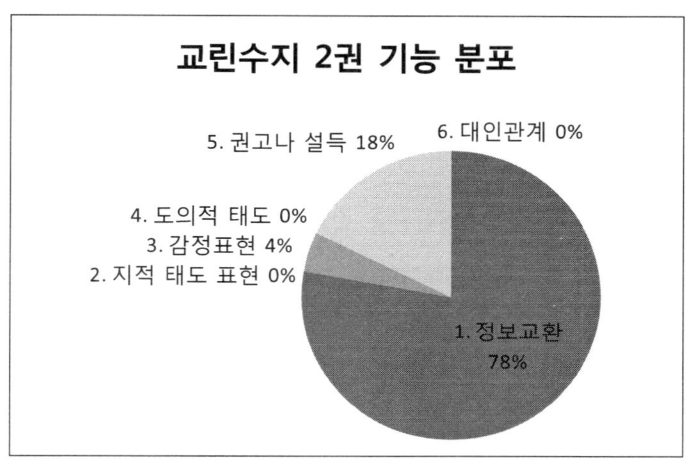

『交隣須知』2권은 정보교환과 관련된 의사소통 기능이 1위로 나타나고 있으며, 권고나 설득, 그 다음은 감정 표현 순으로 나타나고 있어 1권과 약간 차이를 나타내고 있다.

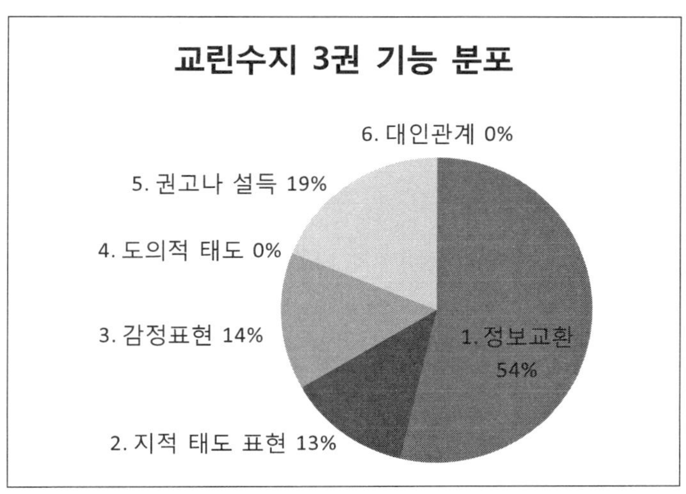

『交隣須知』3권은 정보교환과 관련된 의사소통 기능이 1위로 나

타나고 있으며, 권고나 설득이 2위, 그 다음은 감정 표현과 지적 태도 표현의 순으로 나타나고 있다. 1권과 2권에 비해 정보 교환 표현들이 다소 줄어든 것을 확인할 수 있다.

반면, 아래『交隣須知』4권은 역시 정보 교환 기능이 1위이나 권고나 설득 기능이 다른 책보다 늘어나 있다. 지적 태도와 감정 표현이 역시 3위와 4위의 순으로 나타나고 있다.

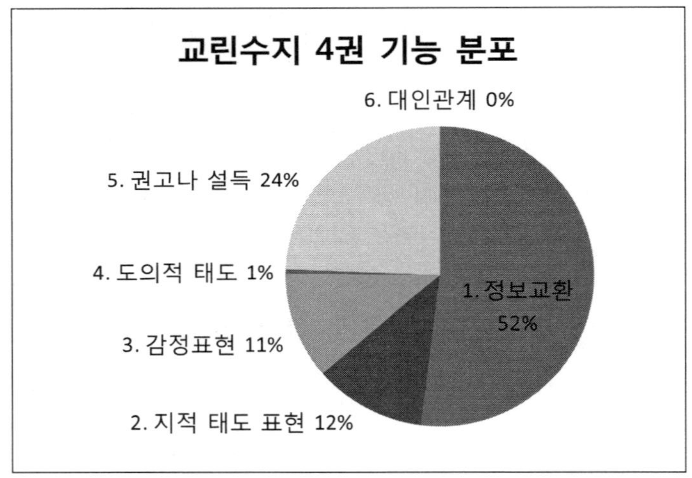

결론적으로 말하면,『交隣須知』1권~4권은 의사소통 기능 중 대범주로 살펴보았을 때, '정보교환 기능'이 63%로 가장 많았으며, '권고나 설득 기능'이 20%로 2위, '감정 표현 기능'이 10%로 3위, '지적 태도 표현'이 7%로 4위를 나타내고 있다.

따라서,『交隣須知』는 어휘를 표제어로 삼고 그 단어들을 사용하여 예문을 제시할 때 주로 '묘사, 설명, 정의, 바꿔 말하기 등'의 정보

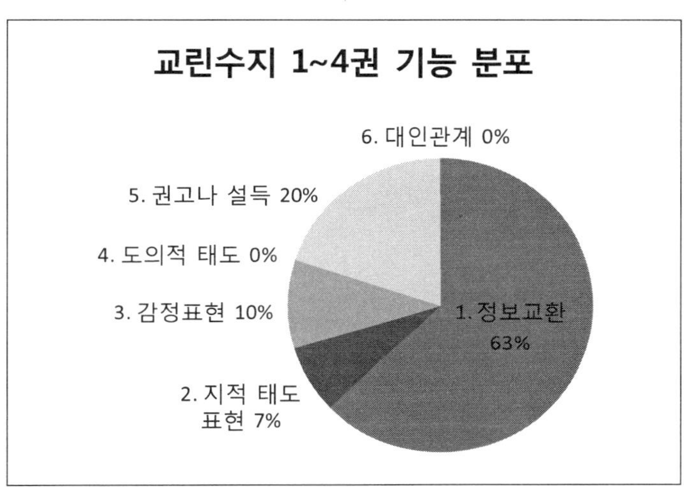

교환 기능을 활용하였음을 확인할 수 있다.

3.3『交隣須知』의사소통 기능 범주별 사용례

여기에서는 발견된 의사소통 기능의 사용례를 순서대로 제시하고자 한다.

1) 정보를 교환하는 데 필요한 표현

1-1) 사물이나 사람, 상황(사건, 행위)을 묘사하기

<苗/1-01a> 星* 별이 하늘의 춍〃[죵〃]ᄒ여시니 맛치 씬 싣허진 진듀 굿소외

<苗/1-01a> 日* 히가 볼셔 나지나 되여시련마는 흐[후]리니 즈시 모로
올시

<苗/1-01a> 天* 하늘이 과연 쳥명ᄒ외

<苗/1-01b> 月暈* 둘이 귀엿쑬 다랏습늬

<苗/1-01b> 日暈* 히가 귀엿쑬 드랏습늬

<苗/1-03a> 雨* 비 오다가 개니 초목이 빗나외

<苗/1-03a> 雲* 구름이 머흘고 비 올가 시브더니 이제는 구름이 것고 날
이 개읍게 ᄒ엿습늬

<苗/1-03b> 霰* 싼눈이 만히 오니 맛치 쌀이 ᄂ려디는 듯ᄒ외

<苗/1-03b> 雪* 눈이 만히 와셔 싸혀시니 산〃집〃의 빅챠일 친 듯ᄒ외

<苗/1-04a> 霧* 안개가 미이 끼여시니 디마쥬산이 뵈지 아니ᄒ외

<苗/1-04a> 霜* 서리가 볼셔 와시니 이제는 날이 졈〃 칩게 ᄒ엿습늬

<苗/1-04a> 著霜* 서리가 미이 치니 나모닙히 느르러 다 쩌러디읍늬

<苗/1-04b> 靄* 애는 늬도 아니요 안개도 아니요 늬 굿스외

<苗/1-04b> 虹* 무지게 쌔쳐시니 빗치 오쉭 어린 듯ᄒ여 드리휘옴 굿스
외

<苗/1-05a> 旱* 금으니 곡식이 다 몰랏더니 비가오니 ᄒᄅ 스이라도 과
연 긔특ᄒ외

<苗/1-05b> 冬* 겨을의는 날이 심이 치오니 쉭탄을 만히 쓰읍늬

<苗/1-05b> 秋* ᄀ올은 날도 서늘ᄒ고 츄슈도 ᄒ고 신믈이 나읍늬

<苗/1-05b> 春* 봄의는 만초가 나고 온갓 시아술 심으니 스시 듕의 웃
틈이오늬

<苗/1-05b> 夏* 녀름은 날도 심이 덥고 댱마도 지니 민망ᄒ외

<苗/1-09b> 朝* 아춤의 일 니러 디마쥬를 보면 구름이 맛치 평풍 친 듯
ᄒ외

<苗/1-10b> 明* 창이 볼가시니 동이 터 오는가 시브외

<苗/1-15a> 西* 셔산의 히 거의 빗겨 간다

<苗/1-15b> 隅* 모히 쑈족ᄒ다

<苗/1-15b> 表* 것치 곱다

<苗/1-17a> 山* 산이 미이 놉스외

<苗/1-18a> 崎* 산 긋치 샢쪽ᄒ다

<苗/1-23b> 瀑布* 폭포 소릐ᄂ 쿵〃 ᄒ고 북 소릐 ᄯᅩ 쐴 진글 소릐도 ᄒᆫ
가지로 쿵〃ᄒ옵니

<苗/1-25b> 泡* 믈거픔진다

<苗/1-48a> 腦肉* 뇌육이 젹고 눈이 묽스외

<苗/1-48a> 眸* 눈망올[을]이 둥그러외

<苗/1-48a> 白睛* 흰즈의 블근 뇌육(腦肉)이 잇습니

<苗/1-48a> 黑睛* 거믄즈가 누로외

<苗/1-48b> 面* 늣치 얽고 검고 씽긔외

<苗/1-50b> 鬚* 웃나릇시 만코 셰엿습데

<苗/1-50b> 髥* 아릐 나릇이 길고 샤치 잇습니

<苗/1-51a> 身* 몸이 비둔ᄒ옵데

<苗/1-51b> 皮* 가족이 둑거워 든〃ᄒ외

<苗/1-52b> 手背* 손등의 무샤마귀 잇다

<苗/1-53a> 指節* 손 ᄆ듸가 크외

<苗/1-54b> 足背* 발등이 둣겁스외[의]

<苗/1-57b> 樣* 모양이 바로고 기우지 아니ᄒ외

<苗/2-09a> 駒* 거동이 매아지로다

<苗/2-09a> 犢* 대슌이 ᄀᆺ 낫 거슨 누른 쇠아지 쏠 ᄀᆺ스외

<苗/2-09b> 兎* 톡기 아즈비 ᄀᆺ스외

<苗/2-11b> 雄* 샹마가 쇼갓치[차] 놉쁘옵니

<苗/2-16a> 兵魚* 병어 입ᄀᆺ치 젹다

<苗/2-24b> 薤* 부츄ᄂ 파 ᄀᆺᄐ 거시라

<苗/3(4)-71a> 覺* ᄭ여 보니 들빗치 창(窓)에 빗최엿습데

<苗/3(4)-71b> 顚* 업더져 코를 ᄭᅡ이져 피가 난다

<苗/3(4)-71b> 靜* 괴요ᄒ여 믈 소릭만 들리옵닉

<苗/3-03a> 簑笠* 삿갓 쓰고 홈의 메고 가는 양이 한가ᄒ외

<苗/3-04a> 長衫* 댱삼 닙고 셕벽의 ᄃ니는 양이 진짓 신션이올네

<苗/3-05a> 粧* 단장을 쉬이 ᄒ옵소 / 단장을 ᄒ고 눈썹을 버들닙쳐로
　　　　　ᄒ엿습닉

<苗/3-21a> 琵* 비파 소릭 쳐량ᄒ다

<苗/3-21b> 口笛* 구덕을 잘 블면 뎌 소릭 굿스오니

<苗/3-21b> 洞簫* 동쇼 소릭 본딕 슬프기예 초나라 팔쳔 졔[체]ᄌ 그
　　　　　소릭를 듯고 훗터진다 ᄒ옵닉

<苗/3-22b> 歌* 노래를 잘 브릭면 동쇼 소릭과 맛습닉

<苗/3-26b> 雙騎馬* 샹긔마가 ᄂ는ᄃ시 가옵닉

<苗/3-27a> 競馬* 믈결옴은 뒤희셔 보면 ᄂ는ᄃ시 뵈옵닉

<苗/3-38a> 長劍* 댱검을 쌔혀 드니 빗치 서리 굿스외

<苗/3-63b> 瞽* 쇼경이 단쳥 구경이올쇠

<苗/3-68a> 望* ᄇ라보니 신션답스외

<苗/3-68a> 揖* 읍ᄒ고 안즈며 말ᄒ는 법이 어룬굿스외

<苗/4-02a> 扣* 두드리니 븍 소릭 나닉

<苗/4-04a> 拱* 폴쟝 곳고 단졍이 안잣닉

<苗/4-04a> 拱手* 손을 곳고 공슌히 드러왓습데

<苗/4-18b> 大槪* 대개 몸픠가 그 항아리만치나 ᄒ외

<苗/4-30b> 夥* 무리를 여러히 지어 목쟝(牧場)의셔 노옵닉

<苗/4-46b> 細細* 셔셔흔 허리가 츈풍의 희돗는 버들가지 굿다

<苗/4-46b> 圓圓* 원원ᄒ여 둥시러ᄒ다

<苗/4-46b> 照照* 묽옷묽옷 빗췻다

<苗/4-46b> 澄澄* 탕탕히 묽다

<苗/4-47a> 彎彎* 만만흔 빵아미로다

<苗/4-47a> 溶溶* 용용이 믈이 소사난다

<苗/4-47a> 亭亭* 덩덩ᄒ여 웃둑ᄒ다

<苗/4-47b> 森森* 슴슴이 비발 섇린다

<苗/4-47b> 寥寥* 뇨뇨히 혼자 앗잣노라

<苗/4-48a> 蕭蕭* 쇼쇼히 ᄀ올 ᄇ름이 부다

<苗/4-48a> 悠悠* 유유히 멀리 간다

<苗/4-48a> 飄飄* 표표히 가니 신션(神仙) ᄀᆺ도다

<苗/4-48b> 濛濛* 몽몽이 어두어 비 온다

<苗/4-48b> 班班* 아롱아롱ᄒ니 곱다

<苗/4-48b> 霏霏* 비비히 비 온다

<苗/4-49a> 昏昏* 혼혼이 져므러 간다

<苗/4-49b> 瀝瀝* 츳덤츳덤 오좀을 누웁ᄂᆡ

<苗/4-49b> 陣陣* ᄠᅦᄠᅦ ᄇ름이 부웁ᄂᆡ

<苗/4-50b> 巍巍* 외외ᄒ여 ᄀ장 놉ᄉ외

<苗/4-50b> 靑靑* 쳥쳥흔 산의 블긋블긋흔 곳치 석거 픠엿다

<苗/4-51a> 矗矗* 쵹쵹 샏죡이 놉다

<苗/4-52a> 滔滔* 도도흔 믈결이 하늘히 다핫다

<苗/4-52b> 澹澹* 담담흔 믈이 흐르ᄂᆞᆫ도다

<苗/4-53a> 猗猗* 의의흔 프른 대슙피로다

<苗/4-53a> 灩灩* 넘넘ᄒ여 미오 곱ᄉ외

<苗/4-53b> 灼灼* 븕웃븕웃흔 곳치 픠엿다

<苗/4-53b> 遲遲* 디디흔 봄 ᄒᆡ가 창 밧긔 빗쵠다

<苗/4-54a> 翳翳* 예예흔 그림재 딘다

<苗/4-54a> 茸茸* 용용ᄒ여 져 산이 놉다

<苗/4-54a> 綽綽* 쟉쟉흔 풍치(風彩) 거록ᄒ다

<苗/4-54b> 瞳瞳* 동동ᄒ고 동이 붉엇습ᄂᆡ

<苗/4-54b> 泠泠* 닝닝흔 ᄇ름의 나모닙 써러진다

<苗/4-54b> 忽忽* 홀홀히 지나간다

<苗/4-55a> 搖搖* 흔득흔득 요동ᄒᄂᆞᆫ 거시라

<苗/4-55a> 郁郁* 욱욱흔 난초 향긔롭스외

<苗/4-55a> 醺醺* 훈훈이 술의 취호옵늬

<苗/4-55b> 熒熒* 반득반득 블빗치 빗췬다

1-2) 사물이나 사람, 상황(사건, 행위)을 설명(진술)하기

<苗/1(2)-01a> 鶴* 학(鶴)은 목이 길고 되골이가 블그다 흐되 보지
        못흐엿습늬

<苗/1(2)-01a> 凰* 봉황(鳳凰)은 신쟉(神雀)이니 보고지고

<苗/1(2)-01b> 孔雀* 공쟉(孔雀) 쇼리는 쇼리 슷티 돈이 곱습기로 갓
        의 쏫습늬

<苗/1(2)-01b> 鵬* 대붕(大鵬)은 흐르 일만 니를 간단 말만 드럿습늬

<苗/1(2)-01b> 翡翠* 비취(翡翠)는 빗치 곱스외

<苗/1(2)-01b> 鶯* 굇쇼리가 버들 우회 느니 조각〃〃 금(金)이올식

<苗/1(2)-01b> 鸚鵡* 잉무(鸚鵡)는 공교로이 말을 흐느니

<苗/1(2)-01b> 鴛鴦* 원앙(鴛鴦)은 즘싱이로되 저의 둘이 하 스랑흐
        니 즘싱답지[치] 아니흐외

<苗/1(2)-02a> 鶻* 숑골매는 늘나기 웃슴이옵도식

<苗/1(2)-02a> 鷹* 이 매는 잘 길드려 산힝흐면 흔 번의 꿩을 둘식
        잡어왓습늬

<苗/1(2)-02a> 鷂* 새매는 블과 춤새나 잡지 길드려 쓸 듸 업스외

<苗/1(2)-02a> 鵰鶚* 수리는 아모거시라도 츠기를 잘흐매 호랑이도
        무셔워 흐옵늬

<苗/1(2)-02a> 鵂鶹* 부헝이란 새도 잇습늬

<苗/1(2)-02b> 鸛* 한새는 킈도 크고 모질기로 비얌을 먹고 똥 누면
        깃드린 남기 다 죽습늬

<苗/1(2)-02b> 鷺* 비올히는 빗치 거록이 곱스외

<苗/1(2)-02b> 白鷺* 빅뇌야 셩낸 가마괴 흰 빗츨 새올셔라

<苗/1(2)-02b> 鵝* 계유는 집의 노하 두면 도적을 술피옵늬

<苗/1(2)-02b> 鴨* 오리는 멀리 늘고 집의셔 치면 둔하여 느지 못
하옵늬

<苗/1(2)-02b> 鶩* 두루미는 엇지[치] 보면 학도 굿고 둘밤의 우는 소
리 쳐량하여 돗수외

<苗/1(2)-03a> 鷄* 둙은 째 아는 새오니

<苗/1(2)-03a> 鷗* 골며기는 고기를 잘 잡어 먹습늬

<苗/1(2)-03a> 鳶* 쇼록이는 헌 누더기 닙엇다

<苗/1(2)-03a> 鵜鶘* 사드새 기름은 됴흔 약이라 하옵늬

<苗/1(2)-03a> 鴟* 녜 사름이 니르되 엇던 사름이 분 무든 붓으로 乙
字를 강파의 써는고 하다 긔특흔 말이옵도식

<苗/1(2)-03b> 燕* 져비는 삼월(三月)삼일(三日)의 나와 구월(九月)
구일(九日)의 도라가옵늬

<苗/1(2)-03b> 烏* 가마괴는 열두 가지 소리 하옵늬

<苗/1(2)-03b> 鳥* 새 업슨 셤이 붉쥐여늘 기리옵시니 붓그럽수외

<苗/1(2)-03b> 鷦鷯* 볍새가 한새 거름을 쏘르기 굿다

<苗/1(2)-04a> 杜鵑* 접동새가 슬피 우니 사름 무음을 놀낸다

<苗/1(2)-04a> 鶉* 못츠르기 잡어 새농의 넛고 밥 먹켜 길러 울리면
죳수외

<苗/1(2)-04a> 鷂* 부름가비 공듕의 써셔 늘게 친다

<苗/1(2)-04a> 鷓鴣* 쟈고는 월왕(越王) 되샹(臺上)의 오르느리더라
하되 본 적이 업수외

<苗/1(2)-04b> 鵠* 고해는 잇단 말만 드럿습늬

<苗/1(2)-04b> 卵* 알 씌오다

<苗/1(2)-04b> 鷇* 병아리 무틔게 즈란다

<苗/1(2)-04b> 鴷* 더구리란 새는 엇던 샌지 아직 아니 보옵늬 / 더
구리란 새는 서근 나모가지를 두두리옵늬

<鶺鴒/1(2)-04b> 鶺鴒* 할미새는 시내ㄱ의 나셔 쇼리 치고 돈범혀 둔니옵늬

<苗/1(2)-05a> 距* 듥기 싸홀 제 톱을 내여다 바다 반피를 잘ㅎ옵늬

<苗/1(2)-05a> 羽* 짓 근다

<苗/1(2)-05a> 觜* 부리로 좃기를 잘ㅎ옵늬

<苗/1(2)-05b> 鳴* 새는 울어도 눈믈을 보지 못ㅎ옵늬

<苗/1(2)-05b> 栖* 깃드럿다

<苗/1(2)-05b> 鳥死* 새가 죽엇습데

<苗/1(2)-05b> 剽掠* 매가 쒱을 츠 갓습늬

<苗/1(2)-06a> 土浴* 듥이 보곰자리 티니 믄지가 니러나옵늬

<苗/1-01b> 老人星* 노인셩은 남방의 나되 보는 사름은 쟝슈흔다 ㅎ옵늬

<苗/1-01b> 參星* 合셩과 샹셩은 서로 보지 못ㅎ는 별이오늬

<苗/1-02b> 西北風* 셔븍풍이 부니 비 도라가기 죳게 ㅎ엿습늬

<苗/1-02b> 順風* 슌풍이 잘 부니 비 오기의는 긔특ㅎ외

<苗/1-02b> 逆風* 역풍이 브니 활 쏘기의 어렵ㅅ외

<苗/1-03b> 雹* 므릭가 츄슈 젼의 오면 곡식이 잘못 되옵늬

<苗/1-03b> 細雨* 셔우가 쓰리니 느믈이 사라나옵늬

<苗/1-04b> 天動* 누에 올리지[치] 아닌 젼의 쳔동ㅎ면 다 브리옵늬

<苗/1-06a> 凶年* 흉년이면 만가지 거시 빗스오니 졀박ㅎ외

<苗/1-06b> 凉* 서늘ㅎ니 싀훤ㅎ외

<苗/1-06b> 暑* 심이 더오니 약〃ㅎ외

<苗/1-07a> 二月* 이월 보룸날은 셔가여릭 졔ㅅㅎ는 날이옵도싀

<苗/1-07a> 三月* 삼월은 삼일이 잇습늬

<苗/1-07a> 溫* 드ㅅㅎ니 둣ㅅ외

<苗/1-07a> 正月* 뎡월 샹원날이 읏틈이오늬

<苗/1-07a> 暄和* 오늘은 심히 온화ㅎ외

<苗/1-07a> 熅熱* 하 심이 므더오니 춤아 견듸지[치] 못ㅎ올쇠

<苗/1-07b> 四月* 스월도 불셔 회간의 되어시니 단오가 굿가이 되엿습\
       엿습

<苗/1-07b> 九月* 구월의는 구일이 잇고

<苗/1-07b> 五月*오월은 단오 잇고

<苗/1-07b> 六月* 뉴월의는 뉴두 잇고

<苗/1-07b> 七月* 칠월의는 칠셕이 잇습

<苗/1-07b> 八月* 팔월의는 츄셕이 잇습

<苗/1-08a> 十二月*섯둘 금음날은 빗을 갑고 밧기를 ᄒ기예 큰 샹고
       들은 잠 자지 못ᄒ읍

<苗/1-08a> 十一月* 동지둘은 동지 잇습

<苗/1-08a> 十月* 십월의는 아모 명일도 업습

<苗/1-08a> 閏月* 윤둘은 삼년 만의 드읍

<苗/1-08b> 臘* 납평은 믈쏭을 주어 두엇다가 이듬히 녀름의 달혀
       먹습

<苗/1-09a> 元日* 원일은[온] 한선날이니 술이나 먹고 덕담ᄒ읍

<苗/1-09a> 換節* 요ᄉ이 환졀이라 풍일이 사오나와 비각을 어덧습

<苗/1-09b> 夜* 밤이면 심〃ᄒ여 줌이 업서 졀박ᄒ외

<苗/1-09b> 晝* 낫은 삼ᄉ월이면 막 기외

<苗/1-10a> 暮* 어제는 졈으도록 셔칙(書冊) 졔마(除霾)를 ᄒ니 씀듸
       나셔 ᄀ렵ᄉ외

<苗/1-10a> 陰* 날이 심히 더올 제 그늘의 가 안ᄌ면 싀훤ᄒ오니

<苗/1-10a> 昨夜* 어제 져녁은 밤드도록 말ᄉ믐ᄒ니 든〃ᄒ읍데

<苗/1-10b> 月明* 둘이 불그니 ᄉ향지심이 더ᄒ읍

<苗/1-11a> 夕陽* 셔양 째의 ᄂ라가는 가마괴 빗은 비(比)홀 듸 업
       습ᄂ니

<苗/1-11a> 照* 둘이 창(窓)의 빗최여시니 ᄉ랑오와 줌[춤]이 업습

<苗/1-11b> 急* 나는 급히 쓰노라 ᄒ되 과연(果然) 어렵습

<苗/1-11b> 速* 수이 써 보내고 시븐 ᄆ음이야 어이 업ᄉ올고

<苗/1-11b> 俄* 이윽이 드러갓다가 나오니 슈샹ᄒ외

<苗/1-12a> 頃刻* 칙곳 어더면 경긱 ᄉ이라 다 아니 벗기올가

<苗/1-12a> 頃日* 경일의 니ᄅ시던 관동별곡(關東別曲)은 닛지 아니
ᄒ읍ᄂᆡ

<苗/1-12a> 古* 녜 사ᄅᆞᆷ은 신의를 효즉(效則)ᄒ읍데

<苗/1-12a> 今* 이제 사ᄅᆞᆷ은 신의란 닛고 욕심만 내니 무가내해올레

<苗/1-12b> 翌日* 술을 만히 먹고 잇튼날ᄭᅵ지 ᄭᆡ지[치] 못ᄒ엿습데

<苗/1-12b> 至今* 디금 결단히 업ᄉ니 민망ᄒ외

<苗/1-13a> 昨日* 어제는 나오마 ᄒ시고 아니 오시ᄃ니 긔 어인 일이
읍던고

<苗/1-13a> 初二日* 초잇튼날은 요〃ᄒ 날이읍도시

<苗/1-13a> 初三日* 초사흔날은 장히 노읍데

<苗/1-13b> 初四日* 초나흔날은 둉일도록 심〃이 지내엿습데

<苗/1-13b> 初九日* 초아흐련날은 ᄒ 고ᄃᆡ셔 날을 졍ᄒ읍ᄂᆡ

<苗/1-13b> 初九日* 한가ᄒ 날이읍도시

<苗/1-13b> 初六日* 초엿샌날은 비가 왓습데

<苗/1-13b> 初七日* 초일연날은 희치ᄒ라 갓습데

<苗/1-13b> 初八日* 초여ᄃ련날은 낫부터 대풍히 부럿습데

<苗/1-14a> 二十日* 스므날은 부ᄃᆡ 올 양으로 졍ᄒ엿더니 유고로 오
지 못ᄒ엿습ᄂᆡ

<苗/1-14a> 初十日* 초열흘날은 移所ᄒ엿습데

<苗/1-14b> 立春* 닙츈(立春)은 덕담 글을 써 기동마다 붓치읍ᄂᆡ

<苗/1-14b> 夏至* 하지ᄂ 오월 듕슌의 잇습ᄂᆡ

<苗/1-15a> 南* 남으로 마리 두고 자면 죳타 ᄒ읍ᄂᆡ

<苗/1-15a> 北* 븍안셩은 긱회를 더ᄒ읍ᄂᆡ

<苗/1-15b> 裡* 속이 미오 둔〃ᄒ다

<苗/1-16a> 底* 산 밋ᄐᆡ 방하공이 놀기 죳ᄉ외[의]

<苗/1-16b> 傍* 겻집의셔 굿 ᄒ다

<苗/1-16b> 上* 뫼 우회 오르면 듸마도가 쌘히 뵈옵닉

<苗/1-17a> 四面* 스면이 아득ᄒ니 비가 만히 올가 시브외

<苗/1-17a> 地* 싸히 즈다

<苗/1-17b> 禿山* 버서진 산이옵도식

<苗/1-17b> 山麓* 뫼 기슭의 뎡즈(亭子)가 이시면 안즈기 됴스외

<苗/1-17b> 野* 널은 들을 이렁져렁 둔니면 울긔가 피옵닉

<苗/1-18a> 窟* 굴 속이 미오 너르오니

<苗/1-18a> 塡* 즈시 메이옵소

<苗/1-18a> 陷* 싸져 가는 사름을 전져 내여야 올스오니

<苗/1-18b> 石壁* 셕벽이 심이 험ᄒ외

<苗/1-18b> 岸* 물언덕이 눕파 ᄂ리기 졀박ᄒ외

<苗/1-18b> 原* 오졔는 언덕 귀경의 조[초]반(朝飯) 먹고 즉시(卽時)
　　　　　　갓습다가 져녁쌔예 계오 둔녀왓습데

<苗/1-19a> 埃* 믄지 잘[절] 만치 비가 왓습데

<苗/1-19a> 塵* 틧글이 니지[치] 아니ᄒ옵닉

<苗/1-19b> 乾* 물랏다

<苗/1-19b> 泥濘* 니녕 속의는 둔니기 어렵다

<苗/1-19b> 沙* 브름이 미이 부니 모래가 눌리옵닉

<苗/1-19b> 細沙* 셰사는 브름이 됴곰 부러도 눌리옵닉

<苗/1-19b> 炭* 숫 업스면 겨올의 못 견듸올레

<苗/1-20a> 砂壁* 가난 사름은 사벽을 모화 글쓰기를 니기옵닉

<苗/1-20b> 窪* 날이 츠면 싸히 우물 뭇고 자옵ᄂ니

<苗/1-20b> 洞* 골 브름이 어렵스외

<苗/1-20b> 堰* 믈곳 논의 방축(防築)을 노피 쓴[쯔]면 죳스오니

<苗/1-21b> 臨淵* 모식 님ᄒ여 고기를 부러ᄒᄂ니 예셔 믈러가 그[구]
　　　　　　믈 미기야 낫다 ᄒ옵닉

<苗/1-21b> 池* 모식 고기 쮜는 양이 보기 됴스외

<苗/1-21b> 川* 우리는 내 건너기도 어려이 너기옵늬

<苗/1-22a> 溪* 시내ㄱ의 안자 발 담고 술 먹으면 돗스외

<苗/1-22a> 獵嶋* 어제는 졀영도의 못츠ᄅ기 산힝으로 갓숩다가 만
히 잡아 왓숩데

<苗/1-22a> 津* 느ᄅ 건널 제 ᄇ롬이 사오나오면 거복ᄒ외

<苗/1-22a> 泉* 심 솟[섯]숩늬

<苗/1-22a> 灘*여흘은믈이미오엿숩늬

<苗/1-22b> 起波* 븍풍이 부는 타신지 오늘은 믈결이 심히 니러옵늬

<苗/1-22b> 水宗* 슈종 넘엇숩데

<苗/1-22b> 溫井* 온졍은 겨울의도 ᄯᆯ흐니 괴이ᄒ옵데

<苗/1-22b> 井* 우믈은 깃도[토]록 괴니 긔특ᄒ외

<苗/1-23a> 潮* 믈이 미럿다

<苗/1-23a> 滑* 어름 우희는 밋그러워 ᄃ니지[치] 못ᄒ올레

<苗/1-23b> 渠* ᄀ천 처라

<苗/1-23b> 瀑布* 폭포는 ᄂ려지는 양이 웅장(雄壯)ᄒ외

<苗/1-24a> 順水* 슌슈인지 비 재외 / 順流(슌뉴[슈])

<苗/1-24a> 逆水* 역슈인지 비 더듸외

<苗/1-24a> 濁* 술이 흐리니 먹기 답〃ᄒ외

<苗/1-24b> 滴* 손의 믈이 듯〃는고나

<苗/1-25a> 淺* 엿흔 사룸은 말ᄒ기 슬사외

<苗/1-25b> 流* 믈 흘러가는 소ᄅ 쳐연(凄然)ᄒ외

<苗/1-26a> 惱* 뉘 집의셔 져 브러는가 소ᄅ 쳐연(凄然)ᄒ니 심(甚)
히 능심(惱心)ᄒ옵데

<苗/1-26a> 涵* 믈 속의 좀기라도 허욤을 ᄒ니 괴이ᄒ옵데

<苗/1-26b> 水鈴* 비곳 급히 오면 믈방이 디옵ᄂ니

<苗/1-26b> 檣* 돗대가 너모 크다

<苗/1-28b> 船惱* ᄇ룸이 사오납기예 비가 ᄂ라 긔운이 어즐ᄒ의

<苗/1-28b> 水疾* 건너오다가 슈질(水疾)ᄒ여 죽을 번ᄒ엿습데

<苗/1-28b> 搖惱* 심(甚)히 비멀미ᄒ여 마리 드지 못ᄒ올시

<苗/1-28b> 下秩* 슈목션(水木船)은 연장이 부질(不秩)ᄒ여 써젓습
데

<苗/1-29a> 大洋* 져근 ᄇᆡ를 ᄐᆞ고 대양(大洋)을 건너기ᄂᆞᆫ 위퇴ᄒᆞᆫ 일
이옵도식

<苗/1-29a> 商賈* 샹고들이 요ᄉᆞ이ᄂᆞᆫ 괴이히 되엿습데

<苗/1-29a> 常人* 샹놈들은 인ᄉᆞ(人事)를 모로옵ᄂᆡ

<苗/1-29b> 民* 빅셩들이 블샹ᄒ외

<苗/1-29b> 市人* 시졍의 ᄌᆞ손(子孫)은 아모 구실도 못ᄒ옵ᄂᆡ

<苗/1-29b> 行賈* 요ᄉᆞ이ᄂᆞᆫ ᄃᆞ니며 쟝ᄉᆞᄒ여 먹ᄂᆞᆫ 사름이 만습데

<苗/1-30a> 鰥* 홀로 잇ᄂᆞᆫ 환뷔(鰥夫)옵도쇠

<苗/1-31a> 道士* 도ᄉᆞᄂᆞᆫ 취쳐(娶妻)ᄒᆞᆫ[ᄒᆞ] 니도 잇고 취쳐 아닌 니
도 잇습ᄂᆡ

<苗/1-31a> 豪傑* 호걸읫 사름은 젹습데

<苗/1-31a> 戲子* 희ᄌᆞ란 거슨 온갖 지조(才操)를 ᄒᆞ니 괴이ᄒ옵데

<苗/1-31b> 弟子* 뎨ᄌᆞ ᄌᆞ라셔 ᄂᆞᆷ의 스승이 되옵ᄂᆡ

<苗/1-31b> 中媒* 듕ᄆᆡ란 거슨 혼인의 ᄉᆞ이예 드옵ᄂᆞ니

<苗/1-32a> 冶匠* 풀모아지라 ᄒᆞᄂᆞᆫ 댱인도 잇습ᄂᆡ

<苗/1-32a> 獵師* 산쟝이들이 옷갓 산ᄒᆡᆼ을 ᄒ옵ᄂᆡ

<苗/1-32a> 鑄匠* 아모거시나 딧ᄂᆞᆫ 댱인(匠人)도 잇습ᄂᆡ

<苗/1-33a> 性* 이 사름은 셩식이 ᄀᆞ쟝 순냥(純量)ᄒᆞᆫ 사름이오니

<苗/1-33a> 品* 져 사름은 제 인픔(人品)이 미오 퍅ᄒ고 미련ᄒᆞᆫ 사름
이오니 아라 듸답ᄒ옵소

<苗/1-33b> 聖* 셩인은 공ᄌᆞ 밋ᄌᆞ밧ᄀᆞᄂᆞᆫ 업습ᄂᆞ니

<苗/1-33b> 賢* 요ᄉᆞ이 두로 보니 어진 사름은 업습데

<苗/1-34a> 健者* 져 사름은 힘이 미이 세오니

<苗/1-34a> 謀* 져 사름은 쐬 쓰ᄂᆞᆫ 사름이니 밋지[치] 못ᄒ오리

<苗/1-34b> 剛* 그 사름은 나히 만흐되 심히 강〃ᄒᆞ옵데

<苗/1-34b> 德* 사름의게 부딘 덕틱(德澤)을 깃쳐야 올스외

<苗/1-35a> 福* 사름의게는 복(福)이 읏틈이오니

<苗/1-35b> 優* 속이 믜이 넉〃ᄒᆞ다

<苗/1-36a> 巧* (어) 그는 공교롭다

<苗/1-36a> 貪* 탐 업슨 사름은 만치 아니ᄒᆞ옵데

<苗/1-37a> 疏略* 그 스름은 소략(疏略)ᄒᆞᆫ 사람이로다

<苗/1-37b> 王* 님금은 쳔하셩쥬시라 긔특(奇特)ᄒᆞ시ᄂᆞ니

<苗/1-38b> 使臣* 불구(不久)의 ᄉᆞ신(使臣)이 븍경(北京)의 갈 쓰옴
의 되엿습ᄂᆡ

<苗/1-38b> 諸侯* 졔후(諸侯)ᄂᆞᆫ 어진 신하(臣下)를 부려야 올스오니

<苗/1-38b> 朝廷* 됴졍늬가 원간 일을 쥬쟝ᄒᆞ시옵ᄂᆡ

<苗/1-39a> 監司* 감ᄉᆞ(監司)ᄂᆞᆫ 팔도(八道)의 ᄒᆞᆫ 분식 겨시고 일도
둥의 읏틈이오니

<苗/1-39a> 府使* 부ᄉᆞ(府使)ᄂᆞᆫ 동늬부ᄉᆞ(東萊府使)가 졔일(第1-)
어렵다 ᄒᆞ옵ᄂᆡ

<苗/1-39b> 士* 션븨가 부지기수(不知其數)ㅣ 모왓습데

<苗/1-39b> 臣* 신하가 만스오되 착ᄒᆞᆫ 사람은 드므오니
<苗/1-40b> 役* 하인(下人)들이 요ᄉᆞ이ᄂᆞᆫ 역ᄉᆞ(役事)가 만하 못 견
듸여 ᄒᆞ옵ᄂᆡ
<苗/1-40b> 長者* 댱쟈(長者)를 보면 쇼인(小人)들은 슬희여 ᄒᆞ옵ᄂᆞ
니

<苗/1-41b> 父母* 부모를 셤기고 효도를 힘써 ᄒᆞᆫ는 거시 읏틈이오니

<苗/1-41b> 祖母* 조모의 품의 안겨[켜] 자던 일이 어제 오늘인
듯ᄒᆞ옵데

<苗/1-42a> 叔母* 슉모가 다숫 분이옵도쇠

<苗/1-42a> 叔父* 슉부가 여러 분이옵도싀

<苗/1-42a> 女姪* 쫄족하가 거번의 와 보고 갓ᄉᆞ오니 든〃ᄒᆞ옵데

<苗/1-42a> 姪* 족하가 여러히옵도싀

<苗/1-42a> 親* 어버의게 효도(孝道)ᄒᄂᆫ ᄌ식(子息)은 긔특(奇特)ᄒ
외

<苗/1-42b> 男* ᄉ나히ᄂᆫ 닙신양명(立身揚名) 이현부모(以顯父母)ㅣ
웃틈이오니

<苗/1-42b> 女* 계집은 문(門) 밧긔 나ᄂᆫ 일이 업ᄂᆫ니라

<苗/1-42b> 夫* 지아비를 잘 셤기ᄂᆫ 일이 삼강(3-綱) 듕(中)의 잇
ᄂᆫ 일이라

<苗/1-42b> 女息* 쭐ᄌ식은 제 싀가로 가ᄂᆫ 거시니 어엿부기ᄂᆫ 아들
여셔 더ᄒ오니

<苗/1-42b> 子* 아들ᄀᆺ치 ᄉ랑ᄒ고 귀히 너기옵ᄂᆡ

<苗/1-42b> 妻* 안히ᄂᆫ 빅년(百年)을 히로ᄒ니 오샹(五常)의 잇ᄂᆫ 일
이라

<苗/1-43a> 姑* 싀어마님이 늙어 계시외

<苗/1-43a> 舅* 싀어버이를 효셩(孝誠)을 셤기옵ᄂᆡ

<苗/1-43a> 妹* 아ᄋ 누의ᄂᆫ 시방(時方) 부모(父母)의 슬하(膝下)의
잇ᄉᆞᆸᄂᆡ

<苗/1-43a> 婦* 며ᄂᆞ리ᄂᆫ 제 나흔 ᄌ식(子息)토곤 귀ᄒ오니

<苗/1-43a> 婿* 사회ᄂᆫ 눔의 자식(子息)이라 빅년 손이오니

<苗/1-43a> 曾孫* 증손(曾孫)은 하 여러히니 얼굴을 아지 못ᄒᆞᆸ데

<苗/1-43b> 同婿* 동셔(同壻)ᄂᆫ 속담(俗談)의 산 쇠다리 든다 ᄒᆞᆸᄂᆡ

<苗/1-43b> 弟嫂* 아이 안히ᄂᆫ 아직 졈으오니

<苗/1-43b> 妻娚* 쳐남이 ᄆᆡ부(妹夫)를 ᄆᆡ오 ᄃᆡ졉(待接)ᄒᆞᆸᄂᆡ

<苗/1-43b> 兄嫂* 아ᄌ미 ᄃᆡᆨ(宅)이 ᄌ손(子孫) 만당(滿堂)ᄒ외

<苗/1-44a> 嫁* 가연(嫁緣)ᄒ면 셔방(書房) 맛ᄉᆞᆸᄂᆡ

<苗/1-44a> 改嫁* ᄀᆡ가(改嫁)ᄂᆫ 강남(江南) 법이옵도싀

<苗/1-44a> 配匹* 쳔졍(天定) ᄇᆡ필(配匹)이라 ᄒᆞᆸᄂᆡ

<苗/1-44b> 雇工* 고공사리ᄂᆫ 근본을 알고 부려야 올ᄉ오니

<苗/1-44b> 奴* ᄉ나히 죵은 힘이 쎄여야 부리기 쉬훤ᄒ오니

<苗/1-44b> 婢* 죵녀는 기자코 녕니ᄒ여야 죳스오니

<苗/1-44b> 上典* 샹뎐(上典)은 하늘 굿트니라

<苗/1-45a> 養子* 양ᄌ(養子)는 부듸 어려셔 길러 졍(情)을 붓쳐야 둇스오니

<苗/1-45a> 義父* 의부(義父) 아비란 거슨 역시(亦是) 강남(江南) 풍쇽이옵도시

<苗/1-45a> 嫡室* 뎍실은 노복(奴僕)을 ᄌ셔(仔細) 모ᄅ옵늬

<苗/1-45b> 我* 내게는 아들이 다ᄉ이요 손ᄌ(孫子)가 쉰이나 잇습늬

<苗/1-45b> 我等* 우리 등은 나라 일로 미일 분주(奔走)ᄒ옵늬

<苗/1-45b> 妾* 쳡(妾)의 암혹(暗惑)ᄒ여 안희를 소원(素遠)이 ᄒ는 사룸이 드믄이이시니 아마도 무샹ᄒ 일이옵도시

<苗/1-46a> 其* 그 쇼녀(小女)는 잘싱겻습데

<苗/1-46a> 某* 아모가히는 올희 급뎌ᄒ엿습데

<苗/1-46a> 他* 다른 니는 셔울의 가 녹(錄) 먹고 노픈 벼슬 ᄒ시옵데

<苗/1-46b> 名* 일홈은 두 ᄌ로도 짓고 ᄒ 즈로도 짓습시

<苗/1-46b> 別號* 별호(別號)는 일홈과 ᄌ 지은 외예 별로 지어 브ᄅ옵늬

<苗/1-46b> 姓* 셩ᄌ(姓字)는 일홈ᄌ 우희 쓰옵늬

<苗/1-46b> 姓本* 셩본(姓本)은 시조(始祖) 계신 ᄃ를 니른 말이옵도시

<苗/1-46b> 字* ᄌ는 일홈ᄌ 뜻을 보와셔 짓습늬

<苗/1-47a> 彼漢* 져 놈은 젼부터 슬겁스외

<苗/1-47a> 娚* 오라비는 다 어질고 착ᄒ 사룸이옵도시

<苗/1-47b> 頭* 마리를 츠게 ᄒ면 두통이 업습늬

<苗/1-47b> 目* 눈이 붉스외

<苗/1-47b> 額* 니마의 허믈이 잇습늬

<苗/1-47b> 頂* 뎡바기예 샹두 짯습늬

<苗/1-48a> 瞳* 동ᄌ가 져는 둘이옵도시

<苗/1-48a> 眼包* 눈두에가 은힝 겹질 곳스외

<苗/1-48b> 眉* 눈썹이 나븨 눈썹이옵도싀

<苗/1-48b> 鼻頭* 코긋듸 여으 긔여 가옵늬

<苗/1-48b> 顔* 안싁이 곱스외

<苗/1-48b> 眼毛* 눈터럭이 기외

<苗/1-49a> 耳* 귀 먹어 민망ᄒ외

<苗/1-49a> 鼾* 코를 미이 코오니 듯기 슬희여 겻듸 좀 자지 못ᄒ올싀

<苗/1-49a> 捽鼻* 코플기를 흔부로 ᄒ면 눔이 보고 더러이 너기옵늬

<苗/1-50a> 齦* 니무음이 병들면 니가 쉬이 ᄲᅢ지옵늬

<苗/1-50a> 牙* 숑곳니가 셩ᄒ외

<苗/1-50a> 奧齒* 어금니가 병드럿습늬

<苗/1-50a> 齒* 니가 세오니 질긘 것 잘 씹습늬

<苗/1-50a> 頤* 특의 나룻 업스니 밍〃ᄒ외

<苗/1-50b> 勒鬚* 구레나룻이 녀름이면 덥스외

<苗/1-50b> 鬢* 귀밋털이 셰여시니 민망ᄒ다

<苗/1-50b> 失音* 목이 쉬나 노래 흔나야 아니 브르올가

<苗/1-51a> 骨髓* 골슈의 비얏습데

<苗/1-51a> 白髮* 흰 털이 ᄀᆞ득 나매 ᄀᆞ렵스외

<苗/1-51a> 咽喉* 목이 메여 말이 나지 아니ᄒ옵늬

<苗/1-51b> 筋* 힘줄이 ᄀᆞᄂᆞᆯ고 여러히옵도쇠

<苗/1-51b> 力* 힘이 세외 / 약ᄒ외

<苗/1-52a> 一指* 엄지 손가락의 밥 무덧습늬

<苗/1-52a> 三指* 댱가락의 뎡죵(疔腫)이 나옵늬

<苗/1-52a> 指* 손가락도 기니 쟈ᄅᆞ 니 잇습늬

<苗/1-52b> 五指* 삿기 손가락이 쟈ᄅᆞ외

<苗/1-53a> 乳房* 졋통이 크면 졋이 만히 나옵늬

<苗/1-53a> 爪* 손톱의 가싀는 알고 넘통의 지긔를 모로는 사롬이옵
도싀

<苗/1-53a> 胸* 가슴의 쳬ᄒ여 느리지[치] 아니ᄒ외

<苗/1-53b> 腹* 빅 브로외 / 빅 고프외

<苗/1-53b> 臍* 빅샌록 크고 깁스외

<苗/1-53b> 脊* 등무른 쎠가 슬지기예 뵈지[치] 아나ᄒ옵늬

<苗/1-54a> 桃骨* 복셩화쎠 브러 도닷습늬

<苗/1-54a> 臂肘* 폴궁동이예 다치니 아프외

<苗/1-54a> 膝* 슬갑 도적이옵도싀

<苗/1-54a> 足* 발이 저리외

<苗/1-54a> 膕* 거롬을 먼니 거륵기예 오곰이 앏팟습데

<苗/1-54b> 心* 무음이 브른면 ᄒ는 일도 올케 ᄒ옵늬

<苗/1-54b> 足疗* 발의 튀눈이 나 촌보도 움쥬기지[치] 못ᄒ옵늬

<苗/1-55a> 肝* 간화(肝火)가 낫습기의 눈이 어듭스외

<苗/1-55a> 膽* 셩이 하 나니 담(膽)이 쩔리옵늬

<苗/1-55a> 脾* 비위(脾胃)가 샹ᄒ엿습늬

<苗/1-55a> 胃* 위열ᄒ여 음식이 맛 업스외

<苗/1-55a> 千葉* 쳔녑은 사롬의도 이슨 줄은 모르니 말ᄒ기 어렵스
외

<苗/1-55a> 肺* 폐열ᄒ여 그러ᄒ온지 술 마시 쓸고 먹지 못ᄒ옵늬

<苗/1-55b> 氣* 긔운(氣運)이 방댱(方張)이옵도쇠

<苗/1-55b> 膀胱* 오좀통의 습열(濕熱)이 드럿습늬

<苗/1-55b> 血* 혈긔(血氣) 만스외

<苗/1-56a> 淚* 눈믈은 부듸 진졍으로 셜워야 나는 거시올쇠

<苗/1-56a> 命* 슈인ᄉ(修人事)후(後)에 듸쳔명이라 ᄒ옵늬

<苗/1-56a> 夢* 쑴은 거즛 일이오나 한단몽은 든〃ᄒ여 ᄒ옵늬

<苗/1-56a> 息* 쉬면 좃스오되 병이 나옵늬

<苗/1-56b> 鼻涕* 코믈은 절로 나는 거시올레

<苗/1-56b> 瞬* 일슌(一瞬) 쳔니(千里)라 ᄒ니 니별(離別)도 잠간 ᄒ
면 둣ᄉ외

<苗/1-56b> 拭* 셜워면 코눈믈이 아모리 쓰서도 무한(無限)이 나옵ᄂᆡ

<苗/1-56b> 音* 소ᄅᆡ는 쳔하(天下) 뇌동ᄒ되 소ᄅᆡ로 ᄒ는 말이 다 다
ᄅ니 괴이ᄒ외

<苗/1-56b> 汗* ᄯ옴이 만히 나면 일신의 진익이라 둣치 아니ᄒ외

<苗/1-57a> 尿* 오좀이 ᄆ렵ᄉ외

<苗/1-57a> 瀉* 똥 츠지옵ᄂᆡ

<苗/1-57a> 屎* 쟉도 ᄌ로만ᄒ 똥을 실오리 되게 시서도 내는 나옵ᄂᆡ

<苗/1-57a> 唾* 춤을 부듸 ᄂᆞᆷ이 보지 아니케 바트[ㄹ]면 사ᄅᆞᆷ이 졍(正)
이 너기옵ᄂᆡ

<苗/1-57a> 響* 뫼아리 응(應)ᄒ는 소ᄅᆡ 심히 ᄇᆞᆯᄅ옵ᄂᆡ

<苗/1-57a> 喧* 진궤니 요란ᄒ여 듯지[치] 못ᄒ올시

<苗/1-57b> 腹鳴* 시댱ᄒ면 비의 소ᄅᆡ 나셔 허(虛)ᄒ니 ᄇᆞ름 드러옵ᄂᆡ

<苗/1-58a> 剛* 굿세니 무던ᄒ외

<苗/1-58a> 强* ᄒ는 양이 강항녕이옵도ᄉᆡ

<苗/1-58b> 驕* 사ᄅᆞᆷ을 업슈이 녀기니 그런 교만(驕慢)ᄒ 사ᄅᆞᆷ이 업
ᄉ외

<苗/1-58b> 壯* 장ᄒ니 거륵ᄒ외

<苗/1-59a> 小童* 쇼동(小童)이 간 ᄃᆡ마다 노름만 ᄒ옵ᄂᆡ

<苗/1-59a> 憔悴* 낫치 쵸취(憔悴)ᄒ여시니 몰나보왓습데 / 그릇보
왓습데

<苗/1-59a> 稚子* 어린 놈은 아모 혬도 업ᄉ외

<苗/1-59b> 童* 아히들이 쇼가차 굴래기를 심(甚)히 ᄒ옵ᄂᆡ

<苗/1-59b> 影* 그림재는 사ᄅᆞᆷ의 ᄯ로옵ᄂᆡ

<苗/1-59b> 淨* 믈그니 조츨ᄒ외

<苗/1-59b> 孩* 이 아ᄋᆞ가 ᄇᆞᆯ셔 녁여 웃습ᄂᆡ

<苗/1-60a> 驪* 그 샤마귀는 ᄀ장 크니 귀호외

<苗/1-60a> 醜* 추호니 보기 괴롭스외

<苗/2-06a> 麒* 긔린은 성인이 계셔야 나옵닉

<苗/2-06a> 豹* 표피는 발톱이 다 이셔야 쓰옵닉

<苗/2-06a> 虎* 범도 삿기 친 골의 두남을 두옵닉

<苗/2-06b> 象* 코키리는 코히 쥐가 들면 견듸지 못호옵닉

<苗/2-06b> 獸* 즘싱 듕의 물과 개가 제 님자를 알아보니 긔특호외

<苗/2-06b> 駝* 약대게 짐 만히 시럿다

<苗/2-07a> 羔* 염쇼는 제향의 쓰매 부러 기르옵닉

<苗/2-07a> 羊* 양피 옷슨 방풍홀 ᄯ름이지 덥든 아니호외

<苗/2-07b> 鹿* 사슴은 가족을 벗겨 니겨 내면 좃스오니

<苗/2-07b> 駁駑* 어룽물 트고 가는 양이 돗스외

<苗/2-07b> 白馬* 빅마(白馬) 금편(金鞭)으로 나양셩(洛陽城) 듕(中) 챵기(唱妓)틱와 오옵닉

<苗/2-07b> 騙馬 * 불친 물이 용호고 크매 강남셔는 물 불치기를 슝샹호옵닉

<苗/2-07b> 豺* 싀는 보지 못호엿습닉

<苗/2-08a> 山獺* 산달피는 이엄도 부텨 쓰고 옷 지어 닙ᄂ니라

<苗/2-08a> 犀* 셔각이 통쳔셔면 즉호올가 씩 ᄒᆞ여 씌옵닉

<苗/2-08a> 水獺* 슈달피는 겨올의 모션을 민들고 길 갈 제 쥐고 가옵닉

<苗/2-08a> 貂* 돈피 털은 미오 덥스외

<苗/2-08b> 古羅馬* 고라물은 거롬을 잘 것습닉

<苗/2-08b> 馬* 물 트면 견마 잡피고져 호옵닉

<苗/2-08b> 小台馬* 별간쟈물은 니마의 별을[올] 붓친 닷호외

<苗/2-08b> 烏鶹馬* 오류마물 들리난 양이 좃스외

<苗/2-08b> 赤多馬* 젹다물이 술이 올라 굴릭옵닉

<苗/2-09a> 四足馬* 스족빅물이 둣는 양은 보기 좃스외

<苗/2-09a> 牛* 쇠 눈의셔 의논이 크다 ᄒᆞᆸᄂᆡ

<苗/2-09b> 猫* 괴ᄂᆞᆫ 쥐만 잡지[치] 가족은 못 쓰옵ᄂᆡ

<苗/2-09b> 麝* 샤향 내 맛트니 그런 내 업ᄉᆞ외

<苗/2-09b> 猿* 진납이ᄂᆞᆫ 슬피 우니 낙으내 사름이 슬프믈 더ᄒᆞᆸᄂᆡ

<苗/2-09b> 狐* 여의게 홀리다

<苗/2-09b> 狘* 족접이 쇠리 털로 민 붓시라

<苗/2-10a> 角* 네 쇳쌜 아니면 내 담히 믄허지라

<苗/2-10a> 尾* 개가 님자를 보고 쇠리 치ᄂᆞ니라

<苗/2-10a> 鼠* 쥐를 치고져 ᄒᆞ되 그릇슬 거려 아니 치옵ᄂᆡ

<苗/2-10a> 齟* ᄃᆞ라미ᄂᆞᆫ 뫼희셔 발붓치 ᄃᆞ니매 사름 발붓트 니도 ᄃᆞ라미 굿다 ᄒᆞᆸᄂᆡ

<苗/2-10a> 猯* 오소리ᄂᆞᆫ 가족을 벗겨 자리만 ᄒᆞ여 안자도 거습ᄒᆞ외\

<苗/2-10b> 瓜* 톱으로 쌍을 허의옵ᄂᆡ

<苗/2-10b> 鬣* 갈기ᄂᆞᆫ 총에셔 ᄀᆞᄂᆞᆯ매 망근과 쳇블 ᄒᆞ여도 ᄀᆞᄂᆞ로 오니

<苗/2-10b> 踶* 믈게 치여 부엇습ᄂᆡ

<苗/2-10b> 吠* 개ᄂᆞᆫ 밤사름을 보면 즛습ᄂᆡ

<苗/2-11a> 毛* 털이 굴면 됴히 뵈옵ᄂᆡ

<苗/2-11a> 馳* 둘리면 ᄒᆞᄅᆞ 쳔 니를 간다 ᄒᆞᆸᄂᆡ

<苗/2-11b> 馬死* 믈이 죽어시니 아사라

<苗/2-11b> 馬嘶* 믈이 봄이면 야비달ᄒᆞᆸᄂᆡ

<苗/2-11b> 馬走* 믈이 둣다가 것텨 업더졋습ᄂᆡ

<苗/2-11b> 雌* 암즘싱도 수를 보고 ᄯᆞᄅᆞᄂᆞ니라

<苗/2-12a> 狸* 숡은 괴 굿트되 가족으로 옷슬 ᄒᆞ면 더ᄉᆞ외

<苗/2-12a> 熊* 곰의 기름은 머리예 ᄇᆞᄅᆞ면 털이 졋지 아니ᄒᆞ외

<苗/2-12a> 鼬* 족접이ᄂᆞᆫ 사름의게 붓ᄃᆞ디 아닌 거시로되 쥐를 잘 잡으니 둇ᄉᆞ외

<苗/2-12b> 蛟龍* 되롱농이 나시니 안개 끼이게 ᄒᆞ엿다

<苗/2-12b> 龍* 뇽이 오르니 비 오[어]제 ㅎ엿다

<苗/2-12b> 産* 나하셔 즈랏다

<苗/2-12b> 孕* 삿기 비연 지 오랜다

<苗/2-13a> 龜* 거복은 유톄ㅎ니 죽길 거시 아니로쇠

<苗/2-13a> 鼈* 댜라 목 ㅎ엿다

<苗/2-13a> 石螯* 셕오란 게ㄴ 발을 까여 먹으면 마시 더 잇난 둧ㅎ외

<苗/2-13a> 蝦* 등 구븐 새요로다

<苗/2-13a> 蝘蜓* 도마비얌은 젹으매 무셔온 일이 업습닉

<苗/2-13b> 螺* 쇼라 닥지 엿는다

<苗/2-13b> 鮑* 싱포 속의 진쥬 드럿다

<苗/2-13b> 蛤* 죠개가 입을 다므럿다

<苗/2-14a> 鱗* 비늘 글거라 먹을 제 비늘 업수야 죠흐니라

<苗/2-14a> 鱗族* 닌족을 다 알기 어렵수외

<苗/2-15a> 大口魚* 대구ㄴ 아직 뵈지 아니ㅎ외

<苗/2-16a> 石魚* 조긔ㄴ 입 슬흘 제 먹으면 죳스오니

<苗/2-16a> 鮎魚* 메유기 국 쓸히면 맛시 맛나오니

<苗/2-16a> 河豚魚* 복싱션은 쟝만기를 잘못ㅎ여 먹으면 죽ㄴ니라

<苗/2-16b> 倒蟲* 가지ㄴ뒤거름치[기]를ㅎ옵닉

<苗/2-16b> 海蔘* 히슘은 속 녀허 쌈 ㅎ여도 죳고 회도 무던[단]ㅎ
오니

<苗/2-16b> 紅蛤* 홍합은보신ㅎ니뇨죠흔사름이먹으며둇수외

<苗/2-17a> 鏡魚* 가잠 싱션은 기름지외 / 가재

<苗/2-17a> 石花* 굴은 회가 죠흐되 담(痰)이 셩ㅎ외

<苗/2-17a> 熟鰒* 슉전복 고으게 ㅎ옵소 므르도록 둇스외

<苗/2-17a> 鯔魚* 슈어 싱션을 먹엇ᄃ니 둇스외

<苗/2-17b> 蜂* 벌은 제 통을 잘 춧습닉

<苗/2-17b> 蝶* 나븨ㄴ 곳을 쓰ᄅ옵닉

<苗/2-17b> 蛛* 거믜줄의 프리 걸렷습닉

<苗/2-17b> 靑魚* 청어가 첫 번이니 빗스외

<苗/2-17b> 蜓* 샹이 나시니 극[국]열ᄒᆞ외

<苗/2-18a> 虻* 등의게 믈려 좀을 자지 못ᄒᆞ올쇠

<苗/2-18a> 蚊* 모긔는 젹어도 소릭를 크게 ᄒᆞ고 믈리면 아모리 큰 사
룸이라도 부어 오르옵닉

<苗/2-18a> 蠅* 프리가 늣치 안즈니 근지[치]럽스외

<苗/2-18a> 蜈蚣* 진에는 빅족지통이라 사름의게 해로오니 사오나
온 거시올레

<苗/2-18a>香娘*노려기는솔닙프로바늘주면업습ᄂ니

<苗/2-18b> 蛇* 궁의 든 바얌이 몃 자힌고 사름이 믈리면 병드오리

<苗/2-18b> 蟋蟀* 긔또라미는 ᄀᆞ올을 기ᄃᆞ려 우옵ᄂ니

<苗/2-18b> 蛙* 올창이 북도 즈로 굿다 / 蝌蚪(과두) / 머그리 / 개고
리 / 蝦蟆(하마)

<苗/2-18b> 蠶* 누에는 어인 직간으로[르] 나모닙을 먹고 실을 낫
습ᄂ고

<苗/2-18b> 蟲* 갓치셔 좀이 나옵닉 / 나모셕이 / 며기

<苗/2-19a> 蟣* 마리 빗기를 슬허ᄒᆞ매 혜가 절로 만습데

<苗/2-19a> 蝠* 붉쥐는 밤의만 ᄂᆞ라ᄃᆞ니고 나즌 가마니 이시니 고약
[악]ᄒᆞ외

<苗/2-19a> 蜉蝣* ᄒᆞ르사리가 비 오니 간 ᄃᆡ 업스외

<苗/2-19a> 蟊* 혜 씌면 니가 된다 ᄒᆞ옵닉

<苗/2-19a> 蚱* 이삭버릭는 곡셕의 해롭스외

<苗/2-19b> 蛩* 뵈쌍이 소릭는 우습스외

<苗/2-19b> 蝸* 들팡의 집이옵도쇠

<苗/2-19b> 蟻* 가야미도 일년의 먹을 거슬 쟝만ᄒᆞ여 둔다 ᄒᆞ옵닉

<苗/2-19b> 蛭* 거므리 피를 샏ᄅᆞ내옵닉

<苗/2-19b> 蝍* 진뒤는 개 몸의 붓트니 더럽스외

<苗/2-20a> 蚯蚓* 디룡이는 제 눈을 가재 주고 씌을 밧고와 썬다 ㅎ옵늬

<苗/2-20a> 螢* 반딕가 밤이 옥창을 지나니 날이 불근 듯ㅎ외

<苗/2-20a> 蝗* 황튱이가 벼를 다 먹어시니 농시 구이업스외

<苗/2-20a> 虫* 버레 먹어습늬

<苗/2-20b> 穀* 곡식은 빅곡(百穀)이 다 귀흔 거시옵도쇠

<苗/2-20b> 糯* 춥쌀로 썩을 구득 ㅎ옵소

<苗/2-20b> 糧* 냥식이 아직 유여ㅎ외

<苗/2-20b> 蟒* 굴헝은 모양이 흉ㅎ되 굿튀여 해흔 일이 업스외

<苗/2-20b> 蚑* 긔는 버리지가 멀리는 못 가오니

<苗/2-21a> 粳* 경미는 사룸마다 먹지 못ㅎ여 님금겨오셔만 잡스오시옵늬

<苗/2-21a> 米* 쌀은 슬도록 밥 마시 나옵늬

<苗/2-21a> 粟* 조밥은 먹기 구장 둇스외

<苗/2-21b> 蕎* 모밀 탕슈 먹으면 술이 씌옵늬

<苗/2-21b> 稷* 피 밥은 구수ㅎ옵데

<苗/2-22a> 糖* 슈슈 닙피 셜당의 드럿[럿]습늬

<苗/2-22a> 苗* 묘 옴길 쌔니 시방 비를 기드리옵늬

<苗/2-22a> 眞荏* 춤개 기름이 고소고 맛나니 약과(藥菓)도 지지옵늬

<苗/2-22b> 祿* 녹을 만히 투니 글을 먹고 지내옵늬

<苗/2-22b> 芽* 봄의 되어시니 만목이 움을 내옵늬[싀]

<苗/2-22b> 種* 시를 잘 ㅎ여 두어야 늬년 봄의 쓰옵늬

<苗/2-23a> 糠* 주여미 언덕이 십 니예 브라보올쇠 / 겨를 할치고 쌀의 밋는다 ㅎ오니 범스를 조심ㅎ여야 둇스외

<苗/2-23a> 耳牟* 귀우리 밥을 먹으니 이런 흉년이 업스외

<苗/2-23b> 茄* 가지 젹은 믹근믹근ㅎ외

<苗/2-23b> 苽* 외가 쓰외

<苗/2-23b> 西苽* 슈박이 닉어 속이 벌거ㅎ외

<苗/2-23b> 眞苽* 춤외가 서러 왼 내 나읍닉

<苗/2-23b> 香蕈* 표고는 음식의 녀흐면 맛도 죳고 향긔로은 듯흐외

<苗/2-24a> 蒜* 마늘을 먹으면 내가 심이 나읍닉

<苗/2-24a> 野蔥* 들릭는 먹은즉 믜오니라

<苗/2-24b> 藜* 명화는 진믈 민[믜]드는 거시라

<苗/2-24b> 薯蕷* 마는 쪄도 먹고 물리여 약직도 흐느니라

<苗/2-24b> 筍* 쥭슌은 수이 즈라느니

<苗/2-24b> 朮* 삽쥬 블희는 약직도 흐고 닙픈 치 지어 먹습닉

<苗/2-25a> 葛* 츩은 둔둔히 쇼와 빅 줄이를 흐읍닉

<苗/2-25a> 菌* 버서는 남긔도 픠고 짜히도 나느니라

<苗/2-25a> 芹* 미나리 강회 됴흐니라

<苗/2-25a> 菩葍* 길경은 약직 흐느니라

<苗/2-25b> 薑* 싱강은 믜오니라

<苗/2-25b> 芥* 계주는 즙 흐여 회 지거 먹습닉

<苗/2-25b> 葵* 규화는 녀름의 픠는 쏫이니라

<苗/2-25b> 蓼* 역긔는 굿 난 거시야 됴흐니라

<苗/2-25b> 萵* 부루는 밥 싸 먹느니라

<苗/2-26a> 蹄* 곰들릭는 국거리 흐고 먹습닉 / 손것자리

<苗/2-26a> 菱* 말암은 짜여 먹으면 마시 밤 굿고 빗치[지] 가마흐외

<苗/2-26a> 酸漿* 고아리는 아히들이 먹기를 됴하흐읍닉

<苗/2-26a> 薺* 낭이란 느믈은 드믈게 먹습닉

<苗/2-26a> 萱* 넘느믈은 치 흐여 먹습닉

<苗/2-26a> 莧* 비름은 밧 フ의 잇느니라

<苗/2-26b> 鷄冠苔* 히퇴는 술 안쥬 흐면 둣스오니

<苗/2-26b> 蕨* 고사리는 쪄 먹느니라

<苗/2-26b> 苜蓿* 게오목은 싱으[오]로는 서여도 데쳐 소곰 기름 흐
여 먹으면 됴흐니라

<苗/2-26b> 蘖* 봄이면 온갖 남기 눈 머흐옵[옴]닉

<苗/2-26b> 海衣* 짐은 히치 듕의 웃[옷]틈이라

<苗/2-27a> 卯菜* 톤ᄂ믈은 니가 셩ᄒ여야 마시 잇습닉

<苗/2-27a> 牛毛* 우모ᄂ 고와 먹습닉

<苗/2-27a> 海帶* 다ᄉ마ᄂ 기름 지져 먹ᄂ니

<苗/2-27a> 海藻* 믈은 소반찬이오니

<苗/2-27b> 甘藿* 며욕은 소치 뉘라

<苗/2-27b> 蘿蔔* 무ᄂ 솔마 먹어도 됴ᄉ외

<苗/2-27b> 蘇* 츠조기ᄂ 약치 ᄒᄂ니라

<苗/2-27b> 菘* 비치ᄂ 짐치 ᄒ여 먹습닉

<苗/2-28a> 畎畝* 밧 이랑이 즈니 됴치 아니ᄒ외

<苗/2-28a> 耕* 밧 갈기를 브즈러니 ᄒ옵닉

<苗/2-28a> 畓* 논은 쌍이 건 후에야 됴ᄒ니라

<苗/2-28a> 田* 밧치 거니 좃다

<苗/2-28b> 耞* 도리채를 믄ᄃ라야 타작을 ᄒ게 ᄒ엿습닉

<苗/2-28b> 培* 붓도드면 남기 셩ᄒᄂ니라

<苗/2-28b> 舂* 씨흐면 쏠이 희니 됴ᄉ외

<苗/2-28b> 耘* 기음 미면 벼나 잡곡이나 잘 되ᄂ니

<苗/2-29a> 箕* 키 긔 즈니 곡식이 까보ᄂ 거시라

<苗/2-29a> 收* 곡셕을 거두려 시방은 분주ᄒ외

<苗/2-29a> 儲* 졔츅미(儲蓄米)가 만히 이시니 든든ᄒ외

<苗/2-29a> 萁* 각대ᄂ 솔마 쇠예 먹이면 됴ᄒ니라

<苗/2-29b> 結* 민 거슬 플기도 어렵고 픈 거슬 미기도 어려오니

<苗/2-29b> 藁* 집피ᄂ 쏠셤도 믹들고 삿도 고와 쓰옵닉

<苗/2-29b> 貢* 황셩(皇城)의 됴공(朝貢)ᄒ라 외국 사름이 다 모히
  옵닉

<苗/2-30a> 束* 속즈ᄂ ᄒᆫ 단이라도 ᄒ고 ᄒᆫ 뭇시라도 ᄒ고 쳔만의
  다 ᄒᄂ니라

<苗/2-30b> 大柑子* 대감즈는 서리을 맛쳐야 빗치 곱수외

<苗/2-30b> 梨* 빈는 먹으니 싀훤호외

<苗/2-30b> 石榴* 셕뉴는 마시 쉬니라

<苗/2-30b> 小柑子* 진피는 쇼감즈 곱치로쇠

<苗/2-30b> 柚子* 유즈는 대감즈 굿수외 / 겁풀이 얽머호외

<苗/2-30b> 柿* 감은 먹으면 드니라 / 이 감은 닉지 아니호니 떫수외

<苗/2-31a> 橘* 귤은 뎐과 호느니라

<苗/2-31a> 龍眼* 뇽안은 약지로되 그저 먹어도 무던호외

<苗/2-31a> 栢子* 잣슨 까 먹느니라

<苗/2-31a> 櫻挑* 잉도는 만히 먹어도 해롭지 아니호외

<苗/2-31a> 荔芰* 녀디는 강남 과실이라

<苗/2-31b> 棠* 아가외[의]는 속좃차[자] 블그니라

<苗/2-31b> 大通實* 으흐룸은 구시월의 닉습닉

<苗/2-31b> 栗* 밤은 싱으로도 먹고 구어도 먹습닉

<苗/2-31b> 葡萄* 포도는 잘 닉은 후에 먹느니라

<苗/2-31b> 㮈* 드래는 구시월의 짜 먹으면 드니라

<苗/2-32a> 山椒* 쳔쵸는 침치예도 녓고 식혜의도 녓습닉

<苗/2-32a> 山葡* 멀위는 뫼희셔 나고 먹으면 フ장 돗수외

<苗/2-32a> 五味子* 오미즈는 믈의 담갓다가 그 믈을 먹으면 싀니라

<苗/2-32a> 銀杏* 은힝은 구어 먹습[슴]닉

<苗/2-32b> 菓* 과실은 フ올의 만습데

<苗/2-32b> 寄生* 겨오사리는 겨울이면 소남기도 나고 밤 남기도 나
고 쏭 남기도 나느니라

<苗/2-32b> 梅實*매실은댱마쌔예열니웁닉

<苗/2-32b> 梔子* 치즈는 약지 호느니라

<苗/2-33a> 檗* 황빅(黃栢)은 마시 쓰니라

<苗/2-33a> 芧* 돗토리는 여름이로되 먹지 아니호웁닉

<苗/2-33a> 實* 화식(火食)은 아니 먹고 실과를 먹는 듕이옵도쇠

<苗/2-33a> 蔕* 곡지는 여름마다 잇습니

<苗/2-33b> 木* 산이 놉파도 나모가 웃틈이라

<苗/2-33b> 松* 소나모는 집 지일 적 기동도 ᄒ고 널도 켜 쓰옵니

<苗/2-33b> 竹* 대는 두 가지니 ᄆᄃᆡ 업는 거슨 시나대요 굴근 거슨
왕대라 ᄒ옵니

<苗/2-33b> 椵* 피남글로 궤를 ᄆᆫ들면 가븨여 됴ᄒ리라

<苗/2-34a> 槐* 회화나모는 쉬이 ᄌ라ᄂᆞ니라

<苗/2-34a> 蘇木* 단목은 블근 믈 드리는 거시라

<苗/2-34a> 梧桐* 머긔남그로 고문고를 ᄆᆡᆼ그옵니

<苗/2-34a> 樺* 봇츤 활 쓰ᄂᆞ니라

<苗/2-34a> 檜* 젓나모는 가븨여 둇ᄉ오니

<苗/2-34b> 桑* 쏭나모는 활 ᄆᆡᆫ[미]들고 닙픈 누에 먹이옵니

<苗/2-34b> 楊* 슈양은 비 올 제 보기 더옥[ᄋᆞᆨ] 둇ᄉ외

<苗/2-34b> 欓* 춤나모는 나모 뉴의 ᄃᆞᆫᄃᆞᆫᄒ여 무겁기가 다른 나모 두
벌목이나 ᄒᆞ니

<苗/2-34b> 榛* 옷나모는 옷칠 내ᄂᆞ니라

<苗/2-35a> 杻* 벗리는 목픔이 결 됴ᄒ니라 / 광대벗리는 줄을 ᄭᅩ와
쓰ᄂᆞ니라

<苗/2-35a> 藤* 등은 믈채 ᄒᆞᄂᆞ니 / 등은 ᄶᅡ여 쓰ᄂᆞ니

<苗/2-35a> 楮* 싹은 죵회 쓰ᄂᆞ니라

<苗/2-35a> 棕櫚* 종녀는 목믈 ᄆᆡᆼ글면 됴ᄒ니라

<苗/2-35a> 側栢* 측빅은 동빅나모 ᄀᆞᆺ튼니라

<苗/2-35a> 楓* 신나모는 거믄 믈 드리옵니

<苗/2-35b> 林* 숩풀 아릭는 낫의 ᄃᆞᆫ녀도 이슬이 잇습니

<苗/2-35b> 藪* 덥블은 남기 약간 잇ᄂᆞ니라

<苗/2-35b> 柴* 싀목은 닙피 업는 남기라

<苗/2-35b> 薪* 섭나모는 닙피 잇ᄂᆞ니라

<苗/2-35b> 枝* 가지마다 곳치 픠엿습시

<苗/2-36a> 檢彭* 검펑은 쿨즈르 ᄒ면 돗스외

<苗/2-36a> 檀* 빅단 내 맛두니 그런 내 업스외

<苗/2-36a> 榧* 비즈남근 너로도 켜고 목믈도 ᄆᆫ들고 여름은 약지
ᄒᄂ니라

<苗/2-36a> 葉* 나모닙피 다 ᄰᅥ러뎌[텨] ᄀᆞ올 경이 깁스외

<苗/2-36a> 板* 널은 공이 업서야 쓰ᄂ니라

<苗/2-36b> 柳絮* 버들개야지는 봄의 픠ᄂ니라

<苗/2-36b> 柈* ᄰᅵᄂ 글근 남글 ᄯᅳᆸ고 줄 ᄭᅦ여 모화 얼고믜여 믈의 ᄰᅵ
오ᄂ 거시니 승뷔라

<苗/2-37a> 枯* 이 남기가 이으러 갓더니 요스이 새 닙 내웁ᄂᆡ

<苗/2-37a> 白蠟* 빅납은 밀 ᄀᆞ스외 / 나모 진이라

<苗/2-37a> 荊* 가싀ᄂ 질리ᄂ니라

<苗/2-37a> 花落* 곳치[지] ᄰᅥ러지웁ᄂᆡ

<苗/2-37a> 花咲* 곳치 우올 적이 막 보기 죳스외

<苗/2-37b> 杜鵑花* 두견화ᄂ 부러 심거 보웁ᄂᆡ / 진들ᄂᆡ

<苗/2-37b> 卯花* 묘화ᄂ 스월의 픠ᄂ니라

<苗/2-37b> 芍藥* 샤약은 흰 것도 잇고 블근 것도 잇습ᄂᆡ

<苗/2-37b> 薔薇* 댱미 곳츤 녀름의 픠고 빗치 누르니라

<苗/2-37b> 花* 곳츤 봄의도 픠고 혹 녀름의 픠ᄂ 곳도 잇습ᄂᆡ

<苗/2-38a> 鷄冠花* 계관화ᄂ 만도라미라 ᄒ웁ᄂᆡ

<苗/2-38a> 菊花* 국화ᄂ 여러 가지 잇습ᄂᆡ

<苗/2-38a> 金剪花* 금션화ᄂ 계요 픠엿습ᄂᆡ

<苗/2-38a> 鳳仙花* 봉션화ᄂ 보왐죽ᄒ외

<苗/2-38b> 槿花* 무궁화가 울 안의 잇ᄂᆡ

<苗/2-38b> 梅花* 민화ᄂ 향내가 금죽ᄒ외

<苗/2-38b> 牡丹* 모단곳치 사지가 희드리ᄂᆡ

<苗/2-38b> 山丹花* 잠날이곳이 플의ᄂ 쩍 ᄒ여 먹습ᄂᆡ

<苗/2-38b> 躑躅* 쳘쥭은 오월(五月)의 픠느니라

<苗/2-38b> 紅花* 닛츤 다홍믈 드리느니

<苗/2-39a> 杜若* 붓곳치가 더 못시 잇습니

<苗/2-39a> 芙蓉* 부용화를 셔양 째 보면 빗치 더호외

<苗/2-39a> 辛夷花* 신이화는 개느리 곳치오니

<苗/2-39b> 金銀花* 금은화는 달혀 먹으면 똠이 잘 나옵니

<苗/2-39b> 杜沖* 두츙은 스지(4-肢)을 다 프러고 겁칠은 약지 호느
니라

<苗/2-39b> 水仙花* 슈션화는 보기 돗스외

<苗/2-39b> 海棠花* 희당화는 봄의 픠는 곳치로되 본 적이 업스외

<苗/2-40a> 蕃* 번셩호여 이제는 갸륵호외

<苗/2-40a> 英* 곳부리 픠는 거슬 벌이가 기드리옵니

<苗/2-40a> 藥* 여히는 곳봉오리 속의 잇느니라

<苗/2-40a> 叢* 퍼괴예 산장이 쉬여 잇습니

<苗/2-40a> 花盆* 화본은 온갖 곳츨 심으니라

<苗/2-40b> 葦* 굴대가 흔덕이니 굴 숩희 누고 드런는가 시브외

<苗/2-40b> 茵* 지츙은 자리 믿든 거시라

<苗/2-40b> 芝* 지초는 즈지 믈드리는 플이오니

<苗/2-40b> 菖蒲* 챵포는 약지예 쓰되 단오날 머리를 믜옵니

<苗/2-41a> 葛* 츩[츩]은 줄을 쇠와 쓰느니라

<苗/2-41a> 麻* 삼은 뵈 짜 닙고 그 속대로 화약(火藥) 믿드느니라

<苗/2-41a> 艾* 쑥으로 똠질호면 병이 흐리옵니

<苗/2-41a> 苧* 모시는 밧 구의 나니 대로 모시를 쓰고 닙습[즙]니

<苗/2-41b> 蘭* 난초는 하 곱든 아니호되 내가 돗스외

<苗/2-41b> 茅* 쒸는 똠도 믄들고 초가집도 녜느니라

<苗/2-41b> 藥* 약을 먹어도 병이 흐리지[치] 아니호니 답답호외

<苗/2-41b> 芭蕉* 파쵸는 닙만 볼 쓰름이오니

<苗/2-41b> 萍* 평초는 물 위회 써셔 브름 부는대로 쓰르옵느니

<苗/2-41b> 蘿* 달로 발을 미자 압픠 치고지고

<苗/2-41b> 薜荔* 담댱을 담의 올리면 담이 질긔오니

<苗/2-42a> 國* 나라흔 어진 셩쥬가 나셔야 외국의 빗나읍닌

<苗/2-42b> 郡* 고을의는 군슈도 잇고 현감 현녕도 이시되 믈웃 원
이라 ᄒᆞᄂᆞ니라

<苗/2-43a> 外方* 경셩(京城) 밧긔를 다 외방(外方)이라 ᄒᆞ읍닌

<苗/2-43a> 村* 촌(村)은 빅셩이 사읍닌

<苗/2-43a> 鄕* 싀골의 와 이션 지 오래니 민망ᄒᆞ외

<苗/2-44a> 市* 져제는 날마다 어치 흥졍ᄒᆞᄂᆞ니

<苗/2-44a> 場* 쟝은 잇다감 사름 만히 모와 흥졍ᄒᆞᄂᆞ니라

<苗/2-44b> 烽燧* 봉화(烽火)는 먼 듸 변화(變化)를 일시(一時)의
통(通)ᄒᆞᄂᆞ니라

<苗/2-44b> 城* 셩을 구지 싸[짜]면 도적이 드지 아니ᄒᆞ외

<苗/2-44b> 陸路* 뭇길로 가매 짐을란 비사름의 밋길 밧근 업스외

<苗/2-44b> 堞* 셩각괴마다 군스를 직희게 ᄒᆞ면 역적이 용슈치 못
ᄒᆞ읍닌

<苗/2-45a> 橋* 드리를 잘 노홧습데

<苗/2-45a> 程* 길의 흙을 도더니 든니기 둣스외

<苗/2-45a> 站* 참은 길 가다가 쥬인 잡는 집이라

<苗/2-45b> 砑* 돌드리의 못 바근 나모신을 신고 가니 직긱직긱ᄒᆞ읍데

<苗/2-45b> 徑路* 즈럼길로 가면 미이 갓가이오니

<苗/2-45b> 斜路* 빗긴 길로 가기는 심이 위틱ᄒᆞ읍닌

<苗/2-45b> 濠* 희주를 깁게 픠고 셩을 놉게 싸[짜]고 직희면 무슴
두려오미 잇스올고

<苗/2-46a> 闕* 대궐은 너모 고밀저이 구며시니 우리 눈의는 금즉
ᄒᆞ읍데

<苗/2-46a> 步路* 길을 거러가니 미오 굿브외

<苗/2-46a> 堠* 댱승은 십 니식 셰오고 길희 니수를 알게 혼 거시라

<苗/2-46b> 家* 집의 드러 이시니 굼굼ㅎ여 견듸지 못ㅎ올쇠

<苗/2-46b> 閨* 규방은 녀편늬가 츌입(出入)ㅎ읍늬

<苗/2-46b> 房* 방이 쏫쏫ㅎ다

<苗/2-46b> 障子* 쟝즈(障子)ᄂ 안밧그로 죵회를 둑거이 ᄇᆞᆮ읍ᄂ니

<苗/2-46b> 廳* 쳥(廳)의 좌긔(坐起)ㅎ시고 시방 공ᄉᆞ(公事)를 ᄒᆞ여
계시읍늬

<苗/2-47a> 欄干* 난간(欄干)을 지혀 대를 믈고 화초(花草) 보와도
즈미 잇습늬

<苗/2-47a> 樑* 져근 집의 둘부가 너모 크면 죳치 아니ㅎ읍데

<苗/2-47a> 窓* 창을 각 다ᄃᆞ라 ᄇᆞ람 부니 칩다

<苗/2-47b> 椽* 혁가릐를 우리나라흔 두리혀를 ㅎ읍ᄂ니

<苗/2-47b> 樞* 지도리를 곳쳐야 문을 쓰게 ㅎ엿습늬

<苗/2-48a> 階* 섬 우회 화초를 심겄더니 이번 ᄀᆞ믈의 몰슉 죽엇습늬

<苗/2-48a> 基* 터를 닷가시니 집을 셔으러 ㅎ읍늬

<苗/2-48a> 茅屋* 초가집은 힌마다 녜니 민망ㅎ다

<苗/2-48a> 磚* 박셕을 ᄭᆞ라시니 즈지[치] 아니코 ᄃᆞ니기 둇ᄉᆞ외

<苗/2-48b> 廊* 힝낭이 샹ㅎ엿기의 죵들 잘 듸가 업서 민망ㅎ외

<苗/2-48b> 樓* 다락의셔 보면 먼 듸가 뵈읍늬

<苗/2-48b> 抹樓* 마루ᄂ 널을 ᄭᆞ라시니 ᄎᆞ오니

<苗/2-49a> 甍* 박곡의 가마긔 안자 우읍늬

<苗/2-49a> 門* 문의 걸새가 업서 저모지 못ㅎ니 민망ㅎ외

<苗/2-49b> 簾* 발 틈으로 보니 뉜지 압프로셔 여러 사름이 오읍늬

<苗/2-50a> 陛* 비목이 실치 아니ㅎ니 저모라도 의[위]심겄다

<苗/2-50a> 柱* 기동이 실ㅎ면 집이 오래여도 기우[의]지 아니ㅎ읍ᄂ
니

<苗/2-50b> 中衿* 듕깃슬 드린 후에 의를 얽습늬

<苗/2-51a> 修葺* 녜기를 잘못 녜여 비가 ᄉᆡ읍늬

<苗/2-51a> 遮陽* 탸양이 업ᄉᆞ니 비도 드리고 볏도 ᄃᆞ니 민망ㅎ외

<苗/2-51a> 遮風* 탸풍이 이시니 굿장 좃스외

<苗/2-51a> 草苫* 쑴이 업기예 스이를 구리워지[치] 못ᄒ니 유동(猶同)한 디 굿스외

<苗/2-51b> 銀* 은은 만히 이시되 삼즉흔 믈화가 업습ᄂᆡ

<苗/2-52a> 寶* 보븨가 만흐면 눔이 뮈여ᄒ옵ᄂᆞ니

<苗/2-52b> 鍮* 놋쇠가 요스이 쓴허져시니 그릇 갑시 빗스외

<苗/2-52b> 鐵* 시오쇠ᄂᆞᆫ 슈영의 구ᄒ여야 엇습ᄂᆡ

<苗/2-53a> 鑞* 납(鑞) 스무 근과 싱동(生銅) 아홉 근 합(合)ᄒ여 불리면 놋쇠된다 ᄒ옵ᄂᆡ

<苗/2-53a> 錢* 돈이 업스니 일용(日用)의 민망ᄒ외

<苗/2-53a> 鑄* 지워 믄든 그릇이 아마도 수이 아니 ᄶᅳ려지옵ᄂᆡ

<苗/2-53a> 合錫* 함셕은 저만 못 쓰옵ᄂᆡ

<苗/2-53b> 白礬* 빅반(白礬)이 이셔야 믈드리게 ᄒ엿습ᄂᆡ

<苗/2-53b> 砒霜* 비상은 먹으면 죽습ᄂᆡ

<苗/2-53b> 鍊* 년ᄒ기를 여러 번 ᄒ면 쇠픔이 극진(極盡)ᄒ외

<苗/2-53b> 磁石* 지남셕은 윤도(輪圖) 믄드ᄂᆞᆫ 디 쓰옵ᄂᆡ

<苗/2-54a> 貴* 귀[긔]흔 거슬 주옵시니 극히 안심치[지] 아니ᄒ외

<苗/2-54a> 綾* 日本셔는 능(綾)은 화문(花紋)은 못 쓰고 벽도문(碧桃紋)을 쓰옵ᄂᆡ

<苗/2-54a> 風爐* 풍노가 샹ᄒ엿기의 흔잇들 졀역ᄒ게 ᄒ엿습ᄂᆡ

<苗/2-54b> 錦* 비단이라 ᄒ여도 쵹으로셔 나오는 비단이야 비단이오니

<苗/2-54b> 羅* 깁창을 보니 츈흥을 이긔지[치] 못ᄒ올식

<苗/2-55a> 綿* 소옴이 요스이 뎔둉(絶終)ᄒ여 귀 막을 소옴도 업스외

<苗/2-55a> 繰* 플소옴으로 옷을 지어 닙으면 다른 옷예셔 무이 덥스외

<苗/2-55a> 繡* 슈 노흔 슈픔(手品)이 긔뎔(奇絶)ᄒ외

<苗/2-55a> 苧布* 모시는 풀이 쉬이 죽으니 긱니의 와 풀 ᄒᆞ여 줄 사
　　　　　룸도 업고 민망ᄒᆞ외

<苗/2-55a> 布* 뵈승새가 굴그니 못 사게 ᄒᆞ엿습ᄂᆡ

<苗/2-55b> 絲* 실이 업스니 옷 지어 닙기 어렵스외

<苗/2-55b> 閃緞* 셤단 잇고 ᄯᅩ 광직도 잇습ᄂᆡ

<苗/2-55b> 花紬* 화쥬라도 ᄒᆞ고 하사쥬라도 ᄒᆞ고 문(紋) 인ᄂᆞᆫ 거
　　　　　시라

<苗/2-56a> 廣織* 광직은 온갓 빗치 다 나ᄋᆞᆸᄂᆡ

<苗/2-56a> 走紬* 주쥬도 잇고 대주사(大走紗)도 잇고 구량주사(九
　　　　　兩走紗)도 잇습ᄂᆡ

<苗/2-56b> 輕光紬* 경광쥬ᄂᆞᆫ 다른 비단에셔 여러외

<苗/2-56b> 潤布* 윤포ᄂᆞᆫ ᄀᆞ장 질긔여 오래 닙습데

<苗/2-56b> 通絹* 통견은 젼(前)의ᄂᆞᆫ 만습더니 요ᄉᆞ이ᄂᆞᆫ 보지 못
　　　　　ᄒᆞᄋᆞᆸᄂᆡ

<苗/2-56b> 黑麻布* 흑마포ᄂᆞᆫ 우리나라히셔는 흔이 아니 쓰ᄋᆞᆸᄂᆡ

<苗/2-57a> 改只紬* 긱기주롤 믈드리고 옷 ᄒᆞ여 닙으니 ᄀᆞ장 죳스외

<苗/2-57a> 繭* 실혀롤 만히 사 두어야 ᄶᅳ기롤 시작ᄒᆞᄋᆞᆸᄂᆡ

<苗/2-57a> 紋布* 문포ᄂᆞᆫ 둣거온 듯ᄒᆞ되 하 질긔지[치] 아니ᄒᆞ외

<苗/2-57a> 白絲* 빅ᄉᆞ가 오늘 긱시예 만히 왓습ᄂᆡ

<苗/2-57b> 鴉靑* 아쳥(鴉靑)은 수오리 목 빗치오니

<苗/2-58a> 藍* 남ᄉᆡᆨ(藍色) 절님 닙엇든 니ᄂᆞᆫ 부산쳠ᄉᆡ라

<苗/2-58a> 軟草色* 연초ᄉᆡᆨ(軟草色) 쟝옷 닙은 니ᄂᆞᆫ 젼(前)의 본 듯ᄒᆞᆫ
　　　　　사룸이ᄋᆞᆸ도ᄉᆡ

<苗/2-58a> 草綠* 초록(草綠) 관ᄃᆡ(冠帶) 닙엇든 분은 동ᄂᆡ녕감이
　　　　　오니

<苗/2-58a> 沈香色* 침향ᄉᆡᆨ(沈香色) ᄯᅴ ᄯᅴᆫ 사룸은 셔긔(書記)오니

<苗/2-58b> 甫羅色* 보라ᄉᆡᆨ을 사룸맛다 됴히 녀기ᄋᆞᆸᄂᆡ

<苗/2-58b> 油綠* 유록 믈드려 주ᄋᆞᆸ소 다른 믈은 둇치 아니ᄒᆞᄋᆞᆸᄂᆡ

<苗/2-58b> 紫芝* ᄌᆞ지(紫芝)를 일본(日本)셔도 믈드리ᄋᆞᆸᄂᆞᆫ고

<苗/2-58b> 醬色* 쟝식 비단이 본 적이 업스외

<苗/2-59a> 蓮頭色* 년두식도 ᄀ장 됴흔 식이오니

<苗/2-59a> 眞紅* 진홍대단(眞紅大緞) 치마 미고 초록(草綠) 져그리 닙고 가는 양(樣)이 ᄀ장 됫스의

<苗/2-59a> 靑* 프른 하늘을 보니 ᄀ을이 깁픈 줄 아웁닋

<苗/2-59a> 靑天* 청쳔물을 잘 드린 거슨 고온 거시읍도식

<苗/2-59a> 玄色* 현식이라 ᄒᄂ 거슨 ᄀ장 거문 식이오니

<苗/2-59b> 色* 빗치 둇치 아니ᄒ니 아모틔도 못 쓰게 ᄒ엿습닋

<苗/2-59b> 彩色* 치식을 잘 몌엿습데

<苗/2-60a> 三綠* 삼녹은 흔흔 치식이오니

<苗/2-60a> 粉* 분셩덕ᄒ고 심히 고온 쳬ᄒ다

<苗/2-60a> 朱紅* 쥬홍이 둇치 아니ᄒ니 칠이 짓젹짓젹ᄒ외

<苗/2-60b> 三靑* 삼청을 너모 덕게 드럿기의 빗치 업스의

<苗/2-60b> 桃黃* 도황은 져기 담ᄒ의

<苗/2-60b> 綠* 프른 더고리 닙은 거슨 동기(童妓)읍도식

<苗/2-60b> 石雄黃* 셕웅황은 비얌 물린 듸 브르면 둇스오니

<苗/2-61a> 二靑* 이쳥(二靑) 든 그림이야 빗치 나웁닋

<苗/2-61a> 鈝垢* 봄의 끼여시니 ᄀ라 다고

<苗/2-61a> 潤* 부러 가면 덤덤 만스외

<苗/2-61a> 黃丹* 황단은 졍식이로되 져만 아니 쓰웁닋

<苗/2-61a> 回回靑* 회회청(回回靑)은 화긔(火器) 그림 그리는 ᄲ 쓴다 ᄒ웁닋

<苗/2-61b> 機* 틀의 안즈는 양(樣)이 둇스외

<苗/2-61b> 方物* 방믈을 조심ᄒ여 녕거(領去)ᄒ웁소

<苗/2-61b> 梭* 복 더지는 양이 ᄀ장 둇스외

<苗/2-61b> 禮物* 녜믈은 뎌그나 만흐나 허믈 아니코 바다야 올스외

<苗/2-62a> 緯* 씨를 부듸 빅빅히 쪼야 비단이나 목면이나 질긔오니

<苗/3(4)-71a> 休* 쉬여 쳔쳔쳔히 가웁거든 굿부지 아니ᄒ오리

<苗/3(4)-71b> 至* 니르러 보니 소문(所聞)과 막 곳스외

<苗/3-01a> 帽子* 감토를 버스면 마리 슬히외

<苗/3-01b> 袴* 바디는 됴션 사름만 닙고 일본 사룸은 닙지[치] 아니
호옵뇌

<苗/3-02a> 襞* 주름을 잘 잡어습뇌

<苗/3-02b> 纓* 갓씬을 아니 믹고 가다가는 브롬의 버서지오리

<苗/3-03a> 袈裟* 가사 메고 숑낙 쓰고 념쥬 걸고 셔가여릭 앏픡셔
념블호기는 쟝노올쇠

<苗/3-03a> 雨裝* 우장 츠려 가져갓습뇌

<苗/3-03b> 襪* 보션이 열오니 발이 스리외

<苗/3-03b> 油衫* 유삼이 하여져시니 비 싀옵뇌

<苗/3-03b> 草鞋* 메투리롤 신[싯]ᄉ오니 발이 가븨외

<苗/3-03b> 幅* 너븩 좁ᄉ와도 뎡비단이옵도쇠

<苗/3-03b> 靴* 목훠[휘]는 일본은 업습뇌

<苗/3-04a> 裁* 몰라 주어도 잘못 지어 닙으니 이제 닐르도 열업ᄂ
니라

<苗/3-04b> 吐手* 토슈롤 씨니 손목이 덥ᄉ외

<苗/3-05a> 鏡* 거울을 보니 내 얼굴이 만히 수텩호엿습뇌

<苗/3-05a> 飾* 쑤며 아모리 니룬[룸]들 내 네 압픡 속으라

<苗/3-05a> 臙脂* 연지 브른 양을 보니 더옥 어엿브외

<苗/3-05a> 釧* 풀쇠는 당인들이 호되 당인 둥의도 가여면 사룸이
호옵ᄂ니

<苗/3-05b> 丫髻* ᄉ양마리 쏜 동ᄌᄃ려 무러니 시방 주무신다
호옵뇌

<苗/3-05b> 鬟* 마리 조진 아히들을 보면 어엿브외

<苗/3-06a> 漱木* 양지가 대뒫마루 구석의 쇠곳더니 쌔혀 오ᄂ라

<苗/3-06a> 眞* 춤빗이 설픠니 찍 아니 나옵뇌

<苗/3-06b> 塗* 바른 거시 잘못 발라 곱지 아니호외

<苗/3-06b> 糝* 비노 업시 셰슈를 ᄒᆞ니 ᄂᆞᆺ치 ᄇᆞᆫ〃ᄒᆞ외

<苗/3-06b> 剃* 마리 쌋고 듕이 되려 ᄒᆞ옵ᄂᆡ

<苗/3-06b> 葫蘆* 됴롱은 세식 ᄆᆡ여 ᄎᆞ옵ᄂᆞ니

<苗/3-07a> 褥* 요흘 둑거이 ᄒᆞ여 ᄭᆞᆯ고 자면 칩지[치] 아니ᄒᆞ오니

<苗/3-07b> 席* 돗글 ᄭᆞᆯ고 자면 녀름의 쉬훤ᄒᆞ오니

<苗/3-07b> 繩床* 승상 노코 안ᄌᆞ면 편안ᄒᆞ오니

<苗/3-07b> 氈* 담을 ᄭᆞᆯ면 벼록이 잘 씌지[치] 못ᄒᆞ옵ᄂᆞ니

<苗/3-08a> 屛* 병풍을 치면 ᄇᆞ람이 드지[치] 아니ᄒᆞ옵ᄂᆞ니

<苗/3-08a> 帳* 댱을 치면 ᄀᆞ리워 안의 뵈지 아니ᄒᆞ옵ᄂᆞ니

<苗/3-08a> 簟* 삿글 ᄭᆞᆯ고 자면 서늘ᄒᆞ오니

<苗/3-08a> 遮日* 챠일을 치면 볏치 드지[치] 아니ᄒᆞ리라

<苗/3-08b> 凉傘* 냥산은 님금 앏픠 셰오ᄂᆞ니라

<苗/3-08b> 日傘* 일산은 벼슬ᄒᆞᆫ 사ᄅᆞᆷ들은 셰오고 ᄃᆞᆫ니ᄂᆞ니라

<苗/3-09a> 器* 그릇술 쟝만ᄒᆞ여 두면 일용의 쓰옵ᄂᆡ

<苗/3-09a> 鼎* 솟치란 거ᄉᆞᆫ 됴셕의 쓰ᄂᆞᆫ 거시니 ᄒᆞᆫᄢᅢ도 업지 못ᄒᆞᆯ 거시옵도ᄉᆡ

<苗/3-09b> 花甁* 화병의 믈 붓고 ᄭᅩᆺ가지를 것거 ᄭᅩᆺᄌᆞ면 픠옵ᄂᆡ

<苗/3-10a> 甕* 독이 됴흐면 쟝이나 술이나 잘 닉ᄂᆞ니라

<苗/3-10a> 鐘子* 죵ᄌᆞᄂᆞᆫ 아모ᄃᆡ라도 상 가온ᄃᆡ 노히옵ᄂᆡ

<苗/3-10a> 甑* 시릐로 썩을 잘 ᄶᅧ 내면 먹기 무던ᄒᆞ외

<苗/3-10b> 鈸* 바리ᄂᆞᆫ 크면 소릐가 ᄆᆡ이 나옵ᄂᆡ

<苗/3-10b> 沙鉢* 사발의 ᄂᆡᆼ슈를 써다가 녀름의 먹으면 쉬훤ᄒᆞ외

<苗/3-10b> 盒* 함의 든 음식이 ᄀᆞ장 먹금즉ᄒᆞ외

<苗/3-10b> 缸* 항의 쇼쥬를 녀허 더온 ᄃᆡ 무더 두면 마시 변치 아니ᄒᆞ오니

<苗/3-11a> 四角盤* 네모반은 모히 거치쳐 일저즐기 쉽ᄉᆞ외

<苗/3-11a> 匙* 술로 밥 먹기[키]ᄂᆞᆫ 됴션(朝鮮)만 잇ᄂᆞᆫ가 시브외

<苗/3-11a> 丸盤* 두리반의 발을 세홀 들면 혼편으로 기우러더 일저
즐지 쉽습데

<苗/3-11b> 床* 상이 크면 음식 그릇 여러히 느히느니라

<苗/3-11b> 錚盤* 놋짓반은 쓰려쳐도 밋쇠는 쓰옵느니

<苗/3-12a> 筍* 섥을 가족으로 빳면 아모거시나 녀허 가지고 길을 가
도 샹치 아니ᄒ느니라

<苗/3-12a> 皮籠* 가족으로 빤 농은 질긔여 쉬이 샹치 아니ᄒ느니라

<苗/3-12b> 馬省* 물솔로 물을 빗기면 물이 시훤ᄒ여 ᄒ느니라

<苗/3-12b> 掃* 대쳥 쓰라 〃 쓰러질로 사름의 ᄆ음을 안다 ᄒ느니라

<苗/3-12b> 欟* 장의 셔칙을 녀허 두면 샹치 아니코 믄지 아니 오
ᄅ옵늬

<苗/3-12b> 榲* 함의 칠을 잘ᄒ여야 식(色)이 나느니라

<苗/3-13a> 篩* 체에 ᄀ로ᄅ 여러 번 츠면 졈 〃 더 ᄀ느니라

<苗/3-13a> 笊* 죠릭로 뿔을 건디면 모릭가 업느니라

<苗/3-13b> 蓋* 두에ᄅ 덥프면 믄지 아니 드느니라

<苗/3-14a> 鉅* 톱이 들면 아모리 큰 남기라도 쉬이 켜이느니라

<苗/3-14a> 斧* 도치로야 굴근 남글 버혀 쓰리느니라

<苗/3-14a> 斧鉞* 님금 앞픠 셰오는 졀[철]월이니라

<苗/3-15a> 銼* 봄은 쇠예 빤 거시 무드면 즉시 나느니라

<苗/3-15b> 鑿* 슬은 나모 뚧기예 종요로온 거시라 / 슬이 업스면 셩
영(成營)ᄒ기 어렵스외

<苗/3-15b> 鎚* 쇠몽동이로 치면 아모리 질긘 거시라타 아니 ᄇ사
디라

<苗/3-15b> 鉋* 대파질 잘ᄒ여야 쳔판ᄌ나 기동이나 반득 〃 〃 ᄒ느니

<苗/3-15b> 挾刀* 협도의 약 싸흐러 힝혀 손 버히리라

<苗/3-16a> 鈴* 방울 소릭가 징 〃 ᄒ여 멀리 들리옵늬

<苗/3-16a> 定南針* 뎡남침이 업스면 슈노의 ᄉ방을 분명치 못ᄒ느
니라

<苗/3-16b> 火鐵* 부쇠ᄂᆞᆫ 블 업ᄂᆞᆫ 째예 치면 ᄀᆞ장 용졀로오니라 / 부
쇠짓 업스셔 엇지 불 ᄂᆡ리요

<苗/3-17a> 鐃* 광즁을 티다가 그티면 징〃ᄒᆞᄂᆞᆫ 소ᄅᆡ 나옵데 / 요령은
손으로 흔드러 가ᄂᆞᆫ 거시라

<苗/3-17a> 馬鐵* 믈다갈이 업스면 겨울의 길 가기 어렵스외

<苗/3-17a> 兩耳釘* 냥이졍을 박지 아니면 든〃치 아니ᄒᆞ외

<苗/3-17a> 蛭釘* 거믈못 박으면 든〃ᄒᆞ외

<苗/3-17b> 砧* 뱡튜질ᄒᆞ면 반〃ᄒᆞᄂᆞ니라

<苗/3-18a> 碓* 방하ᄂᆞᆫ 사름이 여러히 찌흐면 ᄡᆞᆯ이 쉬이 닉ᄂᆞ니라

<苗/3-18a> 磨* 글기를 잘ᄒᆞ면 빗치 나ᄂᆞ니라

<苗/3-18a> 柄* ᄌᆞ로ᄅᆞᆯ 든〃히 드려야 쌔디들 아니ᄒᆞᄂᆞ니라 / 大菱
(대릉)

<苗/3-18a> 杖* 막대를 딥고 ᄃᆞ니면 늙으니도 허리가 덜 아프니라

<苗/3-18a> 杵* 졀구공이가 무거워야 ᄡᆞᆯ이 쉬이 찌이ᄂᆞ니라

<苗/3-18a> 舂* 슬기를 미이 ᄒᆞ면 ᄡᆞᆯ이 희니라

<苗/3-18b> 甌* 보이가 녜믈(禮物) 듕(中)의 이시되 단ᄌᆞ(單子)의ᄂᆞᆫ
아니 쎠옵ᄂᆡ

<苗/3-18b> 扇* 부체질ᄒᆞ니 싀훤ᄒᆞ외

<苗/3-19a> 燈火* 등홰 됴ᄒᆞ니 일졍(一定) 깃븐 일이 잇ᄉᆞ오리

<苗/3-19a> 毛扇* 모션은 냥반이 겨울의 길 가실 졔 ᄂᆞᆺ츨 ᄀᆞ리워 가
시옵ᄂᆡ

<苗/3-19b> 炬* 홰블을 켜여 어두온 ᄃᆡ 가옵ᄂᆡ

<苗/3-19b> 燈* 등블이 어두워시니 블 도〃라

<苗/3-19b> 礪* 숫돌이 보ᄃᆞ라워야 칼 ᄀᆞᆫ 거시 빗치 나옵ᄂᆡ

<苗/3-20a> 燈下* 등하블명 ᄌᆞ과부지라 ᄒᆞ니 ᄂᆞᆷ의 흉(凶)은 알고 제
허믈은 모로옵ᄂᆡ

<苗/3-20a> 搥子* 방마치로 드응ᄅᆞ 텨 ᄂᆡ엿습ᄂᆡ / 메ᄂᆞᆫ 집 지을 째 냥
목 ᄀᆞᆺᄐᆞᆫ 거슬 텨박이ᄂᆞᆫ 거시라

<苗/3-20b> 竿* 굿대도 삼 년을 견듸다 ᄒᆞ니 춤습소

<苗/3-20b> 棍杖* 곤쟝 맛고 죽[줏]게 되엿습늬

<苗/3-20b> 搗鍊* 다드미질 잘ᄒ면 반〃ᄒᄂ니라

<苗/3-20b> 磑* 매돌은 무거워야 돗ᄉ외

<苗/3-20b> 鑰* 열쇠를 일허시니 열기 못ᄒᆞ옵늬

<苗/3-21a> 三太* 삼태예 여믈 젹〃 담아 물의 즈로 주어야 됴ᄒ니라

<苗/3-21a> 笛* 뎌 소릭 뇨량ᄒ여 멀니 가옵늬

<苗/3-21b> 笳* 호가 소릭는 사름의 원갓 입내를 ᄒᆞ옵늬

<苗/3-21b> 笙* 싱황은 ᄒᆞᆫ 궁으로 블면 열두 궁으로셔 소릭 각〃 나
셔 십이률을 응ᄒᆞ옵늬

<苗/3-21b> 嵇琴* 히금 소릭는 가지〃〃 ᄒᆞ옵늬

<苗/3-22a> 喇叭* 나발 소릭는 쳔아셩이니 ᄀᆞ장 멀니 들리옵늬

<苗/3-22a> 大平簫* 대평쇼는 군듕의 죠흔 풍뉴라

<苗/3-22a> 石磬* 셕경은 나라 졔향(祭享)의 ᄒᆞᄂᆞ 풍뉴 ㅣ 오니

<苗/3-22a> 鐘* 쇠복 소릭가 멀리 들리옵ᄂᆞ니

<苗/3-22b> 名唱* 셰샹의 업ᄂᆞᆫ 명챵(名唱)이옵도시

<苗/3-23a> 鼓* 북이 크면 소릭가 미오 나옵늬

<苗/3-23a> 拍* 풍뉴 그칠 제 빅을 치ᄂᆞ니라

<苗/3-23a> 絃* 줄이 됴하야 풍뉴 소릭가 잘 나옵ᄂᆞ니

<苗/3-23b> 眄* 도라보와도 ᄯ로오ᄂᆞ 니 업습늬

<苗/3-24a> 窺* 여어보고 놈의 ᄀᆞ만히 ᄒᆞᆫ 일 아ᄂᆞ 거시 블샹ᄒ 힝실
이오니

<苗/3-24a> 瞑* 눈을 금고 춤[줌]으면 아모 넘녀도 업습데

<苗/3-24a> 眼鏡* 안경을 ᄢᅵ고 등하의 글을 보면 눈의 ᄇᆡ이지 아니
ᄒᆞ옵ᄂᆞ니

<苗/3-24a> 知* 알고도 ᄒᆞ지 아니면 모로나 다ᄅᆞ지 아니ᄒ오니

<苗/3-24b> 駕* 물 메온 수릭는 져거야 잘 가옵ᄂᆞ니

<苗/3-24b> 轎子* 교ᄌᆞ를 ᄐᆞ고 가면 몸이 편안ᄒ오니

<苗/3-24b> 輦* 년은 님금밧긔는 못 ᄐᆞ시옵ᄂᆞ니

<苗/3-24b> 車* 수리란 거슨 편흔 길히야 잘 둔니읍늬

<苗/3-24b> 千里鏡* 쳔니경을 다히고 보면 먼 딕라도 굿가히 뵈읍늬

<苗/3-25a> 載* 시런 거시 만흐면 짐이 무거워 가기 어렵스오니

<苗/3-25a> 轉* 구을러 늠과 굿치 둔니면 허믈이 업습느니

<苗/3-25b> 牽* 잇글고 멀리 가니 믈이라도 심히 굿바흐읍늬

<苗/3-26a> 轡* 혁을 든〃히 드라〃 혁을 잡으면 믈이 굴래여도 넘녀
　　　가 덜흐느니라

<苗/3-26b> 雙馬* 상마가 더욱 식치[지] 드르읍늬

<苗/3-27a> 倒拖* 도타는 길히 잇는 거슬 어더 오읍느니 / 다래시양

<苗/3-27a> 犯馬* 범마흐고 가니 인ᄉ 모로는 사름이로식

<苗/3-27a> 飾馬* 거드믈 잇는 힝츠는 갸륵흐오니

<苗/3-27a> 左右七步* 좌우칠보는 틱는 사름이 미오 분주흐외

<苗/3-27b> 肚帶* 빗ᄯᅴ를 미이 든〃히 줄라야 틱고 느릴 제 기우러지
　　　아니흐느니

<苗/3-27b> 鞦* 밀치가 업스면 (몰)언덕 느릴 제 기ᄅ마가 앏프로 수
　　　거디느니라

<苗/3-27b> 鞭* 채를 들고 가면 견마 업서도 가느니라

<苗/3-27b> 胸帶* 가슴거리를 ᄶᅵ면 언덕 오를 제 기ᄅ마가 뒤흐로 문
　　　허디〃 아니 흐느니라

<苗/3-28a> 鞍* 도돔 노흐면 먼 길히 믈을 틱고 가도 볼기가 덜 앏
　　　프니라

<苗/3-29a> 一石* 흔 셤 쓸은 우리 힘으로는 못 가져가올식

<苗/3-29a> 一隻* 흔 쳑이 이셔 반지[치]샌라 믈긔는 못 싯게 흐엿다

<苗/3-29a> 奕* 장긔는 여러 슈를 보고 두어야 잘 두다 흐읍늬

<苗/3-29a> 訓手* 훈슈를 드ᄅ치면 노름이 조츨치 아니흐읍늬

<苗/3-29b> 悟* 시름은 힘이 세여야 이긔다 흐되 쇠가 이시면 더욱
　　　용다 흐읍늬

<苗/3-29b> 超* 씌옴은 몸을 노피 소〃와야 멀리 씌읍느니

<苗/3-30a> 鬮* 져비란 거슨 유복거복이나 잘 바드려 ᄒ므로도 듯대
로ᄂ 못ᄒ옵ᄂ니

<苗/3-30a> 雜技* 잡기란 거슨 심〃할 제 ᄒ염즉ᄒ오니

<苗/3-30a> 戱* 희ᄌ ᄂ룻시 보왐즉[죽]ᄒ오니

<苗/3-30b> 假碁* 고노란 거시 ᄯ 홀 슈가 업지 아니ᄒ오니

<苗/3-30b> 鬪錢* 투젼이란 거슨 욕심(慾心)으로 ᄒ다가 져마다 밋
쳔을 일허 브리옵ᄂ

<苗/3-30b> 號令* 호령이 엄슉ᄒ면 군듕(軍中)의 외즙ᄒᄂ니라

<苗/3-31a> 賞賜* 샹ᄉ를 후히 ᄒ면 군병이 열복ᄒᄂ니라

<苗/3-31a> 威* 위엄이 진동ᄒ면 뎍국이 감(敢)이 움즈기지 못ᄒ옵ᄂ
니

<苗/3-31a> 標* 표를 ᄒ여 병을 브ᄅ옵ᄂ

<苗/3-31b> 治* 다ᄉ리기를 잘ᄒ면 빅셩이 원망이 업습ᄂ니

<苗/3-31b> 褒貶* 포폄은 사름의 시비를 ᄒ니 듕ᄒ옵ᄂ

<苗/3-32a> 令* 녕을 ᄒ 번 내면 요기(撓改)치[지] 못ᄒ옵ᄂ니

<苗/3-32a> 謝* 샤례ᄒ라 갓습ᄂ

<苗/3-32b> 結縛* 결박ᄒ고 미오 치니 못 견듸여 ᄒ옵ᄂ

<苗/3-32b> 囚* 가도어 두면 민망ᄒ여 나라 거슬 밧치오리

<苗/3-33a> 黥* ᄌ지ᄒ 후ᄂ 아모듸 가도 죄인(罪人)인 줄 아ᄂ니라

<苗/3-33a> 白活* 발괄을 잘ᄒ면 소지 젼ᄒᄂ니여셔 나으리라

<苗/3-33a> 嚴* 엄ᄒ면 아릿사름이 두려ᄒ옵ᄂ

<苗/3-33b> 發明* 발명ᄒ올 말솜이 업ᄉ외

<苗/3-33b> 政* 졍ᄉ를 잘ᄒ면 나라히 다ᄉ리옵ᄂ

<苗/3-34a> 敎* ᄀᄅ치기를 잘ᄒ면 어진 스승이라 ᄒ옵ᄂ

<苗/3-34b> 講* 강을 잘ᄒ면 일홈을 놉히엇습ᄂ

<苗/3-34b> 誦* 외와 니ᄅ면 졀로 말은 나ᄂ니라

<苗/3-34b> 次韻* ᄎ운이란 거슨 운의 붓들고 잘 짓기 어렵ᄉ외

<苗/3-35b> 能* 능필은 붓을 굴희지 아니타[라] ᄒ옵ᄂ

<苗/3-35b> 墨* 먹이 오래 되면 빗치 담ᄒ여 못쓰읍ᄂ니

<苗/3-35b> 紙* 둉회ᄂ 듕들이 쓰읍ᄂ / 둉회ᄂ 둑겁고 반〃ᄒ여야 글쓰기 좃ᄉ외

<苗/3-35b> 筆* 붓이 됴ᄒ면 글시가 ᄂ도이 잘 쓰이읍ᄂ니

<苗/3-36a> 記* 긔록ᄒ여 두면 아모 일도 닛지[치] 아니ᄒ외

<苗/3-36b> 刻* 사긴 거시 분명ᄒ면 오래여도 완치[지] 아니ᄒ읍ᄂ니

<苗/3-37a> 法帖* 법뎝을 보고 쓰면 글시가 쉬이 느ᄅ읍ᄂ니

<苗/3-37b> 草書* 초셔ᄂ 확이 이시면 ᄌ연 잘 쓰읍ᄂ니

<苗/3-38a> 弓* 활은 믈라야 살이 멀리 가읍ᄂ

<苗/3-38a> 武* 호방은 긔운이 세춘 사름이 ᄒ올 거시올레

<苗/3-38a> 矢* 살은 대가 발라야 바로 가읍ᄂ니

<苗/3-38b> 寶劍* 보검은 빗치 하늘의 쏘이읍ᄂ니

<苗/3-38b> 小刀* 쇼도ᄂ 아모리 들어도 큰 거슬 못 버히읍ᄂ니

<苗/3-38b> 刃* 늘이 미오면 부러져 못 쓰올레

<苗/3-39a> 干* 방패ᄂ 몸을 장ᄒᄂ 거시니 업지 못ᄒ읍ᄂ

<苗/3-39a> 戈* 창은 먼 듸셔 오ᄂ 군ᄉ(軍土)를 치ᄅ읍ᄂ니

<苗/3-39a> 刀本* 갈수메가 길죽ᄒ여야 ᄌ로의 듣〃히 바히읍ᄂ니 / 양마

<苗/3-39a> 莫伊* 마기쇠가 ᄀ장 됴화야 늠의 환도늘을 막습ᄂ

<苗/3-39a> 火藥* 화약은 블이 다힐션정 급피 니러나읍ᄂ니

<苗/3-39b> 鼓* 북은 군듕을 호령ᄒᄂ 거시라

<苗/3-39b> 旗* 긔ᄂ 방쇠을 표(表)ᄒ여 호령(號令)ᄒ게 ᄒ올 거시오니

<苗/3-39b> 大鐘* 큰 쇠복 소ᄅᄂ ᄀ장 멀니 들리읍ᄂ

<苗/3-39b> 焰焇* 염쵸ᄂ 긔운이 미러 솖[ㅼㅡ〃]기를 잘ᄒ읍데

<苗/3-39b> 冑* 투구ᄂ 살을 마ᄌ도 뚜러질 셰 업습데

<苗/3-40a> 角指* 각디를 씨고 활을 쓰면 손이 아니 아프오니

<苗/3-40a> 蓋* 개도 둑과 ᄀ치 쟝슈 앏픠 셰오ᄂ 거시오니

<苗/3-40a> 彈子* 탄ᄌ를 잘 쏘면 나ᄂ 즘싱의 마쳐 ᄂ리티읍ᄂ

<苗/3-40a> 筒箇* 동개의 살을 쏘자 츳다가 흐나식 쌔혀 쓰읍는 거
시오니

<苗/3-40b> 兵符* 병부는 쟝슈게 ᄀ장 듕흔 거시올레

<苗/3-40b> 火繩* 화승블이 화약의 다히면 블꼿치 펄덕 니러나ᄂ
니라

<苗/3-41a> 侵* 침노ᄒ매 마지못ᄒ여 막ᄂ니라

<苗/3-41b> 挑戰* 싸홈을 ᄃ토되 나지 아니혼다

<苗/3-41b> 勝* 이긔면 봉쟉을 엇습ᄂ

<苗/3-42a> 負* 지면 죄룰 닙ᄂ니라

<苗/3-42a> 㤼* 겁을 내면 뎍인이 업슈이 너기ᄂ니라

<苗/3-43a> 彎* 활을 ᄃ릐여 쏘니 과연 맛졋다

<苗/3-43b> 絞* 목즐라 죽이는 죄(罪)가 버히는 죄지ᄎ(罪之次)ㅣ오
니

<苗/3-43b> 讐* 원슈는 외나모ᄃ리로 만난다 ᄒ읍ᄂ

<苗/3-44b> 獵* 산양ᄒ다가 범을 잡엇다

<苗/3-44b> 喉* 술은 졍심 공부오매 ᄆ음을 졍(正)히 ᄒ면[몐] 잘 맛
ᄂ니라

<苗/3-45a> 餠* 쩍은 아모리 만히 먹어도 밥 싱각이 잇ᄂ니라

<苗/3-46a> 燒酒* 쇼쥬는 독흔 거시니 만히는 아니 먹을 거시라 / 만
히 먹을 거시 아니라

<苗/3-46a> 酒* 술은 먹고 취ᄒ쟈 ᄒ는 거시오니

<苗/3-46a> 淸酒* 청쥬는 먹어도 샹치 아니ᄒ읍ᄂ니

<苗/3-46a> 濁酒* 탁쥬는 먹으면 비 부르읍ᄂ

<苗/3-47a> 麵* 국슈 먹으면 비 브르외

<苗/3-47a> 肴* 안쥬룰 만히 먹으면 술이 덜 취ᄒᄂ니라

<苗/3-48a> 五花糖* 오화당은 셜당(雪糖)으로 ᄆᄃ니라

<苗/3-48a> 薦新* 쳔신을 흔 후에 먹어야 올ᄉ외

<苗/3-48a> 酡酪* 타락을 년ᄒ여 먹으면 긔운을 보(補)ᄒ읍ᄂ

<苗/3-48b> 氷糖* 빙당은 먹을 제 덕〃 소리 듯치 아니ᄒᆞ옵데

<苗/3-48b> 雪糖* 셩당은 쳥열(淸熱)ᄒᆞ옵ᄂᆞ니

<苗/3-49a> 佛* 부쳬를 위ᄒᆞ면 이단이라 ᄒᆞ옵ᄂᆞ니

<苗/3-49a> 庵子* 암ᄌᆞ가 젹어도 동용ᄒᆞ오니

<苗/3-49a> 塔* 탑은 졀의야 잇ᄂᆞ니

<苗/3-49b> 鬼* 귀신은 녕ᄒᆞ여 졍셩곳 이시면 흠[홈]향ᄒᆞᄂᆞ니

<苗/3-49b> 祈* 빌기를 졍셩으로 ᄒᆞ면 은덕을 닙ᄉᆞᆸ니

<苗/3-49b> 沐浴* 목욕 곰고 새 옷 닙고 졔의 참예ᄒᆞ게 ᄒᆞ옵소

<苗/3-49b> 碑* 비를 셰오기는 공덕을 후셰의 알게 ᄒᆞᆫ 거시오니

<苗/3-49b> 齊* 직계(齊戒)ᄒᆞᆫ 후(後)에야 졔ᄉᆞ(祭事) 참예ᄒᆞ게
　　　　　ᄒᆞ옵ᄂᆡ

<苗/3-50a> 棺* 관이 됴ᄒᆞ면 쉬이 석지[치] 아니ᄒᆞᄂᆞ니

<苗/3-50a> 靈* 녕험을 뵈려 ᄒᆞ면 미리 알릐 일이 잇ᄉᆞᆸᄂᆞ니

<苗/3-50a> 墓* 분묘를 든〃히 무드어야 오래 되여도 쩌지지 아니ᄒᆞᄂ
　　　　　니

<苗/3-50a> 魂魄* 혼빅이 이실식 죽는 사름이 ᄭᅮᆷ의 와 뵈는 일이 잇
　　　　　ᄂᆞ니

<苗/3-50b> 服* 상을 만나면 싴옷을 아니 닙ᄂᆞ니

<苗/3-50b> 吊* 상은 아는 사름을 위로ᄒᆞ여 무는 녜오니

<苗/3-51a> 祭* 졔ᄉᆞ를 졍셩으로 아니 ᄒᆞ면 ᄒᆞ는 쟉시 업ᄂᆞ니

<苗/3-51b> 淡* 승거오니 무미ᄒᆞ외

<苗/3-51b> 酸* 싀니 춤이 나옵ᄂᆡ

<苗/3-51b> 腥* 비리니 안이곱ᄉᆞ외

<苗/3-51b> 辛* 미오니 알근알근ᄒᆞ외

<苗/3-51b> 醎* ᄧᆞ니 믈 만히 먹게 ᄒᆞ엿다

<苗/3-52a> 銅氣* 구린내가 나니 콧의 향을 다히옵소

<苗/3-52a> 腐* 석어셔 내 나는고나

<苗/3-52a> 嗽* 입을 샏라 먹으니 마시 더ᄒᆞ외

<苗/3-52a> 嗅* 맛타 보니 아모 내도 업ᄉ외

<苗/3-52b> 食* 먹으니 비 부르외

<苗/3-52b> 숨* 먹으머시니 절로 녹는다

<苗/3-52b> 香氣* 향을 픠옵더니 향내가 방 듕의 진동ᄒ외

<苗/3-53a> 吮* 샌라 먹으니 거플만 나맛습데

<苗/3-53a> 舐* 할타 먹으니 다 녹어 업습데

<苗/3-53a> 吐* 토ᄒ니 먹엇던 거시 다 도로 나온다

<苗/3-53a> 黏* 너흘어 보니 질긘다

<苗/3-53b> 咽塞* 목이 메워 드러가지 아니ᄒ옵데

<苗/3-54a> 渴* 갈홀 제 닝슈 먹으면 그런 싀훤흔 일이 업ᄉ외

<苗/3-54a> 飽* 만히 먹습기의 비 터질가 ᄒ옵닉

<苗/3-55a> 湧* 믈을 미오 달히니 겁픔이 소사난다

<苗/3-55b> 烟* 닉가 들면 밥의 닉가 나ᄂ니

<苗/3-56a> 旋* 베프러 두면 일이 쉬오니라

<苗/3-56a> 熄* 블곳치 ᄭᅥ뎟다

<苗/3-56b> 凍* 언 거슬 더온 믈의 녀흐면 녹ᄂ니라

<苗/3-57a> 賒* 션믈을 눔 모로게 ᄒ여셔는 도로혀 되지 아니ᄒ외

<苗/3-57a> 利* 니를 내려 ᄒ여도 간대로 나지 아니ᄒ옵닉

<苗/3-57a> 賃* 셰션의 시러 오〃리

<苗/3-57b> 落本* 낙본을 ᄒ여시니 믈쥬들의 도라보지 아니ᄒ옵닉

<苗/3-57b> 邊* 변으로 폴면 갑시 격어도 쌕〃ᄒ외

<苗/3-58a> 物貨* 믈화곳 죠흐면 살 사름이 만ᄉ오니

<苗/3-58a> 分執* ᄂ화 잡어 폴면 수이 쳐치 되ᄂ니

<苗/3-58a> 賰* 션믈을 만히 ᄒ면 인졍(人情)이 되ᄂ니라

<苗/3-58a> 稀罕* 희한흔 거시옵도쇠

<苗/3-58b> 持* 가진 거시 만흐면 ᄌ연(自然) 흥[흔]졍이 만ᄉ오니

<苗/3-58b> 販* 쳔히 사셔 귀히 폴려 ᄒ니 흥졍이 못 되옵닉

<苗/3-59a> 富* 가여면 사름이 검박ᄒ면 ᄌ손(子孫)이 영화 보옵닉

<苗/3-59b> 保人* 보인은 나죵의 말듯기 쉬오니

<苗/3-59b> 證人* 증인은 실흔 사룸을 녀허야 미더미 잇습닉

<苗/3-60a> 質* 볼모 삼앗더니 불셔 별니가 만히 먹엇습닉

<苗/3-60b> 貧* ㄱ난흔 후면 놈이 업슈이 너기느니

<苗/3-60b> 手標* 슈표가 이시면 후일의 어긋[긋]날 일이 업습느니

<苗/3-61a> 疲* 피곤ㅎ여 스지를 거두지 못ㅎ올쇠

<苗/3-61b> 甦* 되쌔여나니 지싱지인이로쇠

<苗/3-61b> 嚔* 직치옴 나니 병이 흐리게 ㅎ엿닉

<苗/3-62a> 癲* 빅마증은 혈조ㅎ고 ㅂ름으로 나느니

<苗/3-62a> 中風* 듕풍 마즈면 왼편부터 블닉웁니

<苗/3-62a> 喉痺* 목구멍 즌므로는 증이 ㄱ장 듕ㅎ으니

<苗/3-62b> 霍亂* 곽난은 음식을 흔부로 먹어 쟝위(腸胃)예 싸혀 되옵닉

<苗/3-62b> 瘰癧* 나력증은 간화로셔 되느니

<苗/3-62b> 癩風* 몸 허는 증은 ㅂ름으로 되옵느니

<苗/3-62b> 消渴* 쇼갈증은 믈을 심이 츳습닉

<苗/3-62b> 腫* 붓는 증은 습으로 된다 ㅎ옵닉

<苗/3-62b> 眩暈* 현훈증이 쇠면 지랄이 되옵닉

<苗/3-63a> 狂* 광증은 헷된 말만 즈로 ㅎ옵닉

<苗/3-63a> 膿汁* 농즙이 진ㅎ여야 새 술이 오르느니

<苗/3-63a> 瘡* 창질을 거츠로 다스리데

<苗/3-63a> 瘧* 학질은 방법을 잘ㅎ면 혹 니각ㅎ는 니 잇습닉

<苗/3-63b> 聾* 긔먹은 쟈는 실업순 우슴만 웃습닉

<苗/3-63b> 斜眼* 눈흙쁜 사룸은 이편 보는 거시 늠을 보느니 굿습데

<苗/3-63b> 啞* 벙어리는 말을 못ㅎ니 답″ㅎ여 홀레

<苗/3-63b> 一目* 흔눈 먼 사룸이옵도쇠 / 눈의 슴셋다

<苗/3-64a> 脛水* 경슈ㅣ 슌ㅎ여야 잉틱(胚胎) 잘흔다 ㅎ옵닉

<苗/3-64a> 腹痛* 복통은 빅를 덥게 ㅎ면 흐리느니

<苗/3-64a> 眼膜* 안막이 ᄀ리워시면 분명(分明)이 보지 못ᄒᄂ니

<苗/3-64b> 帶下* 딕하증은 겨집사름이 원긔를 패ᄒᄂ니

<苗/3-64b> 稜* 모난 딕가 신의 ᄀ이여 틔눈이 되엿늬

<苗/3-64b> 外感* 외감은 발표가 웃틈이라

<苗/3-64b> 痢疾* 니질은 습열로셔 나ᄂ니

<苗/3-65a> 癡* 어린 놈은 우음을 만히 ᄒᄂ니

<苗/3-65b> 龜背* 곱쟝은 어려실 제 샹ᄒ여 된다 ᄒᄋᆸ늬

<苗/3-65b> 氣絶* 긔절ᄒ엿다가 긔 ᄭᅡ여낫습늬

<苗/3-65b> 惡心* 오심증은 긔역(氣逆)ᄒ여 나ᄂ니

<苗/3-66a> 刑足* 몽동바리 진흙 붉듯 ᄒ다 ᄒᄋᆸ늬

<苗/3-66a> 縮脚* 안즌박이ᄂ 볼기로 문츠켜 ᄃ니옵ᄂ니

<苗/3-66a> 胸痛* 가슴안키를 흉복통이라 ᄒᄋᆸ늬

<苗/3-66b> 液* 진은 사름의 진익이오니

<苗/3-66b> 燥症* 조증은 더러온 거시옵도싀

<苗/3-66b> 胞衣* 포의ᄂ 블의 술오다 ᄒᄋᆸ늬

<苗/3-66b> 噫* 트림은 과식(過食)ᄒ면 나ᄂ니

<苗/3-67a> 歸* 도라갈 ᄆ옴이 나옵늬

<苗/3-67a> 行* 힝츠가 십 니나 니엇습늬

<苗/3-67b> 驚* 놀라온 ᄆ옴이 가싀지 아니ᄒ올쇠

<苗/3-68b> 臨* 님ᄒ여셔 변통(變通)ᄒᄂ 일도 혹 잇습늬

<苗/3-68b> 逐* 좃차가 잡아 왓ᄂ이다

<苗/3-69a> 逃* 도망ᄒ여 ᄃ라나니 잡을 길이 업ᄉ외

<苗/3-69b> 降* ᄂ려오시니 ᄀᆺ브시오리

<苗/3-70a> 俯* 구버보니 아릭가 뵈옵늬

<苗/4-01a> 搆* 얼고 열십ᄌ로 믹니 들고 가도 념녀 업다

<苗/4-01a> 伸* 펴 보니 빈 손바당이로쇠

<苗/4-02a> 擲* 더지다가 사름 마ᄌ리

<苗/4-02a> 擇* 굴히여 내니 나믄 거슨 블용이 되엿습늬

<苗/4-03b> 控* 손을 잇그러[려]다가 훈듸 다히소

<苗/4-03b> 捲* 것고 보니 브룸이 드러와 싀훤ᄒ외

<苗/4-04a> 壓* 눌오고 이시니 극급ᄒ여 ᄒ뇌

<苗/4-04b> 躍* 쯰여 몬져 오르쟈

<苗/4-04b> 走* 드름둣기 굿브외

<苗/4-04b> 蹲* 즉쑤리켜 안자시니 발목이 앏프외

<苗/4-05a> 蹇* 발 저는 사름은 드름드름 제 우습ᄉ외

<苗/4-05a> 跪* 쑤러안즈면 무롭픠 앏프외

<苗/4-06b> 忿* 분을 춤다가 못ᄒ여 흔이로쇠

<苗/4-07a> 感* 감격흔 은혜(恩惠)야 명심(銘心)ᄒ게 ᄒ엿습늬

<苗/4-07a> 悶* 민망ᄒ올지라도 당홀 밧근 업ᄉ외

<苗/4-07a> 畏* 무셔오니 나는 못 ᄒ게 ᄒ옵늬

<苗/4-07b> 惶* 황공ᄒ와 알욀 말슴을 다 못 ᄒ옵늬

<苗/4-08a> 悅* 깃거흔 ᄉ쇽이 나타낫습늬

<苗/4-08a> 怊悵* 쵸쟝(怊悵)ᄒ고 안자 고인을 싱각ᄒᄂ니

<苗/4-08b> 弄談* 농담이 진담이 되옵ᄂ니

<苗/4-08b> 默* 줌줌ᄒ여셔도 안흐로 짐쟉ᄒ시옵ᄂ니

<苗/4-09a> 訥* 말덧두어리는 사름의 말은 아라[리]듯기 분명치 아
니ᄒ오니

<苗/4-09a> 訴* 할아셔 그 놈이 죄(罪)를 닙어고나

<苗/4-09a> 語澁* 말이 습ᄒ여 니르는 말이 쓴허지옵늬

<苗/4-09a> 譽* 기리옵시니 그 쟈[챠]가 더욱 부즈런이 ᄒ옵늬

<苗/4-09b> 決* 결단(決斷)을 공편(公平)이 ᄒ여야 원망(怨妄)을 아
니 듯습ᄂ니

<苗/4-09b> 訟* 숑ᄉ는 두 편의 말을 술펴야 올ᄉ오니

<苗/4-10a> 約* 언약(言約)을 흔 연후에 실긔(失期)를 홀고

<苗/4-11a> 請* 쳥ᄒ여 드려가다가 죵용히 니르쟈

<苗/4-11b> 論* 의논이 쇠 눈의셔 크다 ᄒ옵늬

<苗/4-12a> 獻辭* 문안 드리니 은근히 회답ᄒᆞ시옵ᄂᆡ

<苗/4-12b> 是* 이 ᄀᆞ장 아름다온 일이로다

<苗/4-13a> 但* 다만 글을 비홀 ᄯᅳᄅᆷ이니라

<苗/4-13a> 惟* 오직 츅슈홀 ᄲᅮᆫ이로쇠

<苗/4-13a> 將* 쟝ᄎᆞᆺ 그릇홀 번ᄒᆞ엿습ᄃᆡ

<苗/4-13b> 復* 다시 보고 글을 니겨야 누ᄅᆞᆨ 가옵ᄂᆡ

<苗/4-14b> 副* 내 쳥(請)을 마쳐 시ᅙᅵᆼᄒᆞ시니 ᄉᆡᆼ광(生光)이 뎍지 아
니ᄒᆞ외

<苗/4-14b> 就中* 나아가는 가온ᄃᆡ 기자ᄒᆞ여 뵈옵ᄂᆡ

<苗/4-15a> 故* 그런고로 그만 ᄒᆞ여 긋치오니

<苗/4-15a> 幾* 거의 일이 날 번ᄒᆞ옵ᄃᆡ이다

<苗/4-15a> 遂* 츅죠ᄒᆞ여 챡실이 긔별ᄒᆞ엿습ᄃᆡ

<苗/4-15b> 方* 비여ᄒᆞ로 막 방쟝이옵도쇠

<苗/4-15b> 猶* 오히려 입의 졋내 나옵ᄂᆡ

<苗/4-16b> 幸* ᄒᆡᆼ혀 실슈를ᄒᆞ오리

<苗/4-17a> 嘗* 일즉 허락(許諾)ᄒᆞ여 계시옵ᄃᆡ

<苗/4-17a> 甚* 심히 어렵건만ᄂᆞᆫ 힘대로 쥬션(周旋)ᄒᆞ오리

<苗/4-17a> 若* 만일 그런 ᄉᆞ졍(事情)도 업지 아니ᄒᆞ오리

<苗/4-17a> 然* 그러면 ᄒᆞᆫ숨 쉬여 밋처 가오리

<苗/4-17b> 果然* 과연 ᄒᆞᆫ갑이 되엿습ᄂᆡ

<苗/4-18a> 竟* 마ᄎᆞᆷ내 도라가려 ᄒᆞ시니 니별(離別)이 층냥 업ᄉᆞ외

<苗/4-18a> 於* 말 ᄂᆞ려 가ᄂᆞᆫ 어ᄌᆞ(於字)옵도쇠

<苗/4-18a> 而* 말 니얼 이ᄌᆞ(而字)오니

<苗/4-18a> 因* 인ᄒᆞ여 게 두고 일 시기옵소

<苗/4-18a> 趑趄* ᄌᆞ져ᄒᆞ다가 미결ᄒᆞ옵ᄂᆡ

<苗/4-18b> 騷雅* 소아ᄒᆞ고 단뎡ᄒᆞᆫ 타ᄉᆞ로 독당ᄒᆞ옵ᄂᆡ

<苗/4-19b> 悋* ᄶᅥ려 갓가히 사괴지 아니ᄒᆞ옵ᄂᆡ

<苗/4-19b> 憐* 어엿비 너겨 형뎨(兄弟)ᄀᆞᆺ치 ᄒᆞ옵ᄂᆞ니

<苗/4-19b> 忍* 춤는 거시 웃[읏]뜸이오니

<苗/4-20a> 忙* 밧바 둔녀갈 틈이 업스외

<苗/4-20a> 悔* 뉘웃처도 지난 일이여 무가내하(無可奈何)ㅣ니

<苗/4-20b> 戀* 그리워 춤아 니즐 적이 업스외

<苗/4-21a> 念* 념녀ᄒ더니 완인이 되엿습ᄂ

<苗/4-21a> 不關* 블관ᄒ니 브리고져 ᄒ옵ᄂ

<苗/4-21a> 惜* 앗겨 주지 아닌 거슬 쌔아사 왓습데

<苗/4-21a> 懷* 품은 말을 다 니ᄅ니 ᄆ음의 걸린 일이 업스외

<苗/4-21b> 犯* 범접ᄒ여 잇다감 욕(辱)보옵ᄂ

<苗/4-21b> 行* 힝실(行實)을 몬져 비홀 거시오니

<苗/4-22a> 恥* 붓그러워 마리를 수기고 잇습ᄂ

<苗/4-22a> 孝* 효셩(孝情)을 ᄒ고 부모를 셤기니 긔특ᄒ외

<苗/4-23a> 驗* 효험이 이셔 인졍(人賤)ᄒ던 보람이 잇습데

<苗/4-23a> 效* 본바들 거슨 튱효(忠孝)밧긔 업스외

<苗/4-23b> 雪恥* 셜치ᄒ고 원슈를 갑팟습ᄂ

<苗/4-24a> 命* 명은 하늘씌 둘련ᄂ니

<苗/4-24b> 尊* 놉픈 냥반의 후예라

<苗/4-25a> 縹緲* 아ᄋ라이 멀리 브라뷘다

<苗/4-25b> * 싹이 못 되여 그저 두엇습ᄂ

<苗/4-25b> 密* 뷔니 든든ᄒ게 ᄒ엿다 / 뷔븨ᄒ여 여러 사람이 셧습ᄂ

<苗/4-25b> 疎* 셩긔니 빗최여 뷘다

<苗/4-26a> 足* 죡히 쓰고 남게 ᄒ엿다

<苗/4-26b> 舊* 늘근 거시라 ᄒ여도 녯 거시 든든ᄒ니라

<苗/4-26b> 輩* 우리 빗롤 두려 숨어 둔니옵ᄂ

<苗/4-26b> 盈* 차시니 더 부오면 넘으리

<苗/4-27a> 大* 큰 거슨 쓰기 됴ᄒ니라

<苗/4-27a> 尖* 긋치 쏏죡ᄒ니 아모거시라도 궤기 죳다

<苗/4-27a> 麤* 굴[글]근 거슨 달호기 썰썰ᄒ다

<苗/4-28a> 經營* 경영ᄒᆞ고 ᄂᆞᆷ과 ᄀᆞᆺ치 계오 지내옵ᄂᆡ

<苗/4-28a> 承* 니어 ᄃᆡᄃᆡ(代代)로 ᄌᆞ손(子孫) 만당ᄒᆞ옵데

<苗/4-28b> 盛* 셩ᄒᆞ여 거륵이 퍼졋다 ᄒᆞ옵ᄂᆞ니

<苗/4-28b> 衰* 쇠잔(衰殘)ᄒᆞ여 다시 니러날 길이 업습ᄂᆡ

<苗/4-28b> 殘* 잔ᄒᆞ여 이제는 볼 거시 업ᄂᆞ니

<苗/4-29b> 始* 비로소 구경ᄒᆞ엿고나

<苗/4-29b> 初* 처음으로 만나시나 졍(情)이 듕(重)ᄒᆞ외

<苗/4-30a> 減* 감ᄒᆞ면 ᄂᆞᆷ이 슈샹이 너기ᄂᆞ니

<苗/4-30a> 稀* 드믈게야 오시니 말류고져 ᄒᆞ옵ᄂᆡ

<苗/4-30b> 除* 덜ᄒᆞ고 내여도 허믈이 업ᄂᆞ니라

<苗/4-31a> 各* 각각 소견이 다르오니 아지 못ᄒᆞ올쇠

<苗/4-31b> 物* 만믈(萬物)이 유의(有意)ᄒᆞ여 상겻습ᄂᆡ

<苗/4-32a> 苦* 괴로울지라도 지속(遲速) 간(間)의 ᄒᆞᆫ 번은 가는 길이오니

<苗/4-32a> 困憊* 곤비ᄒᆞ여 누엇습ᄂᆡ

<苗/4-32a> 漸* 졈졈 글이 느[누]러가기의 나죵의 밋츠 리 업스오리

<苗/4-32a> 閑* 한가ᄒᆞ여 산슈만 보고 쇼일(消日)ᄒᆞ옵ᄂᆡ

<苗/4-32b> 交* 사괴기를 깁히 ᄒᆞ면 졍(情)이 ᄌᆞ연(自然) 듕(重)ᄒᆞ오니

<苗/4-32b> 遺* 깃친 거시 서너 가지 잇습ᄂᆡ / 遺物(유믈)

<苗/4-33a> 每* 미양 와 계시니 구지업ᄉᆞ외

<苗/4-33a> 傳* 젼ᄒᆞ고 표(標) 바다 왓습데

<苗/4-33b> 率* 거ᄂᆞ린 사름이 ᄀᆞ장 만[망]ᄉᆞ외

<苗/4-33b> 逆* 거스지 못ᄒᆞ와 그리 홀 양으로 ᄒᆞ엿습ᄂᆡ

<苗/4-34b> 免* 면ᄒᆞ려 ᄒᆞ니 폐가 덕지 아니ᄒᆞ외

<苗/4-34b> 遞* ᄀᆞ라 가시니 모든 사름이 앗기옵ᄂᆡ

<苗/4-35a> 處* 곳이 칙박(窄迫)ᄒᆞ니 졀박ᄒᆞ외

<苗/4-35b> 皆* 다 무단ᄒᆞ여 의졋ᄒᆞᆫ 거시로쇠

<苗/4-35b> 先* 몬져 가노라 ᄒᆞ되 아직 연고 이셔 못 가웁ᄂᆡ

<苗/4-35b> 解* 플러 내니 노를 긋쳐 계시웁ᄂᆡ

<苗/4-36a> 滿* ᄀᆞ득 차시니 더 녀흐면 넘ᄂᆞ니

<苗/4-36a> 齊* ᄀᆞ즉이 셔니 춤치가 업ᄉᆞ외

<苗/4-36b> 都* 모도 합ᄒᆞ여 이 ᄲᅮᆫ이로쇠

<苗/4-36b> 竝* 곫셔 가니 아모도 큰 줄 모를쇠

<苗/4-37b> 恰* 흡죡히 어더 왓기의 넘치 업ᄂᆞ니

<苗/4-38a> 惹* 야로즌 일도 잇습ᄂᆡ

<苗/4-38a> 載* 시러 온 거시 듕노(中路)의셔 비를 마자 누긔가 잇
습ᄂᆡ

<苗/4-38b> 翻* 번두쳐 도로 이긔엿습ᄂᆡ

<苗/4-38b> 憑* 의빙ᄒᆞ여 듯ᄌᆞ왓습ᄂᆡ

<苗/4-38b> 因緣* 인연이 듕ᄒᆞ여 간[갓]곳마[맛]다 만나올쇠

<苗/4-39a> 相* 지샹(宰相)은 만민지샹(萬民之上)이오니

<苗/4-39b> 權* 권을 자바 가지고 제 ᄆᆞ음대로 ᄒᆞ옵데

<苗/4-39b> 作* 지어 내니 맛치 맛고나

<苗/4-40a> 類* 뉴가 각각 다르오나 근본은 다르지 아니ᄒᆞ외

<苗/4-40a> 合* 합ᄒᆞ여 모화 보니 수(數)가 장ᄒᆞ외

<苗/4-40b> 變通* 변통ᄒᆞ고 치쳑을 면ᄒᆞ엿습ᄂᆡ

<苗/4-41a> 奏* 엿ᄌᆞ왓습더니 분부가 즉제 낫습데

<苗/4-41a> 稟* 품ᄒᆞ여시니 쳬분(處分)은 당신게 잇ᄉᆞ오리

<苗/4-41b> 用* 쓰는 ᄃᆡ가 만하 부비가 젹지 아니ᄒᆞ외

<苗/4-42a> 良久* ᄀᆞ장 오래개여 만나 보왓습ᄂᆡ

<苗/4-42a> 幽* 유한(幽閑)ᄒᆞᆫ ᄃᆡ 이셔 셰샹(世上) 시비(是非)를 듯
지 아니ᄒᆞ옵ᄂᆞ니

<苗/4-42a> 殘忍* 잔인ᄒᆞ여 춤아 보들 못ᄒᆞ올쇠

<苗/4-42b> 謀害* 모해ᄒᆞ려 ᄒᆞ다가 도로혀 제게 우환이 낫습ᄂᆡ

<苗/4-42b> 寂寞* 젹막ᄒᆞᆫ 고ᄃᆡ 이시니 일월이 긴 줄을 아올쇠

<苗/4-42b> 支當* 지당ᄒ매 분부대로 드려오게 ᄒ오리

<苗/4-43a> 窮屈* 궁[군]굴ᄒ여 지내기 어렵ᄉ외

<苗/4-43a> 愚濫* 우람ᄒ여 어룬 사름을 침노ᄒ다

<苗/4-43b> 落後* 낙후ᄒ여 쳔쳔이 왓습데

<苗/4-43b> 汎濫* 범남ᄒ여 놉을 업슈이 너기옵ᄂᆡ

<苗/4-43b> 參差* 춤차가 이셔 고로지 아니ᄒ외

<苗/4-43b> 平生* 평싱 술만 벗 삼아 쇼일(消日)ᄒ옵ᄂᆡ

<苗/4-44a> 迂闊* 오활ᄒ여 놉의 ᄌ븨를 모로옵데

<苗/4-44a> 拒絕* 거절ᄒ고 다시 본 쳐 아니 ᄒ려 ᄒᄂᆡ

<苗/4-44b> 虛事* 허신 줄 모로고 늙으니ᄂ 다 신텽ᄒ옵데

<苗/4-45b> 假托* 가탁ᄒ옵ᄂ 일이 아니오라 실로 연고 이셔 그러ᄒ
와이다

<苗/4-45b> 眊目* 눈을 스ᄉ 서로 두ᄒ라 ᄒ옵ᄂᆡ

<苗/4-45b> 唐突* 당돌히 와셔 긴치 아닌 말을 ᄒᄂ다

<苗/4-45b> 斗護* 투호ᄒ옵신 덕으로 구실을 다ᄒ고 왓습데

<苗/4-45b> 臆勒* 억늑ᄒ여 시기옵시니 마지못ᄒ여 시힝ᄒ옵ᄂᆡ

<苗/4-46a> 明明* 명명훈 둘빗치로다

<苗/4-46a> 說破* 셜파ᄒ고 ᄒ혹(解惑)을 ᄒ엿습데

<苗/4-46a> 周旋* 쥬션ᄒ여 주옵시니 샹덕을 못내 알외올쇠이다

<苗/4-46b> 隱隱* 은은이 멀리 뵌다

<苗/4-47a> 皎皎* 교교훈 거슨 둘이로다

<苗/4-47a> 團團* 단단ᄒ여 드럿다

<苗/4-47b> 耿耿* 뭀긋뭀긋ᄒ여 닛지[치] 아니ᄒ다

<苗/4-47b> 穆穆* 목목이 깁고 멀리 뵈옵ᄂᆡ

<苗/4-47b> 點點* 뎜뎜이 버혀도 앏픈 줄 모로다

<苗/4-48a> 漠漠* 아막아막ᄒ여 갈 길을 모룰다

<苗/4-48a> 冥冥* 아득아득ᄒ니 정신을 못 출혓노라

<苗/4-48b> 頻頻* 빈빈이 쇼식(消息)을 드룻다

<苗/4-48b> 滴滴* 덕덕이 믈이 듯는다

<苗/4-49a> 闇闇* 암암ᄒᆞ여 아모 일도 모로는지라

<苗/4-49a> 零零* 녕녕이 쏫듯는다

<苗/4-49a> 切切* 졀졀이 숩ᄉᆞ오리

<苗/4-49b> 密密* 빅빅이 셔시니 드러갈 틈이 업ᄉᆞ외

<苗/4-50a> 冷冷* 녕녕히 부는 ᄇᆞ름이 서늘ᄒᆞ다

<苗/4-50b> 蒼蒼* 프룻프룻흔 하늘이 구버보시웁ᄂᆞ니

<苗/4-51a> 藹藹* 애애흔 긔운(氣運)이 하늘의 쏘이웁ᄂᆡ

<苗/4-51a> 烈烈* 널널흔 태쟝부로쇠

<苗/4-51a> 層層* 층층이 놉파 간다

<苗/4-51a> 皓皓* 호호ᄒᆞ여 조츨ᄒᆞ외

<苗/4-51b> 岌岌* 급급ᄒᆞ니 우러 오르기 어려외

<苗/4-51b> 磊磊* 뇌뇌낙낙ᄒᆞ여 뜻 잡기 어렵다

<苗/4-51b> 浸浸* 침침ᄒᆞ고 즘기니 걸릴 셰 업데

<苗/4-51b> 表表* 표표ᄒᆞ니 알기 쉬외

<苗/4-51b> 奕奕* 혁혁ᄒᆞ니 거륵ᄒᆞ외

<苗/4-52a> 汩汩* 골골ᄒᆞ여 지내웁기예 인ᄉᆞ 출힐 길이 업ᄂᆡ

<苗/4-52a> 落落* 낙낙흔 쳥숑이로다

<苗/4-52a> 渺渺* 묘묘히 멀리 바라뵈ᄂᆡ

<苗/4-52a> 卓卓* 탁탁ᄒᆞ여 뜻 마초기 어렵다

<苗/4-52b> 洶洶* 흉흉흔 파되 무셥워 뵌다

<苗/4-53a> 茫茫* 망망흔 너른 바다흘 ᄇᆞ라보니 ᄀᆞ이업다

<苗/4-53a> 源源* 원원이 ᄌᆞ로 왕ᄂᆡᄒᆞ니 든든ᄒᆞ다

<苗/4-53a> 漸漸* 졈졈 저저 간다

<苗/4-53b> 迢迢* 툐툐히 멀리 ᄇᆞ라뵌다

<苗/4-53b> 蔥蔥* 총총흔 긔운이 아름답다

<苗/4-53b> 翩翩* 편편흔 가공ᄌᆞ의 긔샹이로다

<苗/4-54a> 泛泛* 범범히 써 오는 ᄇᆡ가 한가(閑暇)ᄒᆞ여 뵌다

<苗/4-54a> 深深* 깁히깁히 드러가니 졸연(卒然)이 춧지 못ᄒᆞᄂᆞ니

<苗/4-54b> 凜凜* 늠늠ᄒᆞ고 미오 칩ᄉᆞ외

<苗/4-55a> 稜稜* 모모히 걸려 드러가지 못ᄒᆞ다

1-3) 사물이나 사람, 상황에 대한 확인, 묘사, 설명을 요구(질문)하기

<苗/1(2)-01a> 鸞* 난됴(鸞鳥)는 엇더ᄒᆞ온고

<苗/1(2)-03b> 鸕* 굴가마괴가 어이 져리 소ᄅᆡ ᄒᆞ옵는고

<苗/1-09b> 夕* 져녁쌔면 미영 도라가고져 ᄒᆞ시니 그 어인 일이옵는고

<苗/1-16b> 方裡* 방니의 무어시 잇습는고

<苗/1-16b> 中* 가온듸는 엇더ᄒᆞ온고

<苗/1-17a> 四方* ᄉᆞ방이 다 바다히온가

<苗/1-17b> 峯* 몃 봉이나 ᄒᆞ온고

<苗/1-18a> 壑* 굴헝이 몌엿습는가

<苗/1-18b> 丘* 두던이 엇더ᄒᆞ옵던고

<苗/1-19a> 土* 흙이 엇더ᄒᆞ온가

<苗/1-20a> 穴* 굼기 몃 굼기나 ᄒᆞ는가

<苗/1-21a> 河* 이 믈 깁희가 엇마나 ᄒᆞ올고

<苗/1-23a> 派* 져 한가온듸는 믈가래가 몃 가래나 ᄒᆞ온고

<苗/1-24a> 灣* 믈구븨가 너ᄅᆞ온가

<苗/1-24b> 滋* 이거시 브ᄅᆞ시니 믈의 둠갓더냐

<苗/1-25b> 洪* 이 믈 넙의가 몃 니나 ᄒᆞ올고

<苗/1-27b> 渡* 다 건너 왓ᄂᆞ냐

<苗/1-28a> 格軍* 격군이 몃치 올랏ᄂᆞ냐

<苗/1-28a> 沙工* 사공들이 닉은 사공들인가

<苗/1-28a> 出船* 츌션은 몃츤날의 졍(定)ᄒᆞ엿습는고

<苗/1-28b> 小船* 쇼션을 ᄐᆞ고 가시는가

<苗/1-28b> 破船* 상년(上年) 도히션(渡海船)의 의외(意外) 파션(破船)호니 그런 참혹흔 변이 어이 잇스올고

<苗/1-30a> 軍士* 군스(軍士)는 몃치나 호온고

<苗/1-30b> 覡* 화랑이 보는가

<苗/1-30b> 孤* 외러이 이셔 즉히 민망호시올가

<苗/1-30b> 主人* 쥬인은 뉘 집의 호엿습는고

<苗/1-31a> 英雄* 녜부터 영웅(英雄)을 몃치나 보시던고

<苗/1-32a> 漁父* 어부들이 고기를 엇마나 잡엇더냐

<苗/1-32a> 匠人* 댱인(匠人)은 무슴 댱인 무슴 댱인이 잇습는고

<苗/1-32b> 筏子* 쒸댱스들이 몃치나 갓습는고

<苗/1-34b> 聰* 그대도록 총명(聰明)이야 쉽스올가

<苗/1-36a> 慾* 욕신만 내여든 일이 되느냐

<苗/1-39b> 位* 가즈는 무슴 가좌(加坐)를 탓습는고

<苗/1-39b> 職* 무슴 벼슬 호엿습던가

<苗/1-40a> 屬* 어늬 마을의 쇽(屬)호엿습는고

<苗/1-40a> 業* 자늬 아들은 무슴 소업(所業)을 호옵는고

<苗/1-40a> 任* 소임(所任)은 무슴 소임(所任)을 지내엿습던고

<苗/1-40a> 掌* 구일듸관(古1-代官)은 무어슬 ᄀᆞ음아옵는고

<苗/1-40b> 差定* 무슴 소임(所任)을 치졍(差定)호엿관듸 밧비 가옵는고

<苗/1-40b> 通事* 통스의 언제 드럿는가

<苗/1-41a> 公役* 공역을 시작호엿는가

<苗/1-41b> 同生* 동싱은 여서비올식

<苗/1-41b> 弟* 아우는 몃치나 호온고

<苗/1-41b> 祖父* 조부가 계시온가 조모가 업서 계시온가

<苗/1-41b> 兄* 형님은 몃 분이온고

<苗/1-42a> 族* 결릭들이 만흐시옵는가

<苗/1-44a> 査頓* 사돈이 어진 사름이온가

<苗/1-45b> 汝* 너ᄂᆞᆫ 어이 그리 외로온가
<苗/1-46a> 汝等* 너희 등은 밥만 먹고 편히 잇ᄂᆞ냐
<苗/1-46a> 伊* 제 어이 날ᄃᆞ려 그리 ᄆᆡ몰이 구올[을]고
<苗/1-47a> 此漢* 이 놈이 샹놈이로되 진셔와 언문(諺文)을 다 아ᄋᆞᆸ데
<苗/1-49a> 頬* 보죠개예 우믈지니 므슴 깃븐 일이 잇ᄉᆞᆸᄂᆞᆫ고
<苗/1-51a> 禿頭* 믠데갈이ᄂᆞᆫ 보기 슬ᄉᆞ외
<苗/1-55a> 腸* 간댱인들 견ᄃᆡ올가
<苗/1-56a> 太息* 한숨을 지시니 어인 일이온고
<苗/1-57b> 形* 형상(形狀)을 보니 녜ᄉᆞ(例事) ᄉᆞᄅᆞᆷ 아니〃 그 뉘온고
<苗/1-59b> 嬰兒* 이 아기 나하셔 몃 ᄃᆞᆯ의 되엿ᄂᆞ냐
<苗/2-06b> 獐* 노로란 즘ᄉᆡᆼ은 일본의도 잇ᄉᆞᆸᄂᆞᆫ가
<苗/2-07b> 騅馬* 항우(項羽)의 오츄[쥬]마(烏騅馬)ᄂᆞᆫ 어ᄃᆡ로 간 줄 뉘 알고
<苗/2-12a> 牛死* 쇼 죽다 ᄒᆞ고 녀름지를 마올가
<苗/2-17a> 文魚* 문어 가래나 어더ᄋᆞᆸ소 다른 거ᄉᆞᆫ 업ᄉᆞ외 / 八稍魚(팔쵸어)
<苗/2-20a> 蚇蠖* 자재벌ᄅᆡᄂᆞᆫ 무어슬 져리 자히ᄋᆞᆸᄂᆞᆫ고
<苗/2-25a> 菁* 쉿무우ᄂᆞᆫ 팀치도 담ᄉᆞᆸᄂᆞᆫ가 / 着根(챡근) 무우
<苗/2-27a> 細毛* 가스리를 그리도 만히 쓰ᄋᆞᆸᄂᆞ니잇가
<苗/2-32a> 柰* 멋ᄎᆞᆫ 마시 엇더ᄒᆞ온고
<苗/2-35b> 根* 블희 업서 초목이 살가 보온가
<苗/2-48b> 廚* 부억의셔 ᄃᆞᆰ 틔ᄂᆞ냐
<苗/2-49a> 大工* 대공이 난초(蘭草)와 룡(龍)을 싸키더니 뉘 싸기다 ᄒᆞᄂᆞᆫ가
<苗/2-49a> 棟* ᄆᆞᄅᆞ의 미르뇽(龍) ᄌᆞ(字)를 세흘 써시더니 어인 일이온고
<苗/2-50a> 懸板* 현판의 쓴 글시ᄂᆞᆫ 뉘 글시온고

<苗/2-51b> 珠* 구슬을 만히 사왓더니 사려 ㅎ옵는가

<苗/2-52a> 珊瑚* 산호쥬는 업습는가 / 孔雀珠(공작쥬)

<苗/2-52a> 水晶* 슈정(水晶) 갓 씬 잇습는가

<苗/2-52a> 琥珀* 호박(琥珀) 비(杯) 잇습는가

<苗/2-52b> 銅* 구리는 어니 짱희셔 나옵는고

<苗/2-52b> 琉璃* 뉴리 병은 갑시 언마나 ㅎ옵는고

<苗/2-53a> 錫* 쥬셕[셩]은 어듸셔 나옵는고

<苗/2-54b> 木棉* 목면(木棉) 흔 필(匹) 몃 자히온고

<苗/2-54b> 紗* 사가 이리 설풔니 무어시 쓰올고

<苗/2-55b> 綾* 능기쥬는 무슴 비단이온고

<苗/2-56b> 大緞* 대단은 갑시 얼마나 ㅎ옵는고 듕단은 못쓰옵늬

<苗/2-57b> 大紅* 대홍대단(大紅大緞)은 갑시 얼마나 ㅎ는고

<苗/2-58a> 松花色* 숑화식(松花色) 뎌그리 닙은 니는 뉘온고

<苗/2-58b> 豆綠* 도록 믈드리기 폐롭지[치] 아니ㅎ온가

<苗/2-59b> 染* 믈드리는 슈공은 얼마나 ㅎ온고

<苗/2-61b> 織* 쯔든 거슨 비단이온가 모면이온가

<苗/3(4)-71b> 伏* 업듸여 볼기를 마즈라 ㅎ셔도 맛스오리잇가

<苗/3-01b> 單衣* 치은듸 홋옷 닙고 어이 견듸올고

<苗/3-02b> 被* 닙엇 거시 열워 뵈니 칩지[치] 아니ㅎ온가

<苗/3-05b> 珮* 츤 주머니의 무어시 드럿습던고

<苗/3-11b> 苦瓠* 기우든 그릇시야 무어싀 쓰리

<苗/3-12b> 櫃* 궤 속의 넛고 저믄 거슬 뉘 가져가리

<苗/3-13a> 俎* 도마에 노흔 고기 칼을 저허ㅎ랴

<苗/3-16b> 鎖* 즈믈쇠로 문을 저무면 뉘 열고 드러오올고

<苗/3-25a> 駕馬* 가마 튼고 가신 니는 긔 뉘온고

<苗/3-25b> 乘* 튼고 갈 거시 업스니 먼 듸를 엇지 가올고

<苗/3-28a> 馬貰* 물삭슬 엇마나 주면 시러 올고

<苗/3-28b> 一負* 흔 짐이 몃 말 무긔나 드럿느냐

<苗/3-28b> 一駄* 흔 태의 엇마나 싯고 갈가 시브냐

<苗/3-38a> 鏃* 살밋치 업스면 사롬의 마든들 무어시 샹ᄒ올고

<苗/3-38a> 苦* 살각괴 업스면 엇지[치] 쏘올고

<苗/3-38b> 環* 환도 츠고 가면 무셔온 일이 어이 이시리오

<苗/3-39a> 鳥銃* 됴통을 마ᄌ면 어이 살 사롬이 잇스올고

<苗/3-41a> 陳* 딘을 구지 직희여시면 뎍국의셔 어리 티랴

<苗/3-41b> 戰場* 뎐쟝의 님ᄒ여 어이 살길을 너기랴

<苗/3-43b> 敗* 패흔 쟝슈룰 무어시 쓰리

<苗/3-44a> 發* 발ᄒ여 난 후에 뉘라셔 뜻덥스올고

<苗/3-44a> 報讐* 원슈 갑픈 후면 죽다 무슴 흔(限)이 잇스올고

<苗/3-44b> 縛* 츤〃 미고 쌔드리고 시브쟈

<苗/3-44b> 匝* 겹〃이 에워밧시니 제 어이 도망ᄒ올고

<苗/3-50b> 神主* 신쥬가 듕ᄒ니 신쥬 업스면 ᄌ손이 졔스룰 어듸
　　　　　　가 ᄒ올고

<苗/3-52a> 嘗* 맛보니 엇더ᄒ온고

<苗/3-53a> 嚼* 믈고 씹지 아니면 무슴 마시 잇스올고

<苗/3-55a> 熟* 잘 닉은 후에 낼시 음식을 아니 먹느냐

<苗/3-57a> 易* 밧고와 주면 갑 바드나 다르올가

<苗/3-57b> 本* 밋쳔이 젹으면 니가 간대로 엇지 못ᄒ올쇠

<苗/3-57b> 授* 준 후에 갑슬 더ᄒ려 ᄒ니 되는가

<苗/3-58b> 給* 주는 거슬 어이 스양(辭讓)ᄒ는고

<苗/3-58b> 受* 내가 바다 두엇기예 공의 손의 쥐여시나 다르올가

<苗/3-59a> 窘* 군박흔 후에 구챠흔 일을 도라보올가

<苗/3-59a> 市直* 시직은 언마나 ᄒ온고

<苗/3-59a> 地貰* 지셰 믈고 가프라 와 무슴 니(利)가 이실고

<苗/3-59b> 家貰* 집셰가 일년의 언마나 ᄒ고

<苗/3-60a> 奪* 아사다가 두면 빗 갑고 아니 츠자갈가

<苗/3-60b> 乞* 비러먹은 놈이 넘치 이실가 보온고

<苗/3-60b> 賑* 진휼곳 시작ᄒ면 구난흔 빅셩들이 아니 나올가

<苗/3-61a> 病* 병이 업스면 무숨 근심이 이실고

<苗/3-61a> 痛* 알키쳐로 셜은 일이 어듸 잇스올고

<苗/3-61b> 咄* 혀 츠고 탄식흔들 병을 ᄆ음으로 홀가

<苗/3-64a> 近視* 갓가이 다혀 보기ᄂ 눈이 어두워 그리ᄒᄂ니

<苗/3-65a> 咳嗽* 기춤이 심ᄒ니 어이 홀고

<苗/3-65b> 調理* 됴리를 미리 잘ᄒ면 므슴 병을 드올고

<苗/3-66a> 缺脣* 언텽쳐로 보기 슬흔 거시 어듸 이실고

<苗/3-69a> 隨* 좃차가려 ᄒ오나 다리 알프매 밋쳐 가오리

<苗/4-06b> 恨歎* 흔탄흔들 속졀(屬節)이 잇스올고

<苗/4-14a> 奄* 믄득 간 곳이 업스니 아니 괴이흔가

<苗/4-16a> 況* ᄒ믈며 날 ᄀ튼 사름이야[여] 엇게 혜올가

<苗/4-16b> 敢* 굿희여 쳔연ᄒ다 ᄒ올고

<苗/4-17b> 自然* 주연이 그리 될 일이니 뉘 타슬 삼스올고

<苗/4-25a> 遠* 먼 듸를 밧비 든녀오니 오죽 곤ᄒ랴

<苗/4-25b> 片* 몃 조각의 되[뒷]엿ᄂ고

<苗/4-28b> 硬* 질긘 거슬 아모리 씹은들 무를가

<苗/4-29a> 棄* 브려 벼슬을 아니 ᄒ이시다 엇지[치] 홀고

<苗/4-30a> 加* 더ᄒ여 줄진듸 쳘츄히 구올고

<苗/4-31b> 慰* 위로ᄒ여 무르 주시니 후의(厚意)를 닛즈올고

<苗/4-31b> 何* 엇지 쳐치ᄒ렴나

<苗/4-33a> 求* 구ᄒ연 지 오래오니 하마 ᄂ려오오리

<苗/4-35a> 結* 믹여 두면 어드러 드라나리

<苗/4-36a> 同* 흔가지 사름을 어이 증계ᄒ여 셸고

<苗/4-36b> 比* 견주어 보와 뉘 나은가 보소

<苗/4-36b> 如* ᄀ치 호블호가 업스니 굴려 무엇 ᄒ랴

<苗/4-38a> 摘姦* 덕간ᄒ면 제 어이 숨기올고

<苗/4-41a> 報* 보ᄒ여시니 회답이 아니 올가

<苗/4-43a> 生涯* 싱애가 어려오니 엇지ㅎ여 좃스올고

<苗/4-43b> 高卑* 고비를 분변(分辨)치 못ㅎ고 되ᄂ냐

<苗/4-50a> 飛飛* 플플 ᄂᄂ 새룰 어이 잡으리

<苗/4-50a> 凄凄* 쳐쳐흔 풍상의 어이 갈고

<苗/4-51a> 重重* 듕듕텹텹흔 뫼흘 어이 다 볼고

<苗/4-53a> 湛湛* 담담이 흐르ᄂ 강믈이 어듸ᄭ지 가셔 긋치ᄂ고

1-4) 사건이나 행위(행동)의 결과를 평가하기

<苗/1-06a> 去年* 거년 농스는 므단히 되엿습ᄂᆡ

<苗/1-21a> 海* 바다흘 ᄀᆺ곰 건너 ᄃ니시니 과연(果然) 슈고(受苦)롭스외

<苗/1-21b> 島* 이제 셤의 도라가시니 셥〃기 ᄀ이업스외

<苗/1-26a> 泅* 허욤 헤ᄂ 양을 보니 과연 긔특ᄒ욥데

<苗/1-29a> 兩班* 냥반인 줄 모로고 말을 흔부로 ᄒ니 괘심ᄒ외

<苗/1-30a> 寡* 과부(寡婦)란 거슨 졀(節)을 직희니 긔특ᄒ오니

<苗/1-35a> 悖惡* 져 사름은 거름 것ᄂ 양을 보니 심이 패악흔가 시브외

<苗/1-35b> 迷惑* (어) 이ᄂ 미혹(迷惑)흔 놈이로다

<苗/1-47a> 此* 여긔ᄂ 풍토ㅣ 사오나와 오래 잇지[치] 못ᄒ욥ᄂᆡ

<苗/3-11b> 屈曲* 구브러온 거슨 아모듸도 쓸 듸 업ᄂ니라

<苗/3-22a> 長鼓* 쟝고를 치면 춤 추기 됴스오니

<苗/3-22b> 舞* 춤은 풍뉘 됴화야 추기 됴스외

<苗/3-22b> 唱* 부ᄅ기를 잘ᄒ면 듯기 됴흐니라

<苗/3-22b> 彈* 틋기를 잘ᄒ면 아모 풍뉴라도 듯기 됴습데

<苗/3-23a> 吹* 블기를 잘ᄒ면 소ᄅ 몱으니라

<苗/3-31b> 黜* 내치며 드리기를 임의로 ᄒ니 권이 ᄀ장 듕ᄒ외

<苗/3-56b> 滅* 블 ᄯ고 다시 켜니 괴이ᄒ다

<苗/4-35a> 傾* 기우러져 가는 사룸을 붓드러야[여] 올흐니라
<苗/4-44b> 串* 져곳스로 쓰저 죽겨도 방즈흔 연놈은 블샹치 아니
ㅎᆞᆸ데
<苗/4-49b> 紛紛* 분분흔 시졀(時節)의ᄂ 깁픈 산듕(山中)의 숨어
야 올스오니

1-5) 정의하기(사물, 용어 등)

<苗/1-01b> 三台星* 삼틱셩은 인간 삼공의 응흔 별이라 ㅎᆞᆸᄂᆡ
<苗/1-03b> 六花* 눈을 뉵화라 ㅎᆞᆸᄂᆡ
<苗/1-04a> 霞* 노올은 져녁 아츰의 쓰되 됴하우 모하쳥이라 ㅎᆞᆸᄂᆡ
<苗/1-04b> 震動* 진동이란 말은 아모거시라도 만히 모와셔 덤병여
요란흔 거슬 니른 말이라
<苗/1-05a> 牽牛* 견우ᄂ 딕녀과 냥쥐니 쳔샹의 잇습ᄂᆡ
<苗/1-05a> 織女* 딕녀ᄂ 견우과 냥쥐니 칠월칠일의 만나보게 ㅎᆞ엿
습ᄂᆡ
<苗/1-05a> 漢水* 한슈ᄂ 은하슈ㅣ니 하늘 가온딕 버쳣습ᄂᆡ
<苗/1-08a> 名日* 명일은 돌마다 이시되 졀일을 명일이라 ㅎᆞᆸᄂᆡ
<苗/1-08b> 臘月* 납월 未日(미일)을 납향(臘享)이라 ㅎᆞᆸᄂᆡ
<苗/1-08b> 冬至* 동지ᄂ 동지둘의 이시니 풋듁 쓰어 먹습ᄂᆡ
<苗/1-08b> 百終* 빅죵은 칠월 보롬날이니 샹인은 망혼이라 ㅎ고 대
스로이 노ᄋᆞᆸᄂᆡ
<苗/1-08b> 重陽* 듕양은 구월구일이니 국화를 구경ㅎᆞᆸᄂᆡ
<苗/1-08b> 寒食* 한식은 이월의나 삼월의나 이셔 개즈춰 위흔 날
이ᄋᆞᆸ도싀
<苗/1-09a> 端午* 단오ᄂ 오월 초다샌날이ᄋᆞᆸ도싀
<苗/1-09a> 上弦* 듯돌 초팔일을 초곰이라 ㅎᆞᆸᄂᆡ
<苗/1-09a> 秋夕* 츄셕은 팔월 보롬날이ᄋᆞᆸ도싀
<苗/1-09a> 下弦* 듯돌 이십삼일을 ㅎᆞ현이라 ㅎᆞᆸᄂᆡ

<苗/1-14a> 微月* 초싱반들(初生半月)을 미월(微月)이라 ᄒᆞᆸᄂᆡ

<苗/1-14b> 儺* 섯들 금음날은 므을 사름이 모와 덕담(덕담)도 ᄒᆞ고 희롱도 ᄒᆞᄂᆞᆫ 거슬 내(儺)라 ᄒᆞᆸᄂᆡ

<苗/1-14b> 望日* 열닷샛날을 망일이라 ᄒᆞᆸᄂᆡ

<苗/1-14b> 除夜* 섯들 금음날은 녜ᄉᆞ(例事) 좀 자지 아니ᄒᆞ고 술 먹고 밤을 새는 거슬 졔야[여](除夜)라 ᄒᆞᆸᄂᆡ

<苗/1-14b> 晦日* 금음날은 그 들 므즈막 날이옵도싀

<苗/1-20b> 地震* 지진이란 거슨 사름마다 슬ᄒᆞ고 드고나 개들도 논나 즈〃고 산골의셔ᄂᆞᆫ 꿩과 가마괴가 스리를 맛졋습ᄂᆡ

<苗/1-21b> 澤* 믈이 괸 거슬 웅덩이라 ᄒᆞᆸᄂᆡ

<苗/1-27a> 筏* 나모를 모화 얼고민 거슬 뒤라 ᄒᆞᆸᄂᆡ

<苗/1-29a> 船燈* 먼 바다흘 갈 제 만일(萬1-)이 어둡거든 동션(同船)과 서로 블 맛초기를 션등(船燈)이라 ᄒᆞᆸᄂᆡ

<苗/1-30a> 官* 고쟈는 대궐(大闕)의 근시ᄒᆞ여 잇는 사름이올싀

<苗/1-31a> 隱士* 은ᄉᆞ(隱士)는 과거도 보지[치] 아니코 산골의 숨어 사는 션비를 은ᄉᆞ라 니르옵ᄂᆞ니

<苗/1-31b> 尼* 승이란 거슨 계집 듕이오니

<苗/1-32b> 白丁* 빅뎡이란[런] 거슨 쇼 잡는 놈이오니

<苗/1-32b> 牙子* 흥졍이란 거슨 즈름을 ᄉᆞ이예 녀허야[여] 돗ᄉᆞ오니

<苗/1-32b> 曰者* 왈쟈란[런] 거슨 심이 비례(背禮)ᄒᆞ외

<苗/1-34b> 才* 쟈늬ᄂᆞᆫ 직조(才操) 만흔 사름이로싀

<苗/1-37b> 君* 군(君)은 님금 ᄌᆞ뎌(子弟)를 군이라 ᄒᆞᆸᄂᆞ니

<苗/1-37b> 東宮* 동궁(東宮)은 셰ᄌᆞ(世子) 계신 뒤를 동궁(東宮)이라 ᄒᆞᆸᄂᆡ

<苗/1-37b> 太子* 태ᄌᆞ(太子)는 황뎨 되실 분이오니

<苗/1-37b> 皇帝* 황뎨(皇帝)는 던하지쥬시오니

<苗/1-38a> 大君* 대군[금]

<苗/1-38a> 世子* 셔ᄌᆞ(世子)는 님금 되실 분이오니

<苗/1-38a> 承相* 빅관(百官)의 읏듬을 승상(承相)이라 니르니 듕흔 벼슬이올싀

<苗/1-38a> 王后* 왕후는 님금 님힝을 니른 말이로다

<苗/1-38a> 宗室* 종실(宗室)은 국왕 문지니를 니르옵니

<苗/1-38a> 皇后* 황후(皇后)는 황뎨 실니를 니른 말이라

<苗/1-38b> 宰相* 지샹(宰相)은 일국(1-國) 뎡ᄉ(政事)를 ᄒᆞ신 벼
슬이올식

<苗/1-39a> 兵使* 병ᄉ는 兵馬節度使(병사절도ᄉ)오니

<苗/1-39a> 庶尹* 셔인(庶尹)은 의주의 겨셔 ᄀᆞ쟝 듬ᄒᆞ옵고 동니부ᄉ
과 ᄀᆞᆺ고 당샹니 벼슬이라 ᄒᆞ옵니

<苗/1-39a> 守令* 슈령(守令)은 현(縣)과 군(郡)의 삼년(3-年) 일톄
(一遞)ᄒᆞᄂ 스름오니

<苗/1-39a> 僉使* 겸ᄉ는 僉制節度使(겸져절도ᄉ)오니

<苗/1-39b> 近習* 근습은 근시(近侍)ᄒᆞᄂ 사람을 니르옵니

<苗/1-39b> 水使* 슈ᄉ(水使)도 역시(亦是) 水軍節度使오니

<苗/1-41a> 君子* 군ᄌ는 블견쇼과(不見小過)ㅣ라 ᄒᆞᄂ니

<苗/1-41a> 書吏* 셔리(書吏)ᄂ 國書의 붓친 구실이올식

<苗/1-44a> 奠%* 댱가갈 제 뎐(奠)ᄒᆞᄂ 기러기옵도식

<苗/1-45a> 庶子* 셔ᄌ(庶子)ᄂ 쳡(妾)의게 나흔 ᄌ식(子息)이라

<苗/1-45b> 處女* 셩혼 아니 ᄒᆞᄂ 쏠을 쳐녀(處女)라 ᄒᆞ옵니

<苗/2-16a> 鰍魚* 반짓븐 사름을 밋그리 호쥬라 니르옵니

<苗/2-23a> 糟*조강지쳐ᄂ블하당이라ᄒᆞ옵니

<苗/2-24a> 土卵* 이 토란은 먹으니 미오 소아ᄇᆞ린다 ᄇᆞ리옵소

<苗/2-25a> 瓢* 박이라도 ᄒᆞ고 표ᄌ라도 ᄒᆞ옵니

<苗/2-25b> 蔬* 소치ᄂ 온갖 ᄂᆞ믈을 니른 말이라

<苗/2-26b> 甘苔* 감틔ᄂ ᄇᆞ래ᄂ믈이라

<苗/2-27b> 蔘* 슴ᄌᄂ 더덕 슴ᄌ로되 인슴이라도 ᄒᆞᄂ니라

<苗/2-29a> 箕* 키를 여긔 사름은 뎡이라 ᄒᆞ옵니

<苗/2-42b> 京* 셔울은 님금 계신지라

<苗/2-42b> 里* ᄆᆞ올은 사름 사는 곳이라

<苗/2-42b> 邦* 나라 방지니 져근 거슬 방이라 ᄒᆞᄂ니라

<苗/2-42b> 邊方* 변방은 나라 ▽올을[울] 니른 말이라

<苗/2-42b> 邑* 고을은 관원이 인ᄂᆞᆫ 쌍히라

<苗/2-43a> 居* 거ᄂᆞᆫ 사름이 잇단 말이라

<苗/2-43a> 公* 구의[외]라 ᄒᆞ면 관가 말이요 공이라 ᄒᆞ면 놉을 ᄃᆡ졉
ᄒᆞᆯ 말이라

<苗/2-43b> 閭閻* 녀념(閭閻)은 ᄆᆞ올 집을 니른 말이라

<苗/2-43b> 府* 마올은 관원(官員) 인ᄂᆞᆫ ᄃᆡ라

<苗/2-43b> 社稷* 샤직(社稷)은 텬지(天地)의 졔(祭)ᄒᆞᄂᆞᆫ 곳이라

<苗/2-43b> 獄* 옥(獄)은 죄인(罪人) 가도ᄂᆞᆫ ᄃᆡ라

<苗/2-43b> 倉* 창(倉)은 나라 곡셕(穀石) 넛ᄂᆞᆫ 고지로되 큰 곳을 창
(倉)이라 ᄒᆞᄂᆞ니라

<苗/2-43b> 舘* 관(館)ᄂᆞᆫ 나라 집이로되 타국(他國) ᄉᆞ신(使臣)을 머
무려 두ᄂᆞᆫ 집이라

<苗/2-44a> 庫* 고ᄂᆞᆫ 곡셕 넌ᄂᆞᆫ ᄃᆡ로되 뎌근 거슬 니른 말이라

<苗/2-44a> 牧* 목ᄌᆞᄂᆞᆫ 기ᄅᆞ단 말이라

<苗/2-44a> 宗廟* 죵묘ᄂᆞᆫ 님금 신령을 졔ᄉᆞᄒᆞᄂᆞᆫ 곳이라

<苗/2-44b> 境* 지경은 한(限)을 졍(定)ᄒᆞᆫ ᄯᅡ히라

<苗/2-45a> 店* 뎜은 아모거시나 ᄑᆞᄂᆞᆫ 곳지니 힝인들이 머모러 쉬ᄂᆞᆫ
곳이오니

<苗/2-45b> 鄰* 닌ᄌᆞᄂᆞᆫ 이우지단 말이라

<苗/2-46a> 宮* 궁은 님금 친쳑이 계신 집이라

<苗/2-46a> 鎭* 진(鎭)은 쳠ᄉᆞ만호(僉使萬戶) 잇ᄂᆞᆫ ᄃᆡ라

<苗/2-46b> 宅* 어룬의 집을 ᄐᆡᆨ(宅)이라 ᄒᆞ옵ᄂᆡ

<苗/2-47a> 戶* 지게ᄂᆞᆫ 집 큰 문(門)을 니르고 뎌근 문(門)을 창(窓)
이라 ᄒᆞ옵ᄂᆡ

<苗/2-48b> 殿* 집 뎐지니 님금 계신 집이라

<苗/2-54a> 財産* 지산은 쳔냥(錢兩)을 니른 말이라

<苗/2-55b> 方紬* 방쥬ᄂᆞᆫ 문 업ᄂᆞᆫ 비단이라

<苗/2-55b> 縜緞* 션단은 슈 노흔[혼] 듯흔 비단이라

<苗/2-56a> 金線* 금션은 가장 고온 비단이옵도식

<苗/2-56a> 走紗* 주사는 졸막졸막흔 비단이라

<苗/3-01a> 紗帽* 사모는 벼슬흔 냥반이 쓰느니라

<苗/3-01b> 衲* 납의(衲衣)는 듕의[이] 옷이오[으]니

<苗/3-02b> 着* 챡[쟉]즈는 닙다도 ᄒ고 쓰다도 ᄒ고 붓다도 ᄒ느니라

<苗/3-04b> 珥* 귀엿골이라 ᄒ는 거슨 계집사룸이 귀여 ᄃ느니라

<苗/3-04b> 指環* 가락지는 손가락의 ᄭᅵ나니라

<苗/3-05a> 簪* 빈혀라 ᄒ는 거슨 겨집사룸의 곳는 거시라

<苗/3-08b> 雨傘* 우산은 비 올 제 바치옵ᄂᆡ

<苗/3-08b> 帳幕* 댱막은 한ᄃᆡ 치고 자는 거시라

<苗/3-08b> 鋪陳* 보딘은 자리 비셜ᄒ단 말이라

<苗/3-12a> 籠* 농은 의복 넛는 거시니라

<苗/3-12a> 女筐* 녀광은 녀편ᄂᆡ가 셰간ᄉᆞ룰 넌는 거시라

<苗/3-13b> 蒔繪* 시회는 금으로 그림 그린 거시라

<苗/3-14b> 鑽* 비뷔는 나모 ᄯᅀᆞᆲ는 거시라

<苗/3-14b> 鍼* 침은 병든 ᄃᆡ 주느니라

<苗/3-15a> 鐵把* 쇼시랑은 아모거시나 거러 ᄃᆞᆫ긔는 거시니라

<苗/3-16a> 鉗* 마함은 믈게 ᄭᅵ어 졔어ᄒᆞ는 거시라

<苗/3-16a> 耒* 싸부는 밧 가는 거시매 농부의 요졀로온 거시니라

<苗/3-16b> 鉤* 갈구리는 아모거시나 거러 둥긔는 거시라

<苗/3-16b> 鑷子* 족집개는 털[덜] ᄲᅩᆸ[ᄲᅩᆷ]는 거시라

<苗/3-16b> 釘* 못은 집 지을 제 박는 거시라 못을 박으되 싯치 져편
으로 나가 사려야 질긔오니

<苗/3-17a> 頭釘* 두뎡은 마리 잇는 못이라 / 소정은 널 니얼 쌔 쓰
ᄂᆞ니라

<苗/3-18b> 甌* 큰 독을 강이라 ᄒᆞ느니라

<苗/3-18b> 瓮* 독이라 ᄒ여도 져근 거슬 옹이라 ᄒ옵ᄂᆡ

<苗/3-18b> 酒榨* 고조의 녀허 ᄯᆞᆫ 술[슐]이야 쳥쥬(淸酒)라 ᄒ옵ᄂᆡ

<苗/3-19a> 笏* 홀은 님금 앏픠 드러가 엿ᄌᆞ올 말ᄉᆞᆷ을 쓰ᄂᆞᆫ 거시라

<苗/3-21b> 嘯* 슈ᄑᆞᄅᆞᆷ 블고 ᄌᆡ조(才操)ᄒᆞᄂᆞᆫ 거슬 경ᄌᆡ인(輕才人)이라 ᄒᆞᄋᆞᆸᄂᆡ

<苗/3-23a> 錚手* 징슈ᄂᆞᆫ 징 치ᄂᆞᆫ 사ᄅᆞᆷ들을 니ᄅᆞᄋᆞᆸᄂᆡ

<苗/3-25a> 軺軒* 쵸헌은 이픔 판셔 삼판ᄂᆡ ᄐᆞ시ᄂᆞᆫ 거시라

<苗/3-25a> 平轎子* 평교ᄌᆞᄂᆞᆫ 뎡승 벼슬ᄒᆞᆫ 사ᄅᆞᆷ과 일픔판셔 삼됴정ᄂᆡ ᄐᆞ시ᄂᆞᆫ 거시라

<苗/3-26a> 鞊* ᄃᆞ래ᄂᆞᆫ 안장의 ᄃᆞᆯ린 거시오니

<苗/3-26b> 鐙裏藏身* 등니장신은 군듕의 ᄐᆞᄂᆞᆫ ᄌᆡ조올시

<苗/3-27a> 馬上才* 마샹 ᄌᆡ조ᄂᆞᆫ 여러가지 잇ᄉᆞ오되 물옷 마샹ᄌᆡ라 브ᄅᆞᄋᆞᆸᄂᆡ

<苗/3-40a> 鉦* 징은 군ᄉᆞ를 믈려 파ᄒᆞᆯ 제 치ᄂᆞᆫ 거시오니

<苗/3-40b> 硫黃* 뉴황은 블쏫을 잘 니ᄅᆞ혀 내ᄂᆞᆫ 거시올레

<苗/3-40b> 牌* 패ᄂᆞᆫ 군ᄉᆞ(軍士)들 셩명 거쥬를 알게 표ᄒᆞᄂᆞᆫ 거시오니

<苗/3-40b> 戶牌* 호패

<苗/3-45b> 饅* 만두ᄂᆞᆫ 여러가지 맛난 거슬 속의 녀허 ᄆᆡᆫ든 ᄯᅥᆨ이오니

<苗/3-47b> 甘醬* 감쟝

<苗/3-48b> 橘丁* 귤뎡

<苗/3-48b> 橙丁* 등뎡

<苗/3-48b> 社* 샤ᄂᆞᆫ 하늘ᄭᅴ 졔(祭)ᄒᆞᄂᆞᆫ 곳이니라

<苗/3-48b> 砂糖* 사당은 믈의 타 먹ᄂᆞᆫ 거시라

<苗/3-48b> 黑糖* 흑당

<苗/3-49a> 壇* 단은 졔ᄒᆞᄂᆞᆫ ᄃᆡ오니

<苗/3-50b> 槨* 곽의 관을 녀호 무드매 외관이라 ᄒᆞᄋᆞᆸᄂᆡ

<苗/3-50b> 忌日* 긔일은 조샹과 부모 죽으신 날이 도라온 날이니

<苗/3-58b> 許* 허락ᄒᆞᆫ 후란 실긔 말 거시오니

<苗/4-22a> 讓* ᄉᆞ양(辭讓)ᄒᆞᄂᆞᆫ 거시 녜(禮)의 올흐니라

<苗/4-22a> 義* 의긔가 니러 졀의 죽ᄂᆞᆫ 사ᄅᆞᆷ이야 튱신이오니

<苗/4-24a> 壽* 목숨 긴 사ᄅᆞᆷ을 슈골(壽傑)이라 ᄒᆞᄋᆞᆸᄂᆡ

<苗/4-24a> 夭* 일 죽은 사름을 단명타[다] ㅎㄴ니
<苗/4-27a> 摸稜* 모릉은 변통 업슨 사름을 니ᄅᄂ 말이라
<苗/4-38b> 元* 웃듬을 계일이라 ᄒᆞᆸᄂᆡ
<苗/4-39a> 次* 버금 사름을 둘재라 니ᄅᄂᆞ니
<苗/4-50a> 整整* 뎡뎡은 뎡졔ᄒᆞ단 말이라
<苗/4-52b> 湯湯* 샹샹은 믈이 만타[다]ᄒᆞ 말이라

1-6) 바꿔 말하기, 요약, 번역하기

<苗/2-29b> 稅* 셰즈는 셰를 즛거[커]나 밧거나 ᄒᆞ단 말이라
<苗/2-30a> 荒* 황 즈는 온간 거시 거츠단 말이라
<苗/2-33b> 樹* 나모 슈즈라
<苗/2-34a> 杉木* 삼목을 잇가나모라도 ᄒᆞᆸᄂᆡ
<苗/2-36b> 楠* 남목
<苗/2-36b> 楸* ᄀ래
<苗/2-36b> 朽* 후즈는 남기 석단 말이라
<苗/2-38a> 蓮花* 년곳출 화듕(花中) 군즈라 니ᄅᄂᆞ니
<苗/2-39a> 莖* 줄기는 일년초(一年草) 대를 줄기라 ᄒᆞᆸᄂᆡ
<苗/2-39a> 金錢花* 금젼화
<苗/2-39a> 出壇花* 츌당화
<苗/2-39b> 落* 써러질 낙 즈니 온[은]갓 곳치며 닙피 써러지단 말
      이라
<苗/2-39b> 飄* 표묘라 ᄒᆞ거나 표연이라 ᄒᆞ면 머단 말이오 표락ᄒᆞ다
      ᄒᆞ면 써러지단 말이라
<苗/2-40b> 草* 플 미여라도 ᄒᆞ고 기음 미여라도 ᄒᆞᆸᄂᆡ
<苗/2-41b> 蔓* 너출은 츩 ᄀᆞᆺ튼 뉴를 니ᄅ 말이라
<苗/2-42a> 莎* 쇠 사
<苗/2-42a> 苔* 익기롤 돌웃시라도 ᄒᆞ고 창틱(蒼苔)라도 ᄒᆞᆸᄂᆡ

<苗/2-49a> 板子* 판즈(板子)라 ᄒ기는 板子 일이요 ᄯᅩ 쳔판즈(天板
子)라 ᄒ기는 天板子 일이올시

<苗/2-51b> 無孔珠* 무공쥬

<苗/2-52a> 瑪瑙* 마노

<苗/2-53a> 水銀* 슈은이라도 ᄒ고 시운이라도 ᄒ옵ᄂᆡ

<苗/2-55b> 冒緞* 모단은

<苗/2-56a> 許子* 갈즈라도 ᄒ고 무즈(茂子)라도 ᄒ고 양능포(羊綾
布)라도 ᄒ옵ᄂᆡ

<苗/2-61b> 經* 늘을 빅스로 ᄒ고 씨를 목면으로 ᄒ면 교직(交織)이
라 ᄒ옵ᄂᆡ / 交織

<苗/3-17a> 剪子* 가이를 젼즈라도 ᄒ옵ᄂᆡ

<苗/3-25a> 獨轎* 독교즈

<苗/3-26b> 馬上倒立* 마샹도닙 믈을 샹말로 믈구나모라 니ᄅᆞ옵ᄂᆡ

<苗/3-26b> 馬上仰臥* 마샹앙와를 송장쩌리라 니ᄅᆞᄂᆞ니라

<苗/3-35a> 變體* 풍월을 졍이 짓기를 졍격이라 ᄒ고 ᄯᅩ 변쳬라 ᄒᄂᆞ
법도 잇습ᄂᆡ

<苗/4-11a> 是* 올흔 일은 올타[라] ᄒ지

1-7) 비교나 대조, 예시하기

<苗/1(2)-05a> 飛* 늘면 쟝츳 하늘을 쒜치티고 울면 쟝츳 사름을 놀
낸다

<苗/1-47b> 首* 됴션 사름은 뎡박이예 마리를 쌋건마ᄂᆞ 일본 사름은
뒤곡듸의 마리 쌋습ᄂᆡ

<苗/1-53b> 骨* 쎠가 크오니 힘 쓰기는 눔예셔 낫스오니

<苗/1-54a> 跟* 샹뎐(上典)의 쎨내 ᄒ면 발뒤측이 흰다 ᄒ옵ᄂᆡ

<苗/1-54b> 足掌* 발바당이 술지면 거름 것기 어렵고 여외면 잘 것
습ᄂᆡ

<苗/2-11a> 馴* 다른 거슨 다 길드리기 쉬오되 쎵은 길 못[믓] 드리
옵ᄂᆡ

<苗/2-13b> 鯨* 고래 싸홈의 새요로다

<苗/2-33a> 宋伊* 송이는 흔 송 두 송이라 혜읍닉

<苗/2-36a> 松下* 솔 아릭셔 동즈드려 무릇더니 스승은 치약ᄒ라 가 계시다 ᄒ드라

<苗/2-36b> 株* 흔 쥬 두 쥬라 ᄒ고 나모를 혜느니라

<苗/2-38a> 葵花* 규화는 히가 돗으면 픠고 히가 지면 아니 픠느니

<苗/3-22b> 阿箏* 아징은 거믄고 ᄀᆺᄐ되 줄이 만습데

<苗/3-25a> 輪* 수릭 박회 구을둣 셔샹의 드니고 모론 쳬를 말거시오니

<苗/3-65a> 頭屑* 마리 비듬이 니 므는 것 ᄀᆺ치 가럽다

<苗/4-15b> 寧* 출하리 닭의 입의 될지연정 쇠 밋치 되지 말라 ᄒ읍닉

1-8) 가능성, 가망성, 능력에 관해 논의하기

<苗/1(2)-03b> 雀* 춤새가 지져괴니 날이 느졋는가 시브외

<苗/1(2)-04a> 胡燕* 명막이 집 지은 젹 보니 사름도 담을 그리 싼[쩐]면 고올가 시브외

<苗/1(2)-05a> 巢* 깃두리는 져 새가 아마도 쌋기 치려 ᄒ는가 부즈런이 깃드리읍도싀

<苗/1(2)-05b> 雀噪* 춤새 지져괴는 둧ᄒ외

<苗/1(2)-06a> 飛去* 느라갓는 되가 뵈지 아니ᄒ니 멀리 갓는가 시브외

<苗/1-01b> 日蝕* 일식홀 젹의 대야의 믈을 담아 옴겨 보면 분수를 아읍닉

<苗/1-02a> 月蝕* 월식은 샹히 w니릭기는 개가 버혀 먹는다 ᄒ되 아지 못흔 일이올닉

<苗/1-04a> 露* 이슬이 만히 와시니 비록 굽으라도 곡식의는 관계치 아니ᄒ외[의]

<苗/1-04a> 雷* 우릭 소릭가 딘동ᄒ니 비가 만히 올가 시브외

<苗/1-10b> 暗* 져 사룸은 눈이 아득ᄒ여 아모리 홀 줄 모로읍ᄂ

<苗/1-22a> 浦* 개놈들은 허염을 못ᄒᄂ 놈은 업스외

<苗/1-29b> 兵* 병장붓치ᄂ 여러가지니 모로올레

<苗/1-32b> 山行者* 산힝ᄒᄂ 사룸이 업스면 즘싱이 작난ᄒ여 녀름지
를 못ᄒ오리

<苗/1-34a> 鈍* 져 사룸은 둔(鈍)ᄒ오니

<苗/1-34a> 勇* 이 사룸은 만히 늘낸가 시브외

<苗/1-34a> 智* 쟈ᄂ는 디혜(智慧) 만흔 사룸이니 얼현히 ᄒ시올가

<苗/1-34b> 敏捷* 동관(同官) 아들은 미이 민쳡(敏捷)흔가 시브외

<苗/1-36a> 츙* 사룸이 져리 닌ᄒ고 더러워 무어시 쓰리

<苗/1-36b> 汎濫* 져 사룸은 눈ᄒ고 범남(汎濫)흔 사룸인가 시브외

<苗/1-54b> 脚* 다리 아프면 먼니 가지[치] 못ᄒ읍ᄂ

<苗/1-55b> 腎* 신경(腎經)이 허(虛)ᄒ니 약(藥)을 자시거든 낫스
오리

<苗/1-57b> 儀* 거동(居動)이 냥반(兩班)인지 좀사룸이 아닌 듯ᄒ
여 뵈읍ᄂ

<苗/1-58a> 健壯* 건장ᄒ니 셩(盛)ᄒ엿는가 시브외

<苗/1-58a> 像* 샹호 됴ᄒ니 시위 션젼관 홀 사룸인가 시브외

<苗/1-58a> 皺* 눗치 살이 만히 뵈니 늙것ᄂ가 시브외

<苗/1-58b> 肥* 술이 (너모) 지니 잘 됴리(調理)ᄒ읍시ᄂ가 시브외

<苗/1-58b> 嚬* 징긔니 슬희여 ᄒ시ᄂ가 시브외

<苗/1-58b> 瘦* 너모 여외시니 몸 간슈(看守)를 잘못ᄒ여 계신가 시
브외

<苗/1-58b> 弱* 질약ᄒ니 본듸 병(病)이 잇ᄂ가 시브외

<苗/2-06b> 獅* ᄉ지가 강남은 흔흔가 시브외

<苗/2-08a> 狼* 일히ᄂ 개 ᄀ톳되 사룸을 능히 해ᄒ읍ᄂ

<苗/2-11a> 噬* 범의게 블리면 살 길이 업스외

<苗/2-11a> 觸* 쏠의 다치면 술이 쑤러뎌 쎠 부러지기 쉽스외

<苗/2-18a> 螳蜋* 당낭 거쳘 ᄀ트여 제 엇지 당홀가 보온가

<苗/2-20a> 蠢* 구믈구믈ᄒᆞᄂᆞᆫ 양이 사랏ᄂᆞᆫ가 시브외

<苗/2-32a> 胡椒* 호쵸[죠] 남기ᄂᆞᆫ 보지 못ᄒᆞ옵ᄂᆡ / 단고지를 호쵸[죠]라도 ᄒᆞ옵ᄂᆡ

<苗/2-33b> 桂* 겨슈남기ᄂᆞᆫ 월궁(月宮)의 만흔가 시브외

<苗/2-34b> 柳* 버들 심근 집이 아마도 냥반 집인가 시브외

<苗/2-38b> 山丹花* 산단화ᄂᆞᆫ 우리 보왓ᄂᆞᆫ 법도 이시련마ᄂᆞᆫ 아지 못 ᄒᆞ옵ᄂᆡ

<苗/2-41a> 芳* 향긔롭ᄉᆞ오니 이 산듕의 난곳치 잇ᄂᆞᆫ가 시브외

<苗/2-45b> 街* 거리의 셔오면 좌우로셔 오ᄂᆞᆫ 사ᄅᆞᆷ의 다 만나오리

<苗/2-49a> 閉* 다ᄃᆞ 두면 김이 못 나고 그 속의 거시 곰당 서리라

<苗/2-50a> 堗* 굴독 겻틔 븐나모 아사라 힝혀 블나리라

<苗/2-59a> 赤* 블근 노올이 ᄯᅳ시니 비 올가 시브외

<苗/2-59b> 黑* 거믄 구ᄅᆞᆷ이 븍다히로 모와시니 비가 응당 오오리

<苗/3(4)-70b> 欠伸* 기지게 켜면 게어로다 ᄒᆞᄂᆞ니

<苗/3(4)-71b> 仰* 우러러 춤을 밧ᄐᆞ면 내 ᄂᆞᆺ치 ᄂᆞ려지ᄂᆞ니

<苗/3(4)-71b> 沛* 젓바지면 대골 쌔리라

<苗/3-63a> 痘疫* 두역은 사ᄅᆞᆷ마다 ᄒᆞᆫ 번은 면치 못ᄒᆞᄂᆞ니

<苗/4-01b> 搜* 뒤여 내면 ᄀᆞᆷ촌 거슬 어더 내리라

<苗/4-01b> 拾* 주어셔 혜여 보면 알리

<苗/4-02b> 扶* 붓들고 가면 아니 것그러지리

<苗/4-02b> 斫* 싹가 내면 속의 거시 뵈리

<苗/4-02b> 挾* 넙희 씨고 가면 뉘 알고

<苗/4-03a> 排* 밀치고 드러가면 뉘 금ᄒᆞ오리잇가

<苗/4-03a> 推* 밀치면 젓ᄡᅡ지리

<苗/4-04b> 步* 거ᄅᆞ가기를 챤챤히 ᄒᆞ면 수ᄅᆡ 굿다 ᄒᆞ옵ᄂᆡ

<苗/4-05a> 蹶* 거치져 업드러지면 앏프니라

<苗/4-05a> 蹈* 발자곡을 ᄯᆞ라가면 간[갓] 곳을 알리

<苗/4-05b> 跡* 발자곡을 ᄯᅩᆯ와가면 간 곳을 알리라

<苗/4-06a> 惑* 혹ᄒᆞᆫ 후면 사오나온 줄을 모ᄅᆞᄂᆞ니

<苗/4-07b> 哭* 울기를 슬퍼 ᄒ면 듯는 사ᄅᆷ이 눈[는]믈을 흘리ᄂᆞ니

<苗/4-07b> 笑* 우슴을 너모 즐기면 눔이 츰실치 아니타 ᄒᆞᄂᆞ니

<苗/4-08a> 言* 말을 만히 ᄒ면 망발이 나ᄂᆞ니라

<苗/4-08b> 辯* 말을 잘ᄒ면 못 되는 일도 혹 되옵늬

<苗/4-09a> 說* 니르기를 잘ᄒ면 어이 듯지[치] 아니ᄒ올고

<苗/4-10b> 譏* 긔롱이 쇠면 싸홈이 되ᄂᆞ니라

<苗/4-10b> 答* 듸답을 영만히 ᄒ면 착ᄒ다 ᄒᆞᄂᆞ니

<苗/4-10b> 諛* 아탕ᄒ면 눔이 늣게 너기ᄂᆞ니라

<苗/4-11a> 戾* 기으러디면 다른 거시 업텨디ᄂᆞ니라

<苗/4-11b> 開諭* 기유를 잘ᄒ면 현마 아니 드르랴

<苗/4-11b> 漏泄* 누셜ᄒ면 일이 못 될 ᄲᅮᆫ 아녀 큰일이 나리라

<苗/4-12a> 付耳語* 귀여 다히고 말ᄒ면 눔히 슈샹히 너기ᄂᆞ니라

<苗/4-12a> 低語* ᄂᆞᄌᆞ기 말ᄒ면 져편도 그리 ᄒᆞᄂᆞ니

<苗/4-13b> 正* 졍 그러홀셰면 틈을 어더 보오리

<苗/4-13b> 精* 졍신을 드려 공부ᄒ면 일으지 못홀가

<苗/4-14a> 匡正* 광졍혼 후면 죵용ᄒ니라

<苗/4-17b> 公然* 공쳬로 ᄒ면 덥플 길이 업ᄉ외

<苗/4-18b> 悟* ᄭᅵ들은 후면 뉘웃ᄌ오리

<苗/4-19a> 過* 허믈 드르도 기과(改過)ᄒ면 시비(是非) 업ᄂᆞ니

<苗/4-19b> 疑* 의심을 내면 피츳(彼此) 의[위]합(意合)치[지] 아니
ᄒ외

<苗/4-20b> 妬* 새옴을 심이 ᄒ면 도로ᄃ라 무이ᄂᆞ니라

<苗/4-22a> 廉* 쳥념ᄒ면 눔의 거슬 탐치 아니ᄒᆞᄂᆞ니라

<苗/4-22a> 禮* 녜로써 듸졉ᄒ면 뉘 좃지 아니리오

<苗/4-22b> 誠* 졍셩(正誠)을 드려 글시라도 쓰면 싱긔(生氣)가 잇
ᄂᆞ니라

<苗/4-22b> 愼* 삼가ᄒ면 앙홰가 몸의 밋치 아니ᄒ오니

<苗/4-22b> 信* 신이 이시면 사ᄅᆷ이 미더 ᄒᆞᄂᆞ니

<苗/4-23a> 躁* 조급히 굴면 그릇되기 쉬오니

<苗/4-23b> 末* 긋치 듕ᄒ면 본이 실치 못ᄒᄂ니

<苗/4-23b> 本* 본이 구드면 요동치 아니ᄒᄂ니라

<苗/4-26b> 群* 무리 지어 가지고 흠기 가면 슈샹이 너기리라

<苗/4-27b> 勿* 말라 혼 일을 말면 시비 업ᄂ니

<苗/4-28a> 連* 년ᄒ여 니으면 하늘도 쉐지로리라

<苗/4-28b> 均* 고로게 ᄒ면 공편(公平)ᄒ다 기리읍ᄂ

<苗/4-29a> 害* 해롭게 ᄒ면 제게 해 밋기 쉬오니

<苗/4-30a> 厄* 읙곳 구즈면 집의 안자도 면(免)치 못ᄒᄂ니

<苗/4-37b> 期* 긔약(期約)을 일흐면 실신(失信)타 ᄒᄂ니

<苗/4-38a> 由* 말미를 주시면 잠간 든녀오오리

<苗/4-38a> 准* 쥰ᄒ여 보면 쌔진 줄 아오리

<苗/4-39a> 等* 등의 들면 급뎨(及第)ᄒ읍ᄂ

<苗/4-39b> 待* 기들려 보면 수가 다돗습ᄂ

<苗/4-40a> 修* 닥어 내면 새 것 굿트니라

<苗/4-41b> 預* 미리 츌혀 두면 님시ᄒ여 군속치[지] 아니ᄒᄂ니

<苗/4-42a> 處置* 쳐치를 늘래 ᄒ면 오죽ᄒ올가

<苗/4-44a> 繞* 둘러 담을 놉피 밧면 뉘 너모 오리오

<苗/4-44b> 符作* 부작을 써 부치[지]면 잡거시 오지 아니ᄒᄂ니라

<苗/4-45a> 生手* 손씨가 설면 아모거슬 민드라도 열업ᄂ니라

<苗/4-45a> 熟手* 손씨가 닉으면 ᄒᄂ 일이 늠여셔 쉬이 뭇쳐 가ᄂ니

<苗/4-45a> 鬱壘* 울루을 복셩화 남그로 사겨 섯돌 그믐날 대문의 붓
치면 귀신이 드라나ᄂ니

2) 지적 태도를 표시하거나 알아내는 표현들의 항목

2-1) 동의, 반대를 요구하기

<苗/4-45b> 指揮* 지휘를 얼연히 ᄒ읍시리잇가

<苗/4-46a> 知委* 디위ᄒ엿ᄉ오니 범연히 시힝ᄒ오리잇가

2-2) 제안(제의)하기

<苗/1-01a> 月* 들이 붉으니 심〃ᄒ되 말이나 ᄒᆞᆸ새

<苗/1-03a> 殘風* 잔풍ᄒ니 ᄒᆞ변의 가셔 고기 낙습새

<苗/3(4)-70a> 眠* 조으름이 계오니 그만 ᄒ여 자ᄋᆞᆸ세

<苗/3(4)-70b> 立* 셔셔 말솜ᄒᆞᆸ새

<苗/3-04a> 袍* 도포 내여라 셔관의 ᄃᆞᆫ녀오쟈

<苗/3-05b> 梳* 빗 처다고 마리 빗쟈

<苗/3-07a> 衾* 니블 덥고 자ᄋᆞᆸ새

<苗/3-08a> 簇子* 족ᄌᆞ롤 내여 걸고 그림을 구[그]경ᄒ쟈

<苗/3-08a> 地衣* 디의롤 펴고 모다 안자 잔치ᄒ쟈

<苗/3-09a> 釜* 가마의 믈 붓고 고기롤 녀호라 솔마 먹쟈

<苗/3-09b> 爐* 화노에 숫블 픠오고 고기 구언 후에 술 내여 먹쟈

<苗/3-10b> 樽* 준의 술이 ᄀ득 이시니 우리 새토록 먹습새

<苗/3-12b> 箒* 닛뷔ᄂ 잇거니와 쌍 쓰ᄂ 뱟리뷔나 대뷔나 쟝만ᄒ라

<苗/3-15a> 鋤* 호믜 메고 기음 미라 가쟈

<苗/3-19a> 煙竹* 단매대가 메여시니 둘[들]버다고 / 블을 붓텨 다고

<苗/3-20a> 挑燈* 등잔 도〃고 안자 긴 밤을 새ᄋᆞᆸ새

<苗/3-20a> 滅燈* 등블 ᄭᅵ소 자ᄂ 쳬ᄒ고 잇쟈

<苗/3-21a> 琴* 거믄고 ᄐᆞ라 노ᄅᆡ 브르쟈

<苗/3-23a> 樂* 풍뉴ᄒ고 녀기 브르고 오늘 밤새도록 노ᄋᆞᆸ새

<苗/3-23a> 遊* 노다가 밤 들거든 파ᄒᆞᆸ새

<苗/3-23b> 鼓人* 고인을 쳥ᄒ여 풍뉴 시기ᄋᆞᆸ소

<苗/3-25b> 曳* 슬허 내여 보ᄋᆞᆸ새

<苗/3-27b> 韁* 물곳비를 질긘 가족으로 ᄒᆞ여라

<苗/3-27b> 鐙子* 등즈가 기니 들라 쟈로게 ᄒᆞ여라

<苗/3-28a> 卜* 짐이 가븨여도 마삭은 잘 ᄒᆞ여 주와라

<苗/3-30b> 着碁* 바독 두어 승부를 결ᄒᆞ옵새

<苗/3-31b> 謫* 귀향 보내엿다가 기과(改過)ᄒᆞ거든 샤ᄒᆞ옵소

<苗/3-32a> 恕* 내 ᄆᆞ음으로 ᄂᆞᆷ이 ᄆᆞ음을 졉오 보옵소

<苗/3-32b> 承款* 승관ᄒᆞ도록 져주어 보옵소

<苗/3-33a> 公事* 공ᄉᆞ를 부즈런히 ᄒᆞ신 관원(官員)이옵도싀

<苗/3-33a> 査覈* 사획ᄒᆞ여 허실을 알고 죄를 다ᄉᆞ리옵소 / 査實(사실)

<苗/3-36a> 曆書* 녁셔를 보고 ᄐᆡᆨ일ᄒᆞ옵소

<苗/3-36a> 爻周* 효쥬ᄒᆞ여 흐리워 ᄇᆞ리옵소

<苗/3-41a> 起兵* 병을 니러혀 뎍국을 치쟈

<苗/3-41a> 徵兵* 병을 블러와 도으라 ᄒᆞ쟈

<苗/3-41b> 和親* 화친을 구(求)ᄒᆞ니 허(許)ᄒᆞ고 군ᄉᆞ(軍士)를 파ᄒᆞ쟈

<苗/3-42a> 屈* 굴복(屈伏)치 말고 ᄒᆞᆫ번 싸호쟈

<苗/3-42a> 伐* 텨파ᄒᆞ고 그 쟝슈를 사로잡쟈

<苗/3-42a> 殺* 주기미 맛당치 아니ᄒᆞ니 노하 귀슌(歸順)케 ᄒᆞ쟈

<苗/3-43a> 剪* 굴겨 그 여당을 업시ᄒᆞ쟈

<苗/3-43a> 降* 항복 바든 후의 도라와 공을 엿줍쟈

<苗/3-43a> 亡* 도망ᄒᆞᄂᆞᆫ 놈을 잡거든 죽이쟈

<苗/3-43b> 對敵* 디덕키 어렵거든 화친을 쳥ᄒᆞ옵새

<苗/3-43b> 防* 막기 어렵거든 츌하리 ᄇᆞ리옵소

<苗/3-43b> 偸* 도적ᄒᆞ여 오거든 보옵소

<苗/3-44a> 叛* 반ᄒᆞᄂᆞᆫ 도적을 잡어다가 버혀 다른 사ᄅᆞᆷ을 경계ᄒᆞ옵소

<苗/3-46b> 油* 기름을 만히 쳐 맛나게 ᄒᆞ여라

<苗/3-46b> 飴* 엿을 둘게 고와 먹쟈

<苗/3-46b> 醢* 젓슬 노하라 승거지 아니게 ᄒᆞ여 먹쟈

<苗/3-49a> 臺* 디예 올나 먼 디 경을 보옵새

<苗/3-49a> 寺* 졀 구경 가옵새
<苗/3-49b> 亭* 뎡ᄌ의 올나가 피셔(避暑)ᄒ옵새
<苗/3-53b> 供* 드려라 먹어 보쟈
<苗/3-53b> 醒* 씬 후에 다시 시작ᄒ여 먹ᄉ새
<苗/3-53b> 宴* 잔치ᄒ옵새
<苗/3-54a> 勸食* 밥을 권ᄒ여 만히 먹겨라
<苗/3-54a> 厭* 슬프니 그만 ᄒ여 아ᄉ라
<苗/3-54a> 參* 참예ᄒ여 ᄒ가지로 먹ᄉ새
<苗/3-55b> 焚* 블의 틔여 겁플 벅겨 먹쟈
<苗/3-55b> 釀* 술이 비져시니 닉어거든 손을 쳥ᄒ여 먹어 보쟈
<苗/3-55b> 炊* 밥 지어라 그 ᄉ이 ᄒ줌 자쟈
<苗/3-56b> 賣* 폴려 ᄒ거든 갑슬 뎡(定)ᄒ여 푸옵소
<苗/3-58a> 面幣* 면폐롤 몬져 보내고 흥졍을 ᄒ쟈 ᄒ옵ᄂ
<苗/3-67a> 起* 니러셔셔 노인 ᄃ졉ᄒ옵새
<苗/3-69b> 過* 지난 일을 녜약 삼아 ᄒ옵새
<苗/3-69b> 登* 올라와 안거라
<苗/3-70a> 徘徊* 비회ᄒ여 둘빗츨 구경ᄒ옵새
<苗/4-02a> 掛* 걸고 두엇다가 먼 ᄃ셔 보새
<苗/4-02b> 抱* 안고 둘이 자새
<苗/4-02b> 携* 잇끌고 ᄒ가지로 가새
<苗/4-07b> 興* 흥(興)이 발(發)ᄒ니 뫼다히나 올나가새
<苗/4-15a> 姑* 아직 춤고 잇다가 나죵을 보옵새
<苗/4-15a> 共* ᄒ가지로 니별(離別)ᄒ옵새
<苗/4-16b> 卽* 즉[죽]시 쳐치ᄒ옵새
<苗/4-17a> 宜* 맛당ᄒ오니 니ᄅ신 대로 시힝ᄒ옵새
<苗/4-17b> 與* 더브러 홈ᄭ 가셔 보고 오오
<苗/4-18b> 思* 싱각ᄒ여 보옵소
<苗/4-24b> 圓* 두렷시 안자 공논을 ᄒ옵새

<苗/4-32b> 困* 곤ᄒᆞ여시니 잠간 쉬여 가옵새

<苗/4-32b> 切* 근졀이 닐러 되도록 션력(宣力)ᄒᆞ옵새

<苗/4-36b> 兼* 겸ᄒᆞ여 ᄂᆞᆷ의 슈고를 덜ᄒᆞ새

<苗/4-37a> 列* 버러 안자 이바지 始作ᄒᆞ옵새

<苗/4-37a> 偕* 홈ᄭᅴ 가셔 뎍간을 ᄒᆞ소

<苗/4-37b> 當* 맛당ᄒᆞ니 면품(面稟)을 ᄒᆞ여 보옵새

<苗/4-40a> 會* 모와 좁으나마 ᄒᆞᆫ자리의 안자 ᄒᆞ옵새

<苗/4-41a> 告* 고ᄒᆞᆫ 후에 허입을 ᄒᆞ옵새

<苗/4-52a> 潺潺* 조로럭조로럭 흘러가는 믈 소ᄅᆞ 드ᄅᆞ 보소

<苗/4-52b> 漾漾* 양양ᄒᆞᆫ 믈결 보소

2-3) 기억이나 망각 여부를 나타내기

<苗/1-13a> 再昨日* 그적긔는 귀ᄒᆞᆫ 거슬 만히 주시니 안심치 아니
ᄒᆞ옵데

<苗/1-13a> 初一日* 초ᄒᆞᄅᆞᆫ날은 길히셔 잠간 만낫ᄉᆞ옵데

<苗/4-49a> 區區* 구구히 싱각ᄒᆞᄂᆡ

2-4) 가능과 불가능의 여부를 표현하기

<苗/1-12b> 明日* ᄂᆡ일은 국긔니 못 나올쇠

<苗/1-18a> 巖* 바회 우회 남기 나니 괴이ᄒᆞ옵데

<苗/1-23a> 濁水* 이런 흐린 믈로는 밥은 짓지[치] 못ᄒᆞ옵ᄂᆡ

<苗/1-33b> 仙* 신션이 봉ᄂᆡ산(蓬萊山)의 모와 바독 둔다 ᄒᆞ니 올흔
지 모로올레

<苗/2-32b> 榧子* 비ᄌᆞ를 어더려 ᄒᆞ되 엇디 못ᄒᆞ올싀

<苗/2-52b> 螺鈿* 나젼 담마대 이제는 못 보옵싀

<苗/3(4)-71a> 龜縮* 목을 움츠리켜고 감히 내와다가 보지 못ᄒᆞᄋᆞᆸᄂᆡ
<苗/3-23b> 曲調* 곡됴를 모로셔ᄂᆞᆫ 노ᄅᆡ 춤은 못ᄒᆞ나니
<苗/3-30b> 覇* 패싸홈을 잘ᄒᆞ면 집수를 더 엇습ᄂᆡ
<苗/3-33a> 形* 형벌이 너모 듕ᄒᆞ면 ᄇᆡᆨ셩이 견ᄃᆡ지 못ᄒᆞᄋᆞᆸᄂᆞ니
<苗/3-34a> 習* 니기를 힘써 부즈런이 ᄒᆞ면 못 일을 일이 업습ᄂᆞ니
<苗/3-34b> 八分體* 팔분톄를 즉금 니기오되 ᄆᆡ오 어렵ᄉᆞ외
<苗/3-35a> 卷* 권수 만흔 ᄎᆡᆨ은 보기 지리ᄒᆞᄋᆞᆸ데
<苗/3-35a> 冊* ᄎᆡᆨ수ᄅᆞᆯ 만히 보와야 박남(博覽)이 되ᄋᆞᆸᄂᆞ니 / ᄎᆡᆨ은 와간셔안(臥看書案)의 두고 보면 ᄎᆡᆨ의곳도 덜 샹ᄒᆞᄂᆞ니
<苗/3-36b> 印* 인젹이 이셔야 관 문셰 되ᄋᆞᆸᄂᆞ니
<苗/3-37a> 置付* 티부ᄅᆞᆯ ᄒᆞ여 두어야 닛지[치] 아니ᄒᆞ오리
<苗/3-37b> 及第* 급데ᄅᆞᆯ ᄒᆞᆫ 후에ᄂᆞᆫ 벼슬을 ᄌᆞ연히 ᄒᆞ오니
<苗/3-41a> 戰* 싸홈은 댱슈 디혜가 이셔야 ᄒᆞ지
<苗/3-41b> 亂* 어즈러온 ᄣᆡ예티거든 이긔리라
<苗/3-44a> 欺* 뎍군을 소겨 드려다가 치면 일졍 파ㅣᄒᆞ오리
<苗/3-44a> 守* 닥희기ᄅᆞᆯ ᄃᆞᆫ〃히 ᄒᆞ면 일흘 일이 업습ᄂᆞ니
<苗/3-44b> 層* 층〃이 군ᄉᆞ를 둘려시니 나갈 길이 업ᄉᆞ외
<苗/3-50a> 埋* 무든 후에 경히 움ᄌᆞ기지[치] 못ᄒᆞ리
<苗/3-58b> 奉* 밧들 리가 이셔야 아모 일이라도 되ᄋᆞᆸᄂᆡ
<苗/3-64a> 冷胸* ᄂᆡᆼ가슴은 곳치기 어렵ᄉᆞ외
<苗/3-64a> 傷寒* 샹한은 ᄯᆞᆷ을 잘 내면 나오리라
<苗/3-68b> 隱* 숨고 나지 아니ᄒᆞ니 어더 볼 길이 업ᄉᆞ외
<苗/3-70a> 仰* 우러〃러보지 못ᄒᆞ올쇠
<苗/4-03b> 攀* 붓들고 가지 말라 ᄒᆞ니 ᄯᅥ나기 어렵ᄉᆞ외
<苗/4-05b> 足刺* 발의 가ᄉᆡ 박히니 쓔시여 견ᄃᆡ지 못ᄒᆞ올쇠
<苗/4-06b> 憎* 무여 견ᄃᆡ지 못ᄒᆞ올쇠
<苗/4-11a> 直* 고든 사ᄅᆞᆷ은 ᄂᆞᆷ이 소기지 못ᄒᆞᄋᆞᆸᄂᆞ니
<苗/4-11a> 橫* 빗긴 거ᄉᆞᆫ 바로게 ᄒᆞ기 어렵ᄉᆞ오니

<苗/4-11b> 贋* 가거신 줄 즉제 알기 어려오니라
<苗/4-12a> 相較* 샹교ᄒ여 본ᄉ는 일으지 못ᄒ오리
<苗/4-15b> 旣* 이믜 허락 바다 와시매 다시 곳치기 어렵ᄉ외
<苗/4-16a> 眞* 진짓 사름은 ᄂ이 절로 소기지 못ᄒ읍ᄂ니
<苗/4-19b> 耐* 견듸여 지내기 어렵거든
<苗/4-25a> 近* 갓거온 듸야 멋곳 ᄃ녀오리
<苗/4-26a> 獨* 홈자 담당ᄒ기 어렵다
<苗/4-29a> 堪* 견듸노라 ᄒ여도 춤아 어려오니라
<苗/4-29a> 堅* 구든 거슨 ᄺ에기 더듸읍ᄂ
<苗/4-30b> 普* 왼 하늘 아릐 어듸 가 못 살고
<苗/4-31a> 事* 일마다 ᄆ음과 ᄀ치 쉽지 아니ᄒ랴
<苗/4-32a> 徐* 날회여 챤챤히 가도 오늘은 족히 가올쇠
<苗/4-33b> 維* 얼거ᄆ여시니 졸연(卒然)히 플러 내기 어렵다
<苗/4-34a> 逼* 피박ᄒ여 못 견듸올쇠
<苗/4-34b> 頹* 문허지거든 니러혀기 어렵ᄉ오니
<苗/4-34b> 虧* 이ᄌ라진 후면 암으로기 쉽지 아니ᄒ오니
<苗/4-36b> 似* ᄀ틀쟉시면 분변[병](分辨)키 어렵게 ᄒ엿ᄂ
<苗/4-40b> 散* 훗터진 거슨 모히기 어렵게 ᄒ엿습ᄂ
<苗/4-41b> 引* 켜내기를 너모 엷게 ᄒ니 못쓰게 되엿다
<苗/4-41b> 催* 지촉을 아조 블나게 ᄒ니 못 견듸올쇠
<苗/4-42b> 玲瓏* 녕농ᄒ여 다 니ᄅ지 못ᄒ읍ᄂ
<苗/4-46a> 崇尙* 슝샹ᄒ니 ᄂ과 ᄀ치 홀 밧근 업ᄉ외
<苗/4-47b> 盈盈* 영영ᄒ 믈을 격ᄒ여 못 보ᄂ도다
<苗/4-50b> 峨峨* 아아ᄒ 바회를 오를 길이 업다
<苗/4-50b> 鑿鑿* 착착ᄒ여 합ᄒ기 어려외

2-5) 가능과 불가능의 여부를 물어보기

<苗/3-02a> 襖* 핫옷 업스셔 치은대 견듸올[을]가
<苗/3-36b> 書簡* 셔간이 업스면 외방 쇼식을 엇지 아올고
<苗/3-41b> 和* 화동ᄒ면 무엇ᄒ라 싸홈ᄒ리요
<苗/4-11a> 曲* 구분 거슬 펴고져 흔들 바로기 쉬오랴

2-6) 능력이 있거나 없음을 표현하기

<苗/1-37a> 狃* 자늬 버르시 과연(果然) 쪽별이로다
<苗/3-33b> 題* 글데를 내여 주시거든 글을 짓스오리
<苗/3-34a> 文* 글을[올] 잘ᄒ여야 급데ᄒ기 쉽스오니
<苗/3-34a> 篆* 뎐즈는 고법이매 알기 어렵스외
<苗/3-34a> 學* 비호기를 잘ᄒ와야 소업(所業)을 일읍ᄂ니
<苗/3-36b> 畫* 그을을 잘ᄒ면 글시를 잘 쓴다 ᄒ읍ᄂ니
<苗/3-45a> 掠* 노략질ᄒ니 빅셩들이 견될 길이 업스외
<苗/4-10a> 小看* 쇼간ᄒ다가 도로혀 못 이긔오리
<苗/4-49a> 鬱鬱* 울울히 안자 못 견될쇠

2-7) 추론을 나타내기

<苗/1-02a> 東南風* 동남풍이 부니 비가 나올가 시브외
<苗/1-02a> 東北風* 동븍풍이 부니 기장(긔댱)의 표풍흔 빅가 올가
          시브외
<苗/1-02a> 東風* 동풍이 부니 빅가 나올가 시브외
<苗/1-02a> 風* 브름이 사오나오니 오늘은 빅가 못 나올가 시브외
<苗/1-03a> 急風* 급흔 브름이 부니 아모거시나 브러질가 시브외

<苗/1-03a> 驟雨* 쇠나기 올가 시브외

<苗/1-18b> 峴* 고개롤 넘어 드니시니 굿브시오리

<苗/1-49b> 口* 입이 크니 일졍(一定) 힘이 세오리

<苗/1-49b> 脣* 입시울이 블그니 쥬홍뎌로 집은 듯ᄒ외

<苗/1-49b> 耳郭* 귀바괴 듯거워 ᄀ장 댱슈(長壽)이 뵈옵ᄂ

<苗/1-49b> 人中* 인듕(人中)이 기니 ᄀ장 댱슈ᄒ게 뵈옵ᄂ

<苗/1-49b> 腮* 쌤이 얽으니 슬긔여 뵈옵ᄂ

<苗/1-50a> 舌* 혜가 쟈르니 말이 잠간 구드 굿굽ᄒ외

<苗/1-50b> 頜* 특 아리 브록ᄒ니 져븨 특 굿ᄉ외

<苗/1-51b> 臂* 폴의 힘이 만ᄒ니 활 쏘시기 됴흘가 시브외

<苗/3(4)-70b> 倚* 지혀 안자 계시니 무슴 수심(愁心)이 나ᄂ가 시브외

<苗/3(4)-71a> 呵欠* 하프욤ᄒ니 자고쟈 ᄒᄂ가 보외

<苗/3-02b> 袒* 메고 업듸여 우니 텬상을 만난ᄂ가 시브외

<苗/3-36b> 圖書* 도셔 텨 두면 후일에 빙고홀 일이 잇습ᄂ

<苗/3-42a> 救援* 구원을 쳥ᄒ여 오면 싸홈을 이긔리라

<苗/3-52b> 尿氣* 즈린내 나니 누고 오좀 쑷ᄂ가 시브외

<苗/3-62a> 脚痲* 다리가 저리니 브름증인가 시브외

<苗/4-03b> 搖* 요동(搖動)ᄒ니 몸이 붓치ᄂ 듯ᄒ외

<苗/4-04b> 踞* 거러안즈니 인ᄉ(人事) 모르ᄂ가 시브외

<苗/4-06b> 恨* 흔을 플면 싀훤홀가 시브외

<苗/4-13a> 又* 쏘 됴흔 긔별이 올 듯ᄒ외

<苗/4-14a> 必定* 반드시 츌댱(出場)이 될 듯ᄒ외

<苗/4-15b> 最* ᄀ장 ᄉ랑ᄒ시니 평싱 닛지[치] 아닐가 시브외

<苗/4-17b> 依然* 의연히 됴션 사롬의 말 굿ᄉ외

<苗/4-24a> 高* 놉기 하늘 굿튼 거시 이실가 보온고

<苗/4-29b> 安* 이안(移安)ᄒ연 지가 오래오니 하마 봉안(奉安)이 되오리

<苗/4-33a> 移* 올마가시매 ᄌ로 보지 못홀가 시브외

<苗/4-34a> 順* 슌ᄒ게 말ᄒᄂ 사름은 속이 너륵온가 시브외
<苗/4-36a> 不如* 긋지[치]아닌 말을 ᄒ고 궐이 드롤가 보온가
<苗/4-39a> 眼勢* 눈주어 보니 볼셔 짐쟉ᄒᄂ가 시브외
<苗/4-39b> 接* 부쳐시니 졍혼 것 긋스외
<苗/4-43a> 野俗* 야쇽혼 줄을 저ᄂ 모로ᄂ가 시브외
<苗/4-43a> 虛誕* 허탄혼 말 ᄒ면 ᄂ이 실업시 너기오리

2-8) 추론을 물어보기

<苗/1-12a> 卽今* 즉금 형셰ᄂ 하 ᄀ이업시 되엿더니 나죵은 엇지
　　　　　　됼이요
<苗/1-17a> 平地* 평디의 ᄂ려지다 관계ᄒ올가
<苗/1-36a> 倦* 게올러 낫잠[춤] 자기예 학질(瘧疾)을 어딧ᄂ가 시
　　　　　　브외
<苗/1-40a> 差* 듸마쥬(對馬州)의 도라가셔 무슴 벼슬을 ᄒ시올고

2-9) 확실 여부를 표현하기

<苗/1-41a> 內醫* ᄂᆡ의(內醫)ᄂ 경도사름인가 시브외
<苗/3-31a> 罰* 벌은 벌대로 ᄒ되 경히 ᄒ여야 둇스외
<苗/3-32a> 訊* 겨주어 무러 보거든 아오리
<苗/3-32a> 恩* 은혜 닙은 후에 닛지[치] 아니ᄒ여야 올스외
<苗/3-32a> 推刷* 츄쇄ᄒ거든 숨엇던 거시 다 들텨나오리
<苗/3-32b> 捧招* 봉쵸롤 바다 본 후에야 의미혼 줄 아오리
<苗/3-33b> 註* 쥬를 분명히 내면 모롤 말이 업ᄉᄂ니
<苗/3-45a> 披* 펴 보면 ᄌ연 아올시
<苗/3-55b> 辦* 쟝만혼 거슨 쳐치ᄒ여야 올스외

2-10) 확실 여부를 물어보기

<苗/4-29b> 取* 바다 왓더냐

2-11) 해야 할 일과 하지 않아도 될 일을 나타내기

<苗/3-34a> 讀* 닑기를 긋치지 아니면 글 못홀 사름이 어이 잇스올고
<苗/1-11a> 平明* 닉일 평명(平明)의 일 드러가오리
<苗/1-33b> 人道* 사름은 부듸 인도(人道)를 힝(行)ᄒ여야 올스외
<苗/3-33b> 法* 법을 직희여야 올스외
<苗/3-44a> 功* 공을 어던 후면 믈러가는 거시 올흐니라
<苗/3-57a> 貸* 꾸어 쓴 거슬란 즉제 도로 보내는 거시 올흐니라
<苗/4-37b> 點考* 뎜고ᄒ면 유무(有無)를 아니 아올가

2-12) 허락하기

<苗/4-08a> 曰* 니르니 그리 ᄒ마 허락(許諾)ᄒ읍데

3) 감정을 표시하거나 나타내는 표현의 항목

3-1) 즐거움, 좋아함을 표시하기

<苗/1(2)-02a> 雁* 기러기 편지(片紙)를 젼(傳)ᄒ니 반갑스외
<苗/1-05b> 豊年* 풍년이 년ᄒ여 되니 과연 깃브외
<苗/1-06a> 今年 * 금년은 공작미가 미슈업시 다 드러오니 깃브외
<苗/1-06b> 風俗*풍속이 둇스외

<苗/1-34b> 慧逸* 공(公)의 자식(子息)은 혜일(慧逸)ᄒ다 ᄒ오니 깃브외

<苗/1-35b> 勤* 자닉는 믹ᄉ(每事)를 과연(果然) 브즈런ᄒ오니 긔특(奇特)ᄒ외

<苗/1-46b> 自* 절로 되는 일이 죳ᄉ외

<苗/1-49a> 鼻脊* 코준등이 노포니 샹(相)이 죳ᄉ외

<苗/1-51b> 肌* 술이 보두랍고 죳ᄉ외

<苗/1-52b> 手紋* 손금을 ᄀ르 건네 쥐여시니 죳ᄉ외

<苗/1-58a> 秀* 늠의셔 쌔혀나니 깃브외

<苗/3-29b> 賭* 나기를 ᄒ여야 노름이 ᄌ미 잇습ᄂᆡ

<苗/3-66a> 矮子* 난장이를 춤을 추이고 보면 우습ᄉ외

<苗/4-01a> 搔* 글그면 ᄀ장 싀훤ᄒ외

<苗/4-03a> 擡* 쎠들고 괴오면 아니 죠흐랴

<苗/4-03a> 捫* 어르믄지니 됴하ᄒᄃᆡ

<苗/4-05b> 喜* 깃거ᄒ시니 내 역시(亦是) 다힝(多幸)ᄒ외

<苗/4-06a> 愛* ᄉ랑ᄒ시니 감격ᄒ외

<苗/4-07a> 快* 쾌히 결단(決斷)ᄒ시니 피츠(彼此) 싀훤ᄒ외

<苗/4-29a> 斑* 아롱뎌 보기 됴회

<苗/4-30a> 頻* ᄌ로 와 보시니 정답ᄉ외

<苗/4-31a> 凡* 믈읏 사름이 힝실(行實)을 브딕 잘ᄒ여야 됴흐니

<苗/4-32a> 勞* 슈고로이 먼 길을 오시니 굿부시오리

<苗/4-37a> 景* 경이 됴흐니 스스로 시흥(詩興) 낫습ᄃᆡ

<苗/4-38a> 奇別* 긔별을 드르니 과연 반갑ᄉ외

<苗/4-40b> 諸* 모든 사름이 다 즐겨ᄒ여 노옵ᄂᆡ

<苗/4-40b> 通* 통ᄒ니 희싁이 뵈옵ᄃᆡ

<苗/4-46b> 娟娟* 연연ᄒ고 고온 형상 보기 돗다

<苗/4-47a> 纖纖* 셤셤흔 옥슈로 흔 곡됴 타는 양 보기 긔졀(奇絶)ᄒ다

<苗/4-52b> 淺淺* 쳔쳔이 쑤리는 믈방을 보기 됴회

<苗/4-54b> 欣欣* 흔흔히 서로 읍(揖)ᄒ니 겻틔셔 보기 죳거든
<苗/4-55a> 徐徐* 챤챤이 거러가 산슈 보는 거시 ᄌ미 잇는지라

3-2) 불쾌함, 싫어함을 표시하기

<苗/1-02a> 西風* 셔풍이 믜이 부니 ᄇ름이 사오나와 블샹ᄒ외
<苗/1-02b> 旋風* 호르레ᄇ름이 부니 눈의 믄지 드러 민망ᄒ외
<苗/1-02b> 惡風* 악풍이 부늬 긔운이 거복ᄒ외
<苗/1-16a> 掩* 흔 고개를 ᄀ리와시니 민망ᄒ외
<苗/1-35a> 惡* 모딘 사름과는 말ᄒ기 슬수외
<苗/1-36b> 姦惡* 져 놈은 심(甚)히 간악(姦惡)혼 놈이니 무셥수외
<苗/1-37a> 倨慢* 요ᄉ이 관듕(館中) 하인(下人)들이 만히 거만(倨
慢)ᄒ여 뵈옵데
<苗/1-37a> 詐* 그는 간사(姦詐)ᄒ여 못 부릴 놈이올레
<苗/2-10a> 鼢* 두지쥐 쌍을 쑤러니 쇄[쇄]심ᄒ외
<苗/2-45a> 驛* 역마도 ᄀ라튼다 ᄒ니 범일을 너모 오래 ᄒ면 둇치
아니ᄒ외
<苗/3-11a> 箸* 뎌는 믈 믄 밥 건뎌 먹기 거복ᄒ외
<苗/3-20a> 鋸* 톱질ᄒ니 손바당이 앏프외
<苗/3-61b> 疥* 옴은 놈의게 오르니 민망ᄒ옵데
<苗/3-63b> 眼丹* 눈이 블그면 보기가 사오납데
<苗/3-64b> 痰* 담이 셩ᄒ면 민망ᄒ외
<苗/3-64b> 疣* 틔눈이 발샷치 나면 졀박ᄒ외
<苗/3-65a> 癢* ᄀ려온 듸를 글그면 즁그러오니
<苗/4-03b> 拒* 막ᄌ로고 듯지[치] 아니ᄒ니 민망ᄒ외
<苗/4-06b> 恚* 애드로온 ᄆᆞ음을 억졔치[지] 못ᄒ올쇠
<苗/4-07a> 冤* 원[웡]통(冤痛)혼 일이야 어이 니즐고
<苗/4-07b> 嘆* 탄식(歎息)ᄒ니 졀로 눈믈이 나옵ᄂ

<苗/4-16a> 偶* 우연이 만나 서로 친ᄒ다가 쩌나시니 섭섭ᄒ외
<苗/4-31b> 拘* 걸릿켜 움즉들 못[믓]ᄒ여 과연 답답ᄒ다
<苗/4-31b> 懸* 둘리여 ᄆ옴이 풀릴 적 업스외
<苗/4-40b> 煩劇* 번극흔 소임(所任)을 맛다시니 민망ᄒ외
<苗/4-44b> 咀呪* 져주를 ᄒ면 혹 맛는다 ᄒ니 무셥스외
<苗/4-45a> 蔚* 울연이 남기 셩ᄒ니 보기 금즉ᄒ외
<苗/4-48b> 瑟瑟* 슬슬흔 츄풍의 ᄆ옴이 슬프다
<苗/4-49b> 脉脉* 믹믹히 샹면ᄒ여도 말을 못 ᄒ니 답답ᄒ다
<苗/4-50a> 漫漫* 만만흔 바다흘 바릭보니 금즉ᄒ다
<苗/4-50b> 輕輕* 가븨가븨 거러가ᄂ 양이 어엿브다
<苗/4-54a> 啾啾* 츄츄히 오ᄂ 귀ᄯᅩ람의 소릭 슬프다

3-3) 즐거움, 좋아함, 불쾌함, 싫어함을 물어보기

<苗/4-06a> 哀* 슬픈 졍을 어이 츠믈고
<苗/4-07b> 爽快* 샹쾌ᄒ니 어이 다 니릴고

3-4) 놀라움을 표시하기

<苗/1-10a> 曉* 닉일 새벽의 일 니러 오옵소 / 又 새벽이면 일 닐건
          마ᄂ 日本人은 새벽ᄌᆷ을 더 슝샹(崇尚)ᄒ니 어인 일인고
<苗/1-10b> 朗* 그 집은 과연(果然) 명낭(明朗)히 잘 지엿습데
<苗/1-36b> 妙* 과연 묘ᄒ거든
<苗/1-46a> 君* 자닉ᄂ 술을 잘 먹고 실(實)로 희냥이로싀
<苗/1-59b> 美* 아름답기 금업ᄉ니 말이 나지[치] 아니ᄒ옵닉
<苗/2-12a> 獲* 남뷔란 거슨 제 아비를 잡어먹으니 사오나온 놈이
          올싀

<苗/2-13a> 蟹* 게 잡어 믈의 노핫고나
<苗/2-24a> 人參* 인슴 굿튼 약이 셰샹의 업스니 과연 션약이올쇠
<苗/2-40a> 査* 등걸의셔 다른 남기 나니 괴이ᄒ외
<苗/3-66a> 六指* 뉵가락은 괴이히 삼겻습데
<苗/4-17b>聊然*아ᄋ라이도라가시니훌훌ᄒ외
<苗/4-52b> 蕩蕩* 탕탕ᄒ여 긔특ᄒ데

3-5) 기대나 희망을 나타내기

<苗/1-06a> 明年* 늬년 농ᄉ는 잘 되리라 ᄒᆞ옵늬
<苗/1-35b> 烈* 이제라도 녈녀(烈女)가 이시니 아니 귀ᄒ온가
<苗/1-43a> 姉* 뭇누의는 셔ᄉ(世事)를 나셔 잘 지내고 거룩ᄒ니이다
<苗/3-29b> 局* 판이 됴ᄒ면 노룻ᄒ고 시브외
<苗/3-35a> 眞書* 진셔를 잘 쓰는 사름의 쓰이고져 ᄒ외
<苗/3-39b> 甲* 갑옷슬 닙어시[지]면 젼[쳔]쟝의 님ᄒ여도 관계치
　　　　　　　아니ᄒ외

3-6) 만족을 표시하기

<苗/1-03a> 風止* ᄇ름이 긋치니 이제야 죳ᄉ외[의]
<苗/1-08a> 期年* 긔년 만의 도라가시되 말을 다 비화 겨시니 긔특
　　　　　　　ᄒ외
<苗/1-43b> 同婦* 동부(同婦)는 ᄒᆞᆫ가지로 부모(父母)를 셤기니 ᄀ
　　　　　　　장 긔특ᄒ외
<苗/2-09a> 騾* 노새를 ᄐ면 싁훤고 든든ᄒ외
<苗/2-28a> 農* 녀롬지만 힘써 ᄒ니 긔특ᄒ외
<苗/3(4)-70b> 臥* 누어시니 ᄀ장 평안ᄒ외

<苗/3-07b> 枕* 볘게 볘고 둘이 쟈거든 죳스오리

<苗/3-09a> 楪* 뎝시는 음식 담어 상의 노흐면 됴흐니라

<苗/3-09b> 水風爐* 신션노는 픠예 가 술 데여 먹기 됴흐니라

<苗/3-10a> 杯* 잔은 크야 술 먹기 싀훤흐오니

<苗/3-11b> 盛* 담는 그릇슨 크오야 됴흐니라

<苗/3-13a> 囊* 주머니의 약(藥)을 녀허 츠고 돈니면 급흔 째 쓰기
죳스외

<苗/3-13b> 革掛硯* 가족으로 변 괘샹 벼로는 질긔여 됴흐니라

<苗/3-13b> 黃漆* 누론 칠이 고오니라

<苗/3-13b> 帒* 쟈로는 곡셕 담어 메고 가기 경편(輕便)흐니라

<苗/3-14a> 鏵* 한으로 나모나 쑤리나 슬흐면 됴흔 거시라

<苗/3-19a> 網* 그믈은 벼리가 읏듬이오니

<苗/3-19b> 燭* 쵸블을 붉키고 글을 보니 됴습데

<苗/3-24a> 翫* 구경은 산슈(山水)가 읏틈이오니

<苗/3-26a> 韂* 언치[지]를 노하야 물등이 샹치 아니흐고 틕고 짐 싯
기 죳스외

<苗/3-26b> 馬上立* 마샹닙은 붓체질을 흐여야 됴흐니라 / 奇立

<苗/3-29b> 毬* 쥭방을 틔는 양이 보기 무던흐오니

<苗/3-29b> 雙陸* 쌍뉵은 긔운이 죠흔 날 틔면 늬도이 낫스오니

<苗/3-30a> 碁子* 바독물은 즈라야 두기 죳스외 / 碁桶(긔통)

<苗/3-30a> 鞦韆* 츄쳔은 녹음(綠陰)의셔 고온 계집들이 씌는 양
은 보기 둇스외 / 그늬는 노픈 남긔 줄을 믹고 남녀 다
씌옵느니

<苗/3-30a> 蹴鞠* 뎌기도 잘 츠면 보기 둇스오니

<苗/3-34b> 諺文* 언문은 흐고 시븐 말을 다 쓰니 둇습데

<苗/3-35b> 水墨* 슈목 그림이야 보기 소담흐옵데

<苗/3-35b> 硯* 벼로는 먹이 쉬이 굴인 거슨 못쓰고 굴기 어려온 거
시야 낫습늬

<苗/3-36a> 綾花* 능화는 빗치 곱고 문이 즈라야 보기 죳스외

<苗/3-36a> 寫* 쓰기를 잘ᄒ면 보기 됴ᄉ외

<苗/3-36a> 書案* 셔안의 칙을 올려 노코 보면 샹치 아니ᄒ옵ᄂᄂ니

<苗/3-37a> 片紙* 편지를 어덧ᄉ오니 든〃ᄒ옵데

<苗/3-37b> 榮花* 영화를 부모쇠 뵈오니 그런 다힝(多幸)ᄒ 일이 업
        ᄉ외

<苗/3-40a> 鞘* 칼집을 질긘 가족으로 ᄲᆺ면 됴ᄉ외

<苗/3-45b> 密果* 굴 든 과슬이ᄂ 먹기[이] 됴ᄒ니라

<苗/3-45b> 肉* 고기ᄂ 연ᄒ여야 됴ᄒ니라

<苗/3-45b> 粥* 쥭은 거러야 먹기 됴ᄒ니라

<苗/3-45b> 膾* 회ᄂ ᄀᄂᆯ게 텨야 됴ᄒ니라

<苗/3-46b> 麴* 누륵이 됴ᄒ면 술이 됴ᄒ니라

<苗/3-46b> 醋* 초를 잘 둠아[이]야 마시 됴ᄉ오니

<苗/3-47b> 羹* 국은 더온 김의 먹어야 됴ᄉ오니

<苗/3-47b> 菹* 팀치ᄂ 니거야 마시 싀금〃〃ᄒ여 됴ᄉ오니

<苗/3-48a> 荳腐* 두부로 국을 쓸이면 무단ᄒ니라

<苗/3-48b> 橙糖* 등당도 ᄃ라 먹기[이] 무단ᄒ오니

<苗/3-51a> 味* 마시 ᄀ장 맛나외

<苗/3-51b> 甘* 마시 ᄃ니 됴ᄉ외

<苗/3-52b> 飮* 마시니 ᄀ장 싀훤ᄒ외

<苗/3-54b> 煎* 젼 지져 먹으면 죳ᄉ오니

<苗/3-54b> 蒸* 뼈 내니 믈러 됴다

<苗/3-54b> 烹* 슬마 먹으면 아니 됴ᄒ랴

<苗/3-56a> 設* 셜판을 거로게 ᄒ여 딕졉ᄒ시니 감격ᄒ외

<苗/3-61a> 痊* 아모러시니 다힝(多幸)ᄒ외

<苗/3-61a> 瘳* ᄒ리니 과연(果然) 깃브외

<苗/3-69a> 逢* 만나니 실로 다힝ᄒ외

<苗/4-15a> 僥倖* 요힝으로 환[훤](患)을 버서나니 실로 다힝(多
        幸)ᄒ외

<苗/4-35b> 裹* ᄇᆞᆫ 거시 ᄃᆞᆫᄃᆞᆫᄒᆞ니 됴ᄉᆞ외

<苗/4-35b> 成* 일은 후면 아모거시라도 ᄆᆞᆺ듥ᄒᆞ오니

<苗/4-44a> 遷延* 쳔연ᄒᆞ여시나 셩ᄉᆞ(成事)ᄒᆞ매 다ᄒᆡᆼᄒᆞ외

<苗/4-44b> 陋麤* 누추ᄒᆞᆫ ᄃᆡ 오래 안자 계시니 안심치 아니ᄒᆞ외

3-7) 불만족을 표시하기

<苗/1-10b> 晩* ᄇᆞᆯ셔 보ᄋᆞᆸ던들 ᄒᆞ올 거슬 이리 늣가여 보오니 ᄀᆞ이 업ᄉᆞ외

<苗/1-16a> 隔* 산과 믈이 막켜시니 답〃ᄒᆞ외

<苗/1-35b> 劣* 그ᄂᆞᆫ 용녈ᄒᆞ여 아모ᄃᆡ도 쓸 ᄃᆡ 업ᄂᆞ니라

<苗/1-36b> 愎* (어) 그ᄂᆞᆫ 퍅ᄒᆞᆫ 인믈(人物)이로다

<苗/2-54b> 帛* 비단 품이 요ᄉᆞ이 죳치 아니ᄒᆞ외

<苗/3-01b> 笠* 갓 쓴 후에 씌 아니 씌니 보기 슬ᄉᆞ외

<苗/3-10a> 鐘* 죵은 깁프로 술 먹기 거복ᄒᆞ외

<苗/3-20a> 鎚* 쇠마치 업ᄉᆞ니 못 박이 어렵다

<苗/3-51b> 苦* ᄡᅳ니 괴롭다

3-8) 만족이나 불만족을 묻기

<苗/2-29b> 結實* 온갓 여ᄅᆞᆷ이 ᄆᆡ치니 ᄇᆞᄅᆞᆷ이 블면 즉ᄒᆞ올가

<苗/3-19b> 明燈* ᄇᆞᆰ은 등잔 아ᄅᆡ 미인의 ᄃᆡᄒᆞ여 안ᄌᆞᆺ거든 엇더ᄒᆞ올고

3-9) 실망감을 표시하기

<苗/1-06a> 翌年* 이듬ᄒᆡᄉᆞᆺ지 못ᄒᆞᆫ다 ᄒᆞ니 허무ᄒᆞ외

<苗/1-11a> 久* 오래 보옵지[치] 못ᄒ니 섭〃ᄒ옵ᄂᆡ / 又 그립ᄉ와
　　　　　　ᄒ옵ᄂᆡ

<苗/1-14a> 何日* 어늬날 도라가시ᄂᆞᆫ고 섭〃ᄒ외

<苗/1-35b> 拙* 어 요것 졸망(卒忘)이로다

<苗/2-30a> 一握* 혼줌 ᄲᆞᆯ을 앗기니 야속ᄒ외

<苗/3-06a> 梳頭* 마리 빗쟈 ᄒ되 빗들이 둣치 아니ᄒ니 어이ᄒ올고

<苗/3-09b> 瓶* 병의 든 술은 나믄 다쇼롤 아지 못ᄒ니 극급ᄒ외

<苗/3-34b> 吟* 읖퍼도 글귀가 나지 아니ᄒ니 답〃ᄒ외

<苗/3-68b> 及* 밋처 가옵다가 ᄶᅥ러지오니 섭〃ᄒ옵데

<苗/4-08b> 空言* 뷘말만 ᄒ고 가시니 섭섭ᄒ외

3-10) 두려움이나 걱정을 표시하기

<苗/1-04b> 霹靂* 벽녁 소ᄅᆡ 무섭ᄉ외

<苗/1-04b> 電* 번개 티니 어두온 ᄃᆡ 홈자 이시면 번득〃〃ᄒ여 무섭
　　　　　　ᄉ외

<苗/1-05a> 曀* 흐리니 날이 팀〃ᄒ여 불샹ᄒ외

<苗/1-11a> 暎* 구[그]슬이 하 영지니 눈의 ᄇᆡ의여 보지 못ᄒ올레

<苗/1-11b> 遲* 이 칙(冊)은 더듸여 벗겨 보내니 죽[즉]키 무신(無心)
　　　　　　이 너기시올가

<苗/1-21a> 凹* 이 논은 움쑥ᄒ기예 믈이 괼가 시브외

<苗/1-25a> 深* 깁픈 ᄆᆞ음을 뉘 알리

<苗/2-06b> 羆* 비ᄂᆞᆫ 미이 크니 범도곤 무섭ᄉ외

<苗/2-07a> 兒猪* ᄋᆞ제 털로 되필은 믹기 어렵ᄉ외

<苗/2-08a> 猪* 도다지 셩내니 굿트여 괴롭ᄉ외 / 돗아지

<苗/2-10b> 驕* 믈이 하 놀듸니 무섭ᄉ외

<苗/2-11b> 騎* 트고 조심ᄒ여 안자 이시되 ᄂᆞ려질가 넘녀ᄒ옵ᄂᆡ

<苗/2-14a> 蟠* 서려 이시니 잡기 쉬올가 ᄒ옵ᄂᆡ

<苗/2-48a> 礎* 셕쥬가 실ᄒᆞ니 집이 쉬이 샹치 아닐가 시브외

<苗/2-48a> 築* 담을 싼[쯘]고 녜지 아니면 비예 샹홀가 시브외

<苗/2-54b> 紬* 면쥬가 요ᄉᆞ이 귀ᄒᆞ니 응당 올히ᄂᆞᆫ 양줌을 잘못ᄒᆞ엿
ᄂᆞᆫ가 시브외

<苗/3-22a> 吹螺* 취라를 바로고 블면 입이 기우다 관계ᄒᆞ올가

<苗/3-37a> 正書* 졍셔를 잘 쓰기ᄂᆞᆫ ᄀᆞ장 어렵ᄉᆞ외

<苗/3-38b> 利刀* 니도ᄂᆞᆫ 손을 다힐만 ᄒᆞ여도 버히매 무셥ᄉᆞ외

<苗/3-50a> 夜叉* 야차ᄂᆞᆫ 본듸 헛거시로되 눈의 뵈니 괴이ᄒᆞᆫ데

<苗/3-54a> 使酒* 쥬졍 내니 말ᄒᆞ기 슬ᄉᆞ외

<苗/3-54a> 㤉* 긔[귀]운이 어즐[즐]ᄒᆞ니 민망ᄒᆞ외

<苗/3-60a> 債* 빗주기 이뛔ᄂᆞᆫ 무셥ᄉᆞ외

<苗/3-60b> 推移* 츄이ᄒᆞ여 갑플 길이 업스니 어이ᄒᆞ올고

<苗/3-61a> 痕* 허물지ᄂᆞᆫ 병이 더 괴롭ᄉᆞ외

<苗/3-62a> 痹* 듬듸가 ᄀᆞ려와 견듸지 못ᄒᆞ올쇠

<苗/3-65a> 面毒* ᄂᆞᆺ치 독ᄒᆞᆫ 거시 나면 듕(重)ᄒᆞ니

<苗/3-65a> 時病* 시병은 뎐염(傳染)ᄒᆞ여 무셥ᄉᆞ외

<苗/3-65b> 救病* 구병ᄒᆞ기 ᄀᆞ장 어렵ᄉᆞᆸ데

<苗/3-65b> 頭痛* 마리 알프기 ᄀᆞᆺᄐᆞᆫ 민망ᄒᆞᆫ 병이 업ᄉᆞᆸᄂᆡ

<苗/3-69a> 向* 이리 향ᄒᆞ여 와시니 무ᄉᆞᆷ 일이 잇ᄂᆞᆫ가 시브외

<苗/4-06a> 憂* 근심을 맛낫ᄉᆞᆸᄂᆡ

<苗/4-16a> 空* 속졀업시 애만 ᄊᆞᆨ이옵ᄂᆡ

<苗/4-34a> 險* 험ᄒᆞᆫ 길을 홈자 가기 념녀스롭ᄉᆞ외

<苗/4-39a> 勢* 셰가 이시면 저마다 두려ᄒᆞᆸᄂᆞ니

<苗/4-41b> 諫* 간ᄒᆞ여도 듯지 아니ᄒᆞ시니 졀박ᄒᆞ외

<苗/4-45a> 碍* 걸리끼온 일이 이셔 진시 못 와시니 황공ᄒᆞ외

<苗/4-51b> 蔚蔚* 울울ᄒᆞ여 뵈지 아니ᄒᆞ외

3-11) 두려움이나 걱정을 묻기

<苗/1-16a> 內＊ 안은 샹치 아니ᄒ엿슙ᄂ가
<苗/1-37a> 奢侈＊ 강호 디히ᄂ 심히 샤치(奢侈)ᄒ가 시브외
<苗/3-42a> 謀反＊ 반을 도모(圖謀)ᄒ다가 누셜(漏泄)ᄒ면 엇치ᄒ리
　　　　　오
<苗/3-42a> 射＊ 활쏘기를 잘ᄒ니 무어시 저허ᄒ미 이시리요
<苗/4-07a> 嚇＊ 저히다ᄒᄂᆯ 뉘 무셔워ᄒ리

3-12) 좋아함을 표시하기

<苗/1-35a>　柔＊ 부드러워 유화(柔和)ᄒ 사름이야 죳ᄉ외
<苗/3-29a> 碁＊ 바독이 잡기 듕의[이] 읏틈이오니
<苗/3-45a> 飯＊ 밥은 음식 듕의 읏씀이니라
<苗/4-54b> 嬲嬲＊ 회졍회졍 거러오ᄂ 형상(形裝)이 ᄉ랑스롭다

3-13) 고마움을 표시하기

<苗/2-54a> 賤＊ 쳔ᄒ 사름을 이리 ᄃᆡ졉ᄒ시니 실로 고맙ᄉ외
<苗/3-31b> 赦＊ 샤를 만나 죄를 면ᄒ니 쳔은이 망극ᄒ외
<苗/3-67b> 餞＊ 젼송ᄒ여 먹이옵시니 감격ᄒ여이다
<苗/3-69b> 迎＊ 마자 올려 안치고 ᄃᆡ졉ᄒ시니 감격ᄒ여이다
<苗/4-19a> 稱＊ 일ᄏ[ᄀ]ᄅ시믈 닙으니 과연 황공ᄒ외
<苗/4-29b> 終＊ 무ᄎᆷ내 ᄇ리지 아니ᄒ옵시니 은혜(恩惠) 망극(莫
　　　　　極)ᄒ외
<苗/4-33b> 別＊ 별로 투호ᄒ여 주옵시니 감샤(感謝)ᄒ외

3-14) 동정심을 표시하기

<苗/3-25b> 拿* 잡어다가 가도니 블샹ᄒ외
<苗/3-32b> 屬公* 쇽공을 ᄒ고 귀향 보내니 블샹ᄒ외
<苗/3-62a> 癬* 허는 증은 ᄀ려워 블샹ᄒ외
<苗/4-20b> 離異* 니이ᄒ여 서로 보지 못ᄒ니 블샹ᄒ외
<苗/4-29a> 廢* 폐ᄒ여 샹사름을 민드니 블샹ᄒ외
<苗/4-42a> 曖昧* 이미ᄒ 일로 뎌리 굿기니 블샹ᄒ외

3-15) 의지, 의도를 나타내기

<苗/1-12a> 近間* 근간(近間)의 동ᄂᆡ(東萊) 올나가 벗겨 오〃리
<苗/1-15b> 後* 후편(後便)의 븟쳐 보내오리
<苗/1-28a> 船滄* 션챵의 가 다시 하직(下直)ᄒ오리
<苗/2-07a> 駿馬* 팔쥰마 ᄐ고 橫行天下(횡ᄒᆡᆼ쳔하)ᄒ여 볼가 ᄒ옵ᄂᆡ
<苗/2-51a> 下處* 하쳐는 어듸옵는고 ᄂᆡ일 가 뵈오리
<苗/2-56b> 甫氈* 보젼은 내게는 업ᄉ외 혹 샹고들의게 잇는가 무
      러 보옵새
<苗/2-59b> 黃* 누른 깁은 아모개히게는 업다 ᄒ니 ᄯᅩ 다른 듸 무
      러 보옵새
<苗/3(4)-72a> 倒* 것구로 믜여둘고 코의 진믈 부으리라
<苗/3-42a> 圍* 에워ᄲᅩᆺ고 급피 치면 셩을 파ᄒ리라
<苗/3-43a> 剖* 부ᄅᆞᆯ 쌔텨 공신을 봉ᄒ리라
<苗/3-44b> 中* 맛쳐 몰 아ᄅᆡ ᄂᆞ리티니 죽으리라
<苗/3-50b> 喪* 샹ᄉᆞ는 슬픔미 웃틈이니
<苗/3-59a> 價* 갑슨 ᄂᆞᆷ의 굼대로 ᄒ여 드리오리
<苗/3-60a> 明文* 명문을 밧고 빗을 줄 거시올레
<苗/3-61b> 痂* 더뎡이 괴져시나 관계[겨]치[지] 아니ᄒ외

<苗/3-67b> 來* 오라 ᄒᆞᆸ시니 하마 가오리

<苗/3-67b> 進* 나아가 뵈옵고 오오리이다

<苗/3-68a> 致賀* 치하ᄒᆞ라 가오리이다

<苗/3-69b> 出* 나가 ᄃᆞᆫ녀오〃리 / ᄃᆞᆫ녀오ᄂᆞ라

<苗/4-10a> 盟* 밍셧코 다시 보지 아니ᄒᆞ오리

<苗/4-16b> 或* 혹 그런 소문이 이셔도 남이가 두려ᄒᆞ랴

<苗/4-32b> 暇* 겨를이 잇거든 ᄂᆡ일 일 가오리

<苗/4-32b> 置* 두고 가시거든 슈뎡ᄒᆞ여 드리오리

<苗/4-42b> 苟且* 구챠ᄒᆞᆯ지연졍 더러온 즛슬 홀가 보온고

<苗/4-50a> 陰陰* 음음ᄒᆞ여 뵈오려 ᄒᆞᆫ다

<苗/4-55a> 坦坦* 탄탄ᄒᆞᆫ 대로(大路)에 어듸로 못 가리

<苗/4-55b> 緩緩* 완완이 ᄒᆞ다 밋처 못ᄒᆞ랴

3-16) 의도에 대해 묻기

<苗/1-14a> 幾日* 몃츨이나 머무러 가려 ᄒᆞᆸᄂᆞᆫ고

<苗/3-43a> 擒* 사로잡엇던 쟝슈가 다 항복 바든다 ᄒᆞ듯라

<苗/3-59a> 倍直* 갑시 과ᄒᆞ고 아마도 니(利)를 비(配)나 먹으려 ᄒᆞᄂᆞᆫ
가

<苗/3-59b> 直* 산 대로 주고 사 가소

<苗/3-60a> 典當* 뎐당을 잡고 돈을 내여도 관계홀가

<苗/4-12b> 雖* 비록 아니 닐러도 ᄒᆞ염즉ᄒᆞᆫ 일이 아니냐

<苗/4-19a> 嫌* 혐의로온 일이야 즈싱ᄒᆞ랴

<苗/4-48a> 沈沈* 팀팀ᄒᆞᆫ 밤의 어이 가리

3-17) 필요한 것이나 바람을 표시하기

<苗/1-02b> 西南風* 셔남풍이 부니 그치면 죳스외

<苗/1-03b> 霖* 님위 디리ᄒ니 그만 ᄒ여 개면 죳게 ᄒ엿습니
<苗/1-05a> 晴* 개니 ᄒ 잇틀 쐬다가 다시비가 오면 즉ᄒ올가
<苗/1-06b> 時節* 시졀이 년ᄒ여 됴ᄒ면 즉ᄒ올가
<苗/2-13b> 靑螺* 쳥나가 빗치 고오니 사 가고 시브외
<苗/2-14b> 鮪魚* 유어ᄂ 드믈게 먹으니 보면 먹고 시브외
<苗/2-22a> 玉黍*옥슈슈뼈먹고져ᄒ외
<苗/2-22b> 抽*싸힌거슨즉제심거야[여]죽지아니ᄒᄂ니라
<苗/3-21a> 網太* 망태를 ᄒ나 크게 믿ᄃ라 다고
<苗/3-36b> 畵* 그림은 싱긔 이셔야 명홰 되ᄋᄂ니
<苗/3-46b> 蜜* 굴이 만ᄒ여야 썩이 마시 나ᄂ니라
<苗/3-47a> 刀麵* 칼국슈ᄂ 줄게 싸흐러야 됴ᄒ니라
<苗/3-51a> 永葬* 영장을 극[국]진(極盡)히 ᄒ여 두어야 뉘웃봄이
          업습ᄂ니
<苗/3-59b> 手記* 슈긔를 밧고 외자 거릭를 ᄒᄋ소
<苗/3-63a> 脹* 댱증은 잘 다스려야 사ᄂ니
<苗/3-66b> 痣* 기믜ᄂ 쉬이 곳치면 됴ᄒ니라
<苗/4-20a> 勸* 권ᄒ여 힝신(行心)ᄒ기를 ᄀ릇치ᄋ소
<苗/4-20a> 護* 둣덥퍼 허믈을 들어나지 아니케 ᄒᄋ소
<苗/4-29b> 平* 평싱 원(願)ᄒᄂ 병 업게 비ᄋ니

3-18) 필요한 것이나 바람을 묻기

<苗/3-31a> 分付* 분부를 드릭셔 얼현이 ᄒ오리잇가
<苗/4-53b> 幽幽* 유유ᄒ 회포를 언제 프올고

4) 도의적인 태도를 나타내는 표현 항목

4-1) 사죄하기

<苗/1-30a> 獨* 홀로 계시니 심〃ᄒ시게 ᄒ엿습ᄂᆡ
<苗/4-43b> 未安* 미안ᄒ니 그만의 긋치소

4-2) 칭송하기

<苗/1-37a> 儉朴* 이 사ᄅᆷ은 검박ᄒ니 긔특ᄒ외
<苗/4-28a> 難* 어려온 일을 쥬션ᄒ여 낼 시 착ᄒ다 ᄒᄂ니

4-3) 후회하기

<苗/1-05a> 晴* 날이 갠 후에 부졀업시 우장을 가져왓습ᄂᆡ

4-4) 무관심을 나타내기

<苗/4-37a> 離別* 니별ᄒ고 여러 날 되면 졍(情)이 덤덤 업서지ᄂ니

5) 권고나 설득하는 표현 항목

5-1) 권고(추천)하기

<苗/1(2)-03a> 雉* 아모 일의나 쇠 쓰는 사ᄅᆷ을 경긔 까토리라 ᄒ옵ᄂᆡ
<苗/1(2)-05a> 翼* 늘개 짓츠로 쓰서 노하 두옵소

<苗/1-10b> 昏* 날이 어두[드]워시니 그만 ᄒ여 도라가옵새

<苗/1-14a> 其時* 그 ᄢ 님시응변ᄒ옵소

<苗/1-15b> 邊* 바다ᄀ의가 ᄂ옵새

<苗/1-18a> 塡* 만히 흙을 녀허 메으거든 됴흘가 시브외

<苗/1-19a> 濱* 믈ᄀ의 가 고기 낙옵새

<苗/1-20b> 谷* 방〃골〃을 츳자 보옵소

<苗/1-20b> 園* 동산의 올라가 구경ᄒ옵새

<苗/1-21b> 淵* 모시 고기 노ᄂ가 보옵소

<苗/1-23a> 氷* 됴션은 녀름이라도 어름이 이시니 잘 간직흔 거시올시

<苗/1-23a> 渚* 믈ᄀ의 가셔 쟈개를 키옵새

<苗/1-23b> 洲* 믈ᄀ의 버들나모 밋틱 가 안자 발 싯쟈

<苗/1-23b> 澌* 셩애 길의 집신을 신고 가면 보션이 더럽게 되니 갓 신고 가소

<苗/1-24a> 淸* 믈이 묽으니 고기 노ᄂ 양 보옵새

<苗/1-26a> 謎* 므즈미 ᄒᄂ 양을 보옵소

<苗/1-27a> 櫓* 오늘은 ᄇ롬이 잔〃ᄒ니 노역질ᄒ여 가옵새

<苗/1-27a> 伐船* 벌션을 틱고 여흘다히예 낙으라 갑새

<苗/1-27a> 柁* 빅ᄃ리 노하라 ᄂ리쟈

<苗/1-27b> 快船* ᄇ롬이 사오납기여 잰 비 틱고 몬져 가쟈

<苗/1-30b> 巫* 무당의게 무러 보소

<苗/1-31a> 傀* 광대 노릇 ᄒᄂ 양 보옵소

<苗/1-32a> 浦作* 포작한 이들이 믈 속의 드러 싱포 ᄯᄂ 양을 구경 ᄒ옵새

<苗/1-33a> 樵夫* 우리 둘 듕(中)의 뉘 그른고 져 쵸부(樵夫)ᄃ려 무 러 보옵소

<苗/1-33b> 能* 부딕 능(能)흔 쳬 말고 챡[쟉]실이 ᄒ옵소

<苗/1-33b> 察* 부딕 일을 숣펴 보옵소

<苗/1-34a> 圖謀* 부딕 이 일을 도모(圖謀)를 잘ᄒ옵소

<苗/1-35a> 剛毅* 쟈닉는 굿센 사름이니 부딕 강의디심(剛毅之心)을 먹습소

<苗/1-36a> 懶惰* 공부를 시작ᄒ거든 ᄒᄅ 스이라도 게올이지[치] 말
고 힘써 ᄒ여야 쉬이 닉엇ᄉᄂ

<苗/1-36b> 詳細* 부듸 일을 ᄌ셔히 ᄒᆞᆸ소

<苗/1-36b> 術* 슐 내여 부리ᄂ 쳬 맙소

<苗/1-38b> 御使* 요ᄉ이 어ᄉ(御使)가 ᄂ려왓다 ᄒ오니 조심(操
心)ᄒᆞᆸ소

<苗/1-38b> 勅使* 강남(江南)으로서 칙ᄉ(勅使) 오실 적은 갸륵ᄒ 듸
졉(待接)입도ᄉᆡ

<苗/1-40a> 薦擧* 착ᄒ 사름을 쳔거(薦擧)ᄒᆞᆸ소

<苗/1-40b> 醫員* 의원(醫員)의게 무러 약(藥)이나 ᄒ여 먹소

<苗/1-44a> 婚姻* 혼인(婚姻)은 부듸 문호(門戶)를 글ᄒ여 ᄒᆞᆸᄂ

<苗/1-44b> 僕* 죵이 무상ᄒ니 어렵브시 마소

<苗/1-44b> 朋友* 벗을 사괴면 친(親)히 ᄒ여야 둇ᄉ오니

<苗/1-45a> 子息* ᄌ식(子息)은 어린 적부터 튱[듕]효 ᄒᆡᆼ실을 ᄀ랏
칩소

<苗/1-47b> 腦* 듸골의 니가 혀 슬엇ᄉᄂ 비서다가 업게 ᄒᆞᆸ소

<苗/1-48b> 鼻* 코의 다히고 내를 맛다 봅소

<苗/1-49a> 鼻孔* 코구멍 털을 ᄲᅢ힙소

<苗/1-49b> 耳垢* 귀여지 냅소

<苗/1-52a> 脘* 손목 쥐고 흠ᄮᅵ 갑새

<苗/1-53a> 背* 등이 구[그]브니 폅소

<苗/1-53a> 腰* 허리 앗프니 쉽소

<苗/1-53b> 腋* 녑힘이 만흐니 ᄶᅵᆸ소

<苗/1-53b> 乳* 졋의 몽울이 잇거든 ᄑ려야 둇ᄉ외

<苗/1-57b> 夢泄* 몽셜은 신경(腎經)이 허(虛)ᄒ면 혹 잇기예 미리
조심ᄒ게 ᄒ소

<苗/1-59a> 少* 져므니를 부듸 ᄉ랑ᄒᆞᆸᄂ

<苗/1-59a> 焦* ᄆᆞ음을 ᄆᆞᆯᄅ게 ᄒ여 싱각ᄒᆞᆸ소

<苗/2-14a> 鯉魚* 니어 사오ᄂᆞ라 반찬 ᄒ여 먹쟈

<苗/2-14b> 錦鱗魚* 금닌어 낙가 술 안쥬 ᄒᆞᆸ새

<苗/2-14b> 民魚* 민어로 암치 민드라 둡새

<苗/2-14b> 銀口魚* 은구어 낙으라 가쟈

<苗/2-15a> 鰱魚* 년어 시서라 횟거시니 먹어 보쟈

<苗/2-15a> 魴魚* 방어 져려라 식혜 담쟈

<苗/2-15b> 古道魚* 고도어 더러 강고도리 민들고 더러 젓 듬쟈

<苗/2-16a> 落啼* 낙데 복어 먹습소

<苗/2-16b> 道味*도미이시니회ᄒᆞ여먹습새

<苗/2-17a> 全鰒* 젼복이 크니 올혀 봉젼복 민듭소

<苗/2-19b> 蛆* 샹ᄒᆞ여 긔덕이 나시니 쉬이 내여 ᄇᆞ리게 ᄒᆞ소

<苗/2-21a> 豆* 폿 밥 붉게 지입소

<苗/2-21a> 太*쳥대솔마드립소

<苗/2-21a> 麰* 보리밥의 폿 노하 보드럽게 지어라 ᄒᆞᆸ소

<苗/2-21b> 稻* 벼를 물리여 두다가 씨를 ᄒᆞᆸ새

<苗/2-21b> 麥* 밀을 ᄀᆞ라 굴을 체로 쳐 내여 누륵 드딥소

<苗/2-21b> 水荏* 들깨 ᄲᅡ 기름으로 동유 민드라 유삼 칠 ᄒᆞᆸ소

<苗/2-21b> 禾* 벼것츠렁이 만흐매 몽근 벼로 줍소

<苗/2-22a> 菉豆* 녹두 기름 질러 치 짓습소

<苗/2-22a> 薏苡* 위이 듁 쑤어 먹습소

<苗/2-22b> 核* 씨 섈라내고 먹습소

<苗/2-23a> 菜* 치를 칼로 ᄀᆞ늘게 칩소

<苗/2-23b> 石耳* 셕이 싸흐러 국의 녓습소

<苗/2-24a> 冬苽*동과로젼지져먹습소

<苗/2-24a> 土卵* 이 토란은 먹으니 미오 소아ᄇᆞ린다 ᄇᆞ립소

<苗/2-29a> 簸* 까보러 뎡히 ᄒᆞ여 담습소

<苗/2-34b> 楡* 느름나모 밋틔 안자 피셔ᄒᆞᆸ새

<苗/2-37a> 花開* 곳치[지] 픠여시니 구경ᄒᆞ라 옵소

<苗/2-43a> 私* ᄉᆞᄉᆞ일은 공ᄉᆞ를 ᄆᆞ츤 후에 ᄒᆞ게 ᄒᆞᆸ소

<苗/2-44b> 彎路* 에구분 길을 두로 도라가읍소

<苗/2-45a> 水路* 슈로는 비록 쉬이 가도 위틱ᄒ니 못토로 가읍소

<苗/2-50b> 壁骨* 외 얽어라 흙이질 쉬이 ᄒ쟈

<苗/2-50b> 西瑟* 셔슬을 수이 얽거라 비 오지 아닌 젼의 녜쟈

<苗/2-51b> 金* 금이 얼마나 잇습는고 흥졍ᄒ읍새

<苗/2-51b> 玉* 옥이 둇치 아니ᄒ니 갑슬 젹게 밧줍소

<苗/2-51b> 眞* 진쥬가 빗치 둇치 아니ᄒ니 드른 진쥬 내읍소

<苗/2-52a> 泥金* 니금 두 냥만 사읍새

<苗/2-57a> 輕花紬* 경화쥬를 쓰려 ᄒ거든 바다 가읍소

<苗/2-57a> 禾花紬* 이 수화쥬는 픔(品)이 됴ᄒ니 잡어 주읍소

<苗/2-57b> 八兩紬* 팔냥쥬는 엇더흔 비단히온고 보와셔 둇습거든
　　　　　 사 가읍새

<苗/2-58a> 茶色* 다ᄉᆡᆨ(茶色) 믈드리고 옷 ᄒ여 닙쟈

<苗/2-61a> 阿膠* 아교(阿膠) 노겨셔 치ᄉᆡᆨ(彩色)을 잘 셕습소

<苗/3(4)-70b> 宿* 자고 닉일 새벽의 가읍소

<苗/3(4)-70b> 留* 머모러 말슴이나 ᄒ다가 가읍소

<苗/3(4)-71a> 坐* 안자셔 노다가 가소

<苗/3(4)-71a> 止* 긋쳐다가 다시 시작ᄒ소

<苗/3-09a> 陶* 딜그릇손 ᄯ려디기 쉬오니 조심ᄒ여 쓰읍소

<苗/3-24a> 聞* 드른 말 겨릭 닛고 본 일을 모론 쳬ᄒ읍소

<苗/3-31b> 罪* 죄 저즌 놈을 샤ᄒ엿다가 공을 엇거든 죄를 갑게
　　　　　 ᄒ읍소

<苗/3-37b> 顯達* 현달ᄒ여 몸을 빗내게 ᄒ읍소

<苗/3-45b> 嗜* 즐[줄]기는 거슬 먹습소

<苗/3-47a> 茶* 차롤 먹으면 음식이 잘 ᄂ리읍ᄂ니

<苗/3-47b> 豉汁* 아모 음식이라도 믈국이 이셔야 됴ᄒ니라

<苗/3-47b> 淸醬* 근쟝을 쳐야 국이 묽그니라

<苗/3-51a> 尸體* 시톄롤 잘 미장ᄒ게 ᄒ읍소

<苗/3-53a> 噴* 쏨어 브리지 마읍소
<苗/3-53b> 醉* 취ᄒ니 그만 ᄒ여 긋치읍소
<苗/3-55a> 爛* 므르게 고아 두고 자셔 보읍소
<苗/3-60a> 推徵* 츳자 믈러내게 도모(圖謀)를 ᄒ읍소
<苗/3-61b> 喘* 천급ᄒᄃᆡ ᄀ만히 누엇소
<苗/4-01b> 抽* ᄲᅡ혀 내여 브리읍소
<苗/4-01b> 探* 더듬어 보와 손의 걸리거든 잡어 내소
<苗/4-02a> 揮* 휘저어 두ᄃ소
<苗/4-02b> 拂* 뻘치고 ᄃ라나소
<苗/4-03a> 擔* 메고 가다가 ᄀ브거든 쉬소
<苗/4-03a> 捕* 잡어다가 관가(官家)의 고ᄒ게 ᄒ오
<苗/4-03b> 抖擻* 가다ᄃ마 정신을 닥어 슬픠읍소
<苗/4-04a> 掘* 픠여 깁피 심거고 흙을 도도와 두읍소
<苗/4-08a> 慷慨* 강개ᄒ 무음을 먹습소
<苗/4-09b> 分揀* 션악을 분간(分揀)ᄒ여 노읍소
<苗/4-10a> 問* 무러 보와 곡절(曲折)을 ᄌ셔(仔細)히 드ᄅ 오소
<苗/4-13b> 應* 응당 벅벅히 어들거시니 힘써 ᄒ여라
<苗/4-14b> 合當* 합당(合當)ᄒ오니 그리ᄒ게 ᄒ읍소
<苗/4-16b> 可* 올흔 일은 말로나 기리읍소
<苗/4-17a> 使* 이 사름으로 ᄒ여곰 츳게 ᄒ읍소
<苗/4-18b> 究* 궁구ᄒ여 니(理)를 프러 내읍소
<苗/4-19a> 羨* 부러 말고 그 사름 긔걸을 본바다 ᄒ여라
<苗/4-20b> 慇懃* 은근이 ᄃᆡ졉을 ᄒ읍소
<苗/4-20b> 欣然* 흔연이 위로ᄒ읍소
<苗/4-21a> 輔* 나라 돕기를 힘써 ᄒ읍소
<苗/4-21b> 闊* 활슈 ᄂ릇슬 ᄒ여 보읍소
<苗/4-22b> 敬* 공경ᄒ여 어룬을 ᄃᆡ졉ᄒ라
<苗/4-23a> 效他* 다른 사름을 본바ᄃ되 용흔 일을 ᄒ라

<苗/4-28a> 易* 쉬온 일은 닉곰 결단ᄒᆞᆸ소
<苗/4-28b> 斷* 싇허지지 말게 브듸 년속(連續)ᄒᆞ게 ᄒᆞᆸ소
<苗/4-30b> 補* 보부죡(補不足)ᄒᆞ여 관가(官家)의 밧지ᄋᆞᆸ소
<苗/4-31a> 行* 힝(行)ᄒᆞ기를 나날 새로이 ᄒᆞᆸ소
<苗/4-33b> 輸* 슈운을 ᄒᆞ고 필급을 밧비 ᄒᆞᆸ소
<苗/4-34a> 吉* 길흔 말을 니ᄅᆞᆸ소
<苗/4-34b> 弊* 히여진 거슬 깁습소
<苗/4-35a> 垂* 두리워 둣다가 다시 거더 올리ᄋᆞᆸ소
<苗/4-35a> 欹* 기은 거슬 바로게 곳치소
<苗/4-36a> 多* 만흔 거슬 더러 내ᄋᆞᆸ소
<苗/4-37a> 幷* 아오로 다 아사 오소
<苗/4-37b> 辭* 긴 ᄉᆞ셜(辭說) 말고 ᄂᆞᆯ래 가ᄋᆞᆸ소
<苗/4-39b> 靡* 쓰러뎌 가오니 붓ᄃᆞᆸ소
<苗/4-39b> 斜* 빗ᄭᅮ러져시니 바로 ᄃᆞ릭여 정궈 ᄒᆞᆸ소

5-2) 요구하기

<苗/1-06a> 時* 째〃니ᄅᆞ와 하 민망ᄒᆞ오니 부듸 결단ᄒᆞ여 주ᄋᆞᆸ소
<苗/1-09b> 今夕* 오늘 져녁의 말ᄒᆞ게 오ᄋᆞᆸ소
<苗/1-10a> 早* 늬일 일즉 나오ᄋᆞᆸ소
<苗/1-11b> 響者* 져즘긔 슬은 말솜은 닛지[치] 마ᄋᆞᆸ소
<苗/1-12a> 今日* 오늘은 날이 일러시니 잇다가 가ᄋᆞᆸ소
<苗/1-13a> 明〃日* 모릭는 관의 일 드러가셔 죵용히 말솜ᄒᆞᆸ새
<苗/1-13a> 明〃後日* 글픠는 연향히니 그리 아ᄋᆞᆸ소
<苗/1-13b> 初五日* 초닷샌날은 와셔 보ᄋᆞᆸ새
<苗/1-15a> 東* 동산의 올라 히 텃는 양 보ᄋᆞᆸ새

<苗/1-17b> 郊* 교외예 나가옵새

<苗/1-17b> 嶺* 재롤 넘어가옵는가 재예 가셔 짐을 놋고 쉬옵새

<苗/1-20a> 花草* 화초 보옵소

<苗/1-24b> 湧* 믈이 숫는가 보옵소

<苗/1-25a> 浮* 져 믈의 쩌 가는 거시 무어신고 보와라

<苗/1-27a> 折檣* 돗대는 비 연장 듕(中)의셔 져일(第1-) 어려온 거
시오 혹(或) 양듕(洋中)의셔 부러지면 앏픠 가지 못ᄒ고
더옥 회니(回裡)ᄒ기도 못ᄒ오니 실(實)ᄒᆫ 남그로 믄드륵
주옵쇼셔

<苗/1-28a> 檣房* 장방의 오르옵소

<苗/1-31b> 師* 스승 앏픠 추례로 ᄒᆫ 분식 안즈게 ᄒ옵소

<苗/1-40b> 畵員* 화원(畵員)의 청(請)ᄒ셔 그림 어더 주옵소

<苗/1-47a> 厥* 궐이 기과(改過)ᄒ다 ᄒ오니 부듸 노롤 긋치옵소

<苗/1-51b> 肩* 엇게예 메옵소

<苗/1-52a> 二指* 둘재 손가락으로 ᄀ룻치옵소

<苗/1-52a> 手* 손의 쥐옵소

<苗/1-52b> 四指* 네재가락으로 디거 맛 보옵소

<苗/1-52b> 券* 주먹을 쏼이옵소

<苗/1-52b> 掌* 손바당의 쥐옵소

<苗/1-55b> 呼* 숨을 내쉬옵소

<苗/1-55b> 吸* 숨을 드러긋습소

<苗/1-56a> 脈* 딘믹ᄒ여 주옵소

<苗/2-09a> 驢* 나귀게 싯고 오옵소

<苗/2-24a> 松耳* 숑이로 더러 젹 ᄒ고 더러 쥭 쑤어 국 ᄒ게 ᄒ옵소

<苗/2-52a> 玳瑁* 듸모 ᄒᆫ 근만 어더 주옵소

<苗/2-52b> 珊瑚* 만호 서너 냥 잇더니 가져가옵소

<苗/2-53b> 硼砂* 붕사가 쓸 듸 이시니 약간 어더 주옵소

<苗/2-53b> 象牙* 샹아 칼 ᄌ로 홀만 어더 주옵소

<苗/2-55a> 交織* 교직을 어더 쓰려 ᄒ니 구ᄒ여 주웁소

<苗/2-56a> 杭羅* 항나가 즉금 업거든 급히 셔울의 긔별(奇別)ᄒ여 주웁소

<苗/2-57b> 桃紅* 도홍대단(桃紅大緞)을 어더 주웁소

<苗/2-57b> 黃絲* 황사가 흔두 근 이시니 사 가웁소

<苗/2-58b> 灰色* 돌믈은 둇치 아니ᄒ니 다른 믈 드려 주웁소

<苗/2-59b> 白* 흰 화사쥬(花紗紬) ᄒ 필(匹)만 아모카나 잡어 갑 뎡(定)ᄒ여 주웁소

<苗/2-60a> 塗漆* 칠ᄒ여 두엇다가 주웁소

<苗/2-60a> 漆* 칠이 둇치 아니ᄒ니 부듸 뎡칠로 ᄒ여 주웁소

<苗/3-01a> 冠* 관을 쓰고야 손 듸졉을 ᄒᄂᆫ듸 어이 져리 빗고로 쓰웁ᄂᆫ고 바로게 쓰웁소

<苗/3-01a> 表衣* 웃옷 닙고 가웁소

<苗/3-02b> 帶* 씌 빗고 씌여시니 바로게 씌웁소

<苗/3-04a> 履* 격지롤 신고 가웁소

<苗/3-04b> 紐* 단츄 미자 등지게예 ᄃ라 주웁소

<苗/3-04b> 裳* 치마를 버슬 제 씬이 싄허지니 니어 주웁소

<苗/3-05b> 髢* 들이 열 단만 사 주웁소

<苗/3-05b> 髻* 샹토롤 잣송이ᄀᆺ치[지] 잘 싸 주웁소

<苗/3-06b> 髮* 마리 조진 아ᄒ예 새 둔계 들려 주소

<苗/3-07a> 梳角* 빗츠게로 뎡히 처 다고

<苗/3-11a> 椀* 자완을 가져다가 차 부어다고

<苗/3-19a> 尾扇* 미션을 싀지(色紙)로 불라 그림 그려 주웁소

<苗/3-23b> 見* 본 일을 본 쳬 마웁소

<苗/3-31a> 賞* 샹을 주고 형벌(刑罰)을 명빅이 ᄒ웁소

<苗/3-35a> 一行* 흔 줄이 쓰어도 졍간(正間)을 놋고 쓰웁소

<苗/3-35a> 行文* 이 힝문의 사김ᄒ여 주웁소

<苗/3-37a> 騰錄* 등녹을 보고 고례를 샹고ᄒ여 보웁소

<苗/3-37a> 書契* 셔계 듕의 그른 딕가 잇기예 총[종]명지(聰明紙) 붓
　　　　치더니 곳쳐 보내읍소
<苗/3-37b> 記草* 긔초를 ᄒ엿다가 종용이 졍셔로 벗겨 내읍소
<苗/3-38b> 粧刀* 쟝도를 잘 ᄭ며 주읍소
<苗/3-42a> 斬* 버혀 그 마리를 군듕의 호령ᄒ라
<苗/3-45a> 拔* ᄲ혀나 공신 뉴의 참예ᄒ게 ᄒ읍소
<苗/3-46a> 設酒* 술을 베플고 잔치ᄒ읍새
<苗/3-47b> 糗* 미시의 셜당 타 내여라
<苗/3-47b> 醬* 쟝을 잘 듬아 니겨라
<苗/3-51a> 臭* 내를 맛다 보읍소
<苗/3-53b> 餉* 먹켜 삭 주와라
<苗/3-57a> 償* 갑프려 ᄒ거든 늘래 갑습소
<苗/3-57b> 操* 잡어 가지고 갑슬 혜기읍소
<苗/3-57b> 請價* 갑슬 졍ᄒ여 가소
<苗/3-58a> 借* 빌리시면 샹치 아니케 ᄒ여 바로 가져오〃리
<苗/3-67a> 去* 가시다가 도로 오읍쇼셔
<苗/3-67a> 動* 움ᄌ켜 이리 오읍소
<苗/3-67b> 退* 믈러가오니 허믈 마읍소
<苗/3-67b> 還* 도라오거든 즉[죽]시 보읍새
<苗/3-68a> 送* 보내오니 보고 결단ᄒ읍소
<苗/3-68b> 避* 피ᄒ여 숨어시니 다시 뭇지 마오
<苗/3-69b> 入* 드러오읍소
<苗/3-70a> 步* 거름을 챤〃히 것습소
<苗/4-01a> 掬* 우홈으로 흔 우훔만 주읍소
<苗/4-01b> 摘* ᄯ다가 날 주소
<苗/4-06a> 愁* 수심을 프러 주소
<苗/4-16b> 願* 원권대 힝츠를 머믈게 ᄒ읍쇼셔
<苗/4-33a> 特* 특별이 쳥ᄒ여 보읍쇼셔
<苗/4-38b> 次第* 츠례로 블러 내읍소

<苗/4-39a> 裂* 찌여진 딕를 아모라 주웁소
<苗/4-39b> 綻* 터진 딕를 바늘로 호와 주웁소

5-3) 초청하기

<苗/1-06b> 冷* 서늘흔 곳의 가셔 잔치나 ᄒᆞᆸ새
<苗/1-06b> 寒* 날이 츠니 구들의 드러 말슴이나 ᄒᆞᆸ새
<苗/1-10a> 陽* 볏치 ᄃᆞᆺ흐니 안즈 말슴이나 ᄒᆞᆸ새

5-4) 충고하기

<苗/2-28a> 栽植* 남글 심거시니 슬펴 든니라
<苗/3-23b> 顧* 도라보고 뒤흘 숣피웁소
<苗/3-47a> 屑* 부스락이라도 버리지[치] 말라
<苗/4-02a> 折* 것글 제 손의 가싀 칠리라
<苗/4-05b> 伫* 벗드듸여 너모 보소
<苗/4-10a> 論駁* 논박을 참혹히 마웁소
<苗/4-12b> 須* 모로미 브듸 범스(凡事)를 조심(操心)홀 거시니라
<苗/4-18a> 躑躅* 쥬져ᄒᆞ다가는 눔의게 아이오리
<苗/4-19a> 矜* 쟈랑내다가 도로혀 욕보리
<苗/4-19a> 猜* 싀긔 말고 화동(和同)ᄒᆞ여라[랴]
<苗/4-21b> 操心* 조심ᄒᆞ여 범스(凡事)를 슬펴 ᄒᆞ소
<苗/4-21b> 忠* 튱셩을 내여 됴졍(朝廷)을 셤기웁쇼셔
<苗/4-22b> 謙* 겸손ᄒᆞ고 착흔 쳬 마소
<苗/4-22b> 貞* 뎡직(貞直)흔 ᄆᆞ음을 곳치지 말라
<苗/4-23b> 耽* 탐ᄒᆞ면넘씨ᄂᆞ니라
<苗/4-27b> 不* 아니홀 곡졍을 ᄒᆞ지 마웁소
<苗/4-34a> 凶* 흉흔 말은 긔(忌)웁ᄂᆞ니

<苗/4-41b> 費* 허비를 이리 만히 ᄒᆞ고 어이 지팅홀고
<苗/4-44a> 固執* 고집의 너모 ᄒᆞ니 대ᄉᆡ(大事)읍도쇠

5-5) 자제하도록 경고하기

<苗/2-48b> 竈*부억아고지ᄂᆞᆫ좁은ᄃᆡ남글만히드려노치말라
<苗/4-04a> 指* ᄀᆞ룻쳐 보고 웃지[치] 마오
<苗/4-06a> 怒* 노홈을 참아야 소견(所見)이 잇다 ᄒᆞ오리
<苗/4-06b> 怨* 원망저온 노룻 마읍소
<苗/4-09a> 毁* 허러 니ᄅᆞᄂᆞᆫ 말을 고지듯지[치] 마읍소
<苗/4-09b> 操弄* 조롱을 하 너모 말고 긋치게 ᄒᆞ읍소
<苗/4-09b> 偏僻* 편벽저이 구지 말라
<苗/4-10b> 誡* 경계ᄒᆞᄂᆞᆫ 말을 브ᄃᆡ 닛지[치] 말라
<苗/4-10b> 誤* 그릇ᄒᆞ다가 뉘웃지 마읍소
<苗/4-10b> 誘* 달내ᄂᆞᆫ 말을 고지듯지[치] 마소
<苗/4-11b> 嗾* 부츅켜 ᄂᆞᆷ을 그르게 마라
<苗/4-12a> 妄* 망녕저이 구지 마라
<苗/4-12b> 尤* 더욱 조심ᄒᆞ면 무슴 근심이 이시리요
<苗/4-13a> 更* 곳쳐 싱각ᄒᆞ여 경히 구지 마소
<苗/4-13a> 得* 어던 후에ᄂᆞᆫ 다시 욕심 내지 마오
<苗/4-13b> 公正* 공정흔 말만 ᄒᆞ고 잡되이 구지 말라
<苗/4-14a> 一定* 일정 되여 올 ᄃᆞᆺᄒᆞ매 그리 보채지[치] 마소
<苗/4-14a> 定* 졍흔 후에 ᄯᅳᆺ을 어긔지 말라
<苗/4-14a> 正齊* 졍졔ᄒᆞ고 잡ᄉᆞ셜 말라
<苗/4-14b> 是以* 일로써 내 말ᄉᆞᆷ을 닛지 마읍쇼셔
<苗/4-14b> 暴* 급즉저이 셩을 내지 마읍소
<苗/4-15b> 徒* 흔갓 ᄂᆞᆷ의 참소를 듯고 셩내지 마읍소
<苗/4-16a> 永* 기리흔 숨만 치고 그대지 곡정 마ᄅᆞ쇼셔
<苗/4-16a> 僞* 거즛 거스로 아모 일이라도 ᄭᅮ미지 마소

<苗/4-19b> 恣* 방즈히 네 ᄆ음대로 마라
<苗/4-20a> 忘* 니저부리지 말고 명심(銘心)ᄒ여 계쇼셔
<苗/4-20b> 幻弄* 도섭을 늘려 ᄂᆞᆷ을 희짓지 말라
<苗/4-21a> 志* 쯧을잘먹고ᄂᆞ믈해(害)[하ㅣ]ᄒ지마옵소
<苗/4-23a> 辱* 욕되지 아니케 조츨ᄒᆞᆫ ᄆ음을 먹어라
<苗/4-23a> 寵* 통을 밋고 ᄂᆞ믈 업슈이 너기지 말라
<苗/4-26a> 全* 온젼ᄒᆞᆫ 거슬 허러 내지 말라
<苗/4-27b> 得* 어든 일을 깃거 말라
<苗/4-27b> 失* 일헌 후에 셜워 말라
<苗/4-28a> 有* 잇ᄂᆞᆫ 거슬 업다 ᄒ고 구이지 말럇다
<苗/4-30a> 危* 위틱ᄒᆞᆫ 노르슨 아이예 말게 ᄒᆞ옵소
<苗/4-30b> 寬* 너르게 ᄆ음을 먹고 좁으야이 구지 마소
<苗/4-30b> 添* 보태여 젼갈도 길게 마옵소
<苗/4-31a> 雜* 잡된 일을 비호지 말 거시니라
<苗/4-31b> 禁* 금ᄒᆞ여 듕믈(重物)을 샹(傷)치 아니케 ᄒᆞ옵소
<苗/4-33a> 怪* 괴이히 너겨 웃지 마옵소
<苗/4-34a> 繁* 번화ᄒᆞᆫ 곳의 가셔는 ᄆ음을 놋치 마옵소
<苗/4-37b> 熹微* 희미ᄒᆞᆫ 일란 아는 쳬 마옵소
<苗/4-40b> 要* 종요로온 거슬란 업시지 말라
<苗/4-41a> 執* 잡은 거슨 놋치 마옵소
<苗/4-42a> 容* 용납치[지] 아니ᄒ시니 믈러 조심ᄒ고 잇습ᄂᆡ
<苗/4-42b> 尋常* 심샹이 너기지 마옵소
<苗/4-43a> 曲折* 곡졀을 모로거든 줌줌ᄒ고 잇습소
<苗/4-44a> 着實* 챡실이 닐러 어근나지 아니케 ᄒᆞ옵소
<苗/4-45a> 奔走* 분주ᄒᆞᆫ 듸 지져괴지 마라

5-6) 지시나 명령하기

<苗/1(2)-04b> 啄* 출하로 듥의 입의 될지연뎡 쇠 밋치 되지[치] 말라

<苗/1(2)-05b> 鳥餌* 새 밥 먹겨라

<苗/1-11a> 曝* 이거시 축〃ᄒ니 볏뒤 노화 몰리여라

<苗/1-11b> 暫* 잠간 와 둔녀가옵소

<苗/1-15a> 右* 올흔 손 저어라

<苗/1-15a> 左* 왼 손으로 쳐라

<苗/1-15b> 前* 앏픠 셔지[치] 말고 에여라

<苗/1-16a> 隙* 창틈으로 여어보와라

<苗/1-16a> 遮* 챠일 쳐라

<苗/1-16b> 方* 몃 모힌가 보옵소

<苗/1-16b> 外* 밧긔 나가 보옵소

<苗/1-18b> 磧* 작별이 주어다가 ᄀ라〃

<苗/1-19a> 礫* 돌몽이로 쳐라

<苗/1-19a> 灰* 지 놀리니 문 다〃라

<苗/1-19b> 泥* 즌흙이 옷의 무덧ᄉ오니 물은 후(後)에 부뷔여 두ᄃ
라 / 즌흙이 썬다

<苗/1-20a> 怪石* 괴셕의 나모 심거라

<苗/1-20a> 石* 돌이 츠니 돌 우회 안지[치] 말라

<苗/1-20a> 火* 불이 쩌치지 아니케 ᄌ릴 덥퍼 두어라

<苗/1-21a> 坎* 괸 믈 기러라

<苗/1-21a> 江* 강믈이 어럿ᄂ가 나가 보와라

<苗/1-22a> 灘* 그게ᄂ 여홀이 이시니 피ᄒ여 빅를 노하라

<苗/1-22b> 水* 믈 쩌 오나라

<苗/1-22b> 波* 믈결이 흉용ᄒ니 빅 내여 놋치 마라

<苗/1-23b> 汐* 믈이 켜ᄂ가 보옵소

<苗/1-23b> 滓濁* 즈의 져시니 ᄀ만이 두어라

<苗/1-24a> 淘滓* 즈의를 걸려 묽혀 두어라

<苗/1-24b> 漏* 믈이 쉬니 째여졋ᄂ가 보와라

<苗/1-24b> 溢* 넘으니 그만 부어라

<苗/1-25a> 汲* 믈 기러 부어라

<苗/1-25a> 濕* 저즈시니 물리여라

<苗/1-25a> 沈* 믈의 둠가라

<苗/1-25b> 洗* 눗 시서라

<苗/1-25b> 灑* 솟 나모의 믈 써다가 샥려라

<苗/1-25b> 注* 통(桶)의 믈 붓쳐라

<苗/1-26a> 溺* 믈의 싸진 것 다 건져 내여라

<苗/1-26b> 帆* 돗 드라〃 / 돗을 졉[쳡]어 두어라

<苗/1-26b> 船* 미엿던 비 프러라 / 비 둘려 노하라 / 비 두로혀 노
하라

<苗/1-26b> 舟* 비 저어라 / 비 다히라 / 비 트고 가쟈 / 비 미여라 / 비
예 트여라 / (비 씌여라)

<苗/1-27a> 碇* 닷 주어라

<苗/1-27b> 泊* 날이 졈으니 이 셤의 비 다히라

<苗/1-27b> 船頭* 니믈의 셔셔 비 다힐 디롤 보숣피라

<苗/1-27b> 船梢* 비 고믈의 두어라

<苗/1-27b> 注乙* 줄 주어라 / 줄을 쇠와라 / 줄을 들여라

<苗/1-28a> 下蓬* 돗 지어라

<苗/1-29b> 奉足* 봉죡의게 가 바다 가져가라

<苗/1-29b> 丁* 쟝뎡을 쌔 치와라

<苗/1-30a> 使令* 스령 블러 잡아오라 ᄒ고 닐라라

<苗/1-30b> 客* 손님 와 계시니 아모거시나 쟝만ᄒ여라

<苗/1-31b> 卜者* 복쟈의게 졈을[울] 무러 보읍소

<苗/1-31b> 僧* 져 듕놈 잡어 귀 브뷔여라

<苗/1-32b> 杣人* 나모 버힌 놈들의 술 먹겨라

<苗/1-33a> 媼* 할미 부르라

<苗/1-33a> 翁* 나 만흔 하라비니 치지 마라

<苗/1-35a> 愚* 하 어리게 구지[치] 마라

<苗/1-41a> 算員* 산원을 굴희여 셩명(姓名)을 젹어 내읍소
<苗/1-56b> 涎* 춤을 부듸 춤통의 밧고 브름벽의 밧지[치] 마소
<苗/1-57b> 糠* 방긔 내 이시니 창을 미러라
<苗/1-59a> 老* 늙으니 달 듸졉ᄒ라
<苗/1-60a> 垢* ᄯᅴ를 믈 기러 시서라
<苗/1-60a> 陋* 더러오니 쉬이 아사라
<苗/1-60a> 鳳* 금봉차를 머리예 쇼자라
<苗/1-60a> 好* 너모 됴ᄒ니 그만 ᄒ여 두어라
<苗/2-07a> 狗* 개가 즈즈니 창 여러 보와라
<苗/2-07a> 駑馬* 못슬 믈 잇그러 내여라
<苗/2-11a> 驅* 모라 내치라
<苗/2-12a> 牧馬* 믈이 ᄌ랑ᄒ게 잘 먹겨라
<苗/2-12b> 馬糞* 믈똥 녀허 흙이 니겨라
<苗/2-13b> 貝* 쟈개 주어 오ᄂ라
<苗/2-14a> 鮒魚* 부어 찜[쌈] ᄒ여라
<苗/2-14a> 鰾* 부릐 노겨 ᄭᅡ여진 것 붓치[지]라
<苗/2-14b> 廣魚* 광어 믈릐여라
<苗/2-14b> 鱸魚* 노어 회 쳐라
<苗/2-15a> 乾大口* 마른 대구 버혀 상의 노하라
<苗/2-15a> 芒魚* 망어ᄂ 죵들 먹겨라
<苗/2-15a> 黃大口* 황대구 쓰저 노하라 / 열자대구 / 통[동]대구
<苗/2-15b> 鯊魚* 사[서]어의 기름 볼라 셜쇠예 노하라
<苗/2-15b> 松魚* 슝어를 밥 우희 잘 뼈[뼈]라
<苗/2-15b> 烏賊魚* 오젹[셕]어 벼틔 ᄲᅬ와라
<苗/2-15b> 鱣魚* 젼어 뎌긔 가 어더다가 판잔 ᄒ라
<苗/2-15b> 鮇魚* 홍어 올혀라 벼틔 내여 노챠
<苗/2-16b>名太*비얌쟝을됴시예가사오ᄂ라
<苗/2-18b> 蛄* 도로래ᄂ 하늘밥도적이니 죽겨[켜] ᄇ려라

<苗/2-19a> 蠹* 좀 먹는 거슨 쌍의 두둘고 뵈로 스러 브려라

<苗/2-21a> 米* 부른 쏠로 블을 マ라 샬틱흔 옷시 플[블]을 머겨라

<苗/2-21a> 太* 콩을 복어라

<苗/2-22a> 玉黍* 강남슈슈 구어라

<苗/2-22b> 萆麻子* 비마즈로 믈 흘린 사기를 막어라

<苗/2-24a> 土卵* 토란 슬마 댱의 녀흐라

<苗/2-24a> 土卵* 토란 슬마 댱의 녀흐라

<苗/2-24b> 紫蔥* 즈총이 싸흐러 댱국의 녀흐라

<苗/2-27a> 蔥* 파를 싸흐러 국의 녀흐라

<苗/2-28b> 擣* 뷔여 싸흔 벼가 믈랏거든 두두려라

<苗/2-28b> 刈* 뷔여 믓고 질[칠]모 오느라

<苗/2-29a> 積* 싸하 둔 셤을 빅예 시르라

<苗/2-30a> 一撮* 흔 쟈밤 줄거시니 손바당 펴라

<苗/2-30a> 草簾* 븬 셤을 들고 가셔 게 잇는 거슬 넛고 오느라

<苗/2-31a> 榛* 개얌을 졉시의 담아라

<苗/2-31b> 檎* 능금이 잘 열리니 가지아오로 것거 오느라

<苗/2-32b> 苺* 싸올기 닉은 것슬 굴흐여 납 대졉의 담아 내여라

<苗/2-37b> 花枯* 곳치 죽어시니 다른 것을 화병의 고자라

<苗/2-39a> 射干*범붓체는플밀젹의버히지말라

<苗/2-41a> 蓬* 다복쑥 뷔여라

<苗/2-47a> 壁* 브람벽의 그림을 부쳐라

<苗/2-47a> 桁* 옷거리의 보를 덥퍼 두어라

<苗/2-47b> 開* 여러 두면 도젹마즐거시니 부딕 든든히 다드라

<苗/2-47b> 柴扉* 사립작을 닷쳐만 두어라

<苗/2-47b> 庭* 쓸히 벼를 너르 두엇다가 뎌녁의 씻거라

<苗/2-47b> 簷* 쳠 밋치 그거슬 드려 노하 비 맛치지 아니케 ᄒ여라

<苗/2-49b> 廐* 마구의 물 똥을 츠고 믈을 셔워라

<苗/2-49b> 籬* 울이 허슐ᄒ니 남글 어더다가 든든히 막어라

<苗/2-49b> 瓦* 지새가 째여져시니 올라 곳쳐 녜라

<苗/2-49b> 墻* 담이 문허져시니 곳쳐라

<苗/2-49b> 厠* 뒤간의 츨목 ᄒ여 노하라

<苗/2-50a> 架* 덕대를 놉게 민라

<苗/2-50a> 椸* 홰대를 민고 옷슬 거러[려]라

<苗/2-50b> 掛鐵* 걸새 든든히 걸고 졈거라

<苗/2-50b> 鐵樞* 돌뎌괴가 싸져시니 곳쳐[져] 박어라

<苗/2-50b> 橫木* 빗당을[올] 든든히 질러라 힝혀 도적 들리라

<苗/2-51a> 材* 남글 어더다가 압픠 챠면 ᄀ리와라 / 遮面

<苗/2-60a> 銅綠* 동녹 써시니 닥거라

<苗/2-60b> 膠* 브리 노겨 ᄯ려진 궤를 붓치라

<苗/2-60b> 礓花* 곰당 써시니 닥거셔 쓰라

<苗/3-01b> 裘* 갓옷슨 날이 더오니 보의 ᄲᆞᆺ 두어라

<苗/3-01b> 帖裏* 졀닙은 구긔지[치] 아니케 ᄒ여 밋틔 녀허 두어라

<苗/3-02a> 領* 옷깃 잘 넘의여라

<苗/3-02a> 衫* 덕삼 셸래ᄒ여라

<苗/3-02a> 袖* ᄉ매길로 툭 쳐라

<苗/3-02a> 衣襻* 고롬을 든〃히 민여라

<苗/3-02b> 脫* 버서 거러 두어라

<苗/3-03a> 襏襫* 깃을 샌릭 믈릭여라

<苗/3-03a> 縫* 혼 거시 터뎌시니 다시 호와 ᄲᆞᆯ을 녀허라

<苗/3-03a> 蓑衣* 누역 닙고 논글헝이나 쳐라

<苗/3-03b> 鞋* 신쟝이 셕어시니 갑 주고 쟝 골려 오나라

<苗/3-04a> 木履* 나모신이 업스니 흔 켤릭 사오나라

<苗/3-04a> 疊衣* 가켜 깁게 녜허라

<苗/3-06a> 鹽* ᄂᆞᆺ 시슨 후에 진디 올려라

<苗/3-06a> 梳貼* 빗뎝을 졍히 싸셔 고비(高飛)의 소자라

<苗/3-06a> 漱之* 양지딜ᄒ게 물 써 오ᄂ라

<苗/3-06b> 巾* 슈건을 쌍히 구을이지[치] 말고 믈독의 걸혀라

<苗/3-07a> 蠟油* 밀기름 업거든 아모듸 가 사 오느라 / 밀기름을 못 쳐 호소ᄒ다

<苗/3-07a> 梳省* 빗솔로 썩룰 조히 ᄒ여라

<苗/3-07b> 方席* 방셕 내여 손님 듸졉ᄒ여라

<苗/3-07b> 椅* 교의(交椅)를 노하라 안쟈

<苗/3-09a> 罐* 탄관을 조히 싯거 약을 졍이 달혀라

<苗/3-09b> 鐥* 다야의 믈 담아 오나라 눗 싯쟈

<苗/3-09b> 香爐* 향노의 향 픠여 노하라

<苗/3-10a> 盆* 동히 술 담아 내여 오나라

<苗/3-10b> 酒煎子* 쥬젼ᄌ의 춘 술을 젹〃 곡곰 부어 더여라

<苗/3-11a> 勺* 쟈로 믈국을 써다가 마술 보고 쓸혀라

<苗/3-12a> 筐* 광조리 들고 가셔 과실(果實) 따 오느라

<苗/3-12a> 箱子* 샹ᄌ의 녀흔 의복 내여라 닙쟈

<苗/3-13a> 竹籭* 얼머이룰 비러 오느라

<苗/3-13a> 桶* 통[동]의 믈 기러 오느라

<苗/3-13b> 掛硯* 벼로 녀흔 괘샹(掛箱) 가져오느라

<苗/3-14a> 鎌* 낫 가져가 나모 뷔여 오느라

<苗/3-14b> 鑢* 줄로 톱니룰 셔오느니라

<苗/3-14b> 攢* 손으로 비븨여라

<苗/3-14b> 鑽之* 비븨딜 늘래 ᄒ여 쑤러라

<苗/3-14b> 銑* 광이로 쌍을 픠고 나모룰 심거라

<苗/3-15a> 串* 곳치예 고기룰 쒸여 볏치 믈릐여라

<苗/3-15a> 串鐵* 곳챵을 먹켜 그 돌을 거러 둥긔여라

<苗/3-15a> 鍤* 삷으로 쌍을 ᄭ가 밧듯게 ᄒ여라

<苗/3-15b> 犁* 보심 내여다가 밧치나 가라〃

<苗/3-15b> 斫刀* 쟉도 들게 ᄀ라 여믈 싸흐러 물 먹겨라

<苗/3-16a> 錐* 송곳스로 뚧고 노ᄒ로 쒜여 미여라

<苗/3-16a> 鏵* 쇠가래 가졋다가 밧 ᄀ라 〃

<苗/3-16b> 鑰匙* 열쇠 가져다가 저문 궤를 어셔 열고 내여라

<苗/3-17b> 械* 긔계[개]를 ᄀ촌 후의 일을 시작ᄒ라

<苗/3-17b> 臼* 덜구의 쏠을 붓고 찌흐라

<苗/3-17b> 壓車* 시양의 든 소옴을 거희(去核)ᄒ여라

<苗/3-17b> 硏* 연의 ᄀ라 굴을 믿ᄃ라 〃

<苗/3-18b> 槽* 귀우의 여믈을 담아 믈을 잘 먹겨라

<苗/3-19a> 綱* 그믈 가져다가 고기 잡어 오ᄂ라

<苗/3-20b> 紡車* 믈릐예 실을 ᄌ아라 옷 지어 닙쟈

<苗/3-25b> 鞍* 기ᄅ마 내여 몰게 지어라

<苗/3-26a> 銜* 쟈갈을 먹이고 쇠마함 쎠라

<苗/3-26a> 勒* 굴릐 씌어라 / 바오

<苗/3-26a> 鞍甲* 안갑의 몬지 쩌러 기ᄅ마의 쎠라

<苗/3-28a> 卜繩* 짐바흘 가져가 시러 오ᄂ라

<苗/3-28a> 卜鞍* 짐기ᄅ마 지[치]어 가셔 짐 시러 오ᄂ라

<苗/3-28a> 卸* 짐을 플이오고 몰 쉬워라 ·

<苗/3-28b> 結* 짐 믜여라 길 가쟈

<苗/3-28b> 卜解* 짐을 플고 든 거슬 다 샹고ᄒ여 보와라

<苗/3-28b> 一結* 흔 믜기를 내여 ᄃ라 보와라

<苗/3-28b> 一塊* 흔 덩이가 몃 근 무긔나 흐고 무러 보와라

<苗/3-32b> 承服* 승복ᄒ니 옥의 가도와 두어라

<苗/3-41a> 伏兵* 복병ᄒ엿다가 내ᄃ라 치쟈

<苗/3-42a> 刺* 질러 주기고 도라오라

<苗/3-42a> 助力* 힘을 도아 뎍국을 패ᄒ쟈

<苗/3-46a> 酌酒* 술 브어라 손님 듸졉ᄒ쟈

<苗/3-46b> 整酒* 술이 진ᄒ엿거든 또 사오ᄂ라

<苗/3-48a> 漉* 걸러 국을 잘 안쳐 슬혀라

<苗/3-48a> 滓* 즈의는 개나 주어라

<苗/3-54b> 炙* 구어셔 더온 김의 자시게 ᄒ여라

<苗/3-55a> 燒* 블의 슬아 업시ᄒ여라

<苗/3-55a> 淸* 묽은 믈로 조히 시스라

<苗/3-55a> 湯* 쓸는 믈의 녀허 데텨 내여라

<苗/3-55b> 爨* 블 티기를 쳔〃히 ᄒ여 므르게 밥 지어라

<苗/3-56a> 具* ᄀ초와 두[엇]엇다가 손님 오셔든 드려라

<苗/3-56a> 排* 버려 노홧다가 그대로 드려라

<苗/3-56a> 火* 블이 업스매 져 가셔 부시를 비러 오나라

<苗/3-56b> 買* 사려 ᄒ거든 갑슬 주고 가져 니거라

<苗/3-56b> 凝* 어릐여시니 먹을 제 곳쳐 쎄여라

<苗/3-59b> 託物* 맛즌 물건을 부듸 닛지[치] 말고 ᄒ여 오ᄂ라

<苗/3-66b> 嚔* 픠가 나니 믈을 가져오나라

<苗/3-68a> 拜* 절ᄒ여 니거라

<苗/3-68a> 擾* 요란ᄒ니 말게금 ᄒ여라

<苗/3-68b> 趁* 쏠아가셔 달릐여 도로 드려오ᄂ라

<苗/3-69a> 尋* 츠자 아모듸 이셔도 보고 오라

<苗/3-69a> 藏* 곰초와 두엇다가 쓸 때예 내여라

<苗/4-01b> 採* 키여 와셔 무루게 슬마라

<苗/4-04a> 抄* 쵸ᄒ여 내라

<苗/4-05a> 企* 뎌기드듸여 놉픈 듸 거슬 ᄂ리오소

<苗/4-05a> 蹈* 발 구르고 쩍노소

<苗/4-05a> 蹴* 줏바라 내여 ᄇ리소

<苗/4-08b> 辭* 말ᄉᆷ을 공슌이 ᄒ여라

<苗/4-08b> 誘* 들래여 드려오읍소

<苗/4-09b> 叱* 꾸지저 믈리티읍소

<苗/4-10a> 詰* 힐난ᄒ여 낫낫치 아라 오ᄂ라

<苗/4-11b> 爭* 닷토와 이긔도록 ᄒ여라

<苗/4-12b> 頗* ᄌ못 용심ᄒ여 디내여라

<苗/4-12b> 必* 반드시 됴흔 일이 이실거시니 가 둔녀오나라
<苗/4-13b> 端正* 단정히 안자 글을 닐러라
<苗/4-14b> 便* 곳 그대로 시힝(施行)ㅎ쇼셔
<苗/4-20a> 秘* 비밀히 ㅎ고 눔 모로게 ㅎ소
<苗/4-23b> 廣* 넙거든 기릐를 느려라
<苗/4-24a> 細* フ늘면 둘히 합(合)ㅎ여라
<苗/4-24a> 狹* 좁거든 너븨를 넙펴라
<苗/4-24b> 短* 쟈른 거슨 니어 쓰라
<苗/4-24b> 卑* 느즌 니를 느즌 대로 딕졉ㅎ여라
<苗/4-24b> 長* 긴 거슬 쟈르게 ㅎ여라
<苗/4-24b> 厚* 두텁거든 떠여 내여라
<苗/4-25a> 輕* 가븨 거슨 손의 들고 가소
<苗/4-25a> 薄* 엷거든 비졉ㅎ라
<苗/4-25a> 重* 무거온 거슬 지고 니거라
<苗/4-25b> 塊* 흔 덩이를 쓰려 내여 눈화라
<苗/4-25b> 雙* 샹이 맛거든 둘식 혜여라
<苗/4-26a> 半* 반쯤음은 남겨 두고 가져 니거라
<苗/4-26a> 餘* 남은 거슬란 곱초와 두어라
<苗/4-26a> 縮* 툭이 이시면 네 물리라
<苗/4-26b> 秘* 비밀한 일을 뎍어시니 블의 술아라
<苗/4-26b> 新* 새거슨 쯔로 두어라
<苗/4-26b> 虛* 븨여시니 담을 거시 잇거든 부어라
<苗/4-27a> 孤* 고단히 자는 사룸을 씌여라
<苗/4-27a> 小* 젹은 거슨 골히여 내여라
<苗/4-27b> 篠* 시ᄂ대로 울을 막어라
<苗/4-33b> 侍* 뫼셔 시죵(侍從)을 잘ㅎ여라
<苗/4-34b> 違* 어긔여지거든 다시 졍ㅎ게 ㅎ소
<苗/4-35a> 碎* 부어진 거슬란 흔듸 모화 두어라

<苗/4-35b> 編* 역고 드라 둔 간고어 ㅎ나 쌔혀 오느라
<苗/4-36a> 充* 찻거든 다른 그릇슬 밧치라
<苗/4-37a> 殊* 슈샹ㅎ니 곳쳐 ᄎ자 보와라
<苗/4-38b> 負* 지고 가다가 무겁거든 쉬여라
<苗/4-40a> 貫* 쒜여 미여 드라 주와라
<苗/4-40a> 煩* 번거ㅎ니 비밀이 ㅎ여라
<苗/4-41a> 呈* 뎡ㅎ여 쳐치(處置)ㅎ게 ㅎ여라
<苗/4-44b> 悉* 다 ᄌ셔(子細)히 아라시니 긋치게 ㅎ소
<苗/4-49b> 片片* 조각조각 버혀 내여라

6. 대인관계와 관련한 표현 항목

6-1) 인사와 작별

<苗/1-12b> 夜間* 야[여]간 편안ㅎ시니잇가

4. 참고 문헌

『交隣須知』의 언어 사용과
언어 기능에 관한 계량적 분석

4

참고 문헌

국립국어연구원(1999),『표준국어대사전』, 서울 : 두산동아.

김유정(2006), "『捷解新語』에 나타난 언어 교재로서의 특징과 언어 기능 분석.",『역학서와 국어사 연구』, 태학사.

김흥규 외(1998-2003),『21세기 세종계획 연구보고서』, 문화관광부.

김흥규·강범모(2000),『한국어 형태소 및 어휘 사용 빈도의 분석』, 고려대학교 민족문화연구원.

노마 히데키·나카지마 히토시(2005), "일본의 한국어 교재.",『한국어교육론』1, 국제한국어교육학회, 263-298쪽.

백봉자(2001), "교재와 교수법을 통해 본 한국어교육의 역사와 과제."『외국어로서의 한국어 교육』25·26, 연세대 한국어학당.

사이토 아케미(2004),『交隣須知의 계보와 언어』, 제이앤씨.

劉昌惇(1990),『李朝語辭典』, 연세대학교 출판부.

鄭 光(1988),『司譯院 倭學 硏究』, 太學社.

정승혜(1998), "조선 후기의 일본어 교육과 倭學書."『국제고려학』,

국제고려학회.

片茂鎭(2005), 『諸本對照 交隣須知』, 제이앤씨.

David Nunan(1989), *Designing Tasks for the Communicative Classroom.* Cambridge University Press.

Finocchiaro et al.(1983), *The Functional−Notional Approach: From Theory to Practice.* Oxford: Oxford University Press.

H. Douglas Brown(1994), *Principles of Language Learning and Teaching.* Prentice Hall Regents.

Penny Ur(1999), *A Course in Language Teaching.* Cambridge University Press.

van Ek and Alexander(1977), *The Threshold Level for Modern Language Learning in Scholls.* London:Longman.

van Ek and Alexander(1980), *Waystage English.* Oxford: Pergamon Press.

Wilkins, D(1976), *Notional syllabuses.* Oxford University Press.

Wilkins, D(1979), Notional syllabuses and the concept of a minimum adequate grammar. In C. Brumfit & K. Johnson (Eds.), *The communicative approach to language teaching.* Oxford University Press.

■ 저자 약력

김유정(金裕正)

학력
고려대학교 문과대학 국어국문학과, 문학사
동 대학원 국어국문학과, 문학석사
동 대학원 국어국문학과, 문학박사

경력
고려대학교 국제어학원 한국어문화교육센터 위촉강사
한국어세계화재단 한국어평가사업팀 팀장
(현재) 고려대학교 민족문화연구원 연구교수

논저
『중급 한국어1(공저)』,『초급 한국어 쓰기(공저)』,『한국어와 알타이 비교어휘1(공저)』,「언어사용역을 활용한 '죽다'류 유의어 의미 연구」,「담화 분석을 통해 본 '-구나' 용법 연구」,「고용허가제 한국어능력시험(EPS-KLT)의 현황과 과제」,「한국어 학습자 말뭉치 오류분석의 기준 연구」,「『捷解新語』에 나타난 언어 교재로서의 특징과 언어 기능 분석」등.

『交隣須知』의 언어 사용과 언어 기능에 관한 계량적 분석

초판 인쇄/ 2012년 4월 23일
초판 발행/ 2012년 5월 3일

저   자   김유정
책임편집   김민경

발 행 처   도서출판 지식과 교양
등   록   제2010-19호
주   소   132-908 서울시 도봉구 창5동 262-3번지
전   화   02-900-4520 / 02-900-4521
팩   스   02-900-1541
전자우편   kncbook@hanmail.net

ⓒ 김유정 2012 All rights reserved. Printed in KOREA

ISBN 978-89-94955-82-7 93710   **정가** 30,000원